AS CARTAS DE
WARREN BUFFETT

WARREN BUFFETT E LAWRENCE A. CUNNINGHAM

AS CARTAS DE WARREN BUFFETT

Lições de investimento e gestão selecionadas das
cartas aos acionistas da Berkshire Hathaway

SEXTANTE

Título original: *The Essays of Warren Buffett: Lessons for Corporate America*

Copyright © 1995, 1997, 2001, 2008, 2013, 2015 e 2019 por Lawrence A. Cunningham
Inclui conteúdo previamente licenciado, © Warren E. Buffett

Publicado mediante acordo entre Cunningham e GMT Editores Ltda.
Copyright da tradução © 2022 por GMT Editores Ltda.

Todos os direitos reservados. Nenhuma parte deste livro pode ser utilizada ou reproduzida sob quaisquer meios existentes sem autorização por escrito dos editores.

tradução: Mayumi Aibe
preparo de originais: Olga de Mello
revisão: Luíza Côrtes e Tereza da Rocha
revisão técnica: Catarina Rosdaibida Gomes e Lucinda Pinto
diagramação: DTPhoenix Editorial
capa: Isabella Dorsch, com permissão de Muenchner Verlagsgruppe GmbH
imagem de capa: Paul Morigi / Getty Images
adaptação de capa: Ana Paula Daudt Brandão
impressão e acabamento: Lis Gráfica e Editora Ltda.

CIP-BRASIL. CATALOGAÇÃO NA PUBLICAÇÃO
SINDICATO NACIONAL DOS EDITORES DE LIVROS, RJ

B945c
    Buffett, Warren
        As cartas de Warren Buffett / Warren Buffett ; selecionados, organizados e apresentados por Lawrence A. Cunningham ; tradução Mayumi Aibe. - 1. ed. - Rio de Janeiro : Sextante, 2022.
        400 p. ; 23 cm.

    Tradução de: The essays of Warren Buffett
    ISBN 978-65-5564-292-6

    1. Empresas - Finanças - Estados Unidos. 2. Empresas - Fusão e incorporação - Estados Unidos. 3. Investimentos. 4. Ações (Finanças).
I. Cunningham, Lawrence A. II. Aibe, Mayumi. III. Título.

21-74472   CDD: 332.6
                                                                               CDU: 330.322

Meri Gleice Rodrigues de Souza - Bibliotecária - CRB-7/6439

Todos os direitos reservados, no Brasil, por
GMT Editores Ltda.
Rua Voluntários da Pátria, 45 – Gr. 1.404 – Botafogo
22270-000 – Rio de Janeiro – RJ
Tel.: (21) 2538-4100 – Fax: (21) 2286-9244
E-mail: atendimento@sextante.com.br
www.sextante.com.br

"O discurso que me agrada é simples e natural, o mesmo, seja escrito ou proferido; um discurso saboroso e vigoroso, breve e compacto, não tão delicado e bem arrumado quanto veemente e brusco."

MICHEL DE MONTAIGNE
Os ensaios de Montaigne (1580)

"A sinceridade e a medula do homem alcançam suas frases. Desconheço qualquer livro que aparente menos ter sido escrito. Corte essas palavras e as veria sangrar; elas são vascularizadas e vivas."

RALPH WALDO EMERSON
Homens representativos (1850)
(Referindo-se a Montaigne e *Os ensaios*)

"Alguns livros devem ser provados, outros, devorados, mas somente uns poucos devem ser mastigados e digeridos por completo."

FRANCIS BACON
Os ensaios de Francis Bacon (1696)

Sumário

Prefácio   9

Nota do editor   11

Introdução   14

Prólogo: Princípios de negócios relacionados ao proprietário   42

I. GOVERNANÇA   54
   A. *Divulgação total e justa*   55
   B. *Conselhos e gestores*   59
   C. *A ansiedade das mudanças nos negócios*   72
   D. *Pactos sociais*   79
   E. *Uma abordagem para doação com base na mentalidade de dono*   81
   F. *Uma abordagem para a remuneração de executivos com base em princípios*   89
   G. *Risco, reputação e mudança climática*   100
   H. *Cultura corporativa*   104

II. INVESTIMENTOS   106
   A. *Fazendas, imóveis e ações*   107
   B. *Sr. Mercado*   111
   C. *Arbitragem*   116
   D. *A desmistificação do dogma padrão*   123
   E. *Investimento em "valor": uma redundância*   133
   F. *Investimento inteligente*   141
   G. *Guimbas de cigarro e o imperativo institucional*   148
   H. *Vida, dívida e grandes quedas*   152

III. ALTERNATIVAS — 157
  A. *Sondagem de campo* — 157
  B. *Junk bonds e a tese do punhal* — 162
  C. *Títulos com cupom zero e máscaras de esqui* — 170
  D. *Ações preferenciais* — 177
  E. *Derivativos* — 189
  F. *Moedas estrangeiras e títulos* — 200
  G. *Propriedade de imóvel: prática e política* — 207
  H. *Parcerias de negócios* — 210

IV. AÇÕES ORDINÁRIAS — 216
  A. *Superação de custos por indexação* — 217
  B. *Atração de acionistas de qualidade* — 226
  C. *Desdobramento de ações e o pé invisível* — 230
  D. *Classe dupla da Berkshire: para impedir clones* — 235
  E. *Recompras e racionalidade* — 240
  F. *Dividendos e alocação de capital* — 247

V. AQUISIÇÕES — 258
  A. *Maus motivos e preços altos* — 259
  B. *Recompras sensatas de ações versus* greenmail — 271
  C. *Aquisições de controle alavancadas* — 271
  D. *Políticas sólidas de aquisição* — 274
  E. *Sobre a venda de uma empresa* — 278
  F. *O comprador preferencial* — 283

VI. AVALIAÇÃO DE EMPRESAS — 287
  A. *Esopo e a Teoria do Céu Ineficiente* — 287
  B. *Valor intrínseco, valor contábil e preço de mercado* — 291
  C. *Lucros transparentes* — 299
  D. *Goodwill econômico versus contábil* — 304
  E. *Lucro do proprietário e a falácia do fluxo de caixa* — 316
  F. *Avaliação de opções* — 324

VII. CONTABILIDADE 328
    A. *Sátira* 329
    B. *Estabelecimento de normas* 336
    C. *Conselhos fiscais* 338
    D. *"Lucros corrigidos"* 339
    E. *Estimativas de aposentadoria e benefícios correlatos* ... 348
    F. *Eventos de realização* 351
    G. *Investimentos* 352

VIII. TRIBUTAÇÃO 354
    A. *Distribuição da carga tributária das empresas* ... 355
    B. *Tributação e filosofia de investimento* 358

IX. HISTÓRIA 363
    A. *O milagre americano* 363
    B. *Crescimento da produtividade* 365
    C. *De vento em popa* 371

X. CONCLUSÕES 374
    A. *Buffett sobre a cultura da Berkshire* 374
    B. *Munger sobre "o sistema da Berkshire"* 388
    C. *Herança de Matusalém* 394

Glossário de conceitos 398
Sobre o autor 399

Prefácio

Há muitos livros sobre Warren Buffett, desde sua maravilhosa biografia *Buffett – A formação de um capitalista americano*, de Roger Lowenstein, a obras que analisam sua filosofia, sua estratégia de investimentos e as razões de seu sucesso. Este que você tem em mãos, porém, bebe direto da fonte: é o próprio Warren Buffett quem se manifesta sobre um leque variado de assuntos, em textos extraídos das diversas cartas que ele escreveu ao longo dos anos aos acionistas de sua holding, a Berkshire Hathaway. Foram compilados por Lawrence Cunningham, acadêmico americano, escritor e estudioso da obra de Buffett.

Mesmo escritas há décadas, em cenários econômicos diferentes, *As cartas de Warren Buffett – Lições de investimento e gestão selecionadas das cartas aos acionistas da Berkshire Hathaway* guardam uma atualidade impressionante. O professor Cunningham as organizou por temas: governança, investimentos, ações ordinárias, avaliação de empresas, entre outros, facilitando a consulta de acordo com o interesse de cada momento. Em nossos investimentos, quando precisamos aprofundar alguma reflexão sobre esses e outros assuntos, muitas vezes recorremos a esta coletânea de cartas, que ganha agora a primeira edição no Brasil. Buffett sempre tem um comentário, uma recomendação ou uma estratégia que nos ajuda a tomar as melhores decisões.

Este não é um livro para se ler uma única vez. É um manual prático, e ao mesmo tempo uma obra de referência, sobre como navegar no universo corporativo, do ponto de vista privilegiado daquele que é um dos maiores investidores de todos os tempos. Alguns capítulos podem ser técnicos – como ao abordar aspectos da contabilidade empresarial –, mas é sempre uma leitura agradável, clara, muitas vezes divertida. Warren Buffett tem um senso de humor inteligente e refinado que transparece em seus comentários e mesmo em suas análises.

As cartas são profundamente aderentes à missão do AGF, a plataforma de educação financeira digital que criamos com a missão de simplificar e democratizar a jornada do investidor rumo à independência financeira. Para ficar em um só exemplo, em suas cartas Buffett traz muitos ensinamentos sobre como fidelizar uma base acionária. No AGF, também acreditamos em empresas fortes e empenhadas em atrair acionistas que comprarão suas ações como forma de investimento de longo prazo. Eles atuarão com uma postura de dono, estando presentes tanto em momentos gloriosos quanto em fases desafiadoras da trajetória das companhias.

Se temos como missão democratizar a jornada do investidor na conquista de sua independência, conhecimento do mercado financeiro e do dia a dia das empresas é essencial. É algo que este livro traz com elegância e solidez. Bem-vindo a Warren Buffett por ele mesmo.

Boa leitura!

Louise Barsi, Felipe Ruiz e Fabio Baroni,
sócios-fundadores do AGF

Nota do editor

A EDIÇÃO ORIGINAL DE *As cartas de Warren Buffett – Lições para empresas fortes* foi peça central de um simpósio que organizei em 1996, como diretor do Centro Heyman para a Governança Corporativa. Durante dois dias, esse encontro reuniu centenas de estudantes para dissecar todas as ideias da coletânea e promoveu debates vibrantes entre cerca de trinta estudiosos, investidores e gestores notáveis. Warren Buffett e Charles Munger estiveram presentes, sentados na primeira fila, do início ao fim do evento.

Após essa primeira publicação, durante muitos anos transmiti as lições de *As Cartas*, como o livro ficou conhecido, em minhas aulas e seminários em quatro universidades diferentes. A obra é adotada por incontáveis professores de outras instituições em disciplinas como alocação de recursos, finanças e contabilidade. Empresas de investimentos distribuíram exemplares para seus funcionários e clientes em programas de treinamento.

Como as edições anteriores, esta mantém a estrutura e a filosofia já familiares aos leitores habituais e ainda traz passagens selecionadas das mais recentes cartas anuais de Warren aos acionistas. As cartas se entrelaçam em uma costura coesa, compondo uma narrativa completa e coerente da sólida filosofia de negócios e investimentos de Buffett.

A tabela a seguir relaciona os capítulos do livro e suas seções com o ano de publicação das cartas. Os capítulos (em algarismos romanos, de I a X) estão indicados nas colunas, subdivididas em texto introdutório (representado por asteriscos) e seções (indicadas por letras). Dela não consta o Prólogo (p. 42), que foi retirado das cartas de 1979 e 1996.

TABELA DE CONTEÚDOS

ANO	I. GOVERNANÇA										II. INVESTIMENTOS									III. ALTERNATIVAS									IV. AÇÕES ORDINÁRIAS							V. AQUISIÇÕES							VI. AVALIAÇÃO DE EMPRESAS							VII. CONTABILIDADE								VIII. TRIBUTAÇÃO				IX. HISTÓRIA				X. CONCLUSÕES			
	*	A	B	C	D	E	F	G	H	*	A	B	C	D	E	F	G	H	*	A	B	C	D	E	F	G	H	*	A	B	C	D	E	F	*	A	B	C	D	E	F	*	A	B	C	D	E	F	*	A	B	C	D	E	F	G	*	A	B	C	*	A	B	C	*	A	B	C
1979																																																																				
1980																																																																				
1981						X																																																														
1982																																											X	X																								
1983					X																																X	X																														
1984	X																																																																			
1985			X											X																								X						X																							
1986		X					X						X									X									X																																				
1987						X																		X					X																		X																				
1988		X			X									X							X			X					X									X												X									X									
1989													X		X				X																				X							X	X																				
1990					X	X	X	X					X	X							X	X																	X					X																								
1991					X										X					X												X																																				
1992						X																	X							X																												X										
1993					X																								X																																				X			
1994						X							X																	X	X																					X															
1995		X																				X	X	X	X												X							X											X												
1996		X			X											X															X								X	X												X																
1997																																									X																											
1998				X														X							X		X								X					X										X							X								X	X	
1999				X														X														X																			X																	
2000																																										X							X																		
2001		X																																																																		
2002					X		X															X										X																			X																	
2003		X			X	X																X		X							X																			X																	
2004		X																																																								X										
2005					X						X											X								X								X													X																
2006			X																													X																						X														
2007																															X									X																												
2008																		X									X	X					X																					X											X	X		
2009				X					X									X			X												X																					X		X											X	
2010				X	X	X			X																	X	X							X					X																	X										X		
2011																											X																																								X	
2012																																																																				
2013																															X																																					
2014							X		X																							X																										X										
2015																																																																				
2016																																																		X								X					X					
2017																		X													X																																X					
2018	X	X																											X																		X																	X				

Com a tabela, os leitores familiarizados com as cartas poderão conferir o que há de novo e os rearranjos feitos.

Para preservar a fluidez do texto, não utilizamos reticências quando omitimos passagens de certos textos. Mantivemos as pausas narrativas que já existiam na íntegra de cada carta. Além disso, a edição brasileira optou por indicar o ano de publicação também ao final de cada trecho selecionado.

Esta nova edição é necessária não por ter havido qualquer mudança nos posicionamentos de Warren, mas para articular-se no contexto dos acontecimentos da contemporaneidade e das circunstâncias de negócios. Para manter sua atualidade, é recomendável a revisão periódica.

Contei com a ajuda de diversas pessoas ao longo da preparação das edições anteriores e sempre registrei a minha gratidão. Quero fazê-lo mais uma vez, em especial a Warren Buffett. Sua generosidade permitiu a realização do simpósio. Mais: ao participar dele, enriqueceu-o de várias formas. Sua disposição de confiar a mim a reorganização e a republicação contínua das cartas é uma grande honra. Agradeço aos milhares de fãs, seguidores e amigos dedicados que, nos últimos 25 anos, tornaram-se leitores ávidos das *Cartas*. Espero continuar nossa jornada.

Lawrence A. Cunningham
Nova York
1º de outubro de 2019

Introdução

Quem passou pela experiência de ler as cartas de Warren Buffett aos acionistas da Berkshire Hathaway Inc. adquiriu uma educação informal extremamente valiosa. Elas descrevem de maneira simples todos os princípios básicos das boas práticas de mercado. Ao tratar da seleção de gestores e investimentos, da avaliação de negócios e da construção da cultura corporativa, os textos abrangem um escopo amplo e trazem uma sabedoria acumulada de muitos anos. Organizados por temas, sintetizam a filosofia de negócios e investimentos para o público em geral.

Um tema central conecta as cartas lúcidas de Buffett: os princípios da análise fundamentalista de negócios, elaborados inicialmente por seus professores Ben Graham e David Dodd, devem guiar as práticas de investimento. Vinculados a isso estão os princípios de administração que definem o papel dos gestores (como administradores responsáveis e diligentes do capital investido) e dos acionistas (fornecedores e proprietários do capital). Desses pontos principais irradiam lições pragmáticas e sensatas a respeito de várias questões relevantes de negócios, de aquisições a governança e avaliação.

Buffett aplicou esses princípios tradicionais como executivo-chefe da Berkshire Hathaway, companhia que se originou de uma empresa têxtil cujas operações datam do início do século XIX. Em 1965, quando ele assumiu o comando da Berkshire, o valor contábil por ação era de 19,46 dólares. Já o valor intrínseco por ação era bem inferior. Hoje, o valor contábil por ação ultrapassa 200 mil dólares e o intrínseco é ainda maior. Nesse período, a taxa de crescimento do valor contábil por ação foi de cerca de 19% ao ano.

A Berkshire se tornou uma holding com atuação em mais de oitenta ramos de atividades. A principal frente de negócios é a de seguros, que abrange várias empresas, inclusive uma das maiores seguradoras de automóveis dos Estados Unidos, a GEICO Corporation, subsidiária da qual detém 100% da propriedade, e uma das maiores resseguradoras do mundo, a General Re Corporation. Proprietária e gestora há muitos anos de grandes empresas de energia, a Berkshire adquiriu em 2010 a Burlington Northern Santa Fe Railway Company, uma das maiores ferrovias da América do Norte.

Além disso, a holding possui subsidiárias enormes: dez delas seriam incluídas na *Fortune 500* caso fossem empresas independentes. O espectro de atuação é tão amplo que, conforme escreveu Buffett, "quando você examina a Berkshire, vislumbra as maiores corporações dos Estados Unidos". Eis alguns exemplos: alimentos, roupas, materiais de construção, ferramentas, equipamentos, jornais, livros, serviços de transporte e produtos financeiros. A Berkshire também tem participações significativas em grandes companhias, inclusive American Express, Coca-Cola, Moody's e Wells Fargo.

Esse vasto conglomerado foi construído por Buffett e pelo vice-presidente da Berkshire, Charlie Munger, que investiram em empresas com características financeiras excelentes, administradas por gestores proeminentes. Embora prefiram negociar a aquisição de 100% de um negócio por um preço justo, eles adotam uma abordagem de "cano duplo", comprando no mercado aberto uma parte de determinadas empresas, quando o preço *pro rata* é bem inferior ao da aquisição total.

Segmentando a holding em cinco elementos distintos, aos quais Buffett se refere como os "bosques da floresta da Berkshire", é possível estimar seu valor. São estes:

- dezenas de seguradoras cujas operações geram alto volume de recursos disponíveis (passivos de baixo custo conhecidos como *float*), no valor de 115 bilhões de dólares, que sustentam os quatro "bosques" de ativos;
- um grande número de subsidiárias operacionais, entre elas dez das maiores empresas americanas, a maioria totalmente pertencente à Berkshire, avaliadas em cerca de 300 bilhões de dólares;
- um grupo concentrado de investimentos em ações ordinárias que representa uma participação considerável nas principais empresas americanas, no valor de quase 200 bilhões de dólares;

- ativos em títulos do Tesouro dos Estados Unidos e outros investimentos de curto prazo, que recentemente ultrapassaram 100 bilhões de dólares; e
- diversas parcerias de investimento, como a Berkadia (com a Leucadia National) e a propriedade parcial da Kraft Heinz, que juntas podem valer 15 bilhões de dólares.

A Berkshire seria avaliada de maneira adequada ao se somarem esses bosques de ativos e deduzirem a reserva das seguradoras (e ainda uma estimativa dos impostos diferidos sobre a venda de ativos). No entanto, quando abrigamos todos os "bosques" sob o mesmo guarda-chuva corporativo, surgem outros componentes valiosos: o baixo custo dos recursos, a alocação flexível de capital, a redução do risco empresarial, custos indiretos ínfimos, a eficiência tributária e uma cultura corporativa marcante.

De acordo com Buffett, esses resultados não são fruto de um grande plano, mas de investimentos focados – a alocação concentrada de capital em empresas de características econômicas extraordinárias e geridas pela melhor equipe.

BUFFETT ENCARA A BERKSHIRE como uma parceria entre ele, Munger e outros acionistas, e quase todo o seu patrimônio líquido está aplicado em ações da holding. Seu objetivo financeiro é de longo prazo: maximizar o valor intrínseco por ação da Berkshire ao controlar a totalidade ou parte de um grupo diversificado de empresas que gerem caixa e retornos acima da média. Para atingir essa meta, ele renuncia tanto à expansão por si só quanto ao desinvestimento de negócios, contanto que tenham liquidez e sejam bem administrados.

A Berkshire retém e reinveste os lucros quando, com o tempo, isso produz – no mínimo – aumentos proporcionais no valor de mercado. A empresa toma dívida com parcimônia e só vende capital próprio quando essa operação não provoca desvalorização da ação. Buffett detalha as convenções contábeis, sobretudo aquelas que encobrem o real lucro econômico.

Esses princípios de negócios relacionados ao proprietário, como Buffett os denomina, organizam os ensaios a seguir, compondo um elegante e instrutivo manual sobre gestão, investimento, finanças e contabilidade. Também constituem o referencial para uma rica variedade de perspectivas sobre questões presentes em todos os aspectos dos negócios. Tais princípios vão muito além de chavões abstratos. É verdade que o investidor deveria se concentrar nos fundamentos, ser paciente e usar o bom senso. Nas cartas de Buffett, esses aperitivos de uma consultoria profissional estão ancorados nos princípios mais concretos que guiam sua vida e seu sucesso.

GOVERNANÇA

Para Buffett, gestores são administradores diligentes do capital dos acionistas. Os melhores pensam como proprietários na hora de tomar decisões de negócios, tendo os interesses dos acionistas em mente. Mas mesmo esses gestores às vezes têm interesses conflitantes. Saber como amenizar isso e estimular boas práticas de gestão administrativa são objetivos permanentes da longa carreira de Buffett e um tema de destaque em suas cartas, que abordam alguns dos problemas mais relevantes de governança.

O primeiro é a importância da franqueza e da honestidade na comunicação entre gestores e acionistas. Buffett fala das coisas como elas são, ou ao menos como ele as vê, e lamenta que esteja em minoria. O Relatório Anual da Berkshire não é grandiloquente: Buffett prepara o conteúdo usando palavras e números compreensíveis. Além disso, todos os investidores recebem as mesmas informações simultaneamente. Buffett e a Berkshire evitam fazer previsões – um mau hábito de gestão que muitas vezes leva executivos a maquiar relatórios financeiros.

Além da orientação ao proprietário refletida na prática de divulgação de Buffett e dos princípios de negócios já mencionados, a lição seguinte é dispensar fórmulas de estrutura gerencial. Ao contrário do que ditam os livros sobre comportamento organizacional, mapear uma cadeia de comando abstrata para aplicá-la no contexto específico de uma companhia, de acordo com Buffett, não adianta muito. O que faz diferença é selecionar pessoas capazes, honestas e diligentes. Ter profissionais de alto nível na equipe é mais importante do que criar hierarquias e estipular quem se reporta a quem, sobre o quê e quando.

Deve-se dar atenção especial à seleção do executivo-chefe da empresa, o CEO, por causa das três principais diferenças que Buffett identifica entre quem ocupa esse cargo e os demais funcionários. Primeiro, os padrões para mensurar o desempenho do principal executivo da companhia são inadequados ou fáceis de manipular, então é mais difícil avaliá-lo do que avaliar a maioria dos empregados. Em segundo lugar, ninguém está acima dele na hierarquia, e não é possível medir o desempenho de alguém em uma função superior. Por último, nem mesmo o conselho pode se posicionar acima do CEO, pois espera-se que mantenham uma relação amistosa.

Grandes reformulações, em geral, pretendem alinhar os interesses da equipe de gestão e dos acionistas ou melhorar formas de supervisão do desempenho do principal executivo da empresa por parte do conselho. Um dos instrumentos adotados foi definir se os gestores têm a opção de comprar ações da empresa. Além disso, deu-se maior ênfase aos processos do conselho. Outras modificações também foram consideradas promissoras: a separação entre a identidade e as funções do presidente do conselho e do CEO e a criação de comitês permanentes de auditoria, nomeação e remuneração. Talvez a recomendação mais difundida seja a de trazer membros independentes para ocupar assentos no conselho. Contudo, nenhuma dessas inovações resolveu os problemas de governança; algumas até os exacerbaram.

A melhor solução, ensina Buffett, é ter extremo cuidado ao identificar executivos-chefes capazes de alcançar um bom desempenho independentemente de controles estruturais, que podem ser fracos. Em sociedades de capital aberto, grandes acionistas institucionais precisam exercer o poder de destituir executivos-chefes que não atendam às demandas administrativas. Se o principal executivo da empresa for excelente, não precisará de muito treinamento por parte dos proprietários, embora possa se beneficiar de um conselho diretor igualmente notável. Portanto, os conselheiros devem ser escolhidos pelo conhecimento dos negócios, pelo interesse e pelo direcionamento. Para Buffett, um dos maiores problemas dos conselhos nos Estados Unidos é que seus membros são selecionados por outros motivos, entre eles compor um grupo mais diverso ou dar visibilidade ao colegiado – ou ainda, como se sabe, assegurar sua independência.

A maioria das reformulações é generalista e não observa as principais diferenças entre as situações identificadas por Buffett nos conselhos. O poder desse órgão se enfraquece, por exemplo, quando um acionista controlador acumula a função de gestor. Se surgirem divergências entre o conselho e a equipe de gestão, não há muito o que um conselheiro possa fazer além de se opor e, em circunstâncias graves, renunciar. Seu poder é maior na situação oposta, quando há um acionista majoritário que não participa da gestão. Nesse caso, ao ocorrer uma discordância, os conselheiros podem levar o assunto diretamente ao controlador.

O mais comum é que a empresa não tenha essa figura. Em situações assim os problemas de gestão são mais graves, explica Buffett. Empenhados em preservar a cordialidade das relações, em geral os conselheiros não impõem a disciplina necessária. Para maximizar a eficácia do conselho em um cenário desses, Buffett sugere que o grupo tenha poucos membros, a maioria deles externos. A arma mais forte que um conselheiro pode ter nessas circunstâncias continua sendo a ameaça de renunciar ao cargo.

Há uma característica comum a todas essas situações: é bem mais fácil confrontar ou remover um péssimo gestor do que um medíocre. Um dos principais problemas nas estruturas de governança tradicionais das corporações americanas é a presença do executivo-chefe nas reuniões para avaliação de seu desempenho. Realizar esses encontros sem a participação do próprio interessado pode resultar em melhoria significativa na governança corporativa.

Os executivos-chefes das várias companhias da Berkshire desfrutam de uma posição privilegiada entre as maiores empresas americanas dos Estados Unidos. Eles precisam seguir três mandamentos simples: administrar o negócio (1) como se fossem seu único proprietário; (2) como se possuíssem somente esse ativo; e (3) como se não pudessem vendê-lo ou fundi-lo nos próximos cinquenta anos. Isso permite aos CEOs do conglomerado exercer a gestão com um horizonte de longo prazo, algo raro entre seus pares em sociedades de capital aberto, cujos acionistas tendem a pensar no curto prazo e ficam obcecados em bater as metas de lucros trimestrais. Os resultados de curto prazo são importantes, é claro, mas o método da Berkshire evita pressões para alcançá-los abrindo mão do fortalecimento das vantagens competitivas com um horizonte mais extenso.

Se apenas os resultados de curto prazo fossem relevantes, seria mais fácil tomar muitas decisões gerenciais, especialmente aquelas relacionadas a negócios cujas características econômicas se deterioraram. Pense no tempo que Buffett dedicou a revitalizar o pior investimento que já fez, na opinião dele: a compra da Berkshire. O antigo negócio têxtil da Berkshire começou a ruir no fim dos anos 1970. Buffett pretendia montar um planejamento para reverter os prejuízos, tanto por perceber a importância da companhia para os funcionários e para as comunidades locais, na Nova Inglaterra, quanto por julgar que os gestores e a força de trabalho tinham capacidade e entendimento para lidar com as dificuldades. Tanto assim que manteve a fábrica operante até 1985, mas não foi possível contornar a situação financeira e ele teve que fechá-la. Equilibrar resultados de curto prazo e perspectivas de longo prazo com base na confiança da comunidade não é fácil, porém é uma conduta inteligente. Lições semelhantes são replicadas em outros setores nos quais a Berkshire investe, como o de jornais na era da internet, e mesmo em segmentos que obedecem a severas normas de controle governamental – por exemplo, energia e ferrovias –, nos quais Buffett vê um pacto social implícito entre empreendimentos privados e autoridades regulatórias.

Às vezes, os interesses da equipe de gestão e os dos acionistas entram em conflito, de maneiras sutis ou fáceis de disfarçar. Um exemplo é a filantropia. Na maioria das grandes organizações, a gestão destina parte do lucro a propósitos de caridade. E, com frequência, escolhe as instituições que beneficiará com base em motivos não relacionados aos interesses da empresa ou dos acionistas. A maioria das leis estaduais nos Estados Unidos permite que os gestores tomem essas decisões, desde que a soma das doações anuais respeite um determinado patamar – de modo geral, que não ultrapasse 10% do lucro líquido anual.

Já a Berkshire age de maneira diferente: não faz contribuições por meio da controladora e permite que suas subsidiárias sigam as políticas filantrópicas anteriores à aquisição. Além disso, ao longo de duas décadas, foram os próprios acionistas que determinaram as quantias e as instituições de caridade para as quais a Berkshire faria doações. Esse programa contou com a participação de quase todos os acionistas, que ano após ano doaram dezenas de milhões de dólares para milhares de instituições de caridade. Contudo, a controvérsia política acerca da questão do aborto impediu sua continuidade. Ativistas organizaram boicotes aos produtos da Berkshire em protesto contra determinadas doações, o que acabou com a proposta da companhia de estabelecer uma "parceria".

O plano de alinhar os interesses da equipe de gestão e dos acionistas ao conceder opções de compra de ações aos executivos não somente foi exagerado, como também ocultou de modo sutil uma divisão mais profunda entre as participações societárias que as opções criaram. Muitas empresas oferecem a seus executivos opções de compra de ações cujo valor aumenta somente pelo lucro acumulado, não por uma mobilização maior de capital. Entretanto, explica Buffett, ao apenas reter e reinvestir os lucros, os gestores podem obter aumento de lucros anuais sem levantar um dedo sequer para melhorar o retorno real sobre o capital. Assim, as opções de compra de ações muitas vezes tiram riqueza dos acionistas e destinam o lucro aos executivos. Além disso, uma vez concedidas, é comum que essas opções sejam irrevogáveis e incondicionais, beneficiando os gestores independentemente do desempenho individual.

Buffett concorda que é possível usar opções de compra para incutir uma cultura gerencial na qual os gestores sejam incentivados a pensar como donos do negócio. Mas o alinhamento não será perfeito. A exposição dos acionistas ao risco de perda de mobilização de capital abaixo do ideal é maior do que a do titular de opção de compra. Por isso Buffett recomenda aos acionistas que, ao lerem formulários de referência, estejam alertas para a assimetria nesse tipo de alinhamento quando se trata de aprovar planos de opções de compra. Muitos ignoram de forma deliberada esses formulários, quando deveriam atentar para o uso abusivo de opções de compra de ações, ainda mais se forem investidores institucionais empenhados em obter melhorias na governança corporativa.

Para Buffett, o desempenho deve ser a base para as decisões sobre remuneração de executivos. Esse desempenho deve ser medido pela rentabilidade da empresa após serem descontados os lucros retidos, ou seja, o capital reinvestido no negócio. Caso sejam utilizadas, as opções de compra de ações devem estar associadas ao resultado individual, não ao da empresa, e precificadas com base no valor de negócio. Melhor ainda, como acontece na Berkshire, é que as opções simplesmente não façam parte da remuneração dos executivos. Afinal, gestores excepcionais que ganham bônus em dinheiro com base no desempenho de seus próprios negócios podem comprar ações, se quiserem, e assim "realmente se colocar na pele dos proprietários", como afirma Buffett. E os interesses dos proprietários são primordiais tanto para a remuneração dos executivos quanto para outros tópicos de governança corporativa discutidos por Buffet, como gerenciamento de risco, conformidade corporativa e relatórios financeiros.

Embora seja menos quantificável, a cultura corporativa está entre os fatores mais importantes na avaliação de um negócio. Na Berkshire, ela está profundamente entranhada. Quem dá o tom é a alta administração, a partir da sede, em Omaha, pautando-se pelas normas e pelos valores que inspiram o grupo. Essa cultura também está presente nas subsidiárias e chega aos gestores das várias unidades de negócios que compõem a holding hoje. Como se trata de um vasto conglomerado de negócios diversificados e em expansão, é impressionante a uniformidade e a longevidade da cultura da Berkshire, o que, segundo Buffett, ajudará a empresa a prosperar por muito tempo depois que ele e Munger saírem de cena.

INVESTIMENTOS

As ideias de investimento mais revolucionárias dos últimos quarenta anos foram aquelas denominadas moderna teoria de finanças. Trata-se de um elaborado conjunto de teses que podem ser condensadas em uma implicação prática, ao mesmo tempo simples e equivocada: é perda de tempo estudar as oportunidades individuais de investimento em valores mobiliários disponíveis no mercado. De acordo com essa visão, o investidor se sairia melhor ao compor uma carteira fazendo apostas aleatórias em conjuntos de ações, sem pensar se cada oportunidade de investimento faz sentido.

Um princípio fundamental da moderna teoria de finanças é o da carteira de investimentos como a conhecemos. Segundo essa teoria, podemos eliminar o risco específico de qualquer investimento se mantivermos uma carteira diversificada – ou seja, ela corrobora o dito popular segundo o qual não se deve colocar todos os ovos na mesma cesta. A ideia é que o risco residual é o único pelo qual os investidores serão compensados.

Esse risco residual pode ser mensurado por um termo matemático simples, o índice Beta, que indica a volatilidade da ação em comparação com o mercado. O Beta mede bem o risco de volatilidade para títulos vendidos em mercados eficientes, nos quais as informações sobre tais títulos são incorporadas aos preços de maneira rápida e precisa. Mercados eficientes dominam a história das finanças modernas.

A reverência a essas ideias não se limitou aos acadêmicos da torre de marfim, que atuam em universidades, escolas de negócios e faculdades de direito; pelo contrário, nos últimos quarenta anos se tornou o principal dogma no coração financeiro dos Estados Unidos, de Wall Street à Main Street, ou seja, dos grandes aos pequenos investidores individuais. Muitos profissionais ainda acreditam que o preço sempre reflete com precisão seu valor, que o único risco que importa é a volatilidade dos preços e que a melhor forma de administrá-lo é investir em um conjunto diversificado de ações.

Pertencendo a uma corrente distinta de investidores que remonta a Graham e Dodd – e que desmistifica esse dogma pela lógica e pela experiência –, Buffett considera que o mercado não opera com total eficiência e que igualar volatilidade a risco é uma distorção grosseira. Assim, ele temia que toda uma geração de estudantes de MBA e de doutorado em direito, influenciada pela moderna teoria de finanças, aprendesse as lições erradas e não tivesse acesso às que são importantes.

Uma lição especialmente dispendiosa da moderna teoria de finanças decorre da proliferação do seguro de carteira – uma técnica computadorizada para reajustar carteiras de ativos em mercados em declínio. O uso indiscriminado desse seguro ajudou a precipitar a quebra do mercado financeiro em outubro de 1987 e a derrubada do preço das ações em outubro de 1989. No entanto, houve um lado positivo: caiu por terra a história moderna das finanças contada em faculdades de administração e direito e seguida fielmente por tantos em Wall Street.

A moderna teoria de finanças não poderia explicar a volatilidade subsequente do mercado, bem como outros fenômenos de grandes proporções relacionados ao comportamento de ações de baixa capitalização, de ações com alto retorno em dividendos e de ações com baixos índices de preço/lucro. O lance final da ineficiência do mercado foi a bolha das ações de empresas de tecnologia, que explodiu entre o fim dos anos 1990 e o início dos anos 2000, marcada por oscilações repentinas nos preços das ações: houve picos de euforia e melancolia entre os investidores, muito descolados do valor do negócio. Um número crescente de céticos passou a dizer que o Beta não mensura o risco de investimento que realmente importa e que, de todo modo, os mercados financeiros não são eficientes a ponto de torná-lo pertinente.

Em meio a esse debate acirrado, as pessoas começaram a se dar conta do histórico de investimentos bem-sucedidos de Buffett e a solicitar um retorno à estratégia de investimentos e negócios de Graham-Dodd. Afinal de contas, ao longo de mais de quarenta anos, Buffett gerou retornos anuais médios de 20% ou mais, o que representa o dobro da média do mercado. Antes disso, durante mais de vinte anos, a Graham-Newman Corp., de Ben Graham, fizera o mesmo. Conforme enfatiza Buffett, os desempenhos impressionantes da Graham-Newman e da Berkshire merecem respeito: o tamanho da amostra foi significativo; o período de tempo foi extenso; não houve distorção por causa de algumas experiências privilegiadas; não houve mineração de dados; e os resultados foram longitudinais, não selecionados de forma retrospectiva.

Ameaçados pelos resultados de Buffett, devotos teimosos da moderna teoria de finanças recorreram a estranhas explicações para o sucesso dele. Talvez fosse apenas alguém com muita sorte – como no Teorema do Macaco Infinito,[1] que em algum momento datilografaria *Hamlet*, de Shakespea-

---

[1] N. do E. O Teorema do Macaco Infinito é um enunciado matemático segundo o qual um macaco que digitasse aleatoriamente em um teclado por um tempo infinito seria capaz de produzir grandes obras da literatura mundial. O teorema pode ser generalizado para afirmar que qualquer sequência de eventos que tenha uma probabilidade diferente de zero de acontecer quase certamente ocorrerá, em algum momento.

re – ou que tivesse acesso privilegiado a informações não disponíveis para outros investidores. Ao rejeitarem Buffett, os entusiastas da moderna teoria de finanças continuam insistindo em que a melhor estratégia é diversificar a carteira de investimentos com base no índice Beta ou em apostas aleatórias, de modo a reconfigurá-la a todo momento.

Buffett responde a isso com um gracejo e uma sugestão. A brincadeira é que os devotos da sua filosofia de investimento provavelmente deveriam patrocinar cátedras em universidades e faculdades para garantir o ensino permanente de dogmas do mercado eficiente. Já o conselho é que ignorem a moderna teoria de finanças e outras visões menos sofisticadas do mercado, concentrando os investimentos nas áreas de expertise. Para muitos, a melhor maneira de fazer isso é investir a longo prazo em um fundo que busque acompanhar o rendimento de determinado índice de ações. Outra estratégia é fazer análises exaustivas de negócios com base na competência de avaliação de um investidor. De acordo com esse raciocínio, o risco não é o índice Beta ou a volatilidade, mas a possibilidade de um investimento causar perda ou prejuízo.

Avaliar esse tipo de risco requer refletir sobre a gestão, os produtos, os concorrentes e o nível de endividamento de uma empresa. A questão é se o lucro líquido do investimento no mínimo se iguala ao poder de compra do investimento inicial, somado a uma taxa de retorno justa. Os principais fatores são as características econômicas da empresa a longo prazo, a qualidade e a integridade da equipe de gestão, e os níveis futuros de tributação e inflação. Talvez esses fatores pareçam vagos, sobretudo se comparados à precisão sedutora do Beta, mas a verdade é que não há como deixar de considerá-los se pensarmos no melhor para o investidor.

Buffett salienta o contrassenso do Beta ao observar que "uma ação que tenha caído de modo muito acentuado em face do mercado... torna-se 'mais arriscada' com o preço mais baixo do que era com o preço mais alto" – é desse jeito que tal indicador mensura o risco. O índice também é pouco eficaz por não distinguir o risco inerente a "uma empresa de brinquedos que venda um só produto sem personalidade, como bambolês, e outra cujo único produto é o Banco Imobiliário ou a Barbie". Mas investidores comuns podem fazer essas distinções ao refletirem sobre o comportamento do consumidor e a forma como as empresas de bens de consumo competem entre si. Além disso, podem calcular quando uma grande queda no preço das ações sinaliza uma oportunidade de compra.

Contrariando a moderna teoria de finanças, a estratégia de investimento de Buffett não recomenda a diversificação. Pode até propor foco, se não na própria carteira de investimentos, ao menos na cabeça de seu dono. Quanto à concentração da carteira, Buffett nos lembra que Keynes – que foi não apenas um economista brilhante, mas também um investidor astuto – acreditava que o investidor deveria destinar quantias consideráveis a duas ou três empresas sobre as quais tivesse algum conhecimento e cujas equipes de gestão fossem confiáveis. De acordo com essa perspectiva, o risco aumenta quando as alocações e a filosofia de investimento se distanciam muito. Uma estratégia de foco financeiro e mental pode reduzir o risco ao estimular tanto a reflexão do investidor a respeito de um negócio quanto o nível de conforto que ele deve ter em relação a suas características fundamentais antes de comprá-lo.

De acordo com Buffett, a moda do índice Beta peca por não dar atenção a "um princípio fundamental: é melhor estar mais ou menos certo do que rigorosamente errado". O sucesso de um investimento de longo prazo não está atrelado a estudar o Beta e manter uma carteira diversificada, mas a reconhecer que o investidor é dono de um negócio. Recompor uma carteira por meio de compra e venda de ações para adequá-la ao perfil de risco Beta desejado compromete o sucesso do investimento a longo prazo. E "pular de galho em galho" gera custos enormes de transação por causa de spreads, taxas e comissões, sem falar nos impostos. Buffett brinca que chamar de investidor quem negocia de forma ativa no mercado "é como chamar de romântico quem sempre tem casos sem compromisso". A concentração de investimentos inverte a sabedoria popular da moderna teoria de finanças: em vez do "não coloque todos os ovos na mesma cesta", recebemos o conselho de Mark Twain em *A tragédia de Pudd'nhead Wilson*: "Coloque todos os ovos na mesma cesta – e cuide dela."

BUFFETT APRENDEU A ARTE de investir com Ben Graham quando era estudante de pós-graduação na Columbia Business School, nos anos 1950, e, mais tarde, ao trabalhar na Graham-Newman. Em uma série de obras clássicas, entre as quais *O investidor inteligente*, Graham apresentou alguns dos conhecimentos sobre investimento mais profundos da História. Esse saber rejeita uma mentalidade predominante, porém equivocada, que iguala preço a valor. Graham sustentava que preço é o que você paga e valor é o que você recebe. Valor e preço raramente se equivalem, mas a maioria das pessoas não percebe a diferença.

Uma das contribuições mais significativas de Graham foi ter descrito um personagem que vive em Wall Street, o Sr. Mercado. É aquele parceiro de negócios hipotético que todos os dias está disposto a comprar a sua participação em uma companhia ou vender para você a dele ao preço de mercado. O Sr. Mercado é temperamental, sujeito a oscilações repentinas que vão da euforia ao desespero. Pode oferecer preços tanto bem acima quanto bem abaixo do valor. Quanto mais instável o humor dele, maior o spread entre preço e valor e, portanto, mais oportunidades de investimento. Ao retomar essa alegoria de Graham sobre o mercado em geral, Buffett enfatiza como ela é valiosa para a concentração disciplinada de investimentos – embora os modernos teóricos de finanças não reconheçam o Sr. Mercado.

Outro importante legado de Graham acerca da prudência é o princípio de margem de segurança. Segundo esse princípio, não se deve investir em um título a não ser que haja base suficiente para acreditar que o preço pago é substancialmente inferior ao valor a ser recebido. Buffett segue esse princípio com devoção e destaca que Graham costumava dizer que, se fosse obrigado a resumir o segredo do investimento sólido em três palavras, elas seriam: "margem de segurança". Mais de quarenta anos depois de ter lido isso pela primeira vez, Buffett ainda considera que são as palavras certas. Enquanto os entusiastas da moderna teoria de finanças citam a eficiência do mercado para negar que haja disparidade entre preço (o que você paga) e valor (o que você recebe), na opinião de Buffett e Graham há toda a diferença do mundo.

Essa diferença também mostra que o termo *value investing*, investimento em ações depreciadas, é uma redundância. Todo investimento verdadeiro deve ser baseado em uma avaliação da relação entre preço e valor. Estratégias que não empregam essa comparação não constituem um investimento, mas uma especulação – mais uma esperança na alta do preço do que a convicção de que o preço pago é inferior ao valor obtido. Muitos profissionais cometem outro erro comum, observa Buffett, ao estabelecerem distinção entre "investimento em crescimento" e "investimento em valor". Para ele, não há diferença entre crescimento e valor. Ambos estão totalmente relacionados, uma vez que o crescimento deve ser tratado como um componente do valor.

Buffett também não concorda com a noção de "investimento relacional". O termo se tornou popular em meados da década de 1990 e descreve um estilo de investimento estruturado para reduzir os custos da separação entre a propriedade do acionista e o controle gerencial por meio da ênfase no envolvimento dos acionistas e no monitoramento da equipe de gestão. Muitas pessoas identificaram de maneira errada Buffett e a Berkshire como exemplos que se encaixariam nessa descrição. É verdade que Buffett compra grandes participações em poucas empresas e permanece com elas durante muito tempo. Buffett também só investe em negócios administrados por pessoas em quem ele confia. Mas as coincidências param por aí. Se fosse pressionado a usar um adjetivo para descrever seu estilo de investimento, Buffett escolheria algo como "focado" ou "inteligente". Mas até isso soa redundante – uma palavra simples o descreve melhor: *investidor*.

Outros usos indevidos de terminologia distorcem a distinção entre especulação e arbitragem como métodos de gestão eficaz de caixa – sendo a arbitragem muito importante para companhias como a Berkshire, que gera um excedente significativo. Tanto a especulação quanto a arbitragem são maneiras de aplicar o caixa excedente em vez de mantê-lo em investimentos de curto prazo, como *commercial papers*. A especulação descreve o uso do caixa para apostar em diferentes áreas empresariais tomando por base boatos de supostas transações ainda não anunciadas. Já a arbitragem, tradicionalmente compreendida como a exploração de preços para o mesmo ativo negociado em mercados diferentes, para Buffett refere-se à alocação do caixa em posições de curto prazo em algumas oportunidades anunciadas publicamente. É um modo de aproveitar a diferença de preços para um mesmo ativo de acordo com o momento. A decisão sobre usar o caixa dessa maneira requer a avaliação de quatro pontos de consenso, ancorados em informações, não em rumores: a probabilidade de o acontecimento se confirmar; o período em que os fundos ficarão retidos; o custo de oportunidade; e a desvantagem, caso não ocorra o esperado.

O princípio do círculo de competência faz parte do tripé do método Graham/Buffett de investimento inteligente, ao lado do Sr. Mercado e da margem de segurança. Essa regra do senso comum instrui os investidores a considerarem investir apenas em negócios que eles sejam capazes de entender com pouco esforço. Pelo compromisso de se ater ao que conhece, Buffett evita erros que outros repetem, em especial quem se deixa levar pela fantasia de enriquecer rapidamente, uma promessa dos modismos tecnológicos e da retórica de uma nova era, que infestaram de forma recorrente os mercados especulativos ao longo dos séculos.

Qualquer que seja a filosofia de investimento, é necessário se precaver contra o que Buffett chama de "imperativo institucional". Trata-se de uma força onipresente pela qual a dinâmica institucional gera resistência à mudança e absorção de recursos empresariais disponíveis, além de levar subordinados a aprovar, de modo automático, estratégias ruins do executivo-chefe da companhia. Ao contrário do que costuma ser ensinado nas faculdades de administração e direito, essa força poderosa interfere com frequência na tomada de decisões racionais de negócios. O resultado final do imperativo institucional é uma mentalidade "maria-vai-com-as-outras", que produzirá imitadores, não líderes. Buffett chama isso de abordagem de rebanho para os negócios.

ALTERNATIVAS

Todos esses princípios ganham vida nos arrebatadores artigos de Buffett sobre oportunidades de investimento. Depois de explicar sua preferência por investir em ativos produtivos e definir o que isso significa, uma série de textos discute alternativas, desde debêntures de alto risco e títulos com cupom zero a ações preferenciais. Desafiando Wall Street e a academia, Buffett se baseia mais uma vez nas ideias de Graham para rejeitar a "tese do punhal", usada para defender as debêntures de alto risco. Ao evocar a metáfora do motorista que dirigiria com cuidado redobrado se houvesse um punhal no volante, essa tese dá exagerada ênfase ao efeito disciplinador que o alto endividamento na estrutura de capital social teria para a equipe de gestão da empresa.

Buffett assinala o grande número de companhias que faliram durante a recessão do início dos anos 1990 sob a pressão de dívidas esmagadoras, e contesta pesquisas acadêmicas que demonstravam que as taxas de juros maiores das debêntures de alto risco compensariam – e muito – sua taxa de inadimplência mais elevada. Ele atribui esse erro a uma suposição equivocada que qualquer aluno do primeiro ano de Estatística poderia identificar: a de que as condições históricas dominantes durante o período estudado permaneceriam idênticas no futuro. Elas mudam.

Wall Street tende a abraçar as ideias baseadas no poder de geração de receita em vez de atentar à lógica financeira, uma tendência que muitas vezes distorce e estraga as boas ideias. Por exemplo, em uma situação que envolva títulos com cupom zero, Buffett mostra que eles possibilitam ao comprador fixar uma taxa de retorno composta em um patamar que nenhum título com pagamento de juros periódicos proporcionaria. Desse modo, os títulos com cupom zero permitiram, durante algum tempo, que o tomador se endividasse mais, sem a necessidade de um fluxo de caixa livre maior para pagar a despesa com juros. Os problemas surgiram, contudo, quando esse tipo de título começou a ser emitido por créditos cada vez mais fracos, cujo fluxo de caixa livre não conseguia sustentar o aumento das obrigações de endividamento. "Como acontece em Wall Street com bastante frequência, o que os sábios fazem no começo os tolos fazem no fim", lamenta Buffett.

Diversos fatores causaram a crise financeira de 2008, entre eles a proliferação de derivativos financeiros, uma questão para a qual Buffett alertou em artigos escritos muitos anos antes. A engenharia financeira contemporânea produziu uma explosão de instrumentos complexos conhecidos como derivativos porque seu valor flutuante é *derivado* de movimentos em um benchmark designado contratualmente. Os defensores desses dispositivos os consideram úteis para o gerenciamento de riscos – e, de vez em quando, a Berkshire assume posições modestas em contratos de derivativos mal avaliados, na opinião de Buffett. Enquanto os defensores dos derivativos ainda acreditam que eles tendem a reduzir o risco sistêmico geral, Buffett é cauteloso ao observar que podem ter o efeito contrário. É difícil avaliá-los, e qualquer conclusão pode mudar rapidamente. Além disso, os derivativos criam vínculos e interdependências entre instituições financeiras. Buffett alertou que a combinação desses fatores significa que se um único acontecimento gerar desafios para um setor, é possível que isso se espalhe em pouco tempo, com um efeito dominó que traria consequências sistêmicas devastadoras. Foi justamente o que aconteceu na crise de 2008.

Buffett reconhece que talvez sua visão sobre os riscos dos derivativos seja influenciada por sua aversão a qualquer tipo de risco de dimensões catastróficas, que venha a ameaçar o prestígio da Berkshire como uma fortaleza da solidez financeira. Não se trata de uma opinião leviana; afinal, ele acumulou vários anos de experiência direta na gestão de revenda de derivativos, incluída na aquisição da empresa de resseguros Gen Re pela Berkshire. Buffett explica que o fato de não terem se desfeito desse negócio imediatamente trouxe consequências indesejáveis, mas também observa que não foi possível vendê-lo; havia um labirinto de passivos exigíveis a longo prazo, e a Berkshire levou longos e dolorosos anos para se livrar deles. Assim, ele oferece uma reflexão abrangente sobre essa experiência para que todos possam aprender com os percalços de sua empresa.

O vasto capital de investimento do conglomerado e a rede de parceiros de negócios de confiança de Buffett levaram a várias alianças de investimento significativas. Entre elas estão a Leucadia National, em uma parceria chamada Berkadia, e a sociedade de *private equity* 3G, que comprou a Heinz e a fundiu com a Kraft. Cartas fascinantes explicam detalhes e desafios dessas parcerias, o que ajuda a esclarecer o pensamento de Buffett sobre negociações e atribuição de responsabilidade.

AÇÕES ORDINÁRIAS

A obra de Buffett data de 1978. Ele já havia escrito cartas para seus sócios, mas foi só na década de 1980 que elas se aprimoraram em conteúdo e estilo, adquirindo a riqueza pela qual se tornaram famosas. Desde 1978, especificamente, Buffett sempre escreveu as cartas com um propósito determinado: atrair o que ele chama de acionistas de qualidade – aqueles que compram grandes participações e ficam com elas, indiferentes a índices totalmente diversificados e a negociações de curto prazo. Buffett destaca temas e práticas que atraem esse grupo, dando mais ênfase a uma visão de longo prazo e ao foco nos inconfundíveis fundamentos de negócios da Berkshire do que ao preço das ações da companhia.

No dia em que a Berkshire foi listada na Bolsa de Valores de Nova York, em 1988, Buffett disse ao especialista em ações da empresa, Jimmy Maguire: "Vou considerar que obtivemos um sucesso enorme se essa ação só for negociada de novo daqui a uns dois anos." Ao brincar que Maguire "não parecia entusiasmado com isso", Buffett enfatizou que, na compra de qualquer ação, pensa assim: "Se não estivermos felizes em ser donos de uma parte do negócio quando a Bolsa fecha, não ficaremos felizes em possuí-la quando o próximo pregão abrir." Embora a Berkshire e Buffett invistam a longo prazo, muitos outros são negociantes eventuais de ações ordinárias, cuja movimentação gera custos elevados.

Parte significativa dos lucros das empresas é dissipada por custos friccionais associados à negociação. Negociar é reorganizar a posse de ações. Essa reorganização envolve o pagamento de comissões aos corretores, taxas aos gestores de investimento e dinheiro aos especialistas em planejamento financeiro e aos consultores de negócios, que vendem ainda mais conselhos ao longo desse processo. Nos últimos tempos, esses custos de fricção se tornaram uma indústria que se autodenomina de diversas formas, como hedge funds e sociedades de *private equity*. Buffett calcula que os custos totais podem consumir cerca de 20% dos lucros empresariais anuais dos Estados Unidos.

Ele sempre criticou os gastos com negociação e, desde o início dos anos 1990, recomenda que pequenos investidores deem preferência a fundos de investimento atrelados a um índice de ações (ETF) em vez de fundos mais custosos. Mas, acima de tudo, encoraja os acionistas da Berkshire a carregar a posição, de modo a estar à altura do conceito de acionista de qualidade, além de nunca ter incentivado qualquer interesse de terceiros. Fora isso, jamais fez alarde sobre as ações da Berkshire nem instigou ninguém a comprá-las.

Ao contrário de muitos executivos-chefes que desejam que as ações da própria empresa sejam negociadas no mercado pelo preço mais alto possível, Buffett prefere que as ações da Berkshire fiquem próximas ao valor intrínseco – nem muito acima nem muito abaixo. Essa vinculação significa que os resultados do negócio ao longo de um período beneficiarão quem era proprietário da empresa durante esse tempo. A manutenção desse vínculo requer um grupo de acionistas com uma filosofia de investimento coletivo de longo prazo e orientada para o negócio em vez de uma estratégia de curto prazo voltada para o mercado.

Buffett destaca a observação de Phil Fisher de que uma empresa é como um restaurante com um cardápio que atrai pessoas com gostos específicos. O cardápio de longo prazo da Berkshire enfatiza que os custos das negociações podem prejudicar os resultados de longo prazo. Na verdade, Buffett estima que os custos de transação de ações ativamente negociadas – comissões de corretores e spreads de formadores de mercado – em geral chegam a 10% ou mais dos lucros. Evitar ou minimizar esses custos é necessário para o sucesso dos investimentos de longo prazo, e a listagem da Berkshire na Bolsa de Valores de Nova York ajudou a contê-los.

Para Buffett, o desdobramento de ações, uma operação comum entre as empresas americanas, fere os interesses do proprietário. Esse tipo de operação traz três consequências: aumenta os custos de transação por promover um alto giro das ações; atrai acionistas com visão de curto prazo voltada para o mercado, que se concentram de maneira excessiva nos preços do mercado acionário; e, como resultado desses dois efeitos, faz com que os preços se afastem consideravelmente do valor intrínseco do negócio. Como não há benefícios que compensem a operação, desdobrar as ações da Berkshire seria uma bobagem. Buffett acrescenta que o desdobramento ainda ameaçaria reverter cinco décadas de trabalho árduo que provavelmente atraiu mais acionistas focados e com visão de longo prazo para a Berkshire do que para qualquer outra sociedade de capital aberto desse porte.

Recomprar ações subvalorizadas pode ser uma forma de alocar capital de modo a aumentar o valor de longo prazo da companhia, embora nem sempre seja o que parece. Nos anos 1980 e no início dos anos 1990, as recompras de ações eram incomuns, e Buffett deu crédito aos gestores que identificaram que comprar por 1 dólar uma ação cujo valor fosse de 2 dólares dificilmente traria um resultado inferior a qualquer outro uso dos recursos da empresa. Infelizmente, como costuma acontecer, muitos passaram a copiar a estratégia, e agora vemos com frequência companhias pagando 2 dólares para recomprar ações que valem 1 dólar. Muitas vezes, essas recompras que derrubam o valor da companhia servem para conter ou evitar a desvalorização das ações, ou ainda compensar a emissão simultânea de papéis com opções exercidas a preços muito mais baixos.

Buffett descreve o raciocínio e os termos que a Berkshire estabelece para participar de programas de recompra de ações: em situações pontuais, quando a ação é negociada com grande desconto em relação ao valor intrínseco. Isso facilita a argumentação a favor do investimento, pois o valor é claro para os titulares de longa data. Mesmo assim, Buffett se sente dividido em relação à recompra, já que os acionistas da Berkshire que vendem os papéis o fazem com desconto. A solução é divulgar informações com clareza para permitir a quem for vender as ações que tome uma decisão fundamentada.

A política de dividendos empresariais é uma questão importante de alocação de capital, sempre do interesse dos investidores, porém raramente explicada a eles. Os artigos de Buffett esclarecem esse assunto e enfatizam que "a alocação de capital é crucial para a gestão de negócios e investimentos". Desde 1998, cada ação ordinária da Berkshire foi cotada no mercado acima de 50 mil dólares. O valor contábil da empresa, os lucros e o valor intrínseco aumentaram de forma constante, bem acima das taxas anuais médias. No entanto, a companhia nunca efetuou um desdobramento de ações e, ao longo de mais de três décadas, não pagou dividendos em dinheiro.

Além de refletir o cardápio de longo prazo e a minimização dos custos de transação, a política de dividendos da Berkshire também expressa a convicção de Buffett de que a decisão entre pagar e reter lucros de uma empresa deve se basear em um único critério: cada dólar de lucro deve ser acumulado se isso trouxer um aumento do valor de mercado e se essa quantia for, no mínimo, equivalente. Caso contrário, o rendimento deve ser pago. A retenção de lucros se justifica somente quando "o capital acumulado produz lucros adicionais iguais ou superiores aos geralmente disponíveis para os investidores".

Como muitas das regras simples de Buffett, essa costuma ser ignorada pelos gestores de empresas, exceto, é claro, quando eles tomam decisões sobre dividendos para suas subsidiárias. Os lucros muitas vezes são retidos por motivos não relacionados aos proprietários, como a expansão do império empresarial ou benefícios para a equipe de gestão.

Como Buffett comentou no simpósio, as coisas são tão diferentes na Berkshire que, de acordo com seu critério, "é possível que ela distribua mais de 100% dos lucros". E Charlie Munger reforçou: "Pode ter certeza." Entretanto, isso não foi necessário porque, durante a gestão responsável de Buffett, a holding descobriu e explorou oportunidades de maior rentabilidade do capital.

Certa vez, técnicos de Wall Street tentaram criar títulos que tinham a pretensão de simular o desempenho da Berkshire e vendê-los a pessoas sem conhecimento do conglomerado, de seus negócios e da sua filosofia de investimento.

Em resposta, a Berkshire efetuou uma recapitalização por meio da criação de uma nova classe de ações, denominada ações Classe B, que vendeu ao público. As ações Classe B vêm com 1/1.500º dos direitos de uma ação Classe A, só que têm 1/10.000º dos direitos de votos das ações Classe A. Por isso as ações Classe B devem ser (e são) negociadas por um valor próximo a 1/1.500º do preço de mercado das Classe A.

A recapitalização da Berkshire deteve a comercialização de clones da empresa, que contradiziam todos os princípios básicos nos quais Buffett acredita. Esses clones – ou seja, fundos de investimento que compravam e vendiam ações da Berkshire de acordo com a demanda por unidades do fundo – teriam imposto custos aos acionistas. Caso fossem mantidos por pessoas que não compreendem os negócios ou a filosofia da Berkshire, poderiam causar picos no preço das ações da empresa, exacerbando a diferença entre preço e valor.

AQUISIÇÕES

A política de aquisições da Berkshire segue a abordagem do "cano duplo": comprar partes ou o todo de empresas com excelentes características econômicas, gerenciadas por profissionais que contam com a admiração e a confiança de Buffett e Munger. Ao contrário da prática habitual, Buffett argumenta que, ao comprar toda uma empresa, é raro existir qualquer razão para se pagar ágio.

Os casos raros incluem negócios com características de franquia – aqueles que podem aumentar os preços sem prejudicar o volume de vendas nem a participação no mercado e requerem somente um investimento de capital adicional para aumentar ambos. Até mesmo gestores medianos podem operar empresas de franquia para gerar altos retornos sobre o capital. Há outra categoria de casos pouco frequentes: a de ótimos gestores que conseguem realizar a difícil façanha de identificar empresas com desempenho abaixo do potencial delas e aproveitam seus talentos extraordinários para desbloquear esse valor oculto.

Essas duas exceções são muito esporádicas e não explicam as centenas de aquisições com ágio alto que ocorrem todos os anos. Buffett atribui tais aquisições aos responsáveis pela operação, movidos por três fatores: a excitação de uma aquisição, a vibração ao aumentar o tamanho da empresa e o otimismo excessivo quanto à sinergia.

Para pagar as aquisições, a Berkshire emite ações apenas quando recebe em valor de negócio o mesmo que oferece. Mas isso fica cada vez mais difícil quando se considera que o conglomerado detém hoje o equivalente empresarial ao acervo de arte do Louvre. Aumentar o valor da coleção existente ao acrescentar a ela um único Botticelli já é bastante complicado, ainda mais se, para tanto, for necessário abrir mão de alguns dos quadros de Rembrandt.

Gestores de outras empresas também têm problemas em seguir essa regra, nem tanto pelo esplêndido acervo de negócios em suas mãos. Ao contrário, Buffett observa que, nas aquisições de ações, as companhias vendedoras estipulam o preço de compra de acordo com o preço de mercado das ações da empresa compradora, não pelo valor intrínseco. Se as ações da compradora forem negociadas, digamos, pela metade do seu valor intrínseco, então, ao seguir essa diretriz, a empresa daria em valor de negócio o dobro do que receberia. Em geral, seu gestor justificaria as próprias atitudes com argumentos sobre sinergia ou tamanho da empresa e colocaria a emoção ou o otimismo excessivo acima dos interesses dos acionistas.

Mais do que isso, aquisições pagas com ações são muitas vezes (quase sempre) anunciadas assim: "compradora compra vendedora" ou "compradora adquire vendedora". Buffett sugere que faria mais sentido afirmar que "a compradora vende parte de si mesma para adquirir a vendedora" ou algo do tipo. Afinal, é o que acontece – e também permitiria avaliar de que a compradora está abrindo mão para fazer a aquisição.

Já é difícil ocorrer uma aquisição que acarrete aumento do valor, mesmo sem a sobrecarga adicional de uma média de custos maior para todas as partes envolvidas. Na verdade, a maioria das aquisições diminui o valor, afirma Buffett. Encontrar as melhores transações para elevar o valor exige uma concentração em oportunidades de custos, mensuradas sobretudo em comparação com a alternativa de comprar pequenas participações em empresas excelentes no mercado acionário. Essa concentração não é familiar para o gestor obcecado por sinergia e tamanho, mas é um elemento vital da estratégia de investimento de "cano duplo" da Berkshire.

A Berkshire tem vantagens extras nas aquisições: ações de alta qualidade para usar como pagamento e um nível significativo de autonomia gerencial para oferecer assim que o negócio for fechado – dois itens escassos em uma empresa adquirente, diz Buffett. Ao investir seu dinheiro seguindo as próprias recomendações, ele lembra aos vendedores em potencial que a Berkshire adquiriu muitos de seus negócios de família ou outros grupos de capital fechado e os incentiva a verificar junto a todos os vendedores do passado quais foram as promessas iniciais do conglomerado para, então, compará-las com suas ações posteriores. Em suma, a Berkshire busca ser a preferência de vendedores de negócios atraentes – essa lição é tão importante que explica por que Buffett prefere manter, em vez de vender, as empresas adquiridas, mesmo as que enfrentam adversidades de negócios.

AVALIAÇÃO DE EMPRESAS

Os artigos de Buffett oferecem um tutorial interessante e esclarecedor sobre como compreender e utilizar informações financeiras. Ao dissecar aspectos significativos dos Princípios Contábeis Geralmente Aceitos (*Generally Accepted Accounting Principles* – GAAP, em inglês), o autor mostra a importância e os limites deles para o entendimento e a avaliação de qualquer negócio ou investimento. Desmistifica questões decisivas que ressaltam as principais diferenças entre lucro contábil e lucro econômico, entre *goodwill* contábil e econômico e entre valor contábil e valor intrínseco. São ferramentas de avaliação essenciais para qualquer investidor ou gestor.

Esopo estava para as fábulas no passado como Buffett está para as cartas sobre negócios no presente. O ensaísta invoca o fabulista para mostrar que a avaliação não mudou ao longo do tempo. Esopo afirmou que "mais vale um pássaro na mão do que dois voando" – e Buffett estende esse princípio ao dinheiro. Avaliação é contar dinheiro, não esperanças ou sonhos, uma lição que muitos já deveriam ter aprendido com a bolha das empresas de tecnologia no fim dos anos 1990, a qual estourou quando finalmente se percebeu que havia poucos pássaros voando. Contudo, é improvável que todos tenham aprendido a lição, pois ela é repetida desde a época de Esopo e, mesmo assim, bem... ainda é repetida desde a época de Esopo.

Um exemplo importante do kit de ferramentas especializado de Buffett é o valor intrínseco, "o valor descontado do caixa que pode ser retirado de uma empresa ao longo da sua vida útil". Embora seja simples descrever o valor intrínseco, calculá-lo não é fácil nem objetivo. Depende da estimativa dos fluxos de caixa futuros e da movimentação da taxa de juros. Mas é o que realmente importa em uma empresa. Em contrapartida, o valor contábil não é complicado de calcular, mas tem utilidade restrita. Isso também ocorre com o preço de mercado, ao menos para a maioria das empresas. Dependendo do caso, talvez seja complicado definir as diferenças entre valor intrínseco, valor contábil e preço de mercado – mas quase com certeza elas existirão.

Buffett enfatiza que demonstrações financeiras úteis devem dar ao usuário condições para responder a três perguntas básicas sobre uma empresa: quanto ela vale aproximadamente, qual é a sua capacidade provável de cumprir as obrigações futuras e se os gestores estão fazendo um bom trabalho ao conduzi-la. Ele lamenta que as convenções de GAAP dificultem essas determinações; na verdade, em razão da complexidade dos negócios, quase todos os sistemas contábeis serão intensamente pressionados a fornecer respostas precisas. Ao reconhecer a dificuldade monumental de inventar um sistema contábil superior ao GAAP, Buffett articula uma série de conceitos que avançam no sentido de tornar as informações financeiras úteis para investidores e gestores.

Pense em um conceito que Buffett chama de "lucros transparentes". Para contabilizar investimentos de acordo com o GAAP, deve-se utilizar o método de consolidação para a participação patrimonial majoritária, o que significa um relatório completo de todos os lançamentos das demonstrações financeiras da investida que constem nas da controladora. Para investimentos em participação patrimonial de 20% a 50%, o GAAP pede que os relatórios da investidora informem sua participação proporcional nos lucros da investida. Já para investimentos de menos de 20%, o GAAP estipula que apenas os dividendos efetivamente recebidos pela investidora sejam registrados, não qualquer participação nos lucros da investida. Essas regras contábeis encobrem um fator importante para o desempenho econômico da Berkshire: uma parte enorme do seu valor são os lucros não distribuídos das suas sociedades investidas, que não constam nas demonstrações financeiras preparadas de acordo com o GAAP.

Ao reconhecer que o valor do investimento em participação societária não é determinado pelo tamanho, mas pela maneira de empregar os lucros não distribuídos, Buffett desenvolve o conceito de lucros transparentes para medir o desempenho econômico da Berkshire. Essa definição acrescenta ao lucro líquido da própria Berkshire os lucros não distribuídos das empresas investidas, subtraindo-se um valor para impostos. Para muitas empresas, os lucros transparentes não são diferentes dos lucros reportados conforme o GAAP – mas o são no caso da Berkshire, e é provável que também o sejam para muitos investidores individuais. Dessa forma, eles podem adotar abordagem semelhante para a própria carteira de investimento e, assim, montar uma que ofereça o maior lucro transparente possível a longo prazo.

A diferença entre *goodwill* contábil e econômico é bem conhecida, mas a lucidez de Buffett revigora esse tema. O *goodwill* contábil é essencialmente o montante pelo qual o preço de compra de uma empresa excede o valor justo dos ativos adquiridos (após a dedução dos passivos). É registrado como um bem no balanço patrimonial e depois amortizado como despesa anual, em geral ao longo de quarenta anos. Assim, o *goodwill* contábil atribuído a essa empresa diminui com o tempo pelo valor agregado dessa despesa.

Goodwill econômico é diferente. É a combinação de ativos intangíveis, como o reconhecimento da marca, o que permite à empresa gerar lucros acima das taxas médias sobre ativos tangíveis, como instalações e equipamentos. O montante do *goodwill* econômico é o valor capitalizado desse excedente. O *goodwill* econômico tende a aumentar com o tempo, pelo menos nominalmente, na proporção da inflação, para empresas medíocres, e acima disso para empresas com características econômicas sólidas ou de franquia. Na verdade, companhias com mais *goodwill* econômico em relação aos ativos tangíveis são bem menos afetadas pela inflação do que aquelas com menos.

As diferenças entre o *goodwill* contábil e o econômico envolvem algumas percepções. Primeiro, o melhor guia para o valor do *goodwill* econômico de uma empresa é o que ela pode ganhar com ativos tangíveis líquidos não alavancados, excluindo-se os encargos para amortização do *goodwill*. Portanto, quando uma empresa adquire outras firmas e essa operação é refletida em uma conta de ativo chamada *goodwill*, a análise da companhia deve ignorar os encargos de amortização. Em segundo lugar, uma vez que o *goodwill* econômico deve ser mensurado por seu custo econômico total, isto é, antes da amortização, a avaliação de uma possível aquisição de empresa deve ser conduzida também sem levar em consideração esses encargos de amortização.

Buffett enfatiza que isso, no entanto, não se aplica aos encargos de depreciação – os quais não devem ser ignorados porque são custos econômicos reais. Ele esclarece esse ponto ao explicar por que a Berkshire sempre apresenta aos seus acionistas os resultados líquidos das operações relacionadas aos negócios adquiridos, sem quaisquer ajustes de preço de compra exigidos pelo GAAP.

É comum em Wall Street avaliarem-se as empresas usando um cálculo de fluxos de caixa igual a (*a*) lucro operacional mais (*b*) despesa de depreciação e outras despesas não monetárias. Para Buffett, esse cálculo é incompleto. Ele argumenta que, após pegarmos (*a*) o lucro operacional e acrescentarmos de volta (*b*) despesas não monetárias, devemos então subtrair outra coisa: (*c*) o reinvestimento necessário na empresa. Ele define (*c*) como "o montante médio de despesas capitalizadas para instalações e equipamentos, etc., do qual a empresa necessita para manter plenamente sua posição competitiva de longo prazo e seu volume unitário". Buffett chama o resultado de (*a*) + (*b*) - (*c*) de "lucro do proprietário".

Quando (*b*) e (*c*) diferem, a análise do fluxo de caixa e a do lucro do proprietário também diferem. Para a maioria das empresas, (*c*) geralmente excede (*b*), então a análise do fluxo de caixa exagera a realidade econômica. Em todos os casos em que (c) difere de (b), o cálculo do lucro do proprietário permite avaliar o desempenho com mais precisão do que a análise do lucro conforme o GAAP ou os fluxos de caixa afetados por ajustes contábeis no preço de compra. É por isso que a Berkshire faz o relatório do lucro do proprietário por seus negócios adquiridos, de forma suplementar, em vez de depender apenas dos valores de lucro conforme o GAAP ou dos números do fluxo de caixa.

CONTABILIDADE

A questão fundamental a se entender sobre contabilidade é que se trata de uma planilha e, como tal, pode ser manipulada. Buffett mostra como essa manipulação pode ser grave ao comentar uma sátira escrita por Ben Graham na década de 1930. Os métodos contábeis avançados que Graham apresenta permitem que sua fictícia US Steel relate lucros "fenomenalmente melhorados", sem despesas de caixa nem mudanças nas condições operacionais ou nas vendas. Exceto pelo espírito satírico, o exemplo de Graham sobre o embuste contábil não difere muito do que costuma ser visto em grandes empresas nos Estados Unidos.

O GAAP já tem problemas suficientes. No entanto, dois grupos de pessoas o pioram: as que tentam superar os requisitos do GAAP, ao darem mais brechas à contabilidade criativa, e as que o utilizam de forma deliberada para favorecer a fraude financeira. O primeiro grupo é especialmente difícil de lidar, conforme Buffett sugere ao demonstrar como o debate sobre a contabilidade para opções de compra de ações revela provincianismo por parte de muitos executivos e contadores. Ao criticar a visão que se opõe a considerar a concessão de opções de compra de ações como despesa, Buffett faz este comentário sucinto: "Se as opções não são uma forma de remuneração, são o quê? Se remuneração não é uma despesa, é o quê? E se despesas não devem entrar no cálculo do lucro, onde é que vão parar?" Até agora, ele ainda não obteve respostas.

A busca da integridade dos relatórios financeiros é interminável, pois novas maquinações contábeis surgem a todo momento e, de tempos em tempos, chegam às salas de diretores financeiros das maiores empresas americanas, empolgando seus ocupantes. O produto que se popularizou mais recentemente é a contabilidade de "reestruturações", termo usado para uma variedade de manobras que permitem a prática de um gerenciamento dos resultados à moda antiga e a adoção de técnicas de harmonização com mais êxito e destreza do que nunca. Outros exemplos dizem respeito às estimativas exigidas para o cálculo de passivos de aposentadoria e do momento da venda de ativos que geram ganhos ou perdas com impacto no lucro declarado. Os investidores devem ficar atentos.

Uma lição clara da questão levantada por Buffett acerca das informações financeiras é que a contabilidade tem limites inerentes a ela, embora seja absolutamente essencial. Apesar da enorme margem de manobra gerencial para relatar lucros e dos possíveis desvios, as informações financeiras podem ser de grande utilidade para os investidores. Buffett as utiliza todos os dias e alocou bilhões de dólares graças a isso. Logo, é possível tomar decisões relevantes de investimento com base nas informações financeiras disponíveis, se a pessoa usar bom senso e estiver bem informada. Esse julgamento inclui empreender ajustes para determinar os lucros transparentes, o lucro do proprietário e o valor intrínseco.

TRIBUTAÇÃO

As consequências fiscais guiam as decisões de muitos investidores e gestores de empresas. Essa abordagem pode reduzir custos e aumentar o retorno do investimento. Por exemplo, de acordo com a longeva política federal de imposto de renda dos Estados Unidos, os ganhos sobre títulos valorizados não são tributados até que estejam concretizados pela venda. Tampouco são indexados pela inflação. Isso torna o governo um parceiro silencioso e não remunerado. Durante o período de retenção, o investidor contabiliza as obrigações futuras de pagamento como "impostos diferidos" – uma procuração para a reivindicação do governo. Na Berkshire, os impostos diferidos aumentaram de modo consistente, chegando a cerca de 60 bilhões de dólares. As cartas de Buffett sobre tributação iluminam esse tema, com o auxílio de referências espirituosas a personagens venerados, como Rip Van Winkle e Ferdinando Buscapé.

HISTÓRIA

Além de alusões literárias, as cartas de Buffett são pontuadas com referências históricas, sobretudo econômicas. Ele demonstra a importância de compreender o passado para lidar com o presente e navegar pelo futuro. Em uma série de cartas escritas entre 2016 e 2018, examina a história econômica dos Estados Unidos e avalia que seu valor global é extraordinário. Em quatro palavras, a mensagem é "de vento em popa", expressão náutica que denota uma força positiva e intensa impulsionando um objeto até seu destino. É uma descrição adequada do papel que a política econômica dos Estados Unidos desempenhou durante quase três séculos para as grandes empresas americanas e seus beneficiários, incluindo-se gestores, investidores e cidadãos.

CONCLUSÕES

Em 2015, na ocasião do 50º aniversário da Berkshire sob o comando de Buffett, ele escreveu uma retrospectiva que situou o futuro da empresa em um contexto histórico. Munger apresentou o próprio ponto de vista sobre esse assunto. Os dois compartilham a mesma opinião sobre a maioria dos temas, e invariavelmente Buffett fala por ambos em seus textos (a expressão "Charlie e eu" aparece em um terço das páginas deste livro). Mas os dois têm estilos bastante diferentes, o que pode ser comprovado pelo modo de contar a história e de enxergar o futuro da Berkshire na parte final desta coletânea.

As conclusões de Buffett exalam uma disposição alegre que dá vida a uma avaliação dinâmica das realizações da Berkshire ao longo de cinco décadas e ao entendimento de que a "cultura da Berkshire", como ele diz, garante um futuro otimista para o conglomerado – que ele considera "idealmente posicionado" a longo prazo. Embora concorde em essência com Buffett, a apresentação austera de Munger enfatiza que os elementos do que ele chama de "sistema da Berkshire" foram corrigidos cedo e ajudaram o conglomerado a ter sucesso, além de garantirem que continue sendo "uma empresa acima da média por muito tempo".

Sobre a questão sempre presente de como ficará a Berkshire depois da era Buffett, a carta ao final inclui uma das muitas piadas que o grande investidor faz sobre si mesmo: se aproveitar a vida contribui para a longevidade, então ele é uma ameaça para o recorde de Matusalém, de 969 anos. No simpósio que apresentou esta coletânea, um participante perguntou qual seria o efeito que a morte de Buffett teria para as ações da Berkshire. Alguém respondeu: "Teria um efeito negativo." Sem pestanejar, ele próprio brincou: "Mas para os acionistas não será tão negativo quanto para mim."

Lawrence A. Cunningham

Prólogo: Princípios de negócios relacionados ao proprietário[2]

DE CERTA FORMA, NOSSO GRUPO DE ACIONISTAS é bastante incomum, o que afeta a maneira de nos reportarmos a você. Sabemos que cerca de 98% das ações em circulação iniciam e encerram o ano nas mãos das mesmas pessoas. Portanto, no Relatório Anual, damos seguimento ao que informamos em anos anteriores em vez de repetir boa parte do que foi dito. Assim, você obtém informações mais úteis e ninguém fica entediado.

Além disso, cerca de 90% das nossas ações pertencem a investidores que têm muito mais títulos da Berkshire do que de qualquer outra empresa. Muitos desses proprietários estão dispostos a dedicar uma quantidade relevante de tempo à leitura do Relatório Anual, e tentamos lhes fornecer as mesmas informações que consideraríamos úteis se estivéssemos no lugar deles.

Por outro lado, não incluímos textos explicativos nos relatórios trimestrais. Nossos proprietários e gestores têm uma perspectiva de longuíssimo prazo em relação a esta empresa, e é difícil dizer algo novo ou significativo a cada trimestre sobre episódios cujos impactos também são de longo prazo.

De todo modo, ao receber uma comunicação nossa, saiba que ela vem diretamente da pessoa a quem você paga para administrar o negócio. Como presidente, acredito com convicção que os proprietários têm o direito de ouvir do próprio executivo-chefe o que está acontecendo e como ele avalia

---

[2] 1979; Manual do proprietário de 1996 – originalmente de 1983, e anual de 1988 a 2017, com alterações pontuais.

o negócio, hoje e no futuro. Você exigiria isso de uma empresa fechada e não deve esperar menos de uma cujo capital é aberto. A responsabilidade pelo relatório anual de gestão administrativa não deve ser repassada a um especialista da equipe ou a um consultor de relações públicas que provavelmente não estará na posição de falar com a franqueza de um gestor para um proprietário.

Acreditamos que você, como proprietário, tem o direito de receber dos seus gestores o mesmo tipo de relatório que os gestores das nossas unidades de negócios devem à Berkshire Hathaway. O grau de detalhamento deve ser diferente, claro, sobretudo se houver informações que possam interessar a um concorrente comercial ou similar. Mas o escopo geral, o equilíbrio e o nível de franqueza devem ser semelhantes. Quando os gestores operacionais nos informam o que está acontecendo, não esperamos deles um relatório de relações públicas. Da mesma forma, achamos que você deve receber um documento franco.

Boa parte das empresas conquista o grupo de acionistas que busca e merece. Se a filosofia e a comunicação delas tiverem como foco os resultados ou as consequências de curto prazo do mercado de ações, vão atrair, em grande parte, acionistas que pensam da mesma maneira. E se agirem com desdém ao lidar com os investidores, é bem provável que uma hora isso se volte contra elas.

Phil Fisher, autor e investidor respeitado, certa vez comparou as políticas empresariais para atrair acionistas às de um restaurante empenhado em conquistar determinada clientela – por exemplo, amantes de fast food, de comida oriental ou de jantares refinados – que, com o tempo, de fato fidelizava um grupo de frequentadores. Se executasse o trabalho com maestria, os clientes, satisfeitos com o serviço, o cardápio e os preços oferecidos, retornariam com regularidade. Mas o restaurante não poderia mudar suas características a toda hora e esperar que, mesmo assim, a clientela se mantivesse contente e estável. Se o estabelecimento oscilasse entre a culinária francesa e o frango para viagem, o resultado seria um entra e sai de clientes confusos e contrariados.

Isso também ocorre com as companhias e o grupo de acionistas que elas buscam conquistar. Não se pode oferecer de tudo a todos e, ao mesmo tempo, procurar diferentes proprietários cujos interesses vão do alto rendimento no presente a resultados como o crescimento de capital a longo prazo, passando pela pirotecnia no mercado acionário.

A lógica de gestão que almeja uma intensa atividade de negociação das ações da empresa nos intriga. Com efeito, esse tipo de gestão escolhe conquistar uma nova clientela abrindo mão da que já existia – afinal, não é possível agregar muitos proprietários (que terão novas expectativas) sem perder vários dos antigos.

Temos preferência por proprietários que gostam do serviço e do menu oferecido por nós e que regressam ano após ano. Seria difícil encontrar um grupo melhor para ocupar os assentos dos acionistas da Berkshire Hathaway do que o formado por aqueles que atualmente os ocupam. Esperamos manter uma rotatividade muito baixa entre nossos proprietários, de modo a refletir um grupo que entende a operação, aprova as políticas e compartilha das expectativas da nossa empresa, às quais esperamos atender.

1. *Embora o formato seja de empresa, nossa atitude é de parceria. Charlie Munger e eu vemos os nossos acionistas como sócios-proprietários e a nós mesmos como sócios-gestores. (Em razão do tamanho das participações que temos, bem ou mal, também somos sócios-controladores.) Não encaramos a empresa em si como proprietária final dos nossos ativos de negócios, mas como um canal por meio do qual os nossos acionistas detêm esses ativos.*

Charlie e eu esperamos que você não pense em si mesmo apenas como o dono de um papel cujo preço oscila todos os dias e que pode ser posto à venda sempre que houver um acontecimento político ou econômico preocupante. Em vez disso, queremos que você se veja como coproprietário de um negócio que pretende manter por tempo indeterminado, do mesmo jeito que agiria se possuísse uma fazenda ou um prédio residencial em sociedade com parentes. Da nossa parte, não encaramos os acionistas da Berkshire como integrantes sem rosto de uma multidão em constante mudança, mas como coempreendedores que confiaram seus fundos a nós, muito provavelmente pelo restante da vida.

Os dados sugerem que a maioria dos acionistas da Berkshire abraçou efetivamente esse conceito de parceria de longo prazo. O percentual anual de rotatividade das ações da Berkshire é uma fração do que ocorre com outras grandes companhias americanas, mesmo se excluirmos desse cálculo as minhas próprias ações.

Com efeito, os acionistas se comportam em relação às suas ações da Berkshire da mesma forma que a própria empresa age em relação às companhias nas quais investe. Por exemplo, como proprietários de papéis da Coca-Cola e da American Express, consideramos a Berkshire uma parceira não gestora de dois negócios extraordinários. Medimos o nosso sucesso pelo progresso dessas empresas a longo prazo, não pela variação mensal de suas ações. Na verdade, não nos importaríamos se muitos anos se passassem sem qualquer negociação ou cotação de preços das ações dessas empresas. Se tivermos boas expectativas de longo prazo, as mudanças de preço de curto prazo são irrelevantes para nós – a não ser que nos ofereçam uma oportunidade de aumentar a nossa participação a um preço atraente.

2. *Em linha com a postura da Berkshire de agir como proprietária, a maioria dos nossos diretores investe uma parte significativa do seu patrimônio líquido na empresa. Comemos do prato que servimos.*

A maior parte do patrimônio líquido da família de Charlie compõe-se de ações da Berkshire; eu mesmo apliquei na empresa mais de 98% do meu. Além disso, muitos parentes – minhas irmãs e meus primos, por exemplo – mantêm grande parcela de seu patrimônio líquido em ações da nossa empresa.

Charlie e eu nos sentimos totalmente confortáveis ao colocar os ovos na mesma cesta, porque a própria Berkshire tem uma grande variedade de negócios genuinamente extraordinários. De fato, acreditamos que ela esteja perto de se tornar única em termos de qualidade e de diversidade de negócios dos quais é controladora ou nos quais tem participação minoritária significativa.

Não podemos prometer resultados, mas podemos garantir que sua fortuna financeira acompanhará o ritmo da nossa enquanto for nosso sócio. Não temos qualquer interesse em receber salários altos, opções ou outros meios de obter uma "vantagem" sobre você. Queremos ganhar dinheiro apenas quando nossos sócios o fazem e exatamente na mesma proporção que eles. Além disso, se eu fizer uma bobagem, quero que você possa tirar algum consolo do fato de que meu sofrimento financeiro será proporcional ao seu.

3. *Nosso objetivo econômico de longo prazo (sujeito a alguns critérios mencionados adiante) é maximizar a taxa média anual de ganhos da Berkshire no valor intrínseco do negócio por ação. Não medimos a importância econômica*

ou o desempenho da Berkshire por seu tamanho, mas pela valorização por ação. Temos certeza de que a taxa de ganho por ação vai diminuir no futuro – uma base de capital bastante ampliada cuidará disso. Mas ficaremos desapontados se a nossa taxa não superar a média das grandes empresas americanas.

4. *Nossa preferência é atingir a meta por meio da propriedade direta de um grupo diversificado de negócios que gera caixa e obtém, de modo consistente, retorno sobre o capital acima da média. Nossa segunda opção é possuir partes de negócios semelhantes, obtidas sobretudo por meio da compra de ações ordinárias negociáveis pelas nossas subsidiárias de seguros. O preço e a disponibilidade dos negócios, somados à necessidade de capital de seguro, sempre determinam a alocação de recursos no ano.*

Recentemente, fizemos várias aquisições. Haverá anos de seca, mas esperamos fazer muitas mais nas próximas décadas, com a esperança de que sejam grandes. Se essas compras se aproximarem da qualidade daquelas que fizemos no passado, a Berkshire estará bem servida.

Nosso desafio é ter ideias tão rapidamente quanto geramos caixa. Nesse sentido, um mercado acionário em depressão provavelmente nos presenteará com vantagens relevantes. Antes de tudo, esse cenário tende a reduzir os preços de venda de empresas inteiras. Segundo, com um mercado em baixa, nossas seguradoras têm mais facilidade para comprar, por preços atraentes, pequenas porções de empresas maravilhosas – incluindo mais fatias dos negócios que já possuímos. Por fim, algumas dessas empresas excelentes são compradoras regulares das próprias ações, o que significa que elas e, portanto, nós nos beneficiamos dos preços mais baixos que conseguem nessas aquisições.

No geral, a Berkshire e seus acionistas de longo prazo obtêm ganhos com um mercado de ações em queda, do mesmo modo que um comprador frequente de alimentos se beneficia da redução de preços desses produtos. Assim, quando o mercado despenca – o que ocorre de tempos em tempos –, não entre em pânico nem fique de luto. É uma boa notícia para a Berkshire.

5. *Por nossa abordagem em duas frentes sobre a propriedade de empresas e pelas limitações da contabilidade convencional, o lucro consolidado relatado pode indicar relativamente pouco a respeito do nosso verdadeiro desempenho econômico. Charlie e eu, como proprietários e gestores, praticamente ignora-*

mos esses números consolidados. Contudo, também vamos informar a você quais foram os lucros de todas as principais empresas que controlamos, por considerarmos esses números de grande importância. Somados a outros dados que vamos fornecer sobre cada companhia, esses valores vão ajudá-lo a formar a sua opinião.

Para simplificar, tentamos fornecer no Relatório Anual os números e demais informações que realmente importam. Charlie e eu estamos muito atentos ao desempenho dos nossos negócios, além de trabalharmos para entender o ambiente em que cada um deles opera. Por exemplo, tal empresa segue crescendo em seu setor ou enfrenta dificuldades? Charlie e eu precisamos saber exatamente qual situação prevalece para ajustarmos as expectativas de acordo com ela. Transmitiremos a você as nossas conclusões.

Ao longo do tempo, a maioria dos negócios da Berkshire superou nossas expectativas. Às vezes, porém, nos decepcionamos. Ao informá-lo sobre esses casos, tentaremos ser tão francos quanto na hora de descrever as experiências mais felizes. Quando usarmos parâmetros não convencionais para mapear o nosso progresso – por exemplo, você lerá nos relatórios anuais a respeito do *"float"* das seguradoras –, explicaremos esses conceitos e por que os consideramos relevantes. Em outras palavras, acreditamos que compartilhar o nosso pensamento é o melhor caminho para você avaliar não só os negócios da Berkshire, mas também a nossa estratégia de gestão e de alocação de capital.

6. As consequências contábeis não influenciam nossas decisões operacionais ou de alocação de capital. Quando os custos de aquisição são similares, preferimos comprar 2 dólares de lucro não relatável por nós segundo os princípios contábeis padrão a comprar 1 dólar de lucro relatável. Com frequência, nos deparamos justamente com esse tipo de escolha, pois muitas vezes empresas inteiras (cujo lucro será relatável na íntegra) são vendidas pelo dobro do preço pró-rata de pequenas fatias delas (cujo lucro será em grande parte não relatável). Ao longo do tempo, esperamos que os lucros não declarados sejam devidamente refletidos no nosso valor intrínseco do negócio por meio dos ganhos de capital.

Descobrimos, com o tempo, que os lucros não distribuídos das empresas em que investimos beneficiaram a Berkshire como se tivessem sido pagos para nós (e, portanto, incluídos no lucro que relatamos de maneira oficial).

Esse resultado satisfatório ocorreu porque a maioria dessas empresas está engajada em empreendimentos realmente excepcionais, que, muitas vezes, podem empregar capital adicional com grande vantagem, seja colocando-o para trabalhar em seus negócios, seja recomprando suas ações. É óbvio que nem todas as decisões de investimento tomadas por essas empresas nos beneficiaram como acionistas, mas, no geral, acumulamos muito mais do que 1 dólar de valor para cada dólar que elas retiveram. Em consequência, consideramos que os lucros transparentes são uma representação realista do ganho anual obtido com as operações.

7. Nós nos endividamos com moderação. Preferimos rejeitar oportunidades interessantes a alavancar de modo exagerado nosso balanço patrimonial. Esse conservadorismo tem penalizado os resultados, mas é a única atitude que nos deixa tranquilos, considerando as obrigações fiduciárias firmadas com segurados, credores e os numerosos acionistas que confiaram aos nossos cuidados parcelas excepcionalmente grandes do seu patrimônio líquido. (Como disse um vencedor das 500 Milhas de Indianápolis: "Para terminar em primeiro lugar, você primeiro tem que terminar.")

O cálculo financeiro que Charlie e eu adotamos privilegia uma boa noite de sono em detrimento de tentativas de obter alguns pontos percentuais a mais de retorno. Jamais acreditei em arriscar o que minha família e meus amigos têm e de que precisam para buscar o que eles não têm e de que não precisam.

Além disso, a Berkshire tem acesso a duas fontes de alavancagem de baixo custo e sem risco, as quais nos permitem possuir – com segurança – muito mais ativos do que o nosso capital acionário possibilitaria: os impostos diferidos e o *float*, os fundos de terceiros que nossas empresas de seguros mantêm por receberem prêmio antes de precisarem pagar perdas. Ambas as fontes de financiamento cresceram rapidamente e agora totalizam cerca de 170 bilhões de dólares.

O melhor é que, até agora, muitas vezes esse financiamento teve custo zero. Os passivos fiscais diferidos não rendem juros. E, contanto que consigamos atingir o ponto de equilíbrio no processo de *underwriting* do seguro, o custo do *float* gerado a partir dessa operação é zero. Claro, nenhum desses itens é capital social; são, na realidade, passivos. Porém, não há cláusulas ou datas de vencimento vinculadas a esses passivos. Com efeito, eles nos oferecem o benefício do endividamento – a capacidade de ter mais ativos trabalhando para nós – sem nos sobrecarregar com a desvantagem de ter dívidas.

Não há garantia de que no futuro poderemos obter o *float* sem qualquer custo. No entanto, sentimos que nossa probabilidade de alcançar essa meta é tão boa quanto a de qualquer profissional do ramo de seguros. Além de termos atingido esse objetivo no passado (apesar de uma série de erros relevantes deste presidente), a aquisição da GEICO em 1996 melhorou significativamente as nossas perspectivas de alcançarmos a meta no futuro.

Desde 2011, esperamos que empréstimos adicionais se concentrem nas nossas concessionárias de serviço público e ferrovias – empréstimos esses que não são garantidos por outros bens da Berkshire. Nesse caso, daremos preferência a dívidas de longo prazo com taxas fixas.

8. *A "lista de desejos" da equipe de gestão não será atendida às custas do acionista. Não vamos diversificar comprando empresas inteiras e pagando um prêmio de mudança de controle que ignore as consequências econômicas de longo prazo para os nossos acionistas. Só faremos com o seu dinheiro o que faríamos com o nosso, ponderando devidamente os valores que você pode obter ao diversificar sua própria carteira de investimento por meio de compras diretas no mercado financeiro.*

Charlie e eu só temos interesse em aquisições que, conforme acreditamos, aumentarão o valor intrínseco *por ação* da Berkshire. O tamanho de nossos contracheques ou de nossos escritórios nunca será vinculado ao balanço patrimonial da Berkshire.

9. *Achamos que é preciso checar com frequência se boas intenções estão dando resultado. Para confirmar o acerto da decisão de reter lucros, avaliamos se ao longo do tempo essa retenção proporciona aos acionistas pelo menos 1 dólar de valor de mercado para cada dólar retido. Até o momento, a decisão passou nesse teste. Vamos continuar a aplicá-la de modo contínuo a cada cinco anos. À medida que nosso patrimônio líquido cresce, fica mais difícil usar o lucro retido com inteligência.*

Eu deveria ter escrito "de modo contínuo a cada cinco anos" de outra maneira, mas só percebi o erro quando me fizeram uma pergunta sobre esse assunto na reunião anual de 2009.

Quando o mercado sofreu uma queda drástica após um período de cinco anos de forte alta, em alguns momentos o prêmio do nosso valor de mercado sobre o valor contábil encolheu. Isso foi um sinal de que falhamos no teste, apenas porque eu o formulei de maneira errada. Na verdade, no período de 1971 a 1975 já havíamos falhado em relação a esse princípio, muito antes, portanto, de eu ter escrito sobre ele, em 1983.

O teste dos cinco anos deveria responder às seguintes questões: (1) se, durante o período, nosso ganho de valor contábil excedeu o desempenho do índice S&P; e (2) se as nossas ações foram vendidas de forma sistemática com um ágio sobre o valor contábil, ou seja, se cada dólar de lucro acumulado sempre valeu mais que 1 dólar. Caso as respostas sejam positivas, então a retenção de lucros fez sentido.

10. Emitiremos ações ordinárias somente quando recebermos em valor de negócio o equivalente ao que oferecemos. Essa regra se aplica a todas as formas de emissão – não apenas fusões ou ofertas públicas de ações, mas também swaps de ações por crédito, opções de compra de ações e títulos conversíveis. Não venderemos pequenas parcelas da sua empresa – é isso que significa a emissão de ações – de maneira incompatível com o valor da totalidade dela.

Quando vendemos as ações Classe B, em 1996, afirmamos que o capital da Berkshire não estava desvalorizado – e algumas pessoas ficaram chocadas com isso. Foi uma reação descabida. Espantoso seria se tivéssemos emitido ações quando elas *estivessem* desvalorizadas. Em geral, há duas explicações para gestores que afirmam ou insinuam, durante uma oferta pública, que suas ações estão desvalorizadas: ou estão sendo pouco generosos com a verdade ou generosos demais com o dinheiro dos acionistas. Os proprietários sofrem perdas injustas se os gestores venderem por 80 centavos, de modo intencional, ativos que na verdade valem 1 dólar. Não cometemos esse tipo de crime quando fizemos a oferta de ações Classe B e jamais o faremos. (Mas também *não* dissemos, no momento da venda, que as nossas ações estavam supervalorizadas, ao contrário do que noticiaram diversos meios de comunicação.)

11. É importante que você esteja totalmente ciente de uma postura adotada tanto por mim quanto por Charlie que prejudica o nosso desempenho financeiro: qualquer que seja o preço, não temos o menor interesse em vender os bons negócios da Berkshire, de modo algum. Também relutamos em vender empresas com desempenho abaixo da média enquanto temos a expectativa de que gerem ao menos alguma quantia de dinheiro e se estivermos satisfeitos com seus gestores e com as relações de trabalho. Esperamos não repetir os erros de alocação de capital que nos levaram a adquirir essas empresas abaixo da média. E reagimos com extrema cautela às sugestões de que nossos maus negócios podem recuperar uma lucratividade satisfatória por meio de grandes despesas de capital. (As projeções serão cintilantes, e os defensores, sinceros, mas, no fim das contas, investir mais e pesado em um setor péssimo costuma ser tão recompensador quanto se debater na areia movediça.) Uma gestão que se comporta como participante de um carteado (livre-se de seu negócio menos promissor a cada rodada) não faz o nosso estilo. Preferimos que nossos resultados gerais não sejam tão bons a ter esse tipo de postura.

E continuamos a evitar esse comportamento de jogador de cartas. É verdade que fechamos a empresa têxtil em meados dos anos 1980, após vinte anos lutando contra isso, mas apenas porque sentimos que ela estava condenada a ter prejuízos operacionais infindáveis. Contudo, não pensamos em vender operações que atingiriam preços muito altos nem descartamos as que estavam quase emperradas, embora nos esforcemos bastante para resolver os problemas que as levam a ficar para trás. Para esclarecer alguns mal-entendidos ocorridos em 2016, destacamos que esses comentários se referem a negócios que controlamos, não a títulos negociáveis.

12. Seremos francos nos relatórios enviados a você, enfatizando os prós e contras relevantes na avaliação do valor de negócio. Nossa diretriz é informar os fatos de negócios que gostaríamos de saber se estivéssemos na sua posição, e você, na nossa. É o mínimo que lhe devemos. Além disso, como companhia proprietária de uma grande empresa de comunicação, seria indesculpável se emitíssemos relatórios das operações sem seguirmos os padrões de precisão, equilíbrio e firmeza que esperamos das publicações de nossos jornalistas. Também acreditamos que a franqueza nos beneficia como gestores: quando um executivo-chefe engana as pessoas em público, ele pode acabar enganando a si mesmo quando estiver sozinho.

Na Berkshire, você não vai encontrar manobras contábeis que usam a estratégia de *big bath*[3] nem reestruturações, bem como qualquer tentativa

---

[3] N. do E. Trata-se de uma manobra em que o administrador que acabou de assumir uma empresa gera um prejuízo muito elevado em um ano (aumentando as provisões contra pagamento duvidoso, por exemplo) para que o lucro do ano seguinte seja bem inflado.

de amenizar os resultados trimestrais ou anuais. Sempre diremos quantas tacadas foram necessárias para acertar cada buraco e jamais brincaremos com a cartela de pontuação. Quando "chutarmos" os números muito por alto, como se deve fazer nas reservas de seguro, tentaremos ser consistentes e conservadores em nossa abordagem.

Vamos nos comunicar com você de diversas maneiras. Com o Relatório Anual, tento passar a todos os acionistas o máximo de informações que definam valor e possam ser transmitidas em um documento de tamanho razoável. Também buscamos divulgar um resumo generoso das informações relevantes em relatórios trimestrais publicados na internet, mas não sou eu quem os redige (um relato detalhado por ano já está de bom tamanho). Outro momento importante para a comunicação é a nossa reunião anual, na qual Charlie e eu temos o prazer de passar cinco horas, ou até mais, respondendo a perguntas sobre a Berkshire. Mas há uma maneira pela qual *não podemos* nos comunicar: individualmente. Isso não é viável, em razão dos muitos milhares de proprietários da Berkshire.

Em todas as nossas comunicações, tentamos garantir que nenhum acionista específico obtenha vantagem: não seguimos a prática usual de dar "orientação" sobre lucros ou outras informações de valor a analistas ou grandes acionistas. O objetivo é que todos os nossos proprietários sejam atualizados ao mesmo tempo.

13. *Apesar dessa política de comunicação franca, discutiremos as atividades relativas a títulos negociáveis seguindo apenas a exigência legal. Boas ideias de investimento são raras, valiosas e estão sujeitas à apropriação da concorrência, assim como as boas ideias de produtos ou de aquisição de negócios. Por isso, como regra, não falaremos sobre nossos planos de investimento. Essa proibição inclui títulos já vendidos (porque podemos comprá-los de volta) e ações que, segundo boatos falsos, estaríamos adquirindo. Se negarmos esse tipo de notícia num dia e no outro dissermos "sem comentários", a ausência de declaração soará como uma confirmação.*

Embora continuemos relutantes em falar sobre ações específicas, discutimos sem restrições nossa filosofia de negócios e investimento. Eu me beneficiei enormemente da generosidade intelectual de Ben Graham, o maior professor na história das finanças, e acredito que seja pertinente repassar o que aprendi com ele, mesmo que isso forme mais investidores capazes de competir com a Berkshire – como aconteceu com Ben após disseminar seus ensinamentos.

14. *Na medida do possível, gostaríamos que todos os acionistas da Berkshire registrassem, no período em que foram proprietários, um ganho ou uma perda no valor de mercado que fosse proporcional ao ganho ou à perda no valor intrínseco por ação registrado pela companhia durante o período de retenção do bem. Para tanto, a relação entre o valor intrínseco e o preço de mercado de uma ação da Berkshire precisa permanecer constante e, de acordo com a nossa preferência, na proporção de 1 para 1. Fica implícito que preferimos ver o preço das ações da Berkshire em um nível **justo**, não necessariamente **alto**. Naturalmente, Charlie e eu não conseguimos controlar o preço da Berkshire. Mas, graças às nossas políticas e comunicações, podemos encorajar um comportamento racional e bem fundamentado por parte dos proprietários, o qual, por sua vez, tende a gerar um preço de ação também racional. Talvez nossa estratégia, que considera a supervalorização tão ruim quanto a desvalorização, desaponte alguns acionistas. Entretanto, acreditamos que isso proporciona à Berkshire a melhor perspectiva de atrair investidores de longo prazo em busca de lucrar com o progresso da empresa, não com os erros de investimento de seus sócios.*

15. *Comparamos com regularidade o ganho no valor contábil por ação da Berkshire com o desempenho do índice S&P 500. Com o tempo, esperamos superar esse parâmetro. Caso contrário, por que nossos investidores precisariam de nós? Essa medida, porém, tem certas insuficiências. Aliás, hoje perdeu a relevância que já teve em outros anos. Isso ocorre porque as nossas participações acionárias, cujo valor tende a acompanhar o S&P 500, formam uma parte bem menor do nosso patrimônio líquido em comparação com anos anteriores. Além disso, os ganhos das ações negociadas nessa bolsa são considerados integralmente no cálculo do seu índice de referência, enquanto os ganhos nas participações acionárias da Berkshire são contabilizados em 79%, por causa do imposto federal no qual incorremos. Portanto, nossa expectativa é obter um desempenho superior ao índice S&P 500 nos anos ruins para o mercado acionário e um desempenho inferior nos anos bons.*

I. GOVERNANÇA

MUITAS REUNIÕES ANUAIS SÃO UMA perda de tempo, tanto para os acionistas quanto para a equipe de gestão. Às vezes, isso ocorre porque a administração reluta em revelar questões relevantes do negócio. Em geral, porém, uma reunião pouco produtiva é culpa dos acionistas presentes, mais preocupados com o momento em que farão seus apartes do que com os assuntos da companhia. O que deveria ser um fórum de debates se transforma em palco de encenações, desabafos inflamados e defesa de causas. (Difícil resistir: pelo preço de uma ação, você pode dizer a um público atento como acha que o mundo deveria ser administrado.) Nesse contexto, a qualidade da reunião se deteriora a cada ano, à medida que as artimanhas dos interessados em si mesmos desestimulam o comparecimento dos interessados no negócio.

As reuniões da Berkshire são totalmente diferentes. Ainda que o número de acionistas presentes aumente um pouco a cada ano, jamais ouvimos uma pergunta tola ou um comentário narcisista.[4] Pelo contrário, recebemos uma grande variedade de questões pertinentes sobre o negócio. A reunião anual é a ocasião perfeita para essas indagações, e Charlie e eu ficamos felizes em responder a todas, não importa quanto tempo demore. (Contudo, não respondemos a perguntas por escrito ou por telefone em outras épocas

---

[4] Cartas subsequentes ocasionalmente informam o número de participantes de reuniões anuais anteriores. Em 1975, no total, 12 pessoas compareceram à reunião; em 1997, houve cerca de 7.500 participantes, que saltaram para mais de 15 mil no início dos anos 2000, 35 mil em 2008 e 40 mil em 2015. A partir de 2016, a reunião anual da Berkshire passou a ser transmitida ao vivo pela internet, atraindo uma audiência global ainda maior.

do ano, pois informar uma pessoa por vez configuraria mau uso do tempo de gestão em uma empresa com [milhares de] acionistas.) Na reunião anual, só ficam fora da mesa os assuntos de negócios sobre os quais não podemos ser abertos, pois isso poderia custar à empresa dinheiro de verdade. Nossas operações com ativos financeiros são o principal exemplo.

1984

A. *Divulgação total e justa*

Na Berkshire, quando falamos em relatório completo, significa que forneceremos as informações que gostaríamos que você nos oferecesse se trocássemos de lugar. Nesse caso, Charlie e eu desejaríamos conhecer todos os fatos relevantes sobre as operações atuais, bem como a visão franca do executivo-chefe a respeito das características econômicas de longo prazo da empresa. Esperaríamos muitos detalhes financeiros e um debate sobre quaisquer dados significativos necessários para interpretarmos o que foi apresentado.

Quando Charlie e eu lemos relatórios, não temos interesse algum em fotos de pessoal, fábricas ou produtos. Referências ao Lucro Antes de Juros, Impostos, Depreciação e Amortização (EBITDA, na sigla em inglês) nos dão calafrios – a equipe de gestão acha que a fada dos dentes vai cobrir gastos de capital?[5] Suspeitamos bastante de metodologias contábeis vagas ou pouco claras, pois podem indicar que a gestão deseja ocultar algo. E não queremos ler comunicados enviados por um departamento de relações públicas ou um consultor. Esperamos que o próprio executivo-chefe da empresa explique com as palavras dele o que está acontecendo.

Para nós, divulgação justa significa informar nossos 300 mil "sócios" de maneira simultânea, ou o mais próximo possível disso. Assim, publicamos na internet dados financeiros anuais e trimestrais entre o fechamento do mercado em uma sexta-feira e a manhã seguinte. Ao fazermos isso, acionistas e outros investidores interessados têm acesso oportuno a essas informações importantes e também um tempo razoável para digerir o conteúdo ali incluído antes da abertura dos mercados na segunda-feira.

Aplaudimos o trabalho realizado por Arthur Levitt, Jr., até pouco tempo

---

[5] Ver "Lucro do proprietário e a falácia do fluxo de caixa", na Parte VI.E.

atrás presidente da SEC, para reprimir a prática empresarial de "divulgação seletiva", que se espalhou como um câncer nos últimos anos. Em grandes companhias, tornou-se uma prática quase padrão "direcionar" analistas ou grandes acionistas para expectativas de lucros destinadas a coincidir com a expectativa real da empresa ou ficar ligeiramente abaixo dela. Com dicas, piscadelas e acenos dirigidos a uns poucos eleitos, essas companhias garantiram a instituições e consultores de mentalidade especulativa informações que lhes deram alguma vantagem em relação aos indivíduos que se preocupam com o investimento. Infelizmente, esse comportamento corrupto foi adotado tanto por Wall Street quanto pelas grandes corporações norte-americanas.

Graças aos esforços incansáveis e eficazes do presidente Levitt em nome dos investidores, as empresas se viram obrigadas a tratar todos os seus proprietários de forma igualitária. O fato de essa reforma ter surgido mais por coerção do que por consciência deveria ser motivo de vergonha para os executivos-chefes e seus departamentos de relações com investidores.

Mais uma reflexão enquanto estou neste palanque: Charlie e eu achamos desonesto e perigoso que os executivos-chefes prevejam a taxa de crescimento da empresa que comandam. Sabemos que, com frequência, analistas e até os próprios departamentos de relações com investidores os instigam a fazê-lo. Porém, precisam resistir ao apelo, pois essas previsões muitas vezes causam problemas.

Em nossa opinião, é legítimo o executivo-chefe ter os próprios objetivos internos; inclusive, é apropriado que expresse publicamente expectativas sobre o futuro, desde que estas se façam acompanhar de advertências sensatas. Mas, para grandes empresas, prever que o crescimento do lucro por ação no longo prazo será de, digamos, 15% ao ano é brincar com a sorte.

Isso porque uma taxa de crescimento dessa magnitude só se sustenta em uma pequena porcentagem das grandes empresas. Faça o seguinte teste: examine, por exemplo, o registro das duzentas empresas que tiveram maior lucro entre 1970 a 1980 e monte uma tabela com aquelas cujo lucro por ação aumentou em 15% ao ano desde então. Você descobrirá que poucas conseguiram. Eu apostaria uma boa quantia nisto: menos de dez das duzentas empresas mais lucrativas em 2000 atingirão 15% de crescimento anual do lucro por ação nos próximos vinte anos.

O problema das previsões ambiciosas não se resume a espalhar um otimismo injustificado; mais preocupante ainda é o fato de comprometerem a conduta do executivo-chefe. Ao longo dos anos, Charlie e eu observamos muitos casos de CEOs envolvidos em manobras operacionais para cumprir as metas de lucro que haviam anunciado. E o pior: após esgotar todas as acrobacias operacionais, alguns ainda usavam uma série de jogos contábeis para "atingir os números". Essas peripécias com os números da empresa formam uma bola de neve: se a companhia desloca os lucros de um período para outro, os déficits operacionais posteriores exigirão que ela realize novas manobras contábeis, que terão que ser ainda mais mirabolantes. Isso pode transformar a falsificação em fraude. (Como dizem, já se roubou mais dinheiro com uma caneta do que com uma arma na mão.)

Charlie e eu tendemos a desconfiar de empresas administradas por executivos-chefes que conquistam investidores com previsões extravagantes. Alguns desses gestores se mostram proféticos – mas outros são apenas otimistas natos ou mesmo charlatães. Infelizmente, para os investidores, não é fácil saber em tempo hábil com qual tipo estão lidando.

2000

Eis aqui três sugestões para o investidor: primeiro, tome cuidado com empresas que apresentam uma contabilidade frágil. Caso a companhia ainda não registre as opções de compra de ações como despesa ou tenha previsões irreais sobre aposentadoria, fique atento. Quando a equipe de gestão patina na ética em aspectos visíveis, é provável que faça o mesmo nos bastidores. Geralmente, onde há fumaça há fogo.

O alarido em torno do EBITDA é uma prática particularmente perniciosa. Adotá-lo implica que a depreciação não é uma despesa real por se tratar de cobrança "não monetária". Isso é um absurdo. Na verdade, o que faz da depreciação um custo especialmente pouco atrativo é o fato de representar uma despesa de caixa paga com antecedência, antes que o ativo adquirido tenha gerado qualquer benefício para o negócio. Imagine, por exemplo, que no início deste ano uma empresa adiante a todos os funcionários o salário da próxima década de serviço (da mesma forma que desembolsaria dinheiro vivo para um bem imobilizado que utilizaria por dez anos). Nos nove anos seguintes, a remuneração seria uma despesa "não monetária" – uma redução de um ativo de remuneração pré-paga estabelecido este ano. Alguém se daria ao trabalho de argumentar que o registro da despesa do segundo ao décimo anos é mera formalidade contábil?

Além disso, na maioria das vezes, notas de rodapé ininteligíveis indicam que a gestão não é confiável. Se você não consegue entender uma observação ou explicação dos administradores, deve ser porque o executivo-chefe não quer que isso aconteça. As descrições da Enron sobre certas transações me intrigam até hoje.

Por fim, desconfie de empresas que fazem alarde sobre projeções de lucros e expectativas de crescimento. É raríssimo que companhias operem em um ambiente tranquilo e sem surpresas, e os ganhos não vêm sem tropeços (exceto, é claro, nos catálogos dos bancos de investimento).

Charlie e eu não sabemos hoje quanto os nossos negócios vão lucrar no *próximo ano* – nem sequer temos certeza sobre os números do *próximo trimestre*. Suspeitamos dos CEOs que têm o hábito de afirmar que preveem o futuro – e somos totalmente incrédulos quanto à possibilidade de atingirem com regularidade as metas declaradas. Gestores que sempre prometem atingir os números em algum momento serão tentados a *maquiá-los*.

2002

Nosso foco jamais está nos resultados do trimestre corrente. Aliás, talvez a Berkshire seja a única empresa listada na *Fortune 500* que não prepara mensalmente relatórios de lucro ou balanço. Eu, é claro, confiro sempre os relatórios financeiros mensais da maioria das subsidiárias. Mas nos informamos sobre os lucros gerais e a posição financeira da Berkshire apenas a cada três meses.

Além disso, a Berkshire não tem um orçamento que englobe a empresa toda (embora muitas das nossas subsidiárias acreditem que seja útil). A falta de tal instrumento significa que a nossa matriz nunca teve "números" trimestrais para atingir. Essa conduta envia uma mensagem importante aos nossos gestores no sentido de reforçar a cultura que prezamos.

O público da Berkshire não é formado por analistas nem comentaristas: Charlie e eu trabalhamos para os nossos sócios-acionistas. Os números que enviaremos a você são os que chegam a nós.

2018

B. *Conselhos e gestores*

[O desempenho dos executivos-chefes das empresas investidas], que acompanhamos de perto, contrasta nitidamente com o de muitos de seus pares, os quais, por sorte, observamos de uma distância segura. Em certos casos, é evidente que esses profissionais não se enquadram no cargo; mesmo assim, é improvável que sejam demitidos. Na gestão empresarial, o cúmulo da ironia é que se um executivo-chefe e um subordinado forem ambos inadequados para suas funções, o CEO terá muito mais facilidade de se manter no emprego.

Tomemos o exemplo de uma secretária contratada para uma vaga que exija a habilidade de digitar pelo menos oitenta palavras por minuto. Se ela só consegue digitar cinquenta, logo perderá o emprego. Existe um padrão lógico para esse trabalho, e o desempenho é facilmente mensurado. Logo, se não estiver à altura, você está fora. Da mesma forma, se vendedores recém-contratados não conseguirem bater a meta de negócios no prazo previsto, serão dispensados. Não se aceitam desculpas no lugar das demandas não atendidas.

No entanto, um executivo-chefe medíocre muitas vezes se mantém no cargo por tempo indeterminado. Um dos motivos é que raramente existem padrões de desempenho para a função dele. Quando há, costumam ser confusos ou podem ser descartados, mesmo diante de falhas graves e reiteradas. Em muitas empresas, o chefe atira a flecha do desempenho gerencial e, em seguida, corre para pintar o alvo ao redor do local onde ela caiu.

Outra distinção importante, porém pouco lembrada, entre general e soldado raso é que o executivo-chefe não tem um superior imediato que possa avaliar seu desempenho. O gerente de vendas que mantém profissionais ruins ao seu lado logo estará em maus lençóis. É do interesse dele cortar prontamente da equipe quem não deveria ter contratado. Caso contrário, ele próprio pode ser demitido. Um chefe de escritório que tenha selecionado secretárias ineptas enfrenta esse mesmo imperativo.

Mas o chefe do executivo-chefe é um conselho diretor que poucas vezes avalia a si próprio ou é responsabilizado por um desempenho empresarial abaixo do esperado. E daí se o conselho cometer um erro de contratação e o perpetuar? Mesmo se a empresa for adquirida por causa desse equívoco, o acordo provavelmente trará benefícios substanciais aos membros do conselho, que estarão de saída. (Quanto mais perto do topo, mais suave é a queda.)

Por fim, espera-se que as relações entre o conselho e o executivo-chefe sejam cordiais. Nas reuniões do conselho, criticar o desempenho do CEO é quase tão grosseiro quanto soltar um arroto. A secretária que digita devagar não está protegida por uma convenção social equivalente.

Esses pontos não devem ser interpretados como uma condenação generalizada de executivos-chefes ou conselhos diretores: a maioria é competente e trabalha duro, e alguns são excelentes. Mas as falhas de gestão que Charlie e eu observamos nos levam a ser gratos pelos gestores das nossas companhias. Eles amam as empresas que administram, pensam como proprietários e exalam integridade e competência.

1988

Em nossas reuniões anuais, há sempre alguém que indaga: "O que vai ser deste lugar se você for atropelado por um caminhão?" Fico contente que ainda formulem a pergunta dessa maneira. Não vai demorar muito para o questionamento se tornar outro: "O que vai ser deste lugar se você *não* for atropelado por um caminhão?"

De todo modo, essas indagações me dão um motivo para discutir a governança corporativa, o assunto principal do ano passado. Em geral, acredito que os conselheiros têm sido mais corajosos ultimamente e que os acionistas passaram a ser tratados um pouco mais como proprietários do que ocorria até pouco tempo atrás. Contudo, especialistas em governança corporativa quase nunca fazem qualquer distinção entre três situações fundamentalmente diferentes envolvendo gestor e proprietário, e que existem em empresas de capital aberto. Embora a responsabilidade legal dos conselheiros não mude, a capacidade de efetuar mudanças varia conforme o caso. A atenção costuma recair sobre o primeiro desses casos, porque ele prevalece no cenário empresarial. Mas, como a Berkshire se enquadra na segunda categoria, e um dia irá se encaixar na terceira, vamos discutir as três variações.

A primeira situação de conselho, que de longe é a mais comum, é aquela em que a companhia não tem um acionista controlador. Nesse caso, acredito que os conselheiros devem se comportar como se houvesse um único proprietário ausente, cujo interesse a longo prazo eles deveriam incentivar de todas as maneiras apropriadas. Infelizmente, a noção de "longo prazo" dá aos conselheiros muita margem de manobra. Se faltar a eles integridade ou capacidade de pensar de modo independente, podem causar um grande mal aos acionistas, embora continuem a afirmar que agem em prol dos interesses de longo prazo deles. Mas suponha que o conselho esteja funcionando bem e precise lidar com uma equipe de gestão medíocre, ou até pior. Os conselheiros têm a responsabilidade de mudar essa administração, assim como um proprietário inteligente faria, caso estivesse presente. E se gestores competentes, porém gananciosos, forçarem a barra para avançar no bolso dos acionistas, os conselheiros terão que dar um basta.

Nesse caso clássico, se um conselheiro vir algo de que não gosta, deve tentar persuadir os demais. Caso seja bem-sucedido, o conselho terá força para fazer a mudança adequada. Mas suponhamos que o pobre conselheiro não consiga convencer seus pares. Ele então deve se sentir à vontade para apresentar seu ponto de vista aos proprietários ausentes. É raro um conselheiro fazer isso, sem dúvida. Na verdade, o temperamento de muitos deles é incompatível com esse tipo de comportamento crítico. Contudo, presumindo que os problemas sejam graves, não vejo nada de impróprio em tal atitude. Naturalmente, o conselheiro que apresenta suas críticas pode esperar uma refutação vigorosa dos que não foram convencidos, e essa perspectiva deve encorajar o dissidente a se ater a questões de fato relevantes.

Quanto aos conselhos mencionados acima, acredito que deveriam ser formados por relativamente poucos elementos – digamos, dez ou até menos –, sobretudo externos. Esses membros externos devem estabelecer padrões para o desempenho do executivo-chefe e também promover reuniões periódicas, sem a presença do CEO, para avaliar se os parâmetros estão sendo atendidos.

Os requisitos para integrar o conselho devem ser conhecimento sobre negócios, interesse em executar o trabalho e postura de proprietário. No entanto, a escolha de conselheiros quase sempre ocorre porque eles são célebres ou acrescentam diversidade ao quadro. Essa prática é um erro. Além disso, os equívocos na seleção de conselheiros são particularmente graves pela imensa dificuldade em reverter as nomeações: o sujeito agradável, mas sem conteúdo, jamais precisará se preocupar com a estabilidade no cargo.

O segundo caso é o que acontece na Berkshire, onde o proprietário controlador também é o gestor. Em algumas empresas, a existência de duas classes de ações com poder de voto desproporcional facilita esse arranjo. Nessas situações, está claro que o conselho não atua como mediador entre os proprietários e a equipe de gestão e que os conselheiros não podem efetuar mudanças exceto por meio da persuasão. Portanto, no caso de um proprietário/gestor medíocre ou pior – quando estiver se excedendo –, não há muito que o conselheiro possa fazer além de demonstrar sua oposição. Se os conselheiros não tiverem ligações com o proprietário/gestor e apresentarem um argumento unificado, isso pode vir a ter algum efeito. Porém, é mais provável que não tenha.

Se não houver mudança e o assunto for suficientemente grave, os conselheiros externos devem renunciar. Com isso, vão sinalizar suas dúvidas a respeito da gestão e enfatizar que ninguém de fora tem poder para corrigir as falhas do proprietário/gestor.

O terceiro caso de governança ocorre quando há um proprietário controlador que não está envolvido na administração. Esse tipo de situação, na qual se encaixam a Hershey Foods e o Dow Jones, deixa os conselheiros externos em uma posição que pode ser proveitosa. Se ficarem insatisfeitos com a competência ou integridade do gestor, eles podem se dirigir diretamente ao proprietário (que talvez faça parte do conselho) e relatar a insatisfação. É a situação ideal para um conselheiro externo, uma vez que existe apenas um proprietário a quem ele precisa apresentar seu caso e que esse proprietário, presumivelmente interessado, pode efetuar a mudança de imediato caso o argumento seja convincente. Ainda assim, esse conselheiro insatisfeito deve ter em mente que é um caminho sem volta. Se permanecer descontente em relação a uma questão crítica, não terá escolha a não ser renunciar ao posto.

Naturalmente, esse terceiro caso deve ser o mais eficaz para garantir uma gestão de alto nível. No segundo, o proprietário não vai se autodemitir e no primeiro, muitas vezes os conselheiros acham bem difícil lidar com a mediocridade ou com excessos menos graves. A menos que os conselheiros insatisfeitos possam conquistar a maioria do conselho – uma tarefa social e logística incômoda, sobretudo se a postura da equipe de gestão for péssima, mas pouco evidente –, na prática, eles estarão de mãos atadas. De maneira concreta, os conselheiros acuados em situações desse tipo em geral se convencem de que, ao permanecerem por perto, podem ao menos fazer algum bem. Enquanto isso, a gestão segue sem restrições.

No terceiro caso, o proprietário não julga a si mesmo nem fica sobrecarregado com o problema de obter maioria. Ele também pode assegurar que os conselheiros externos selecionados acrescentarão qualidades ao conjunto.

Os nomeados, por sua vez, sabem que os bons conselhos que derem não serão abafados por uma gestão recalcitrante e chegarão aos ouvidos certos. Se o proprietário controlador for inteligente e autoconfiante, tomará decisões meritocráticas e favoráveis aos acionistas. Ademais – e isso é extremamente importante –, poderá corrigir com rapidez qualquer erro que cometa.

Na Berkshire, operamos, no momento, do segundo modo e assim o faremos enquanto eu for atuante. Minha saúde, devo acrescentar, é excelente. Para o bem ou para o mal, é provável que você me veja no papel de proprietário/gestor por mais algum tempo. Apesar de tudo, estamos preparados para "o caminhão".

1993

Já faz muito tempo que é necessário monitorar tanto a habilidade quanto a fidelidade dos gestores. Há quase 2.000 anos, Jesus Cristo abordou esse assunto ao mencionar (Lucas, 16:2), de maneira positiva, "certo homem rico" que disse a seu gestor: "Presta contas da tua administração; pois já não poderás cuidar dos meus negócios."

O dever de prestar contas e a gestão responsável dos recursos perderam força na última década e se tornaram qualidades consideradas de pouca importância por quem foi atingido pela Grande Bolha. À medida que os preços das ações subiram, os padrões de comportamento dos gestores decaíram. Como resultado, os executivos-chefes que se guiavam pela ética se tornaram cada vez mais raros no final dos anos 1990.

Devemos salientar que a maioria dos profissionais nesse cargo é gente a quem você entregaria a administração dos bens dos seus filhos ou apreciaria como vizinhos de porta. No entanto, muitos agiram mal nos últimos anos, maquiando números e recebendo salários obscenos por realizações empresariais medíocres.

Por que conselheiros inteligentes e honestos falharam de forma tão lamentável? A resposta não está em leis insuficientes – sempre foi claro que os conselheiros têm a obrigação de representar os interesses dos acionistas –, mas no que eu chamaria de "atmosfera da sala de reuniões do conselho".

Quando essas salas estão cheias de pessoas bem-educadas, é quase impossível, por exemplo, questionar a substituição do executivo-chefe. É igualmente constrangedor levantar dúvidas sobre uma proposta de aquisição já endossada pelo executivo-chefe, em especial na presença de sua equipe interna e dos consultores externos, que apoiam, de forma unânime, essa decisão. (Eles não estariam na sala se não estivessem de acordo.)

Essas dificuldades "sociais" são um argumento para que conselheiros externos se reúnam de modo regular sem o executivo-chefe – uma mudança que vem sendo instituída e que endosso com entusiasmo. Duvido, entretanto, que a maioria das demais regras e recomendações novas de governança ofereça benefícios proporcionais a todos os custos que gera, inclusive os monetários.

O clamor atual é por conselheiros "independentes". Sem dúvida alguma, é desejável ter conselheiros que pensem e falem com independência – mas eles também devem entender de negócios, além de ser interessados e pensar com cabeça de proprietário [como observado no ensaio anterior].

Ao longo de quarenta anos, participei de 19 conselhos de empresas de capital aberto (excluindo-se o da Berkshire) e devo ter interagido com cerca de 250 conselheiros. A maioria deles era "independente", conforme definem as regras atuais, mas quase todos careciam de pelo menos uma das três qualidades que valorizo. Por isso a contribuição deles para a prosperidade do acionista foi mínima, na melhor das hipóteses – e, muitas vezes, negativa.

Por mais dignas e inteligentes que fossem, essas pessoas simplesmente não sabiam o suficiente sobre negócios e/ou não se importavam tanto com os acionistas para questionar aquisições tolas ou remunerações escandalosas. Meu próprio comportamento, devo acrescentar com tristeza, também ficou aquém do que deveria em diversas ocasiões: muitas vezes mantive silêncio quando a equipe de gestão fez propostas que, a meu ver, contrariavam os interesses dos acionistas. Nesses casos, o corporativismo venceu a independência.

Para que possamos enxergar melhor as falhas da "independência", observemos um estudo de caso que completou 62 anos e abrange milhares de empresas. Desde 1940, a lei federal americana determina que boa parte dos conselheiros de empresas de investimento (fundos mútuos, em sua maioria) seja independente. A exigência inicial era de 40% e agora passou para 50%. De todo modo, os fundos normalmente operam há muito tempo com uma maioria de conselheiros qualificados como independentes.

Todo o conselho, inclusive esses membros, tem vários deveres meramente formais e, na prática, apenas duas responsabilidades importantes:

contratar o melhor gestor de investimentos possível e negociar para que ele tenha a menor remuneração possível. Quando você procura uma consultoria de investimentos para si mesmo, esses dois objetivos são os únicos que contam, e os conselheiros que atuam para outros investidores devem ter exatamente as mesmas prioridades. Contudo, quando se trata de conselheiros independentes em busca de um desses objetivos, o histórico deles é absolutamente lamentável.

Milhares de conselhos de empresas de investimento se reúnem a cada ano para executar a tarefa vital de selecionar quem vai administrar as economias dos milhões de proprietários que representam. Ano após ano, os conselheiros do Fundo A recrutam o gestor A, os do Fundo B, o gestor B, e daí em diante, em um processo quase robotizado que ridiculariza a importância da gestão responsável. Em pouquíssimas ocasiões o conselho se revolta. Na maioria das vezes, é mais fácil um macaco datilografar uma peça de Shakespeare do que um conselheiro "independente" sugerir que seu fundo mútuo avalie outros profissionais do mercado, mesmo que o gestor em exercício tenha apresentado de forma persistente um desempenho abaixo do padrão. Quando lidam com o próprio dinheiro, é claro, os conselheiros recorrem a alternativas de consultoria – mas nunca passa pela cabeça deles fazer isso ao atuarem como agentes fiduciários de terceiros.

A hipocrisia que permeia o sistema é exposta de maneira vívida quando uma empresa de gestão de fundos – vamos chamá-la de "A" – é vendida por uma grande soma ao gestor "B". Em seguida, os conselheiros "independentes" têm uma "grande revelação" e decidem que o gestor B é o melhor profissional que existe – embora B estivesse disponível (e tenha sido ignorado) nos anos anteriores. Não por coincidência, B também poderia ter sido contratado antes por um valor bem menor do que no momento em que comprou a gestora A. Isso porque B gastou uma fortuna para adquirir A e precisa recuperar esse custo nos honorários pagos pelos acionistas A, os quais foram "recebidos" como parte do negócio. (Para uma discussão fantástica sobre o ramo dos fundos mútuos, leia *Common Sense on Mutual Funds* [Bom senso sobre fundos mútuos], de John Bogle.)

Conselheiros de empresas de investimento também falharam na negociação dos honorários para a gestão. Se eu ou você tivéssemos essa atribuição, garanto que conseguiríamos facilmente negociar honorários bem mais baixos com os atuais gestores dos fundos mútuos. E, acredite, se prometessem aos conselheiros um percentual da economia de honorários que obtivessem, essas negociações seriam comuns. Só que, no sistema atual, tais reduções nada significam para conselheiros "independentes", enquanto significam tudo para os gestores. Sendo assim, adivinha quem ganha?

Sem dúvida, ter o gestor de recursos ideal é bem mais importante para um fundo do que reduzir os honorários da gestão. Mas ambas as tarefas são dos conselheiros. Ao assumirem essas responsabilidades de extrema importância, dezenas de milhares de conselheiros "independentes" fracassaram completamente nas últimas seis décadas. (Entretanto, foram bem-sucedidos em cuidar de si próprios: para servir em vários conselhos de uma única "família" de fundos, muitos recebem honorários que chegam aos seis dígitos.)

Quando o gestor se importa de verdade e os conselheiros não, é necessário haver uma força de compensação intensa – elemento em falta na governança corporativa atual. Livrar-se de executivos-chefes medíocres e coibir os excessos dos que são competentes exigem a ação dos proprietários – dos grandes proprietários. A logística não é tão complicada: há uma concentração cada vez maior da propriedade de ações nas últimas décadas, e hoje os gestores institucionais teriam pouca dificuldade para fazer valer sua vontade em situações problemáticas. Se agissem em conjunto, vinte das maiores instituições – ou até menos – poderiam reformar a governança corporativa de modo efetivo em uma determinada empresa. Para isso, bastaria barrar conselheiros que tolerem um comportamento detestável. Na minha opinião, somente esse tipo de ação combinada poderá melhorar a gestão empresarial de modo significativo.

2002

Vários acionistas institucionais e seus assessores decidiram que faltava "independência" em meu papel como conselheiro da Coca-Cola. Um grupo queria que eu fosse removido do conselho diretor, outro se contentaria com a minha expulsão do conselho fiscal.

Meu primeiro impulso foi financiar secretamente o grupo que apoiava a segunda ideia. Foge à minha compreensão por que alguém desejaria participar de um conselho fiscal. No entanto, já que os conselheiros devem ser designados para um conselho fiscal ou outro qualquer, e como nenhum executivo-chefe quer que eu faça parte do comitê de remuneração deles, muitas vezes meu destino é arranjar um cargo dentro do conselho fiscal mesmo. Ocorre que as instituições que se opuseram a mim fracassaram, e fui reeleito para o cargo de conselheiro fiscal. (Tive que controlar a vontade de pedir a recontagem dos votos.)

Algumas instituições questionaram minha "independência" porque, entre outras coisas, a McLane e a Dairy Queen [empresas que atuam no setor de alimentos e pertencem a subsidiárias da Berkshire] compram muitos produtos da Coca-Cola. (Por acaso querem que favoreçamos a Pepsi?) Independência é definida em dicionários como algo "não sujeito ao controle dos outros". Fico intrigado, sem entender como alguém poderia concluir que nossas compras da Coca-Cola influenciariam minha tomada de decisão quando a contrapartida é a integridade dos 8 bilhões de dólares em ações da Coca-Cola que a Berkshire detém. Supondo que eu seja minimamente racional, a aritmética elementar deixa claro que meu coração e minha mente pertencem aos donos da Coca-Cola, não à sua equipe de gestão.

Um comentário irresistível: Jesus entendeu a aferição da independência com muito mais clareza do que essas instituições que reclamaram. Em Mateus, 6:21, Ele observou: "Porque onde estiver o teu tesouro, aí estará também o teu coração." Mesmo para um investidor institucional, 8 bilhões de dólares deveriam ser considerados um "tesouro" que supera qualquer lucro que a Berkshire possa obter em suas transações de rotina com a Coca-Cola.

De acordo com os critérios da Bíblia, o conselho da Berkshire é um modelo: (a) todo conselheiro é membro de uma família que possui pelo menos 4 milhões de dólares em ações; (b) nenhuma dessas ações foi adquirida da Berkshire por opções ou concessões; (c) nenhum conselheiro recebe honorários relativos ao conselho fiscal, a consultorias ou ao conselho diretor da empresa que sejam superiores a uma pequena fatia da sua renda anual; e (d) embora tenhamos um acordo padrão de indenização empresarial, não há seguro de responsabilidade civil para os conselheiros. Na Berkshire, os membros do conselho e os acionistas estão no mesmo barco.

Charlie e eu já testemunhamos várias vezes um tipo de comportamento que confirma o argumento da Bíblia sobre o "tesouro". Com base nas nossas muitas horas em reuniões de conselho, consideramos que os membros menos independentes costumam ser aqueles cujos honorários por serviços prestados ao conselho compõem parte importante de sua renda anual (eles também esperam ser recomendados para outros conselhos e, assim, aumentar ainda mais seus proventos). Paradoxalmente, esses são os mesmos conselheiros que com mais frequência são classificados como "independentes".

Muitos desses conselheiros são pessoas decentes e fazem um trabalho de primeira. No entanto, não seriam humanos se não ficassem tentados a impedir ações que ameaçam seu sustento. Alguns podem sucumbir a tais tentações.

Vejamos um exemplo baseado em evidências circunstanciais. Eu soube, em primeira mão, de uma proposta recente de aquisição (não relacionada à Berkshire) que teve apoio da equipe de gestão, recebeu a bênção do gestor de investimentos da empresa e deve se concretizar a um preço acima do nível em que essas ações haviam sido vendidas há alguns anos (ou acima do preço de venda atual). Além disso, vários conselheiros apoiaram a transação e gostariam que ela fosse proposta aos acionistas.

Mas muitos de seus pares, os quais receberam honorários de conselho diretor e de conselho fiscal da ordem de cerca de 100 mil dólares anuais cada um, rejeitaram a proposta. Ou seja, os acionistas não chegaram a saber dessa oferta multibilionária. Os conselheiros que não fazem parte da gestão possuíam poucas ações, sem contar as que haviam recebido da empresa. Compraram poucas ações diretamente no mercado ao longo do tempo, embora os papéis fossem ofertados a preços inferiores aos valores pagos na aquisição. Em outras palavras, esses conselheiros não queriam que fosse oferecido X aos acionistas, apesar de terem recusado de forma sistemática a oportunidade de comprar, eles mesmos, ações por uma fração de X.

Não sei quais conselheiros se opuseram a deixar que os acionistas soubessem da oferta. Mas sei que 100 mil dólares é uma parcela importante da renda anual de alguns dos conselheiros considerados "independentes" e que esse montante, sem dúvida, se encaixa na definição de "tesouro" em Mateus, 6:21. Se o negócio tivesse sido fechado, esses honorários acabariam.

Nem eu nem os acionistas jamais saberemos o que motivou os dissidentes. Na verdade, é provável que eles mesmos nunca venham a saber, visto que o interesse próprio turva a introspecção de forma inevitável. Porém, temos certeza de uma coisa: na mesma reunião em que o negócio foi rejeitado, o próprio conselho votou a favor de um aumento significativo dos honorários de seus membros.

2004

Charlie e eu temos, na verdade, apenas duas tarefas. Uma é atrair e manter gestores de destaque para administrar as nossas diversas operações.[6] Essa parte não tem sido tão difícil assim. Normalmente, eles já estavam nas empresas que havíamos comprado, tendo demonstrado talento ao longo de uma carreira que os expusera a uma ampla variedade de circunstâncias de negócios. Já eram estrelas da gestão muito antes de nos conhecerem, e nossa principal contribuição foi não atrapalhar suas trajetórias. Essa abordagem parece elementar: se meu trabalho fosse gerenciar uma equipe de golfe – e se Jack Nicklaus ou Arnold Palmer estivessem dispostos a jogar para mim –, nenhum deles se beneficiaria de instruções minhas sobre como fazer o *swing*.

Alguns de nossos principais gestores são ricos (e esperamos que todos se tornem um dia), mas isso não representa uma ameaça ao interesse deles pelo negócio: trabalham porque amam o que fazem e curtem a emoção de conquistar resultados excepcionais. Eles sempre pensam como proprietários (esse é o maior elogio que podemos fazer a um gestor) e se interessam por todos os aspectos dos seus negócios.

(Nosso modelo de paixão pelo trabalho é o alfaiate católico que usou suas parcas economias de muitos anos para financiar uma peregrinação ao Vaticano. Quando voltou, a paróquia fez uma reunião especial para ouvir seu relato em primeira mão sobre o Papa. "Diga-nos", pediu um fiel ansioso, "que tipo de sujeito ele é?" Nosso herói foi econômico nas palavras: "Tamanho médio, 44.")

Charlie e eu sabemos que o jogador certo faz com que quase todo técnico de time pareça bom. Concordamos com a filosofia do gênio fundador da Ogilvy & Mather, David Ogilvy: "Se todos nós contratarmos pessoas menores do que somos, nos tornaremos uma empresa menor. Mas se todos nós contratarmos pessoas maiores do que somos, nos tornaremos uma empresa de gigantes."

Um subproduto do nosso estilo gerencial é a capacidade que ele nos dá de expandir de maneira fácil as atividades da Berkshire. Já lemos tratados de gestão que especificam com exatidão quantas pessoas deveriam se reportar a cada executivo, mas essas publicações fazem pouco sentido para nós. Se houver gestores competentes, de caráter firme, para administrar empresas pelas quais são apaixonados, pode haver dez ou mais deles se reportando a você e ainda vai lhe sobrar tempo para tirar um cochilo à tarde. Por outro

---

[6] A outra é a alocação de capital, discutida nas Partes II e VI.

lado, se só uma pessoa se reportar a você e ela for desonesta, inepta ou desinteressada, trará mais problemas do que você pode suportar. Charlie e eu poderíamos trabalhar com o dobro do número de gestores que temos agora, desde que eles possuíssem as qualidades raras dos atuais.

Pretendemos manter nossa prática de trabalhar somente com pessoas por quem temos afeto e admiração. Essa política não apenas maximiza nossas chances de obter bons resultados como também nos garante momentos agradáveis e divertidos. A situação oposta, de trabalhar com pessoas que embrulham o nosso estômago, é muito semelhante a se casar por dinheiro – uma péssima ideia em qualquer circunstância e uma completa loucura caso você já seja rico.

1986

Na Berkshire, acreditamos que dizer a CEOs excepcionais, como Tony [Nicely, da GEICO], de que forma deveriam administrar suas empresas seria o cúmulo da tolice. A maioria dos nossos gestores não trabalharia para nós se não tivesse autonomia. (Em geral, eles não precisariam trabalhar para *ninguém*, já que cerca de 75% deles são ricos por seus próprios méritos.) Além disso, eles são os Mark McGwires[7] do mundo dos negócios e não precisam de nenhum conselho nosso sobre como segurar o taco ou em que momento acertar a bola.

De todo modo, ser proprietário da Berkshire pode tornar mais eficazes até mesmo os melhores gestores. Primeiro, eliminamos todas as atividades protocolares e improdutivas que, em geral, acompanham o cargo de executivo-chefe. Nossos gestores são totalmente responsáveis pela própria agenda. Em segundo lugar, damos a cada um deles uma missão simples – apenas administre a empresa pela qual é responsável como se: (1) fosse o único proprietário dela; (2) esse fosse o único bem que ele e sua família terão ao longo da vida; e (3) não pudesse vendê-la ou fundi-la durante pelo menos um século. Para concluir, dizemos que nenhuma das decisões que tomarem deve ser afetada, ainda que ligeiramente, por considerações contábeis. Queremos que os nossos gestores pensem no que conta, não em como será contabilizado.

---

[7] Marc McGwire foi um dos maiores jogadores profissionais de beisebol dos Estados Unidos. Afastou-se das quadras em 2001 e nos anos seguintes fez carreira como técnico.

Raros executivos-chefes de empresas de capital aberto operam sob ordens semelhantes, sobretudo porque os proprietários delas estão focados em perspectivas de curto prazo e em lucros reportados. A base de acionistas da Berkshire tem o horizonte de investimentos mais longo entre as empresas de capital aberto. E assim se manterá nas próximas décadas. A maioria das nossas ações pertence a investidores que planejam mantê-las até o fim da vida. Portanto, podemos pedir aos nossos executivos-chefes que administrem pensando no valor máximo de longo prazo, não nos lucros do próximo trimestre. Certamente não ignoramos os resultados correntes das nossas empresas – na maioria dos casos, eles são de grande relevância –, mas *nunca* desejaremos que sejam alcançados às custas da construção de nossa crescente força competitiva.

Acredito que a história da GEICO demonstre os benefícios da estratégia da Berkshire. Charlie e eu não ensinamos nada a Tony – e jamais o faremos –, mas *criamos* um ambiente que permite a ele exercitar todos os seus talentos em prol do que é importante. Tony não precisa dedicar tempo ou energia a reuniões do conselho, entrevistas para a imprensa, apresentações de gestores de investimento ou conversas com analistas financeiros. Além disso, jamais perdeu um segundo pensando sobre financiamento, avaliações de crédito ou expectativas gerais de lucro por ação. Graças a nossa estrutura de propriedade, ele também sabe que esse sistema operacional vai perdurar por décadas. Nesse ambiente de liberdade, tanto Tony quanto a empresa administrada por ele podem converter o potencial quase ilimitado em realizações à altura.

1998

Todos os dias, de incontáveis maneiras, a posição competitiva de cada uma das nossas empresas se enfraquece ou se fortalece. Se agradamos aos clientes, eliminamos custos desnecessários e melhoramos os produtos e serviços, ganhamos força. No entanto, se os tratarmos com indiferença ou tolerarmos o inchaço da estrutura, os negócios irão definhar. No dia a dia, os efeitos das nossas ações são imperceptíveis, mas conforme se acumulam, trazem consequências enormes.

Quando nossa posição competitiva de longo prazo melhora graças a essas ações pouco perceptíveis, descrevemos o fenômeno como "alargamento do fosso econômico". Tais ações são essenciais para o tipo de negócio que queremos ter daqui a uma ou duas décadas. É claro que sempre esperamos ganhar mais dinheiro a curto prazo. Porém, havendo conflito entre curto e longo prazos, a ampliação do fosso *deve* prevalecer.

Se uma equipe de gestão toma decisões equivocadas a fim de atingir as metas de lucro de curto prazo e com isso compromete custos, a satisfação do cliente ou a força da marca, não há brilhantismo posterior que vá superar o dano já causado. É só olhar para os dilemas que gestores dos setores automotivo e de aviação civil vivem hoje para enfrentar os enormes problemas herdados de seus antecessores. Charlie adora citar Benjamin Franklin: "Um grama de prevenção vale um quilo de remédio." O problema é que, às vezes, não há remédio que corrija os erros do passado.

2005

C. *A ansiedade das mudanças nos negócios*

Em julho, decidimos encerrar a nossa operação têxtil, e no fim do ano essa tarefa desagradável estava praticamente concluída. A história dessa empresa é instrutiva.

Quando a Buffett Partnership, Ltd., uma sociedade de investimentos da qual eu era o acionista controlador, adquiriu o controle da Berkshire Hathaway [em 1965], ela tinha um patrimônio líquido contábil de 22 milhões de dólares, valor integralmente dedicado à empresa têxtil. No entanto, o valor intrínseco do negócio da companhia era consideravelmente menor porque os ativos têxteis não conseguiam gerar retornos compatíveis com seu valor contábil. Na verdade, durante os nove anos anteriores (o período em que a Berkshire e a Hathaway operaram como empresa unificada), as vendas agregadas de 530 milhões de dólares produziram um prejuízo agregado de 10 milhões de dólares. Lucros eram relatados de maneira esporádica, mas o efeito líquido sempre era dar um passo para a frente e dois para trás.

Na época em que fizemos a compra, acreditava-se que as fábricas têxteis do Sul – em grande parte, não sindicalizadas – tinham uma vantagem competitiva relevante. A maioria das operações têxteis do Norte havia sido encerrada, e muitos pensaram que também liquidaríamos a nossa empresa.

Contudo, achamos ela seria mais bem administrada por um funcionário de longa data, Ken Chace, que se tornou o presidente. Quanto a isso, estávamos 100% certos: Ken e seu sucessor, Garry Morrison, revelaram-se ótimos gestores. Não devem absolutamente nada aos CEOs dos nossos negócios mais lucrativos.

No início de 1967, financiamos nossa entrada no ramo de seguros, comprando a National Indemnity Company com recursos obtidos na operação têxtil. Parte do dinheiro veio do lucro, parte da redução do investimento em estoques e ainda das contas a receber e do ativo imobilizado. Esse recuo se mostrou acertado: embora tenha melhorado bastante com a gestão de Ken, a empresa têxtil nunca chegou a ter boa rentabilidade, nem mesmo nas recuperações cíclicas.

A Berkshire se diversificou mais ainda. O efeito negativo da operação têxtil no nosso resultado geral foi se diluindo à medida que o negócio se tornava cada vez menor na companhia. Ainda assim, mantivemos a operação têxtil por motivos que declarei no Relatório Anual de 1978 (e também resumi em outras ocasiões): "(1) nossas empresas têxteis são empregadoras muito importantes em suas comunidades; (2) a equipe de gestão se mostra transparente ao relatar os problemas e enérgica ao confrontá-los; (3) a força de trabalho tem sido cooperativa e compreensiva no enfrentamento dos nossos problemas comuns; e (4) na média, a empresa deve atingir um retorno de caixa modesto em relação ao investimento". Afirmei ainda: "Enquanto essas condições prevalecerem – e esperamos que prevaleçam –, pretendemos continuar apoiando a nossa empresa têxtil, embora haja alternativas mais atraentes de uso do capital."

Acontece que eu estava muito equivocado sobre o item (4). Embora o ano de 1979 tenha sido razoavelmente lucrativo, o negócio, desde então, passou a consumir quantias cada vez maiores de dinheiro. Em meados de 1985, ficou claro, até para mim, que essa situação era irreversível. Se tivéssemos encontrado um comprador que desse continuidade às operações, eu certamente preferiria vender a empresa a liquidá-la, mesmo que isso significasse rendimentos menores. Mas àquela altura o que já era evidente para mim ficou óbvio também para os outros, e o interesse foi nulo.

Não liquido negócios com baixa lucratividade apenas para somar uma fração de ponto percentual à nossa taxa de retorno. Contudo, também considero inadequado financiar uma operação cuja perspectiva é de perdas intermináveis, mesmo para uma empresa excepcionalmente lucrativa como a Berkshire. Adam Smith discordaria da minha primeira proposição, e Karl Marx, da segunda; o meio-termo é a única posição que me deixa confortável.

Devo enfatizar mais uma vez que Ken e Garry foram engenhosos, enérgicos e criativos na tentativa de rentabilizar a nossa operação têxtil. Buscando uma lucratividade sustentável, eles reformularam linhas de produtos, configurações de maquinário e acordos de distribuição. Também fizemos uma grande aquisição, a Waumbec Mills, com a expectativa de obter uma sinergia importante (termo utilizado de forma ampla nos negócios para explicar uma aquisição que, de outro modo, não faria sentido). Contudo, no fim nada deu certo, e eu deveria ser responsabilizado por não haver desistido antes. Um artigo recente da *Business Week* afirmou que 250 companhias têxteis fecharam desde 1980. Os proprietários dessas empresas não tinham acesso a nenhuma informação que eu desconhecesse; eles simplesmente as processaram de maneira mais objetiva. Eu ignorei o conselho do [filósofo francês Auguste] Comte – "o intelecto deve ser o servo do coração, mas não seu escravo" – e acreditei no que quis acreditar.

A indústria têxtil nacional opera em um setor de commodities e compete no mercado mundial, no qual existe um substancial excesso de capacidade. Muitos dos problemas que enfrentamos podem ser atribuídos, direta ou indiretamente, à concorrência de países estrangeiros cujos trabalhadores recebem uma pequena fração do salário mínimo dos Estados Unidos. Mas isso de forma alguma significa que a nossa força de trabalho seja a culpada pelo fechamento da empresa. Na verdade, em comparação com os funcionários da indústria americana em geral, nossos trabalhadores eram mal pagos, como é comum no setor têxtil. Nas negociações de contratos, líderes e membros do sindicato foram sensíveis à nossa posição desfavorável em termos de custos e não pressionaram por aumentos salariais pouco realistas nem por práticas de trabalho improdutivas. Pelo contrário, tentaram – tanto quanto nós mesmos – fazer o possível para que nos mantivéssemos competitivos. Mesmo durante o período de liquidação, tiveram um desempenho magnífico. (Por ironia, estaríamos melhor financeiramente se o sindicato tivesse se comportado de modo irredutível alguns anos atrás; aí teríamos reconhecido que não havia saída, encerrado de imediato a empresa e evitado perdas futuras significativas.)

Ao longo dos anos, tivemos a opção de fazer grandes aportes de capital na operação têxtil, o que nos permitiria reduzir um pouco os custos variáveis. Cada proposta para fazer isso parecia irresistível. Mensuradas por testes padrão de retorno sobre investimentos, tais propostas costumavam prometer mais benefícios econômicos do que os resultantes de investimentos similares em nossas empresas de doces e de jornais, que são altamente lucrativas.

Mas os benefícios prometidos por esses investimentos no setor têxtil eram ilusórios. Muitos dos nossos concorrentes, tanto nacionais quanto estrangeiros, estavam fazendo o mesmo tipo de aporte. Logo que houve um número grande de empresas investindo em despesas de capital, os custos reduzidos delas viraram referência para preços mais baixos em todo o setor. Isoladamente, a decisão de aporte de capital de cada empresa parecia rentável e racional; no entanto, coletivamente elas se neutralizaram e perderam racionalidade (o tipo de coisa que ocorre quando todos os espectadores de um desfile acham que terão uma melhor visão do espetáculo se ficarem na ponta dos pés). Após cada rodada de investimento, havia mais dinheiro no jogo, mas o retorno permanecia anêmico.

Assim, enfrentamos uma escolha terrível: um enorme aporte de capital teria ajudado a manter a nossa empresa têxtil viva, mas também nos deixado com um péssimo retorno em relação a quantias cada vez maiores. Além disso, mesmo com o aporte, a concorrência estrangeira ainda manteria uma vantagem importante e contínua em relação aos custos de mão de obra. Entretanto, a recusa em investir nos tornaria cada vez menos competitivos, mesmo em comparação com os concorrentes da indústria têxtil local. Sempre me imaginei na posição descrita por Woody Allen em um de seus filmes: "Mais do que em qualquer outro momento da História, a humanidade está diante de uma encruzilhada. Um caminho leva ao desespero e à desesperança absoluta; o outro, à extinção total. Rezemos para ter a sabedoria de escolher corretamente."

Para compreender o dilema de investir em uma empresa de commodities, é instrutivo observar a Burlington Industries, de longe a maior empresa têxtil dos Estados Unidos nos últimos 21 anos. Em 1964, as vendas da Burlington chegaram a 1,2 bilhão de dólares, enquanto as nossas foram de 50 milhões de dólares. Não tínhamos a menor esperança de igualar os pontos fortes da Burlington, nem na distribuição nem na produção, e muito menos nos lucros. Suas ações eram vendidas a 60 dólares no fim de 1964; as nossas, a 13.

A Burlington tomou a decisão de permanecer no setor têxtil e, em 1985, suas vendas atingiram cerca de 2,8 bilhões de dólares. Entre 1964 a 1985, a empresa teve uma despesa de capital de aproximadamente 3 bilhões de dólares, muito maior do que a de qualquer outra empresa têxtil americana, e acima de 200 dólares por ação nessas ações de 60 dólares. Tenho certeza de que grande parte das despesas foi destinada à melhoria dos custos e à expansão. Dado o compromisso da Burlington de continuar no setor, eu suporia ainda que as decisões de capital da empresa foram bastante racionais.

Entretanto, a Burlington perdeu volume de vendas em dólares de hoje, e os retornos sobre vendas e patrimônio caíram bastante em relação a vinte anos atrás. Desdobrada na proporção 2 para 1 em 1965, agora a ação é vendida a 34 dólares – fazendo o ajuste, só um pouco acima do preço de 60 dólares de 1964. Enquanto isso, o Índice de Preços ao Consumidor (IPC) mais do que triplicou. Portanto, cada ação detém cerca de um terço do poder de compra que tinha no fim de 1964. Os dividendos habituais foram pagos, mas também diminuíram de modo significativo diante do poder de compra.

Esse resultado desastroso para os acionistas indica o que pode acontecer quando se aplicam muita capacidade mental e muita energia a uma premissa falha. A situação lembra o cavalo de Samuel Johnson: "Um cavalo que consegue contar até dez é um cavalo extraordinário – não um matemático extraordinário." Da mesma forma, uma empresa têxtil que aloca capital de maneira brilhante em seu setor é uma empresa têxtil extraordinária – mas não um negócio extraordinário.

Minha conclusão a partir das minhas próprias experiências e de muita observação de outras empresas é que um bom histórico gerencial (avaliado pelo prisma dos retornos econômicos) depende muito mais do ramo de negócio no qual se entra do que da eficiência em tocá-lo (embora, sem dúvida, inteligência e esforço ajudem bastante em qualquer negócio, seja ele bom ou ruim). Se você se vir em um ramo de negócio com problemas crônicos, talvez seja mais produtivo trocar de ramo do que tentar consertá-lo.

1985

Nem todos os negócios que temos se destinam a aumentar os lucros. Quando a base econômica de um setor está ruindo, uma equipe de gestão talentosa pode desacelerar a taxa de declínio. Contudo, em algum momento, essa erosão vai sobrepujar o brilhantismo gerencial. (Como um amigo sábio me disse há muito tempo: "Se você quer ter a reputação de bom empresário, não deixe de entrar em um bom negócio.") E, definitivamente, os fundamentos do setor dos jornais impressos estão em erosão, uma tendência que levou à diminuição dos lucros do nosso *Buffalo News*. É quase certo que essa queda continuará.

Quando Charlie e eu éramos jovens, o negócio de jornais impressos era garantia de grandes retornos. Como disse um editor nem tão inteligente assim: "Devo minha fortuna a duas grandes instituições americanas: o monopólio e o nepotismo." Quando só havia um jornal na cidade, os lucros eram inevitáveis, independentemente da qualidade do produto ou da direção.

Havia uma explicação simples para os retornos surpreendentes desse setor. Durante a maior parte do século XX, os jornais impressos foram a principal fonte de informação para o público americano. Quer o assunto fosse esportes, finanças ou política, eles reinavam, absolutos. Outro ponto igualmente relevante: os anúncios eram a maneira mais fácil de encontrar oportunidades de emprego ou se informar sobre o preço dos produtos nos supermercados locais.

Por isso a maioria das famílias sentia a necessidade de assinar um jornal, mas é compreensível que não quisessem pagar por dois. Os anunciantes então davam preferência ao veículo de maior circulação, e a tendência dos leitores era comprar o que tivesse mais anúncios e páginas de notícias. Esse ciclo criou uma lei na selva dos jornais: a sobrevivência do jornal mais gordo.

Assim, quando dois ou mais jornais coexistiam em uma grande cidade (o que quase sempre era o caso, cem anos atrás), aquele que passasse à frente dos demais em geral se sobressaía como vencedor isolado. Uma vez eliminada a concorrência, o jornal ganhava plenos poderes para precificar a publicidade e a circulação. Em geral, a cobrança, tanto para os anunciantes quanto para os leitores, tinha reajustes anuais – e os lucros eram altos. Para os proprietários, era o paraíso econômico. (Curiosamente, embora de tempos em tempos os jornais publicassem a lucratividade, por exemplo, das indústrias automobilística ou siderúrgica – às vezes com críticas –, eles nunca esclareceram os leitores sobre a própria situação, semelhante à de Midas. Hum...)

Mesmo assim, já na carta de 1991 aos acionistas afirmei que esse mundo protegido estava mudando. À época, escrevi que "os veículos de comunicação impressa [...] serão consideravelmente menos atraentes do que eu, o setor ou os credores pensávamos apenas alguns anos atrás". Alguns editores se ressentiram desse comentário e também das minhas advertências posteriores. Ainda assim, essas empresas continuaram a vender jornais como se fossem máquinas caça-níqueis indestrutíveis. Muitos executivos inteligentes do setor, os mesmos que publicavam, com regularidade, crônicas e análises sobre acontecimentos mundiais importantes, estavam cegos ou indiferentes ao que ocorria bem debaixo do próprio nariz.

Hoje, no entanto, quase todos os donos de jornais perceberam que estão consistentemente perdendo terreno na batalha pela atenção do público. Em outras palavras, caso a transmissão por cabo e satélite ou a internet tivessem surgido primeiro, é provável que os jornais impressos, tal como os conhecemos, nunca houvessem existido. No universo da Berkshire, Stan Lipsey faz um excelente trabalho no comando do *Buffalo News*, e tenho imenso orgulho da editora do jornal, Margaret Sullivan. A penetração de mercado do *News* é a maior entre os grandes diários impressos do país. Também temos um resultado financeiro melhor do que o da maioria dos jornais de regiões metropolitanas, embora as tendências da cidade de Buffalo em termos populacionais e comerciais não sejam boas.

Contudo, essa operação enfrenta pressões implacáveis que levarão a uma queda das margens de lucro. É verdade que temos a empresa líder na área de notícias on-line em Buffalo, e ela continuará atraindo mais leitores e anúncios. Mas o potencial econômico de um site de jornal – dada a grande quantidade de fontes alternativas de informação e entretenimento gratuitas, a apenas um clique de distância – é, na melhor das hipóteses, uma pequena fração do que um jornal impresso sem concorrentes desfrutou no passado.

Para quem vive em determinada comunidade, ser o dono do jornal local, da mesma forma que ser dono de um time esportivo, ainda proporciona uma proeminência instantânea e, muitas vezes, poder e influência. Essa possibilidade de se destacar atrai muitos endinheirados. Além disso, indivíduos ricos e com espírito cívico talvez acreditem que ter um negócio local é uma maneira de servir bem à cidade. Foi por isso que Peter Kiewit comprou o jornal de Omaha há mais de quarenta anos.

Portanto, é provável que vejamos o fenômeno da compra de empresas de jornais impressos por pessoas sem motivações econômicas, assim como já vimos grandes investidores adquirirem franquias esportivas. Porém, os aspirantes a magnatas da imprensa devem ter cuidado: não existe regra determinando que a receita de um jornal sempre deve superar as despesas ou que as perdas nunca devem se acumular. Nesse ramo, os custos fixos são altos – o que é péssimo quando o volume por unidade despenca. Além disso, à medida que os jornais perdem importância, o valor "psicológico" de possuí-los esmorece, ao passo que o prestígio de ter uma franquia de esportes deve se manter.

A menos que enfrentemos uma grande e irreversível perda de caixa, continuaremos com o *News*, conforme prometemos. Charlie e eu amamos jornais – cada um de nós lê cinco por dia – e acreditamos que uma imprensa livre e atuante é um ingrediente-chave para manter uma democracia forte. Esperamos que algum tipo de combinação entre publicação impressa e on-line evite o fim do mundo para os jornais em termos econômicos, e vamos trabalhar duro em Buffalo para desenvolver um modelo de negócios sustentável. Creio que teremos êxito. Mas os dias de lucros exuberantes do nosso jornal ficaram no passado.

2006

D. *Pactos sociais*

Temos duas companhias imensas, a Burlington Northern Santa Fe Railroad Corporation (BNSF) e a Mid-American Energy (que depois mudou de nome para Berkshire Hathaway Energy), com importantes características em comum que as distinguem de várias outras. Uma dessas características é o investimento enorme que possuem em ativos regulados de longuíssima duração, os quais são financiados por grandes quantias de dívidas de longo prazo *não* garantidas pela Berkshire. Nosso crédito não é necessário: mesmo em condições de negócio bastante adversas, o poder de ganho de ambas cobre amplamente suas necessidades de juros.

As duas empresas operam sob forte regulamentação e têm uma infindável necessidade de fazer grandes investimentos em instalações e equipamentos. Também precisam fornecer um serviço eficiente e satisfatório para o cliente, o que lhes trará o respeito de suas comunidades e dos reguladores. Em troca, precisam receber a garantia de que poderão obter ganhos razoáveis em investimentos futuros de capital.

Ferrovias são vitais para o futuro do país. Transportam 42% da carga intermunicipal dos Estados Unidos, medida em tonelada-milha – e a BNSF mais do que qualquer outra: cerca de 28% do total da indústria. Um cálculo rápido mostra que a BNSF responde por mais de 11% de *todas* as toneladas-milhas de carga transportadas entre cidades americanas. Dado o deslocamento da população em direção ao Oeste, nossa participação pode muito bem aumentar aos poucos.

É uma grande responsabilidade. Somos parte essencial do sistema de transporte da economia americana e, portanto, estamos obrigados a manter e melhorar de forma constante os 37 mil quilômetros de trilhos que possuímos, bem como as pontes secundárias, os túneis, as locomotivas e os vagões. Ao fazê-lo, devemos antecipar as necessidades da sociedade, não apenas reagir a elas. Para cumprir nossas obrigações sociais, com frequência gastaremos bem mais do que a nossa depreciação. Estou confiante em que teremos retornos adequados sobre os enormes investimentos suplementares que fizemos. Regulamentação e investimento sábios são duas faces da mesma moeda.

Na MidAmerican, participamos de um "pacto social" semelhante. Espera-se que a empresa disponibilize somas cada vez maiores para satisfazer as necessidades futuras dos nossos clientes. Se, em paralelo, operarmos de forma confiável e eficiente, obteremos um retorno justo sobre esses investimentos.

A MidAmerican distribui eletricidade para 2,4 milhões de clientes nos Estados Unidos. É o maior fornecedor em operação nos estados de Iowa, Wyoming e Utah, além de ter relevância em outros estados. Nossos gasodutos transportam 8% do gás natural do país. Evidentemente, muitos milhões de americanos dependem de nós todos os dias.

A companhia apresentou excelentes resultados tanto para seus proprietários (a Berkshire tem participação de 89,8%) quanto para seus clientes. Em 2002, a MidAmerican comprou o gasoduto Northern Natural Gas, cujo desempenho foi classificado pela principal autoridade na área como o pior de todos no setor, o 43º de 43. No relatório mais recente, a Northern Natural apareceu em segundo lugar. O primeiro ficou com outro gasoduto nosso, o Kern River.

No setor elétrico, a MidAmerican alcançou uma proeza semelhante. As tarifas em Iowa não aumentaram desde que iniciamos nossa operação lá, em 1999. Nesse mesmo período, a outra grande concessionária de energia elétrica do estado elevou os preços em mais de 70% e hoje pratica tarifas bem acima das nossas. Em certas áreas metropolitanas onde as duas concessionárias operam como concorrentes, as contas de luz dos nossos consumidores são bem inferiores às dos seus vizinhos. Já me disseram que casas similares são vendidas por um preço mais alto nessas cidades se estiverem localizadas em nossa área de serviço.

Até o final de 2011, a MidAmerican estará gerando 2.909 megawatts de energia eólica, mais do que qualquer outra concessionária regulamentada de energia elétrica no país. O valor total que a companhia investiu ou dedicou à energia eólica é impressionante: 5,4 bilhões de dólares. Podemos investir tanto assim porque a MidAmerican retém *todos* os seus lucros, ao contrário de outras concessionárias que, em geral, distribuem a maior parte do que ganham.

2010[8]

A MidAmerican cumpriu fielmente sua parte no pacto com a sociedade – que, é preciso reconhecer, retribuiu: com poucas exceções, os reguladores prontamente nos permitiram obter um retorno justo sobre as somas cada vez mais altas de capital que tivemos que investir. Daqui para a frente, faremos tudo o que for necessário para atender as regiões onde atuamos de acordo com a expectativa delas. Em troca, acreditamos que receberemos o merecido retorno em relação aos recursos que investimos.

Acreditamos em um "pacto social" entre o público e nossa empresa ferroviária, assim como ocorre com nossas concessionárias. Se um dos lados se esquivar das suas obrigações, é inevitável que ambos sejam atingidos. Portanto, os dois lados devem – e cremos que o farão – compreender o benefício de agir de maneira a incentivar o bom comportamento do outro. É inconcebível que nosso país consiga desenvolver seu potencial econômico pleno sem eletricidade e sistemas ferroviários de primeira qualidade. Faremos a nossa parte para garantir a existência dessas estruturas.

2009

E. *Uma abordagem para doação com base na mentalidade de dono*

Segundo uma pesquisa recente, cerca de 50% das principais empresas americanas fazem contribuições de caridade conjuntas com seus conselheiros (algumas vezes, chegam a triplicar o valor doado por eles). Na prática, os conselheiros direcionam fundos para as instituições de caridade de sua preferência e nunca consultam os proprietários que representam sobre suas escolhas. (Eu me pergunto como se sentiriam se o processo fosse inverso e

---

[8] Com variações nos anos seguintes.

os acionistas pudessem enfiar a mão no bolso dos conselheiros para favorecer as instituições de caridade que quisessem.) Quando A tira dinheiro de B para dar a C, e A é um legislador, esse processo é chamado de tributação. Mas quando A é um executivo ou conselheiro de uma companhia, o nome que se dá a isso é filantropia. Continuamos a acreditar que, exceto quando trazem benefícios diretos bastante claros para a empresa, as doações devem ser canalizadas para as instituições de caridade que os proprietários preferem, independentemente da opinião dos executivos e conselheiros.

1987

Em 30 de setembro de 1981, a Berkshire foi contemplada com uma decisão tributária do Departamento do Tesouro dos Estados Unidos que, na maioria das vezes, ao longo dos anos, deve gerar um benefício significativo para instituições de caridade escolhidas por você.

Cada acionista da Berkshire – na proporção do número de ações que possui – poderá designar quem receberá doações de caridade da nossa empresa. Você escolherá a instituição a ser beneficiada; a Berkshire vai preencher o cheque. Essa decisão determina que não haverá consequências fiscais individuais para os nossos acionistas após fazerem tais indicações.

Assim, nossos proprietários podem agora exercer um privilégio que, embora rotineiro para donos de empresas fechadas, é utilizado quase exclusivamente pelos gestores nas empresas cujas ações estão mais pulverizadas.

Em uma empresa com ações pulverizadas, os executivos normalmente organizam todas as doações de caridade, sem qualquer envolvimento dos acionistas, em duas categorias principais:

(1) doações consideradas benéficas para a companhia de modo direto, em um valor quase compatível com o custo da doação; e
(2) doações consideradas benéficas para a companhia de modo indireto, por meio de efeitos variados de feedbacks atrasados e difíceis de mensurar.

No passado, eu e outros executivos da Berkshire organizamos, assim como faremos no futuro, todas as doações de caridade que se encaixam na primeira categoria. No entanto, o nível agregado dessas doações tem sido muito baixo, e é bem provável que permaneça assim. Isso ocorre porque poucas têm potencial para gerar benefícios diretos mais ou menos proporcionais para a Berkshire.

Na segunda categoria, as doações da Berkshire foram quase nulas, porque não me sinto confortável com a prática empresarial comum e não tinha uma melhor para pôr no lugar. O que me incomoda nessa prática habitual é que as contribuições tendem a ser feitas com base em quem as solicita e em como os colegas da empresa reagem, não por uma avaliação objetiva das atividades do donatário. O costume muitas vezes supera a racionalidade.

Um resultado corriqueiro é a utilização do dinheiro do acionista para favorecer as instituições beneficentes de preferência do gestor, sendo que, em geral, esse profissional é bastante influenciado por pressões sociais específicas. Com frequência, existe mais uma incongruência: muitos gestores criticam a forma como o governo aloca o dinheiro do contribuinte, mas defendem com entusiasmo seu próprio modo de alocar o dinheiro do acionista.

Para a Berkshire, um modelo diferente é mais apropriado. Assim como eu não gostaria que você se baseasse em suas opiniões pessoais ao emitir cheques da minha conta bancária para instituições de caridade da sua preferência, considero indevido preencher cheques da sua "conta bancária" empresarial para favorecer instituições escolhidas por mim. Suas preferências nesse quesito são tão boas quanto as minhas e, tanto para você quanto para mim, os recursos disponíveis para promover doações com dedução de impostos estão em grande parte no nível corporativo, não em nossas próprias mãos.

Em circunstâncias como essa, acredito que a Berkshire deva imitar as empresas fechadas, não as grandes companhias de capital aberto. Se você e eu possuíssemos 50% de uma empresa, nossa decisão quanto às doações de caridade seria simples. As instituições mais diretamente relacionadas com as operações da empresa teriam prioridade. Qualquer saldo disponível após tais contribuições seria dividido entre os meus e os seus diversos interesses filantrópicos, em valores proporcionais à nossa participação acionária. Se o gestor da empresa tivesse alguma sugestão, ouviríamos com atenção – mas a decisão final seria nossa. Apesar de nossa relação empresarial, é provável que, nesse aspecto dos negócios, nós nos comportássemos como parceiros.

Sempre que possível, acredito em cultivar essa mentalidade de parceria, apesar de operarmos sob o guarda-chuva de uma grande empresa. As regras de nossa Tesouraria permitirão essa parceria.

Que os proprietários da Berkshire possam determinar quem receberá as doações é motivo de satisfação para mim. É irônico, porém compreensível, que um grande e crescente número de companhias importantes tenha políticas de doações beneficentes que igualam os valores doados por seus funcionários – e [conforme já observado] muitas fazem isso inclusive com as quantias doadas por conselheiros. No entanto, que eu saiba, nenhuma delas tem um plano para fazer o mesmo em relação às contribuições dos proprietários. Digo "compreensível" porque boa parte das ações de várias empresas de grande porte tem alta rotatividade. Seus detentores são investidores de curto prazo, que não contam com uma visão típica de proprietário, com horizonte mais largo.

Nossos acionistas são de outra categoria. Ao final de cada ano, mais de 98% das nossas ações pertencem a pessoas que já eram acionistas no começo do mesmo ano. Esse compromisso de longo prazo com a empresa reflete a mentalidade de proprietário que eu, como gestor, pretendo reconhecer de todas as formas possíveis. A política de doações por indicação é um exemplo desse intuito.

1981[9]

Nosso novo programa para permitir que os acionistas indiquem os destinatários das doações de caridade da empresa foi recebido com um entusiasmo extraordinário. Das 932.206 ações elegíveis para participação (ações cujo nome do titular atual constava no nosso cadastro de acionistas), 95,6% responderam. Mesmo se excluirmos as ações que têm alguma relação com o nome Buffett, a porcentagem segue acima de 90%.

Além disso, mais de 3% dos nossos acionistas escreveram voluntariamente cartas ou mensagens; todas, exceto uma, aprovando o programa. Tanto o nível de participação quanto o número de comentários enviados superam qualquer feedback dos acionistas que já vimos, mesmo nos casos em que a resposta foi solicitada com insistência por funcionários da empresa e por organizações profissionais bem remuneradas para isso. E, dessa vez, o volume extraordinário de resposta por parte de vocês ocorreu sem sequer o empurrãozinho do envelope pré-endereçado fornecido pela em-

---

[9] Reimpresso em 1988.

presa. Essa atitude espontânea demonstra tanto a qualidade do programa quanto a de nossos acionistas.

Ao que parece, os proprietários desta empresa gostam de ter e de exercer a capacidade de determinar o destino das doações dos seus recursos. A escola de governança corporativa no estilo "um pai sabe o que é melhor para seu filho" ficará surpresa ao descobrir isto: nenhum acionista nosso enviou um documento autorizando os gestores da Berkshire – no topo da sabedoria, é claro – a decidirem sobre os fundos para caridade aplicáveis às ações dele. Da mesma forma, ninguém sugeriu que sua parte nesses fundos fosse usada para igualar as contribuições feitas pelos conselheiros da empresa para instituições de caridade escolhidas por eles (uma política popular, que prolifera sem ser divulgada em muitas empresas de grande porte).

Nesse cenário, contribuições determinadas pelos acionistas no valor de 1.783.655 dólares foram distribuídas para cerca de 675 instituições de caridade. Fora isso, a Berkshire e suas subsidiárias continuam a fazer determinadas contribuições de acordo com decisões locais tomadas por nossos gerentes operacionais.

Haverá alguns anos, talvez dois ou três a cada dez, em que as doações da Berkshire vão gerar deduções fiscais abaixo da média – ou mesmo nenhuma dedução. Nesses anos, não executaremos nosso programa de doações determinadas por acionistas. Nos outros, nossa previsão é informá-lo, por volta de 10 de outubro, sobre o valor por ação que poderá designar. Essa notificação será acompanhada de um formulário de resposta, e você terá cerca de três semanas para enviar a sua escolha.

A ideia das contribuições indicadas pelos proprietários, assim como muitas outras que deram certo para nós, partiu de Charlie Munger, vice-presidente da Berkshire. Independentemente dos cargos, Charlie e eu trabalhamos em parceria na gestão de todas as empresas controladas. Em um grau quase pecaminoso, gostamos do nosso trabalho como sócios-gestores. E também da parceria financeira que temos com você.

1981

Além das contribuições determinadas pelos acionistas e distribuídas pela Berkshire, os gestores dos nossos negócios operacionais fazem doações, que incluem mercadorias, de 1,5 milhão a 2,5 milhões de dólares por ano. Esses valores ajudam instituições beneficentes locais, como a United Way [organização sem fins lucrativos fundada em Denver, nos Estados Unidos, que atua nas áreas de educação, geração de renda e saúde], e geram benefícios quase equivalentes para nossas empresas.

No entanto, nem os gerentes operacionais nem os executivos da empresa controladora usam os fundos da Berkshire para contribuições a grandes programas nacionais ou para ações de caridade de interesse pessoal (a não ser que o façam como acionistas). Se seus funcionários, inclusive executivo-chefe, desejam fazer uma doação para a faculdade em que se formaram ou para outras instituições com as quais tenham um vínculo pessoal, acreditamos que devam usar o próprio dinheiro para isso, não o seu.

1990-1993

Quero acrescentar que é fácil gerir o nosso programa. No outono passado, durante dois meses, pedimos que um profissional da National Indemnity nos ajudasse a implementar as instruções que vieram dos nossos 7.500 acionistas registrados. Imagino que um programa empresarial padrão, no qual as doações dos funcionários são equiparadas pela companhia, incorre em custos administrativos bem maiores. Na verdade, o valor total dos custos indiretos da nossa empresa corresponde a menos da metade do montante das doações beneficentes que fazemos. (Contudo, Charlie insiste em que eu lhe diga que, dos 4,9 milhões de dólares em custos indiretos, 1,4 milhão são consumidos por nosso jato corporativo, O Indefensável.)[10]

---

[10] A carta de 1986 continha a seguinte informação:
Compramos um jato corporativo no ano passado. O que disseram a você sobre esse tipo de aeronave é verdade: são muito caras e representam um luxo em situações como a nossa, que exige poucas viagens para lugares fora de mão. E não se trata somente do custo operacional: o simples fato de olhar para essas aeronaves já custa dinheiro. Antes dos impostos, o custo do capital investido em um novo avião de 15 milhões de dólares deve chegar a 3 milhões de dólares por ano, somando-se a depreciação. Em relação ao nosso avião, comprado de segunda mão por 850 mil dólares, esses custos chegam a quase 200 mil dólares por ano.
Sabedor desses números, este seu presidente, infelizmente, fez no passado uma série de comentários um tanto destemperados sobre os jatos corporativos. Por isso, antes dessa compra, fui forçado a entrar no meu modo Galileu. Logo experimentei uma "grande revelação" necessária, e viajar agora é consideravelmente mais fácil – e mais caro – do que já foi. É uma questão em aberto se esse avião compensará o dinheiro gasto pela Berkshire, mas vou trabalhar para alcançar um triunfo comercial que possa atribuir a ele (não importa que a

Veja abaixo a lista das categorias para as quais os nossos acionistas mais direcionaram as suas contribuições.

(a) 347 igrejas e sinagogas receberam 569 doações;
(b) 238 faculdades e universidades receberam 670 doações;
(c) 244 escolas de ensino fundamental e médio (sendo um terço delas escolas religiosas) receberam 525 doações;
(d) 288 instituições dedicadas à arte, à cultura ou às humanidades receberam 447 doações;
(e) 180 organizações religiosas de serviço social (divididas igualmente entre cristãs e judaicas) receberam 411 doações;
(f) 445 organizações seculares de serviço social (cerca de 40% relacionadas à juventude) receberam 759 doações;
(g) 153 hospitais receberam 261 doações;
(h) 186 organizações ligadas à saúde (Associação Americana do Coração, Sociedade Americana do Câncer, etc.) receberam 320 doações.

---

justificativa seja um pouco duvidosa). Se Benjamin Franklin tivesse o número do meu telefone, eu ficaria receoso. Ele afirmou: "Ser uma criatura razoável é algo muito conveniente, pois permite que o indivíduo encontre ou crie um motivo para tudo o que tem inclinação de fazer."
A carta de 1989 continha o seguinte texto:
No último verão, vendemos o jato executivo que havíamos comprado por 850 mil dólares há três anos e compramos outro usado por 6,7 milhões de dólares. [Ao prestarem atenção em uma anedota divertida de Carl Sagan sobre obstáculos que impedem o crescimento exponencial das bactérias – mencionado no epílogo a seguir –,] alguns leitores, de forma compreensível, entrarão em pânico: se o nosso patrimônio líquido continuar a aumentar no ritmo atual e o custo de substituir as aeronaves também continuar a subir na taxa estabelecida agora, de 100% composta anualmente, não demorará muito para que todo o patrimônio líquido da Berkshire seja consumido pelo jato corporativo.
Charlie não gosta quando eu igualo o jato às bactérias – ele acha que é degradante para as bactérias. A noção dele de viagem com estilo é um ônibus com ar-condicionado, luxo que aproveita somente quando uma tarifa econômica está disponível. Minha própria atitude em relação ao jato pode ser resumida pela oração atribuída – apocrifamente, tenho certeza – a Santo Agostinho quando ele refletiu sobre abandonar uma vida de prazeres seculares para virar padre. Ao enfrentar o conflito entre o intelecto e os hormônios, ele implorou: "Ajudai-me, ó Senhor, a me tornar casto – mas não agora."
Dar um nome ao jato não foi fácil. Minha primeira sugestão foi "O Charles T. Munger". Charlie a rebateu com a seguinte proposta: "A Aberração". Por fim, chegamos a um acordo: "O Indefensável".
A carta de 1998 indica que Buffett vendeu o jato da Berkshire e agora só utiliza as empresas de serviços de voo da própria Berkshire.

Para mim, três aspectos nessa lista são particularmente interessantes. Em primeiro lugar, ela mostra, até certo ponto, a que as pessoas escolhem dar dinheiro quando agem por conta própria, sem a pressão de quem pede doações nem os apelos emocionais das instituições de caridade. Em segundo, os programas de contribuições de empresas de capital aberto quase nunca permitem doações a igrejas e sinagogas, mas fica evidente que muitos acionistas gostariam de apoiar essas instituições. Por último, as doações de nossos acionistas expõem filosofias conflitantes: 130 delas foram direcionadas a organizações que acreditam no direito das mulheres ao aborto, e outras trinta foram feitas a organizações (sem contar as igrejas) que desencorajam ou se opõem ao procedimento.

No ano passado, eu lhes contei que estava pensando em aumentar a quantia de que os acionistas da Berkshire podem dispor no programa de doações designadas e pedi que opinassem. Recebemos algumas cartas bem escritas opondo-se totalmente à ideia, argumentando que nosso trabalho era administrar a empresa, não forçar os acionistas a fazer doações beneficentes. Porém, a maioria entre os que responderam notou a eficiência tributária do plano e nos incentivou a aumentar o valor designado. Vários acionistas que deram ações a seus filhos ou netos me disseram que consideram o programa um jeito particularmente interessante de fazer os jovens pensarem desde cedo sobre doação. Em outras palavras, essas pessoas viram o programa como uma ferramenta tanto educacional quanto filantrópica. O resultado final é que, de fato, em 1993 aumentamos a quantia de 8 dólares para 10 dólares por ação.

1993

Com relutância, encerramos o programa (de contribuição designada pelo acionista) em 2003 por causa da controvérsia sobre a questão do aborto. Ao longo dos anos, diversas organizações com posicionamentos opostos sobre esse tema foram indicadas por nossos acionistas para se beneficiarem de contribuições. Por isso recebemos com regularidade críticas às doações destinadas a instituições favoráveis à escolha da mulher. Parte delas veio de pessoas e organizações que resolveram boicotar produtos das nossas subsidiárias.

Em 2003, muitos consultores independentes da Pampered Chef [empresa de utensílios de cozinha incorporada pela Berkshire] começaram a sentir os efeitos dos boicotes. Esse desdobramento significava que pessoas que confiavam em nós – mas não eram funcionários nossos nem tinham voz nas decisões da Berkshire – sofreram perdas severas de receita.

Para nossos acionistas, as doações feitas por meio da Berkshire geraram uma eficiência tributária modesta em relação às que eles próprios fizeram de maneira direta. Além disso, o programa era compatível com a nossa abordagem de "parceria". Mas essas vantagens se mostraram inexpressivas em comparação aos danos causados a consultores leais que, com grande esforço pessoal, haviam construído os próprios negócios. Charlie e eu não vemos nada de caridoso em prejudicar pessoas decentes e trabalhadoras apenas para que nós e outros acionistas possamos obter pequenas vantagens fiscais.

A Berkshire agora não faz contribuições no nível da matriz. Nossas várias subsidiárias seguem políticas filantrópicas em consonância com suas práticas anteriores à aquisição pela Berkshire, com uma exceção: quaisquer contribuições pessoais que ex-proprietários já tenham feito com o dinheiro da empresa agora são custeadas pessoalmente por eles.[11]

2003

F. Uma abordagem para a remuneração de executivos com base em princípios

Quando os retornos sobre o capital são normais, o feito de "ganhar mais por investir mais" não é uma grande conquista gerencial. Você pode obter esse resultado sozinho, trabalhando em casa. Basta quadruplicar o capital destinado a uma conta de poupança e, assim, quadruplicar seus ganhos. Dificilmente você esperaria ser incensado por essa realização em particular. Porém, os anúncios de aposentadoria com frequência tecem elogios a executivos-chefes que, digamos, quadruplicaram os lucros da empresa enquanto

---

[11] Cada carta anual até 2002 declara a porcentagem aproximada de ações elegíveis que participaram do programa de doações designadas pelos acionistas, o valor delas em dólares e o número de destinatários. A porcentagem de ações participantes sempre passou de 95% e, em geral, de 97%; o valor anual em dólares subiu de forma constante, de 1 a 2 milhões de dólares no início dos anos 1980 para cerca de 17 milhões em 2002; o número de instituições de caridade diferentes cresceu de menos de mil para cerca de 3.500 no mesmo período; e as doações agregadas até o término do programa em 2002 foram de 197 milhões de dólares.

estiveram no comando – sem que ninguém avaliasse se esse ganho era devido apenas a muitos anos de lucros acumulados e aos juros compostos.

Se essa empresa obtivesse de maneira sistemática um retorno superior sobre o capital ao longo do período, ou se o capital empregado apenas dobrasse durante a gestão do executivo-chefe, ele poderia ser merecedor do elogio. Mas se o retorno sobre o capital for pífio e o capital empregado tiver aumentado no mesmo ritmo que o lucro, esses aplausos deveriam ser suprimidos. Uma conta de poupança na qual os juros fossem reinvestidos alcançaria o mesmo aumento de lucro a cada ano – e, com apenas 8% de juros, quadruplicaria seu lucro anual em 18 anos.

O poder dessa matemática simples é ignorado diversas vezes pelas empresas em detrimento dos seus acionistas. Muitos planos corporativos de remuneração pagam quantias generosas aos gestores por aumentos de ganhos gerados, exclusivamente ou em grande parte, por lucros acumulados – ou seja, lucros negados aos proprietários. Por exemplo, opções de compra de ações de dez anos, com preço fixo, são concedidas de modo rotineiro, muitas vezes por empresas cujos dividendos são apenas uma porcentagem pequena do lucro.

Um exemplo ilustra as possíveis desigualdades nessas circunstâncias. Vamos supor que você tivesse 100 mil dólares em uma conta poupança com juros de 8%, administrada por um gestor que poderia decidir a cada ano qual parcela dos juros você deveria receber em dinheiro. Os juros não pagos seriam classificados como "lucro retido" adicionado à conta poupança. Suponhamos ainda que seu gestor, do alto da própria sabedoria, estabelecesse o índice de distribuição de dividendos em um quarto do lucro anual.

Por essas premissas, sua conta acumularia 179.084 dólares após dez anos. Além disso, seu lucro anual teria crescido cerca de 70%, de 8 mil para 13.515 dólares, sob essa gestão inspirada. E, no fim, seus "dividendos" teriam aumentado na mesma proporção, subindo num ritmo regular de 2 mil dólares no primeiro ano para 3.378 dólares no décimo ano. A cada ano, quando a firma de relações públicas do seu gestor preparasse o relatório anual para apresentar a você, todos os gráficos teriam linhas apontando na direção do céu.

Agora, só de brincadeira, vamos forçar esse cenário um pouco mais e dar a seu gestor uma opção de dez anos, com preço fixo, sobre parte do seu "negócio" (ou seja, a sua conta poupança) com base em seu valor justo no primeiro ano. Com essa opção, o gestor obteria um lucro substancial às suas custas – apenas por ter retido a maior parte dos seus ganhos. Se ele fosse maquiavélico e tivesse um quê de matemático, também poderia reduzir o índice de distribuição de dividendos uma vez que estivesse consolidado.

Esse cenário não é tão improvável quanto você possa imaginar. Muitas opções de compra de ações funcionaram exatamente dessa maneira no mundo corporativo: ganharam valor só porque a equipe de gestão reteve lucros, não por ela ter conquistado um bom desempenho com o capital em mãos.

Na verdade, os gestores aplicam critérios diferentes para as opções. Tirando o bônus de subscrição (que concede à empresa emissora uma remuneração imediata e substancial), acho justo afirmar que em nenhum lugar do mundo dos negócios existem opções de dez anos, com preço fixo, para o todo ou parte de uma empresa e que ainda sejam concedidas para pessoas de fora. Um período de dez meses já seria considerado extremo. Para os gestores, seria particularmente inconcebível oferecer uma opção de longo prazo para uma empresa que aumente de maneira regular seu capital. Qualquer pessoa de fora que desejasse garantir essa opção teria que pagar de forma integral pelo capital adicionado durante o período da opção.

Se são assim rigorosos quando se trata de desconhecidos, a atitude dos gestores é outra quando seus interesses estão em jogo. (Negociar consigo mesmo dificilmente leva a uma briga de bar.) Eles projetam com regularidade opções de dez anos, com preço fixo, para si mesmos e seus colaboradores – em primeiro lugar, tais opções ignoram por completo o fato de que o lucro acumulado cria valor de forma automática; em segundo, ignoram o custo de manutenção do capital. Como resultado, esses gestores acabam lucrando como se tivessem uma opção sobre aquela conta poupança que se valorizava de modo automático.

É claro que as opções de compra de ações vão com frequência para gestores talentosos e agregadores de valor e, por vezes, proporcionam a eles recompensas perfeitamente adequadas. (Na verdade, aqueles que são realmente excepcionais quase sempre recebem bem menos do que deveriam.) No entanto, os resultados equilibrados acontecem por acaso. Uma vez concedidas, as opções não fazem qualquer diferença quanto ao desempenho individual. Como são irrevogáveis e incondicionais (desde que o gestor permaneça na companhia), um preguiçoso recebe recompensas por suas opções da mesma maneira que a estrela da casa. Um Rip Van Winkle na versão gestor, pronto para cochilar por dez anos, não poderia desejar um sistema de "incentivos" melhor.

(Não resisto a mencionar uma opção de longo prazo dada a alguém "de fora": aquela concedida ao governo dos Estados Unidos sobre ações da Chrysler, como contrapartida parcial pela garantia do governo para alguns empréstimos que salvaram a companhia. Quando essas opções trouxeram boas respostas para o governo, a Chrysler procurou modificar os valores, argumentando que a recompensa, além de muito superior ao previsto, era desproporcional à contribuição do Estado para a recuperação da companhia. A angústia da empresa diante do que considerou um desequilíbrio entre recompensa e desempenho virou notícia no país. Essa apreensão pode ser inédita: até onde sei, nenhum gestor – de empresa alguma – sentiu-se tão indignado por compensações injustificadas decorrentes de opções concedidas a si próprios ou a seus colegas.)

Por ironia, a retórica sobre as opções muitas vezes as descreve como desejáveis, já que colocam gestores e proprietários no mesmo barco financeiro. Na verdade, as embarcações são bem diferentes. Proprietários nunca escapam do ônus dos custos de capital, que de forma alguma recaem sobre o titular de uma opção de preço fixo. Um proprietário deve pesar o potencial positivo e o aspecto negativo; já para o gestor, não há nenhum aspecto negativo. Na realidade, é muito frequente querermos uma opção para um projeto de negócio cuja propriedade rejeitamos. (Eu aceito com satisfação um bilhete de loteria dado de presente, mas jamais vou comprar um.)

Também na política de dividendos, o que atende bem aos interesses dos titulares de opções talvez sirva mal ao proprietário. Retomemos o exemplo da conta poupança. O administrador, mantendo a opção dele, se beneficiaria de uma política livre de dividendos. Por outro lado, a tendência do proprietário da conta é querer um pagamento total para evitar que o gestor titular da opção compartilhe do lucro acumulado dela.

Apesar das limitações, as opções podem ser convenientes em algumas situações. Minha crítica se refere ao seu uso indiscriminado e, nesse sentido, gostaria de enfatizar três pontos.

Primeiro, as opções de compra de ações estão vinculadas, inevitavelmente, ao desempenho geral de uma companhia. Então, pela lógica, devem ser concedidas somente aos gestores com responsabilidade geral. Gerentes de áreas específicas devem receber incentivos que ofereçam compensação relativa aos resultados pelos quais são responsáveis. O melhor rebatedor do time espera – e merece – um pagamento adicional por seu desempenho, mesmo que sua equipe esteja na última colocação. E o pior rebatedor não deveria receber prêmio algum, mesmo que seja da equipe campeã. Apenas os profissionais responsáveis pelo desempenho geral do time deveriam receber prêmios atrelados aos resultados da equipe.

Em segundo lugar, as opções deveriam ser estruturadas com cuidado. Quando não houver nenhum critério especial, deveriam ser considerados o lucro acumulado ou o custo de manutenção. Outro ponto igualmente importante é que os preços sejam realistas. Quando os gestores se deparam com ofertas para as suas empresas, eles jamais falham em destacar quão distantes podem ser os preços de mercado enquanto indicadores do valor real. Então por que esses preços desvalorizados deveriam ser o parâmetro de avaliação quando os gestores vendem partes da companhia para si mesmos? (Eles podem ir além: executivos e conselheiros às vezes consultam o Código Tributário para determinar os preços *mais baixos* pelos quais conseguem, com efeito, vender parte do negócio para pessoas de dentro da empresa. Ao fazer isso, costumam escolher planos que geram os *piores* resultados fiscais para a companhia.) Exceto em casos muito raros, os proprietários não são bem atendidos pela venda de parte dos seus negócios a preço de banana – seja para pessoas de dentro ou de fora da companhia. Esta é a conclusão óbvia: as opções devem ser precificadas pelo valor de mercado.

Em terceiro lugar, quero enfatizar que alguns gestores que admiro imensamente – cujos registros de operações são bem melhores do que os meus – discordam de mim quanto às opções de preço fixo. Eles construíram culturas corporativas funcionais empregando essas opções como ferramenta. Por sua liderança e seu exemplo, além do uso das opções como incentivo, esses gestores ensinaram seus colegas a pensar como proprietários. Esse tipo de cultura é rara e, quando implementada, talvez deva ser preservada – apesar das ineficiências e desigualdades que podem infestar o programa de opções. "Em time que está ganhando não se mexe" é uma diretriz melhor do que buscar a perfeição a qualquer preço.

1985

Considere, por exemplo, opções de dez anos, com preço fixo (e quem desprezaria?). Se João Inútil, executivo-chefe da empresa Estagnada S.A., receber um pacote desse tipo – digamos que seja suficiente para dar a ele uma opção sobre 1% da companhia –, seu interesse pessoal é claro: deveria ignorar inteiramente o pagamento de dividendos e usar todos os lucros da companhia para recomprar ações.

Vamos supor que, sob a liderança de João, a Estagnada S.A. venha a fazer jus ao nome. Após a concessão da opção, a cada ano, num total de dez, a empresa tem lucro de 1 bilhão de dólares sobre o patrimônio líquido de 10 bilhões, o qual no início resulta em 10 dólares por ação sobre os 100 milhões de ações então em circulação. João evita pagar dividendos e costuma utilizar todo o lucro para recomprar ações. Se a ação for vendida constantemente pelo valor do lucro por ação multiplicado por dez, ela terá uma valorização de 158% no fim do período da opção. Isso porque as recompras reduziriam o número de ações para 38,7 milhões até esse momento e, portanto, o lucro por ação aumentaria para 25,80 dólares. Apenas por reter o lucro dos proprietários, João enriquece e embolsa incríveis 158 milhões de dólares, embora a empresa em si não tenha melhorado em nada. É espantoso, mas João poderia ter ganhado mais de 100 milhões de dólares caso o lucro da Estagnada S.A. houvesse *diminuído* em 20% durante esse período de dez anos.

Ele ainda obtém um resultado esplêndido para si mesmo ao não pagar dividendos e aplicar o lucro que retém dos acionistas em projetos e aquisições que se revelaram decepcionantes. Mesmo que essas iniciativas proporcionem um retorno irrisório de 5%, João ganhará uma fortuna. Para ser mais específico – se o quociente preço/lucro da empresa Estagnada permanecer inalterado, dez –, a opção de João proporcionará a ele 63 milhões de dólares. Enquanto isso, seus acionistas vão se perguntar o que aconteceu com o "alinhamento de interesses" que deveria ocorrer após João ter recebido as opções.

Sem dúvida, uma política de dividendos "normal" – um terço dos lucros pagos, por exemplo – produz resultados discretos, mas ainda assim pode fornecer recompensas exuberantes para gestores que nada obtêm.

Os executivos-chefes compreendem essa matemática e sabem que cada centavo pago em dividendos reduz o valor de todas as opções em circulação. Entretanto, nunca vi menções a esse conflito entre gestor e proprietário nos materiais que solicitam a aprovação de um plano de opção a preço fixo. Embora os executivos-chefes sempre preguem *internamente* que o capital tem um custo, esquecem de dizer aos acionistas que as opções de preço fixo dão a eles capital de graça.

Não precisaria ser assim: para o conselho, é brincadeira de criança inventar opções que tornem efetivo o aumento automático de valor que ocorre quando os lucros são retidos. Mas, veja só, opções desse tipo quase nunca são emitidas. Na verdade, a própria ideia de opções com preços de exercício ajustados para o lucro acumulado parece estranha para "especialistas" em remuneração, embora eles tenham um conhecimento enciclopédico sobre todos os planos benéficos existentes para a equipe de gestão.

Ser demitido pode render um pagamento particularmente generoso para o executivo-chefe. Em um único dia, o de sua demissão, enquanto arruma as suas coisas, ele pode "ganhar" mais do que um trabalhador americano receberá ao longo da vida limpando banheiros. Esqueça aquela velha noção de que nada atrai tanto sucesso quanto o sucesso: hoje, na sala do executivo, a regra predominante é que nada atrai tanto sucesso quanto o *fracasso*.

2005

Na Berkshire, porém, aplicamos um sistema de remuneração incentivada que premia os principais gestores por cumprirem as metas em seus negócios. Se a See's [fabricante e distribuidora de doces pertencente à Berkshire] vai bem, isso não vai gerar um bônus na área de jornais – e vice-versa. Também não verificamos o preço das ações da Berkshire quando assinamos cheques de bonificação. Acreditamos que o bom desempenho de uma subsidiária deve ser recompensado independentemente de alta, queda ou estabilidade das ações da holding. Da mesma forma, achamos que um desempenho mediano não deve ser reconhecido com um prêmio especial, mesmo que as nossas ações tenham disparado. Fora isso, "desempenho" é definido de maneiras diferentes, dependendo dos aspectos econômicos subjacentes ao negócio: para alguns gestores, a empresa performa muito bem graças a particularidades do setor que não foram geradas por eles; outros lutam contra fatores tão desfavoráveis quanto inevitáveis.

As recompensas nesse sistema podem ser grandes. Nas várias unidades de negócios que temos, muitas vezes os principais gestores chegam a receber cinco vezes o valor do salário-base, ou até mais, como bônus de incentivo. O bônus de um executivo poderia ultrapassar 2 milhões de dólares em 1986. (Assim espero.) Não estabelecemos um limite para as bonificações, e o potencial para receber recompensas não depende da hierarquia. O gestor de uma unidade relativamente pequena pode ganhar muito mais do que outro responsável por uma maior, se os resultados indicarem que ele merece. Acreditamos ainda que fatores como tempo de serviço e idade não devem afetar a bonificação (embora às vezes influenciem a remuneração básica). Alguém de 20 anos que consegue rebater as bolas mais difíceis é tão valioso para nós quanto alguém de 40 com desempenho igual.

Naturalmente, todos os gestores da Berkshire podem usar a bonificação (ou outros recursos, inclusive dinheiro emprestado) para comprar as nossas ações no mercado. Muitos fizeram justamente isso – e alguns possuem hoje grandes participações. Ao aceitar os riscos e o custo de manutenção que são inerentes às compras diretas, esses gestores de fato se colocaram no lugar dos proprietários.

1985

Na Berkshire, tentamos ser racionais tanto em relação à remuneração quanto à alocação de capital. Por exemplo, a bonificação de Ralph Schey se baseou nos resultados da Scott Fetzer, não nos da Berkshire. O que faria mais sentido, uma vez que ele é responsável por uma operação, mas não pela outra? Uma bonificação em dinheiro ou uma opção de compra de ações vinculada ao desempenho da Berkshire proporcionaria a Ralph recompensas aleatórias. Por exemplo, ele poderia rebater uma série de *home runs* para a Scott Fetzer enquanto Charlie e eu acumulávamos erros na Berkshire, o que anularia boa parte dos esforços de Ralph. Inversamente, por que o lucro das opções ou as bonificações deveriam recair sobre Ralph se coisas boas estivessem ocorrendo em outras unidades da Berkshire, mas a Scott Fetzer estivesse num mau momento?

Ao definirmos a remuneração, prometemos grandes incentivos e ficamos felizes em cumprir essa promessa, mas asseguramos que os bônus estejam vinculados de forma direta aos resultados da área controlada por aquele gestor. Quando o capital investido em uma operação é alto, exigiremos do gestor um retorno também elevado, da mesma forma que ele será premiado por isso.

Essa estratégia de considerar que o dinheiro não é de graça provoca efeitos visíveis na Scott Fetzer, sem dúvida alguma. Para Ralph, vale a pena utilizar recursos adicionais e obter bons retornos: seu bônus aumenta quando o lucro sobre o capital adicional excede um patamar significativo do custo.

Entretanto, nosso cálculo para bonificações é simétrico: se o investimento adicional render retornos abaixo do padrão, o déficit será dispendioso tanto para Ralph quanto para a Berkshire. A consequência desse acordo de mão dupla é que vale a pena para Ralph – e rende a ele um bônus expressivo – enviar para Omaha qualquer dinheiro que ele não possa usar de forma vantajosa na empresa que administra.

Tornou-se moda nas empresas de capital aberto afirmar que quase todos os planos de remuneração alinham os interesses da equipe de gestão com os dos acionistas. Para nós, alinhamento significa ser parceiro mesmo quando há desvantagens. Muitos planos de "alinhamento" que não passam nesse teste básico são formas engenhosas de dizer: "Cara, eu ganho; coroa, você perde."

Uma forma comum de desalinhamento ocorre no regime típico de opção de compra de ações, que não aumenta periodicamente o preço da opção para compensar o fato de o lucro acumulado estar ampliando a riqueza da empresa. Na verdade, a combinação de uma opção de dez anos, distribuição de poucos dividendos e juros compostos pode gerar ganhos exuberantes para um gestor que nada fez além de manter o resultado. Talvez um cético até observe que o lucro do gestor que detém as opções aumenta quando os pagamentos aos proprietários são retidos. Ainda estou para ver esse ponto vital ser esclarecido em uma declaração obrigatória pedindo que os acionistas aprovem por procuração um plano de opções.

Não consigo deixar de mencionar que acertamos a remuneração de Ralph Schey com o próprio em cerca de cinco minutos, logo após termos comprado a Scott Fetzer, sem qualquer "ajuda" de advogados ou de consultores. Esse arranjo incorpora algumas ideias muito simples – sem aquelas cláusulas tão apreciadas por consultores que precisam de bons motivos para enviar uma fatura caríssima e, sendo assim, determinam que você tem um problema enorme (o qual, é claro, requer uma revisão anual). Nosso acordo com Ralph nunca foi alterado. Fazia sentido para ele e para mim em 1986 e continua fazendo até hoje. Da mesma forma, os acordos de remuneração com os gestores de todas as demais unidades são simples, embora os termos de cada contrato variem por levar em conta as características econômicas do negócio em questão, o fato de alguns gestores terem propriedade parcial da unidade, etc.

Em todos os casos, buscamos ser racionais. Certos gestores podem muito bem se interessar por acordos variáveis, não relacionados às realizações pessoais deles. Afinal, quem recusaria um bilhete de loteria grátis? Mas acordos assim são um desperdício para a empresa e impedem o executivo de se concentrar nas questões com as quais realmente deveria se preocupar. Fora isso, se houver um comportamento irracional na controladora, profissionais das subsidiárias se sentirão encorajados a reproduzi-lo.

Na Berkshire, somente Charlie e eu temos a responsabilidade gerencial por todo o negócio. Portanto, somos as únicas partes que, pela lógica, deveriam ser bonificadas com base no que a empresa faz como um todo. Mas nem por isso desejamos esse regime de remuneração. Planejamos a empresa e nossas atribuições dentro dela com cautela para fazermos coisas de que gostamos com pessoas de quem gostamos. Não menos importante, somos forçados a executar pouquíssimas tarefas chatas ou desagradáveis. Também somos os beneficiários de uma variedade abundante de regalias físicas e mentais que fluem para os líderes das companhias. Em uma situação idílica como esta, não esperamos que os acionistas arquem com um alto valor em remuneração, pois não temos qualquer necessidade dele.

Na verdade, se não recebêssemos nenhum pagamento, Charlie e eu ficaríamos muito satisfeitos com os empregos tranquilos que temos. No fundo, concordamos com o credo de Ronald Reagan: "Deve ser verdade que o trabalho duro nunca matou ninguém, mas me questiono se é necessário se arriscar."

1994

Fizemos uma aquisição relevante em 1991: a H.H. Brown Shoe Co., principal fabricante norte-americana de sapatos e botas para atividades profissionais, que tem um histórico de obter margens excepcionalmente boas sobre vendas e ativos. O ramo dos calçados é difícil – dos bilhões de pares comprados nos Estados Unidos a cada ano, cerca de 85% são importados –, e a maioria dos fabricantes do setor tem um desempenho ruim. A diversidade de estilos e tamanhos oferecida por eles faz com que os estoques sejam imensos. Outra questão é que um capital considerável está ligado às contas a receber.

Uma característica peculiar da H.H. Brown é ter um dos sistemas de remuneração mais inusitados que já encontrei – mas que aquece meu coração: vários de seus principais executivos recebem um salário anual de 7.800 dólares, ao qual se soma uma porcentagem designada do lucro da empresa após a dedução de um encargo pelo capital empregado. Sendo assim, esses gestores ficam de fato na posição de proprietários. Por outro lado, a maioria não faz o que prega e adota sistemas de remuneração que exageram nos incentivos, mas falham nas cobranças (e, de modo quase invariável, tratam o capital social como se fosse livre de custos). De qualquer forma, o regime da Brown serviu excepcionalmente bem tanto à empresa quanto a seus gestores, o que não deveria ser surpresa alguma: gestores ávidos por apostar em peso nas suas habilidades, em geral, têm muita habilidade em que apostar.

1991

Dá para entender como o pagamento do executivo-chefe saiu de controle. Quando a equipe de gestão contrata funcionários, ou quando as empresas barganham com um fornecedor, o interesse tem a mesma intensidade nos dois lados da mesa de negociação. Quando uma parte ganha a outra perde, e o dinheiro em jogo tem um significado real para ambas. O resultado é uma negociação sobretudo honesta.

Mas quando o executivo-chefe (ou seu representante) se reúne com o comitê de remuneração, diversas vezes uma das partes – a dele – preocupa-se bem mais com o acordo selado do que a outra. Por exemplo, o executivo-chefe sempre vai considerar monumental a diferença entre receber opções por 100 mil ou por 500 mil ações. Para o comitê de remuneração, entretanto, talvez essa diferença possa parecer sem importância – em especial se, como tem sido o caso na maioria das companhias, nenhuma das concessões tiver qualquer efeito sobre o lucro relatado. Nessas condições, é quase como se a negociação envolvesse dinheiro de mentirinha.

Os excessos por parte dos executivos-chefes se intensificaram muito nos anos 1990, à medida que os pacotes de remuneração recebidos pelos mais gananciosos – um título que era bastante disputado – foram prontamente replicados em outros lugares. Esse surto de ganância em geral era estimulado por consultores e departamentos de relações humanas, que não tinham qualquer dificuldade em perceber quem lhes garantia o pão de cada dia. Como comentou um consultor de remuneração: "Existem duas categorias de clientes que não queremos ofender: os reais e os potenciais."

2003

Nos últimos anos, os comitês de remuneração têm, com frequência, acatado docilmente as recomendações dos consultores, uma categoria que não é notória pela lealdade aos acionistas que, embora desconheçam, pagam seus honorários. (Se você não sabe dizer de que lado uma pessoa está, então *não é do seu*.) É verdade que, por exigência da SEC, todos os comitês precisam declarar sua lógica de pagamento. Mas o texto costuma seguir um padrão redigido pelos advogados da empresa ou pelo departamento de relações humanas.

Essa palhaçada onerosa precisa acabar. Os conselheiros não devem participar de comitês de remuneração, a não ser que *eles próprios* sejam capazes de negociar em nome dos proprietários. Devem explicar como entendem a questão do pagamento e como avaliam o desempenho. Além disso, ao lidarem com o dinheiro dos acionistas, eles devem se comportar da mesma maneira que fariam com o seu.

Na década de 1890, [o sindicalista] Samuel Gompers descreveu assim a meta do trabalho organizado: "Mais!" Nos anos 1990, os executivos-chefes dos Estados Unidos adotaram esse grito de guerra. O resultado é que, não raro, eles acumularam riquezas enquanto seus acionistas passaram por desastres financeiros.

Os conselheiros devem impedir essa prática desonesta. Não há nada de errado em pagar bem quando o desempenho nos negócios é verdadeiramente excepcional. Mas, nos demais casos de resultados inferiores a isso, está na hora de os conselheiros gritarem: "Menos!" Seria uma grande farsa se o inchaço do pagamento nos últimos anos se tornasse o padrão para futuras remunerações. Os comitês de remuneração devem voltar à estaca zero.

2002

G. *Risco, reputação e mudança climática*

Charlie e eu acreditamos que um executivo-chefe não deve delegar o controle de risco. Afinal, é extremamente importante. Na Berkshire, por exemplo, instauro e monitoro *todos* os contratos de derivativos nos livros da empresa, com exceção dos relacionados a operações em algumas das nossas subsidiárias, como a MidAmerican, e dos contratos menos importantes da General Re que entraram em *run-off*. Se a Berkshire tiver problemas algum dia, a culpa será *minha*. A causa não serão os erros de julgamento feitos por um comitê de risco ou pelo executivo-chefe de risco.

Na minha opinião, o conselho diretor de uma grande instituição financeira é *negligente* se não insistir em que seu executivo-chefe tenha total responsabilidade pelo controle de risco. Se ele for incapaz de executar esse trabalho, deve procurar outro emprego. E se fracassar – e, em seguida, o governo for obrigado a intervir com fundos ou garantias –, as consequências financeiras para ele e o conselho devem ser severas.

Não foram os acionistas que arruinaram as operações de algumas das maiores instituições financeiras do nosso país. Ainda assim, eles suportaram o fardo, após pelo menos 90% do valor das suas participações ter sido aniquilado na maioria dos casos de falência. Coletivamente, perderam mais de 500 bilhões de dólares apenas nos quatro maiores fiascos financeiros dos últimos dois anos. Dizer que esses *proprietários* foram "resgatados" é zombar do termo.

Já os executivos-chefes e conselheiros das empresas falidas saíram praticamente ilesos. Perderam um pouco do patrimônio por causa dos desastres ocorridos sob sua supervisão, mas continuam vivendo em grande estilo. É o comportamento desses executivos-chefes e conselheiros que precisa mudar: se suas instituições e o país forem prejudicados por sua imprudência, eles devem pagar um preço alto – não reembolsável pelas empresas a que causaram danos nem pelo seguro. Executivos-chefes e, em diversos casos, conselheiros há muito se beneficiam de incentivos financeiros desproporcionais. É necessário também que algumas cobranças *expressivas* façam parte da realidade desses cargos.

2009

[O Relatório Anual de 2010 incluiu a seguinte informação, datada de 26 de julho de 2010, para os gestores da Berkshire.] Esta é minha carta bienal para enfatizar mais uma vez que a Berkshire tem como principal prioridade que todos nós continuemos a proteger com zelo a reputação da empresa. Não conseguimos ser perfeitos, mas podemos tentar. Como venho afirmando nesses memorandos ao longo de mais de 25 anos: "Podemos nos dar ao luxo de perder dinheiro – inclusive muito dinheiro. Mas não ao luxo de perder a nossa reputação – nem sequer um pingo dela." *Devemos* continuar a avaliar cada ato não apenas pelo que é legal, mas também pensando no que gostaríamos de ver na primeira página de um jornal de circulação nacional, na matéria escrita por um repórter pouco amigável, porém inteligente.

Em certas ocasiões, seus colaboradores dirão: "Mas todo mundo faz isso." Quase sempre essa linha de raciocínio é ruim como principal justificativa para uma ação de negócios. Ela é totalmente inaceitável na hora de avaliar uma decisão moral. Sempre que alguém apresenta tal argumento como fundamento lógico, na verdade está dizendo que não consegue encontrar um *bom* motivo. Se uma pessoa vier com esse discurso, diga para tentar usá-lo com um repórter ou um juiz e ver até onde conseguirá chegar com isso.

Caso você encontre algo cuja propriedade ou legalidade lhe cause qualquer dúvida, não deixe de me ligar. No entanto, se determinada linha de conduta leva a essa hesitação, provavelmente ela já está bastante próxima do limite da regra e deve ser abandonada. Podemos ganhar muito dinheiro sem marcar falta no jogo. Caso você sinta que alguma ação está esbarrando no limite, assuma de uma vez que ela não é válida e a esqueça.

Nessas circunstâncias, avise-me de imediato se houver uma má notícia relevante. Sei lidar com elas, mas não gosto de ter que fazer isso quando já chegaram ao estado de putrefação. Por causa da relutância em enfrentar más notícias de imediato, um problema na Salomon que poderia ter sido resolvido com facilidade quase causou a falência de uma empresa com 8 mil funcionários.

Neste momento, alguém está fazendo algo na Berkshire que não agradaria nem a mim nem a você se soubéssemos. É inevitável: hoje empregamos mais de 250 mil pessoas, e são nulas as chances de essa gente toda encerrar o dia sem que tenha ocorrido algum tipo de mau comportamento. Mas podemos minimizar tais atividades, obtendo um impacto enorme, se agirmos com prontidão ao menor sinal de impropriedade. Sua atitude em relação a esses assuntos, expressa tanto pelo comportamento quanto pelas palavras, será o fator mais importante na forma como a cultura da sua empresa vai se desenvolver. Mais do que os guias de conduta, a cultura determina como uma organização se comporta.

Em relação a outros aspectos, você pode me contar muito ou pouco, como bem entender. Cada um de vocês faz um trabalho de primeira ao administrar suas operações com estilo próprio sem precisar da minha ajuda. Os únicos itens que devem esclarecer comigo são quaisquer mudanças nos benefícios de aposentadoria e despesas de capital ou aquisições excepcionalmente de grande porte.

Anexo ao Relatório Anual de 2010

Chegou a nós um pedido feito por procuração que diz respeito às mudanças climáticas e deve ser avaliado na próxima reunião anual. O responsável quer que forneçamos um relatório sobre os perigos em potencial da mudança climática para a nossa operação de seguros e que expliquemos como estamos reagindo a tais ameaças.

Acho altamente provável que a mudança climática represente um grande problema para o planeta. Digo "altamente provável", não que vai acontecer "com certeza", porque não tenho a menor aptidão científica e me recordo bem das previsões calamitosas da maioria dos "especialistas" sobre o bug do milênio. Mas seria tolice de qualquer um de nós exigir 100% de prova quanto aos imensos danos futuros ao planeta se esse desfecho parecer de algum modo possível e se a ação imediata tiver uma chance, mesmo que pequena, de impedir o perigo.

Essa questão tem uma semelhança com a Aposta de Pascal sobre a existência de Deus. Talvez você se lembre: Pascal argumentou que se houvesse apenas uma probabilidade ínfima de Deus realmente existir, faria sentido se comportar como se Ele existisse, pois as recompensas poderiam ser infinitas, enquanto a falta de fé poderia levar ao sofrimento eterno. Da mesma forma, se houver apenas 1% de chance de o planeta estar se encaminhando para um desastre de proporções críticas e a demora em tomar medidas nos levar a um ponto sem volta, permanecer inerte neste momento é temerário. Chame isso de a Lei de Noé: se uma arca pode ser essencial para a sobrevivência, comece a construí-la hoje, mesmo que não haja nenhuma nuvem no céu.

É compreensível que o autor da procuração acredite que a Berkshire esteja especialmente ameaçada pela mudança climática por sermos uma grande seguradora, com cobertura para todos os tipos de riscos. Talvez ele tema que as perdas patrimoniais disparem em razão desse perigo global. E talvez essa preocupação, na verdade, fosse justificável caso criássemos apólices de dez ou vinte anos a preços fixos. Mas as apólices de seguro costumam ser válidas por um ano, com reajuste para refletir mudanças na exposição ao risco. O aumento da possibilidade de perda logo se traduz em prêmios mais altos.

Vamos pensar no ano de 1951, quando comecei a me entusiasmar com a GEICO. A perda média por apólice da empresa era então de cerca de 30 dólares anuais. Imagine como você reagiria, naquela época, se eu fizesse uma previsão de que os custos de perda subiriam para cerca de 1.000 dólares por apólice em 2015. Talvez você me questionasse, considerando a disparada de perdas um tremendo desastre, certo? Bem, na verdade, não.

Ao longo dos anos, a inflação causou um grande aumento no custo de ressarcimento tanto dos veículos quanto das pessoas envolvidas em acidentes. Mas esses custos mais elevados foram prontamente acompanhados por uma alta dos prêmios. Portanto, de forma paradoxal, a elevação dos custos de perdas tornou as seguradoras muito mais valiosas. Se os custos tivessem permanecido inalterados, a Berkshire teria hoje uma seguradora de automóveis com negócios na casa dos 600 milhões de dólares por ano, não dos atuais 23 bilhões.

Até agora, a mudança climática não gerou uma incidência maior de furacões nem encareceu a cobertura dos prejuízos que eles acarretam. O mesmo vale para outros fenômenos relacionados ao clima e cobertos por seguros. Por isso os prêmios por catástrofes extremas nos Estados Unidos caíram de modo constante nos últimos anos, o que nos levou a desistir desse negócio. Se esse tipo de catástrofe se tornar mais oneroso e frequente, o efeito provável – embora esteja longe de ser uma certeza – sobre o negócio de seguros da Berkshire seria o de levá-lo a se expandir e ganhar lucratividade.

Como cidadão, é compreensível que a mudança climática possa lhe provocar insônia. Se você for dono de uma casa no nível do mar, talvez queira se mudar. Mas quando pensar somente como acionista de uma grande seguradora, essa questão pode ficar fora da sua lista de preocupações.

2015

H. *Cultura corporativa*

Nossa flexibilidade com relação à alocação de capital foi responsável por grande parte do nosso progresso até hoje. Conseguimos pegar o dinheiro que ganhamos com, digamos, a See's Candies ou a Business Wire (elas estão entre as nossas empresas mais bem administradas, mas oferecem oportunidades limitadas de reinvestimento) e usá-lo como parte do valor de que precisávamos para comprar a BNSF. [Outra] vantagem é a cultura difícil de copiar que permeia a Berkshire. E, nos negócios, a cultura faz diferença.

Para começo de conversa, os conselheiros que a representam pensam e agem como proprietários. Essa mesma orientação prevalece entre os nossos gestores. Em muitos casos, são pessoas que procuraram a Berkshire para que ela adquirisse um negócio que havia muitos anos pertencia a eles e suas famílias. Vieram até nós com uma mentalidade de proprietário, e nós lhes oferecemos um ambiente que os incentiva a preservá-la. Ter gestores que amam as suas empresas não é uma pequena vantagem.

As culturas corporativas se difundem por si sós. Procedimentos burocráticos geram ainda mais burocracia, e palácios corporativos sisudos induzem um comportamento arrogante. (Como disse um gaiato: "Você sabe que não é mais o executivo-chefe quando senta no banco de trás do carro e ele não sai do lugar.") Na "sede mundial" da Berkshire, o aluguel custa 270.212 dólares por ano. Além do mais, o investimento em móveis, arte, máquinas de Coca-Cola, refeitório, equipamentos de alta tecnologia, etc. totaliza 301.363 dólares. Contanto que Charlie e eu tratemos o seu dinheiro como se fosse nosso, é provável que os gestores da Berkshire também sejam cautelosos com ele.

Os programas de remuneração, a reunião anual e até mesmo os relatórios anuais são todos elaborados com o objetivo de reforçar a cultura da Berkshire e torná-la capaz de repelir e expulsar gestores que não se encaixem nela. Essa cultura fica mais forte a cada ano e permanecerá intacta por muito tempo depois que Charlie e eu tivermos saído de cena.

2010

II. INVESTIMENTOS

EM MEADOS DE 1973, quando compramos participações [substanciais da Washington Post Company, WPC], o preço não passava de um quarto do valor de negócio por ação da empresa. O cálculo do quociente preço/valor não exigiu nenhum conhecimento especial. A maioria dos analistas de valores mobiliários, das agências de intermediação de publicidade e dos executivos da mídia teria estimado o valor intrínseco do negócio da WPC na casa dos 400 milhões a 500 milhões de dólares, a mesma quantia que calculamos. E, todos os dias, a cotação de 100 milhões de dólares em bolsa era publicada para qualquer um ver. Tínhamos a vantagem do nosso posicionamento: havíamos aprendido com Ben Graham que a chave para o investimento de sucesso é a compra de ações de boas empresas quando o preço de mercado estiver muito abaixo do valor de negócio latente.

Por outro lado, no início dos anos 1970, a maioria dos investidores institucionais considerava que o valor de negócio tinha pouca relevância na hora de decidir por qual preço iriam comprar ou vender. Hoje isso parece inacreditável. Mas, na época, essas instituições estavam sob o feitiço de acadêmicos de escolas de negócios prestigiosas, que pregavam uma teoria recém-elaborada: o mercado acionário era totalmente eficiente e, portanto, os cálculos do valor de negócio – e até mesmo pensar no assunto – não tinham importância nas atividades de investimento. (Temos uma tremenda dívida com esses sujeitos: haveria algo mais vantajoso, em uma competição intelectual – seja de bridge, xadrez ou escolha de ações –, do que adversários convictos de que pensar é um desperdício de energia?)

1985

A. *Fazendas, imóveis e ações*

De 1973 a 1981, o Meio-Oeste viveu uma explosão nos preços agrícolas, causada pela crença generalizada de que uma inflação galopante estava por vir, alimentada pelas políticas de empréstimos de pequenos bancos rurais. A bolha então estourou e derrubou os preços em pelo menos 50%, arruinando tanto os agricultores alavancados quanto seus credores. As falências de bancos dos estados de Iowa e Nebraska após essa bolha foi cinco vezes maior do que durante a Grande Recessão [de 2008-2009].

Em 1986, comprei da FDIC [sigla para Federal Deposit Insurance Corporation, agência federal de garantias de depósitos dos Estados Unidos] uma fazenda de quatrocentos acres, localizada oitenta quilômetros ao norte de Omaha. Paguei 280 mil dólares por ela, uma quantia consideravelmente menor do que o empréstimo feito alguns anos antes por um banco falido que dera a fazenda como garantia. Eu não fazia ideia de como administrar uma fazenda, mas meu filho adora agricultura e aprendi com ele quantas sacas de milho e soja seriam produzidas lá e quais despesas operacionais teríamos. Com base nessas estimativas, calculei que o retorno do investimento na fazenda seria então de cerca de 10%. Também achei que a produtividade talvez melhorasse com o tempo e que os preços das safras também subiriam. Ambas as expectativas se confirmaram.

Eu não precisava de um conhecimento nem de uma inteligência fora do normal para concluir que o investimento não tinha desvantagens, mas vantagens significativas em potencial. É claro, haveria ocasionalmente uma safra ruim, e os preços às vezes seriam decepcionantes. E daí? Também teríamos anos extraordinariamente bons, e eu jamais seria pressionado a vender a propriedade. Agora, [quase três décadas] depois, a fazenda triplicou o lucro e vale pelo menos cinco vezes o que paguei. Continuo sem saber nada sobre agricultura e só recentemente fiz a minha segunda visita à propriedade.

Em 1993, fiz outro investimento pequeno. Larry Silverstein, o proprietário do Salomon na época em que eu era o executivo-chefe da empresa, me contou sobre uma galeria de lojas comerciais em Nova York, vizinha à New York University (NYU), à venda pela Resolution Trust Corp [RTC, empresa federal que cuida da liquidação de companhias insolventes]. Mais uma vez, havia estourado uma bolha – então envolvendo imóveis comerciais –, e a RTC fora criada para se desfazer dos ativos de instituições de poupança falidas, cujas práticas otimistas de empréstimo tinham estimulado o desvario do mercado.

Nesse caso, a análise também era simples. Assim como a fazenda, o rendimento sem alavancagem da propriedade era, na época, de cerca de 10%. Mas a RTC era pouco presente na administração da galeria, e a receita aumentaria quando várias lojas desocupadas fossem alugadas. Ainda mais importante era o fato de o principal inquilino – que ocupava aproximadamente 20% do espaço do projeto – pagar um aluguel muitíssimo inferior ao valor de mercado. Após nove anos, quando essa locação barata expirasse, com certeza o lucro receberia um grande impulso. Além do mais, a localização era maravilhosa: a NYU, afinal, não tinha qualquer plano de mudar de endereço.

Juntei-me a um grupo reduzido, no qual estavam Larry e meu amigo Fred Rose, e compramos o terreno. Investidor de alto nível especializado no setor imobiliário, Fred ficou responsável por administrar a propriedade, ao lado da família. E deu muito certo. Conforme os contratos antigos expiraram, o lucro triplicou. Hoje, as distribuições anuais excedem 35% do nosso investimento inicial. Além disso, a primeira hipoteca que fizemos foi refinanciada em 1996 e em 1999, o que possibilitou vários pagamentos de dividendos, totalizando mais de 150% do que havíamos investido. Até hoje, nunca estive na propriedade.

É provável que a renda da fazenda e dos imóveis da NYU aumente nas próximas décadas. O lucro não será espetacular, mas os dois investimentos serão bens sólidos e satisfatórios para mim ao longo da vida e, posteriormente, para os meus filhos e netos. Contei essas duas histórias para ilustrar determinados fundamentos de investimento:

- Você não precisa ser especialista para obter retornos satisfatórios de um investimento. Mas, se não for, deve reconhecer suas limitações e seguir um caminho que com certeza vá funcionar razoavelmente bem. Mantenha a humildade e não aposte alto demais. Quando lhe prometerem lucro rápido, responda com um "não" rápido.
- Foque na produtividade futura do ativo que está considerando. Se não se sentir confortável para fazer uma estimativa aproximada do lucro futuro desse ativo, esqueça-o e vá em frente. Ninguém tem a capacidade de avaliar todas as possibilidades de investimento. Mas a onisciência não é necessária: você só precisa entender as ações que realiza.

- Se, em vez disso, você focar na possível mudança de preço da compra que está contemplando, é especulação da sua parte. Não há nada de inadequado em especular. No entanto, reconheço a minha incapacidade e sou cético com quem se diz bem-sucedido fazendo isso por um longo período. Ao tirar cara ou coroa, metade das pessoas acerta de primeira, mas *nenhuma* delas tem expectativa de lucro se continuar lançando a moeda. E o fato de determinado ativo ter se valorizado no passado recente *nunca* é motivo para comprá-lo.
- Quanto aos meus dois pequenos investimentos, pensei *somente* no que as propriedades iriam produzir e não me importei nem um pouco com a cotação diária. Quem vence a partida são os jogadores que ficaram com os olhos grudados no campo – não no placar. Se você pode passar os sábados e domingos sem checar o preço das ações, experimente fazer isso também nos dias de semana.
- Formar opiniões definitivas ou escutar as previsões generalistas ou de mercado de outras pessoas é perda de tempo. Aliás, é perigoso, porque pode turvar a sua visão dos fatos realmente importantes. (Quando ouço comentaristas de TV opinarem de forma leviana sobre o próximo movimento do mercado, eu me recordo do comentário mordaz de Mickey Mantle [famoso jogador de beisebol]: "Você só acha que o jogo é fácil quando entra na cabine de transmissão.")
- Fiz essas duas aquisições em 1986 e 1993. O que aconteceria com a economia, as taxas de juros ou o mercado de ações no ano seguinte – ou seja, 1987 e 1994 – não tinha nenhuma importância para mim quando me decidi por tais investimentos. Não consigo lembrar o que as manchetes ou os especialistas diziam na época. De um jeito ou de outro, o milho continuaria crescendo em Nebraska e os alunos iriam lotar a NYU.

Há uma grande diferença entre meus dois pequenos investimentos e um investimento em ações. As ações fornecem cotações instantâneas sobre suas participações, enquanto até hoje não vi nenhuma para a minha fazenda nem para os imóveis em Nova York.

Para quem investe em ações, deveria ser uma vantagem enorme conviver com cotações altamente flutuantes sobre suas participações – e para algumas pessoas realmente é vantajoso. Afinal, se o dono da fazenda ao lado da minha fosse temperamental e anunciasse todos os dias, aos berros, o preço pelo qual ele compraria a minha propriedade ou me venderia a dele – e esses preços variassem bastante durante curtos períodos de tempo, dependendo do estado de espírito do vizinho –, é claro que eu me beneficiaria desse comportamento errático. Se o preço do dia fosse ridiculamente baixo e eu estivesse com dinheiro sobrando, compraria a fazenda dele. Se fosse absurdamente alto, eu poderia vender a minha para ele ou apenas continuar cuidando dela.

No entanto, os proprietários de ações costumam permitir, com excessiva constância, que o comportamento caprichoso e, muitas vezes, irracional de seus pares os contamine. Como há muita tagarelice sobre mercados, economia, taxas de juros, variações de preço das ações, etc., alguns investidores acreditam que é importante ouvir os especialistas – e, pior ainda, cogitam tomar atitudes baseadas nos comentários deles.

Ao se tornarem proprietários de uma fazenda ou de um apartamento, pessoas que conseguiram se manter em silêncio durante décadas com frequência se mostram frenéticas quando são expostas ao fluxo de cotações de ações e a comentaristas de plantão, cuja mensagem implícita é: "Não fique aí parado, *faça* alguma coisa." Para esses investidores, a liquidez deixa de ser o benefício irrestrito que deveria ser e vira uma maldição.

Um *flash crash* ou outra flutuação extrema do mercado prejudicam um investidor tanto quanto um vizinho imprevisível e tagarela atrapalha o meu investimento agrícola. Na verdade, mercados em queda podem ser úteis para um verdadeiro investidor se ele tiver dinheiro disponível quando os preços se desalinharem muito do valor. Um clima de medo é seu *amigo* ao investir; uma euforia mundial é sua inimiga.

Durante o enorme pânico financeiro ocorrido no fim de 2008, não pensei em vender minha fazenda nem os imóveis em Nova York, embora uma recessão severa estivesse nitidamente se delineando. Se eu tivesse 100% de uma empresa sólida, com boas perspectivas de longo prazo, seria tolice da minha parte sequer cogitar descartá-la. Então por que eu venderia as ações que me proporcionavam pequenas participações em empresas maravilhosas? É verdade que, em algum momento, qualquer uma delas poderia ter um desempenho decepcionante, mas, analisadas em conjunto, certamente se sairiam bem. Alguém acreditou de verdade que a Terra iria engolir os ativos incríveis e produtivos e a ilimitada engenhosidade humana disponíveis nos Estados Unidos?

Quando Charlie e eu compramos ações – para nós, pequenas partes de uma empresa –, nossa análise é muito semelhante à que usamos para comprar companhias inteiras. Primeiro, temos que verificar se há como estimar de maneira sensata uma faixa de lucro para um período de cinco anos, no mínimo. Se a resposta for sim, compramos as ações (ou as empresas) – desde que estejam à venda por um preço razoável em relação ao limite inferior de nossa estimativa. Contudo, se não tivermos capacidade de estimar os lucros futuros – o que geralmente é o caso –, simplesmente passamos para a próxima análise. Nos 54 anos em que trabalhamos juntos, *nunca* abrimos mão de uma compra atraente por causa do ambiente macroeconômico ou político, ou da opinião dos outros. Aliás, esses assuntos nem sequer surgem quando tomamos decisões.

2013

B. *Sr. Mercado*

Sempre que Charlie e eu compramos ações ordinárias para as seguradoras da Berkshire (com exceção das compras de arbitragem, a serem discutidas [no próximo texto]) lidamos com a transação como se estivéssemos adquirindo uma empresa de capital fechado. Analisamos as perspectivas econômicas da companhia, quem são os responsáveis pela administração e o preço a pagar. Não temos em mente uma data nem um preço de venda. De fato, estamos dispostos a manter as ações por tempo indeterminado, desde que tenhamos a expectativa de que o valor intrínseco do negócio cresça a uma taxa satisfatória. Ao investirmos, nos vemos como analistas de empresas – não como analistas de mercado nem como analistas macroeconômicos ou mesmo de valores mobiliários.

Com essa abordagem, um mercado ativo se torna útil por nos apresentar, de vez em quando, oportunidades de dar água na boca. Mas ele não é essencial, de modo algum: uma suspensão prolongada da negociação dos valores mobiliários que possuímos não nos incomodaria mais do que a ausência de cotações diárias da World Book ou da Fechheimer. Em algum momento, nosso destino econômico será determinado pelo destino econômico da empresa que temos, seja ela uma propriedade parcial ou total.

Meu amigo e professor Ben Graham descreveu, há muitos anos, a mentalidade em relação às flutuações do mercado que considero mais propícia ao sucesso dos investimentos. Segundo ele, você deveria imaginar que as cotações do mercado vêm de um sujeito bastante acolhedor: o Sr. Mercado, que é seu sócio em uma empresa de capital fechado. Ele aparece todos os dias e, invariavelmente, indica o preço pelo qual quer comprar a sua participação ou lhe vender a dele.

Mesmo que a empresa que vocês dois possuem venha a ter características econômicas estáveis, as cotações do Sr. Mercado serão tudo menos isso. É triste admitir, mas o pobre sujeito tem problemas emocionais incuráveis. Às vezes, fica eufórico e só consegue enxergar os fatores positivos que afetam o negócio. Quando está com esse humor, declina um preço de compra e venda muito alto, por temer que você abocanhe a participação dele e roube os ganhos iminentes. Em outras ocasiões, fica deprimido e não consegue ver nada além de problemas pela frente, tanto para a empresa quanto para o mundo. Nesses momentos, indicará um preço muito baixo, pois teme que você tente repassar sua participação para ele.

O Sr. Mercado tem outra característica cativante: ele não liga se for ignorado. Caso a cotação dele não seja interessante para você hoje, ele estará de volta amanhã com uma nova. Fica somente a seu critério fazer essas transações. Em condições assim, quanto mais instável for o comportamento dele, melhor para você.

Porém, como a Cinderela no baile, você deve permanecer alerta, senão tudo acaba por se transformar em abóboras e camundongos: o Sr. Mercado está ali para atender você, não para lhe dar orientações. Você achará útil a carteira dele, não a sabedoria. Se algum dia ele aparecer em um estado particularmente insensato, sinta-se à vontade para ignorá-lo ou tirar vantagem dele, mas será desastroso se for influenciado pelo sujeito. Aliás, se não tiver certeza de que entende e consegue avaliar a sua empresa de um jeito bem melhor do que o Sr. Mercado, esse jogo não é para você. Como dizem no pôquer: "Depois de trinta minutos de partida, se ainda não souber quem é o otário, então o otário é você."

Talvez a alegoria do Sr. Mercado, criada por Ben, pareça desatualizada no mundo dos investimentos de hoje, onde a maioria dos profissionais e acadêmicos fala de mercados eficientes, *hedging* dinâmico e betas. O interesse deles por esses temas é compreensível, já que técnicas envoltas em mistério têm um valor evidente para quem oferece consultoria de investimento. Afinal de contas, qual curandeiro já alcançou fama e fortuna com um conselho simples do tipo "tome duas aspirinas"?

A utilidade desse esoterismo de mercado para o cliente de consultorias de investimento é outra história. Na minha opinião, o sucesso do investimento não virá de fórmulas misteriosas, programas de computador ou sinais emitidos pelo comportamento dos preços das ações e dos mercados. Um investidor terá sucesso ao combinar bom senso sobre os negócios com a capacidade de isolar os próprios pensamentos e atitudes das emoções altamente contagiosas que circulam pelo mercado. Em minhas próprias tentativas de manter o isolamento, descobri que é bastante útil recorrer ao conceito de Sr. Mercado formulado por Ben.

Seguindo os ensinamentos dele, Charlie e eu deixamos que nossas ações negociáveis nos digam, por meio dos resultados operacionais – não das cotações diárias de preço nem mesmo das anuais –, se os investimentos realizados por nós deram certo. Talvez o mercado ignore o sucesso de uma empresa durante algum tempo, mas acabará por ratificá-lo a longo prazo. Além disso, a rapidez com que o sucesso de uma empresa é reconhecido não tem tanta importância assim, desde que o valor intrínseco dela esteja aumentando a uma taxa satisfatória. A propósito, o atraso nesse reconhecimento pode ser uma vantagem: talvez nos dê a chance de comprar mais de algo bom por uma pechincha.

Às vezes, é claro, o mercado considera uma empresa mais valiosa do que o indicado pelos fatos implícitos. Em casos assim, vendemos nossas participações. Vez por outra, também vendemos quando o negócio está relativamente valorizado ou até mesmo subvalorizado por precisarmos de recursos para um investimento ainda mais subvalorizado ou um que, em nossa opinião, compreendemos mais.

No entanto, precisamos enfatizar que não vendemos participações apenas porque elas se valorizaram ou porque as detivemos durante muito tempo. (Entre as máximas de Wall Street, talvez a mais tola seja a de que "não há como ir à falência quando se tem lucro".) Ficamos muito satisfeitos em manter qualquer posição por tempo indeterminado desde que a perspectiva de retorno sobre o capital acionário do negócio seja satisfatória, a equipe de gestão seja competente e honesta e o mercado não exagere ao avaliá-la.

Contudo, nossas seguradoras possuem algumas ações ordinárias negociáveis que não venderíamos, mesmo que ficassem supervalorizadas no mercado. Com efeito, vemos esses investimentos exatamente como as nossas bem-sucedidas empresas controladas – uma parte permanente da Berkshire, não uma mercadoria a ser descartada assim que o Sr. Mercado nos ofereça um preço alto o suficiente. Vou acrescentar a isso uma característica: essas ações são de nossas seguradoras e, se fosse absolutamente necessário, venderíamos parte das participações para pagar perdas extraordinárias de seguro. Mas pretendemos administrar os negócios de tal modo que essas vendas jamais sejam necessárias.

A determinação de possuir e manter, que Charlie e eu compartilhamos, obviamente envolve um misto de considerações pessoais e financeiras. Para algumas pessoas, talvez essa posição pareça bem excêntrica. (Charlie e eu seguimos durante muito tempo o conselho de David Ogilvy: "Cultive as suas excentricidades enquanto é jovem. Assim, quando envelhecer, ninguém vai achar que você está ficando gagá.") Na Wall Street dos últimos anos, obcecada por transações, com certeza a postura que adotamos causa estranhamento: para muitos dessa área, tanto as empresas quanto as ações são apenas matéria-prima para negociações.

Porém, essa atitude se ajusta à nossa personalidade e à maneira como queremos viver a vida. Churchill disse certa vez: "Moldamos a nossa casa, e depois ela nos molda." Sabemos como queremos ser moldados. Por isso preferimos obter X de retorno ao nos associarmos a pessoas por quem temos forte apreço e admiração a ter 110% de X ao trocarmos essas relações por outras pouco interessantes ou desagradáveis.

1987

Pergunta rápida: caso planeje comer hambúrguer ao longo da vida e não seja criador de gado, você preferiria que o preço da carne bovina fosse mais alto ou mais baixo? Da mesma forma, se você pensa em comprar um carro de tempos em tempos, mas não é um fabricante de automóveis, preferiria um preço mais alto ou mais baixo? Essas perguntas, é claro, respondem a si mesmas.

Vamos agora para a prova final: caso espere ser um investidor que amplie liquidamente suas posições nos próximos cinco anos, você deveria torcer por um mercado acionário em alta ou em baixa nesse período? Muitos investidores dão a resposta errada. Por mais que sejam investidores que ampliam posições compradas ao longo de muitos anos, eles ficam eufóricos quando os preços das ações sobem e deprimidos quando caem. De fato, alegram-se com a alta do preço do "hambúrguer" que, em breve, vão comprar. Essa reação não faz sentido. Somente quem vai vender ações no futuro próximo deveria se alegrar ao ver o preço subir. Já os compradores em potencial deveriam preferir a queda dos preços.

Para os acionistas da Berkshire que não pretendem vender, a escolha fica ainda mais clara. Primeiro, nossos proprietários poupam de forma automática, mesmo que gastem cada centavo dos ganhos pessoais: a Berkshire "poupa" para eles ao reter todo o lucro e, em seguida, usar essas economias para comprar empresas e valores mobiliários. Sem dúvida, quanto menos pagarmos por essas compras, mais lucrativo será o programa de poupança indireta dos nossos proprietários.

Além disso, com a Berkshire você tem posições importantes em empresas que recompram as próprias ações com regularidade. Quando os preços das ações estão baixos, o capital que uma investida aplica em recompras aumenta nossa participação na companhia muito mais do que quando os preços estão altos. Por exemplo, as recompras que a Coca-Cola e o Wells Fargo fizeram em anos anteriores por preços muito baixos beneficiaram a Berkshire bem mais do que as atuais, realizadas a preços mais elevados.

[Uma vez que no fim de cada ano quase todas as ações da Berkshire estão nas mãos dos mesmos investidores que as possuíam no começo do ano, os acionistas da Berkshire são poupadores.] Portanto, eles devem se alegrar quando os mercados caem e permitem que nós e as empresas nas quais investimos apliquemos fundos de forma mais vantajosa.

Então, ao ler uma manchete que diz "Investidores têm perdas com a queda do mercado", sorria. Edite mentalmente a frase: "Desinvestidores têm perdas com a queda do mercado, mas investidores lucram." Embora os autores se esqueçam com frequência desse truísmo, existe um comprador para cada vendedor, e o que prejudicar um necessariamente vai ajudar o outro. (Como se costuma dizer nas partidas de golfe: "Cada tacada deixa *alguém* feliz.")

Tivemos ganhos enormes com os preços baixos de muitas ações e empresas nos anos 1970 e 1980. Os mercados, que então eram hostis aos investidores transitórios, tinham simpatia por quem fixava residência permanente. Nos últimos anos, as ações nas quais investimos nessas décadas foram validadas, mas encontramos poucas novas oportunidades. No papel de "poupadora" empresarial, a Berkshire busca de modo contínuo modos de empregar capital de forma sensata, mas talvez leve um tempo até acharmos oportunidades que nos deixem entusiasmados de verdade.

1997

C. *Arbitragem*

Nossas subsidiárias de seguros às vezes se envolvem em arbitragens como uma alternativa para manter aplicações de curto prazo. Preferimos, claro, estabelecer grandes compromissos de longo prazo, mas é comum termos mais dinheiro do que boas ideias. Nessas horas, dependendo do caso, a arbitragem promete retornos bem maiores do que os títulos de dívida pública norte-americana de curto prazo, os *Treasury Bills,* e, o que é igualmente importante, acalma qualquer tentação que tenhamos de afrouxar os padrões de investimentos de longo prazo. (Após falarmos sobre um compromisso de arbitragem, Charlie costuma aprová-lo dizendo: "Ok, pelo menos isso vai te manter longe das grades.")

Ao longo de 1988, tivemos um lucro extraordinariamente alto com arbitragem, calculado em dólares absolutos ou em taxa de retorno. Nosso ganho antes dos impostos foi de cerca de 78 milhões de dólares sobre uma média de fundos investidos de cerca de 147 milhões de dólares.

Esse nível de atividade torna pertinente uma discussão detalhada sobre a arbitragem e a estratégia que adotamos. Essa palavra já foi aplicada apenas para a compra e a venda simultâneas de títulos ou para o câmbio em dois mercados diferentes. O objetivo era explorar diferenças mínimas de preço que pudessem existir entre, digamos, a negociação de ações da Royal Dutch em florins em Amsterdã, libras em Londres e dólares em Nova York. Algumas pessoas até chamam quem faz isso de cambista: você não ficará surpreso em saber que os praticantes optaram pelo termo em francês, "*arbitrage*".

Desde a Primeira Guerra Mundial, a definição de arbitragem – ou "arbitragem de risco", como às vezes é chamada – expandiu-se para incluir a busca de lucro a partir de acontecimentos empresariais anunciados, tais como venda da companhia, fusão, recapitalização, reorganização, liquidação, auto--oferta, etc. Na maioria dos casos, o investidor que recorre à arbitragem espera lucrar sem depender do comportamento do mercado de ações. Em geral, o maior risco que ele corre é a não concretização do acontecimento anunciado.

Algumas oportunidades inusitadas surgem de maneira esporádica no campo da arbitragem. Participei de uma delas quando tinha 24 anos e trabalhava em Nova York para a Graham-Newman Corp. A Rockwood & Co., uma empresa de produtos à base de chocolate com sede no Brooklyn e lucratividade limitada, havia adotado o método de avaliação de estoque UEPS – último a entrar, primeiro a sair – em 1941, quando o cacau era vendido por 0,05 dólar a libra. Em 1954, uma escassez temporária de cacau fez com que o preço disparasse para mais de 0,60. Por isso a Rockwood quis se desfazer do seu valioso estoque – de forma rápida, antes que o preço caísse. Mas se o cacau tivesse sido vendido a preços de liquidação, a empresa deveria pagar quase 50% de imposto sobre o produto nessa operação.

O Código Tributário de 1954 veio em seu socorro. Uma cláusula obscura do Código eliminava o imposto devido sobre o lucro pelo método UEPS caso o estoque fosse distribuído aos acionistas como parte de um plano para reduzir o escopo dos negócios de uma companhia. A Rockwood decidiu encerrar uma de suas atividades, a venda de manteiga de cacau, e afirmou que quase 6 mil toneladas do seu estoque de grãos de cacau eram atribuíveis a esse negócio. Assim, a empresa ofereceu a recompra de suas ações em troca dos grãos de cacau de que não precisava mais e pagou cerca de 35 quilos de grãos por cada ação.

Ao longo de várias semanas, fiquei ocupado com a compra de ações e a venda de grãos e ainda passei algumas vezes na Schroeder Trust para trocar certificados de ações por recibos de armazéns. O lucro era bom, e minha única despesa eram os bilhetes de metrô.

O arquiteto da reestruturação da Rockwood era um profissional de Chicago desconhecido, porém brilhante: Jay Pritzker, então com 32 anos. Se você está familiarizado com o histórico subsequente de Jay, não ficará surpreso ao saber que as medidas também funcionaram muito bem para os acionistas permanentes da Rockwood. Desde pouco antes até pouco depois da oferta, as ações da Rockwood se valorizaram de 15 para 100, embora a empresa enfrentasse grandes perdas operacionais. Em alguns casos, a avaliação de ações envolve mais do que os índices de preço-lucro.

Nos últimos anos, a maioria das operações de arbitragem incluiu aquisições de controle, amigáveis e hostis. Com a febre galopante das aquisições, a quase total falta de contestações antitruste e a alta frequente dos lances, os arbitradores prosperaram de forma magnífica. Eles não precisaram de nenhum talento especial para se saírem bem: o truque, como o do personagem de Peter Sellers no filme, foi apenas ser um jardineiro ingênuo para ir "Muito Além do Jardim". Em Wall Street, um velho provérbio foi reformulado: "Dê o peixe a um homem e ele se alimentará por um dia. Ensine-o a arbitrar e ele se alimentará para sempre." (Caso o sujeito tenha estudado na Escola de Arbitragem Ivan Boesky, talvez ainda receba as refeições de uma entidade governamental.)

Para avaliar situações de arbitragem, você deve responder a quatro perguntas: (1) Qual é a probabilidade de que o acontecimento prometido venha a ocorrer de fato? (2) Por quanto tempo seu dinheiro vai ficar preso? (3) Qual a chance de surgir algo ainda melhor – por exemplo, uma oferta concorrente de aquisição do controle? (4) O que vai acontecer se o evento não se concretizar em razão de ações antitruste, erros financeiros, etc.?

A Arcata Corp., uma das experiências de arbitragem mais felizes que tivemos, exemplifica as reviravoltas dos negócios. Em 28 de setembro de 1981, os diretores da Arcata concordaram, a princípio, com a venda da empresa para a Kohlberg Kravis Roberts & Co. (KKR), já então uma grande firma de aquisições alavancadas. A Arcata atuava nos setores de impressão e de produtos florestais e tinha mais um ponto a favor dela: em 1978, o governo americano tomou posse de cerca de 4.300 hectares de mata da Arcata, onde havia sobretudo sequoias antigas, para expandir o Parque Nacional de Redwood. Pela área, o governo pagara 97,9 milhões de dólares em várias parcelas, mas a Arcata questionou a quantia, afirmando ser gritantemente insuficiente. As partes contestaram ainda a taxa de juros que deveria incidir sobre o período entre a tomada da propriedade e o pagamento final. A legislação estipulava 6% de juros simples, mas a Arcata reclamava uma taxa bem mais alta e composta.

Comprar uma firma com um processo em andamento, altamente especulativo e de grande porte, cria um problema de negociação, seja a reivindicação em nome da empresa ou contra ela. Para resolver esse imbróglio, a KKR ofereceu 37 dólares por ação da Arcata, mais dois terços de qualquer quantia que ainda fosse paga pelo governo pelas áreas de floresta de sequoias.

Ao avaliarmos essa oportunidade de arbitragem, tivemos que nos perguntar se a KKR consumaria a transação, pois, entre outras questões, sua oferta dependia da obtenção de um "financiamento satisfatório". Uma cláusula desse tipo é sempre perigosa para o vendedor: oferece uma saída fácil para a empresa que faz a tentativa de aquisição, mas o pretendente perde o entusiasmo entre o dia da proposta e o do casamento. No entanto, não nutríamos qualquer preocupação quanto a tal possibilidade porque a KKR tinha um bom histórico de fechamentos de contrato.

Tivemos ainda que nos perguntar o que aconteceria se o negócio com a KKR desse errado – e também nos sentimos razoavelmente confortáveis em relação a isso: a equipe de gestão e os conselheiros da Arcata compravam havia algum tempo partes da empresa e estavam claramente determinados a vender. Se a KKR desistisse, era provável que Arcata encontrasse outro comprador, embora talvez por um preço menor, claro.

Por fim, tivemos que nos perguntar quanto valeria a reivindicação das sequoias. Este presidente, que não consegue distinguir um olmo de um carvalho, não teve qualquer problema: avaliou friamente a reivindicação em algum ponto entre zero e uma grande quantidade.

Começamos a comprar ações da Arcata, então por volta de 33,50 dólares, no dia 30 de setembro; em oito semanas, adquirimos cerca de 400 mil ações, ou 5% da companhia. O anúncio inicial dizia que os 37 dólares seriam pagos em janeiro de 1982. Portanto, se tudo tivesse dado certo, teríamos alcançado uma taxa de retorno anual de cerca de 40% – sem contar a reivindicação das sequoias, que seria a cereja do bolo.

Mas não deu tudo certo. Em dezembro, foi anunciado que a celebração do contrato sofreria um pequeno atraso. Todavia, um acordo definitivo foi assinado em 4 de janeiro. Encorajados, ampliamos nosso envolvimento ao adquirirmos ações por cerca de 38 dólares cada uma, o que aumentou nossa participação para 655 mil ações, ou mais de 7% da empresa. Nossa disposição para pagar mais – embora o fechamento tivesse sido adiado – refletiu nossa tendência a querer "uma grande quantidade" em vez de "zero" no que dizia respeito às sequoias.

Em seguida, em 25 de fevereiro, os credores disseram que estavam dando uma "segunda olhada" nos termos do financiamento "em vista da severa recessão no setor imobiliário e de seu impacto no panorama da Arcata". A assembleia de acionistas foi adiada de novo, para abril. Para um porta-voz da Arcata, "o futuro da aquisição em si não estava ameaçado". Quando os arbitradores ouvem garantias como essa, uma frase antiga vem à mente deles: "Ele mentiu como um ministro da Fazenda na véspera da desvalorização."

Em 12 de março, a KKR afirmou que o acordo anterior não funcionaria e, primeiro, diminuiu a oferta para 33,50 dólares. Dois dias depois, aumentou o valor para 35 dólares. Entretanto, em 15 de março, os conselheiros recusaram essa oferta e aceitaram a de outro grupo, de 37,50 dólares mais a metade de qualquer valor a ser recebido pelas sequoias. Os acionistas aprovaram o negócio, e os 37,50 foram pagos em 4 de junho.

Recebemos 24,6 milhões de dólares contra o nosso custo de 22,9 milhões; nosso período de retenção médio foi de quase seis meses. Considerando os problemas surgidos ao longo dessa transação, a taxa anual de retorno de 15% – excluindo-se qualquer valor relativo à reivindicação das sequoias – foi mais do que satisfatória.

Mas o melhor ainda estava por vir. O juiz de primeira instância nomeou duas comissões, uma para examinar o valor da madeira e outra para avaliar as questões relativas às taxas de juros. Em janeiro de 1987, a primeira comissão afirmou que as sequoias valiam 275,7 milhões de dólares, e a segunda recomendou uma taxa de retorno composta e mista de cerca de 14%.

Em agosto de 1987, o juiz confirmou essas conclusões, e a Arcata deveria receber uma quantia líquida de cerca de 600 milhões de dólares. O governo então recorreu. Mas em 1988, antes de o recurso ser impetrado, chegou-se a um acordo no valor de 519 milhões. Com isso, recebemos um adicional de 29,48 dólares por ação, ou cerca de 19,3 milhões de dólares. Receberemos mais uns 800 mil dólares em 1989.

As atividades de arbitragem da Berkshire diferem das de muitos arbitradores. Primeiro, participamos de apenas algumas transações por ano, em geral de grande porte. A maioria dos praticantes participa de muitos negócios – talvez cinquenta por ano, ou até mais. Com tanta chaleira no fogo, eles precisam passar a maior parte do tempo monitorando o progresso dos acordos e a movimentação no mercado das ações relacionadas. Não é assim que Charlie e eu desejamos passar o restante da vida. (Qual é o sentido de ficar rico tendo que passar o dia todo conferindo as cotações da Bolsa?)

Como diversificamos muito pouco, uma transação particularmente lucrativa ou nada lucrativa afetará o nosso resultado anual de arbitragem bem mais do que uma operação de arbitragem típica. Até agora, a Berkshire não teve uma experiência de fato ruim. Mas teremos uma – e quando isso acontecer, narraremos a você todos os detalhes escabrosos.

Também diferimos de algumas operações de arbitragem porque participamos somente de transações anunciadas publicamente. Não fazemos negócios com base em rumores nem tentamos adivinhar quem são os candidatos a uma aquisição de controle. Apenas lemos os jornais, refletimos sobre algumas das grandes propostas e levamos em conta as probabilidades.

No fim do ano, nossa única posição de arbitragem relevante era a de 3,342 milhões de ações da RJR Nabisco, com um custo de 281,8 milhões de dólares e um valor de mercado de 304,5 milhões de dólares. Em janeiro, aumentamos nossa participação para cerca de 4 milhões de ações e em fevereiro eliminamos a posição que tínhamos. Cerca de 3 milhões de ações foram aceitas quando oferecemos nossas participações para a KKR, que adquiriu a RJR, e as ações devolvidas foram prontamente vendidas no mercado. Nosso lucro antes dos impostos foi maior do que o esperado: 64 milhões de dólares.

Antes disso, outro rosto familiar apareceu na disputa pelo leilão da RJR: Jay Pritzker, que fazia parte de um grupo do First Boston responsável por uma oferta orientada para impostos. Como diria Yogi Berra: "Foi de novo um déjà-vu."

Durante a maior parte do tempo em que normalmente teríamos sido compradores da RJR, nossas atividades com ações foram restritas por causa da participação do Salomon em um grupo de licitação. Apesar de estarmos no conselho do Salomon, Charlie e eu nem sempre temos acesso a informações sobre o trabalho relacionado a fusão e aquisição. Pedimos que fosse assim: as informações não nos serviriam de nada e poderiam, na verdade, inibir as operações de arbitragem da Berkshire em algumas ocasiões.

No entanto, o compromisso incomum e extenso proposto pelo Salomon no acordo com a RJR exigia que todos os conselheiros estivessem totalmente informados e envolvidos na operação. Por isso a Berkshire fez aquisições da RJR em apenas duas ocasiões: a primeira, poucos dias depois de a equipe de gestão anunciar os planos de adquirir o controle, antes do envolvimento do Salomon; e bem mais tarde, após o conselho da RJR se decidir a favor da KKR. Como não pudemos comprar em outros momentos, o fato de sermos conselheiros custou muito dinheiro à Berkshire.

Considerando os bons resultados da Berkshire em 1988, talvez você espere que venhamos a nos envolver em um punhado de arbitragens no decorrer de 1989. Porém, nossa expectativa é ficarmos à margem.

Uma razão excelente para tanto é que nossa reserva de caixa está baixa – porque a posição em ações, a qual esperamos manter por muito tempo, está consideravelmente alta. Como os leitores assíduos deste relatório sabem, os novos compromissos que firmamos não se baseiam em uma avaliação das perspectivas de curto prazo para o mercado de ações. Pelo contrário, refletem uma opinião sobre as perspectivas de negócios de longo prazo para empresas específicas. Não temos, nunca tivemos e jamais teremos uma opinião sobre o mercado acionário, as taxas de juros ou a atividade empresarial daqui a um ano.

Mesmo se tivéssemos muito dinheiro, é provável que viéssemos a fazer pouco em termos de arbitragem em 1989. Alguns excessos extraordinários cresceram no campo das aquisições de controle. Como diz Dorothy, em *O Mágico de Oz*: "Toto, tenho a impressão de que não estamos mais no Kansas."

Não sabemos até quando os excessos vão durar nem o que mudará nas atitudes do governo, credor e comprador que os alimenta. Mas temos certeza de que, quanto menor é a prudência com que os demais conduzem seus negócios, maior é a prudência com que devemos conduzir os nossos. Não temos qualquer vontade de arbitrar transações que reflitam o otimismo desenfreado – na nossa opinião, muitas vezes injustificado – tanto dos compradores quando dos credores. Em nossas atividades, adotamos a sabedoria de Herb Stein: "Se uma coisa não pode durar para sempre, ela vai acabar."

1988

No ano passado, dissemos que esperávamos atuar pouco no campo da arbitragem em 1989, e foi o que aconteceu. As posições de arbitragem são um substituto para os investimentos de curto prazo, e, durante parte do ano, mantivemos níveis relativamente baixos de caixa. Nos meses restantes, tínhamos um volume de caixa de bom tamanho e, mesmo assim, optamos por não nos envolver em arbitragem. O principal motivo foram as transações empresariais que não faziam qualquer sentido econômico para nós – arbitrar negociações como essas é muito parecido com cair na "teoria do mais tolo". (Como diz Ray DeVoe, cria de Wall Street: "Os tolos correm para onde os anjos temem negociar.") Faremos arbitragem de tempos em tempos – às vezes, em grande escala –, mas somente quando as probabilidades nos agradarem.

1989

D. A desmistificação do dogma padrão

A discussão anterior sobre arbitragem torna relevante um breve debate sobre a "hipótese do mercado eficiente" (HME). Essa doutrina esteve muito na moda – aliás, virou quase parte das Sagradas Escrituras – nos círculos acadêmicos ao longo dos anos 1970. Em essência, dizia que era inútil analisar as ações porque todas as informações públicas sobre elas já se refletiam de forma adequada no preço. Ou seja, o mercado sempre sabia de tudo. Como corolário, segundo os professores que ensinaram a HME, quem lançasse dardos em direção às tabelas de ações poderia montar uma carteira com perspectivas tão boas quanto a criada pelo analista de valores mobiliários mais inteligente e laborioso. De forma surpreendente, a HME foi adotada não somente por acadêmicos, mas também por muitos profissionais de investimento e gestores de empresas. Ao observarem, de maneira correta, que o mercado era eficiente *com frequência*, eles concluíram de maneira incorreta que o mercado era *sempre* eficiente. A diferença entre essas proposições é como da água para o vinho.

Na minha opinião, a experiência contínua de 63 anos em arbitragem da Graham-Newman Corp., da Buffett Partnership e da Berkshire só mostra que a HME é tola. (Há muitas outras provas.) Quando estava na Graham-Newman, estudei quanto a empresa ganhou com arbitragem de 1926 a 1956. A média de retorno não alavancado foi de 20% ao ano. A partir de 1956, apliquei os princípios de arbitragem de Ben Graham, primeiro na Buffett Partnership e depois na Berkshire. Embora eu não tenha feito um cálculo exato, avancei o suficiente para verificar que a média de retorno entre 1956 e 1988 foi bem superior a 20%. (Claro, operei em um ambiente muito mais favorável do que o de Ben: ele teve que enfrentar o período de 1929 a 1932.)

Todas as condições necessárias para um teste justo do desempenho da carteira estavam presentes: (1) as três organizações negociaram centenas de valores mobiliários diferentes enquanto formavam esse histórico de 63 anos; (2) os resultados não foram distorcidos por algumas experiências felizes; (3) não tivemos que investigar fatos obscuros ou desenvolver ideias perspicazes sobre produtos ou equipes de gestão – apenas agimos em relação a acontecimentos amplamente divulgados; e (4) nossas posições de arbitragem eram um universo identificável com clareza – elas não foram escolhidas em retrospecto.

Ao longo desses 63 anos, o mercado gerou um retorno anual de pouco menos de 10%, incluindo-se os dividendos. Isso significa que 1.000 dólares teriam virado 405 mil dólares se todo o lucro fosse reinvestido. Porém, uma taxa de retorno de 20% teria gerado 97 milhões. Ficamos impressionados com esse diferencial estatisticamente significativo que, supusemos, poderia despertar a curiosidade de alguém.

Contudo, os proponentes dessa hipótese nunca demonstraram interesse em evidências dissonantes dessa natureza. Na verdade, hoje já não se fala tanto sobre ela como antes. Mas, que eu saiba, ninguém jamais afirmou que estava errada, não importa quantos milhares de alunos tenham saído mal instruídos dessas aulas. Além disso, a HME continua a integrar o currículo das disciplinas de investimentos nas principais escolas de negócios. Ao que parece, a relutância em se retratar e, assim, desmistificar o sacerdócio não se limita aos teólogos.

Naturalmente, o desserviço prestado aos alunos e aos ingênuos profissionais de investimento que engoliram a HME foi, ao mesmo tempo, um serviço extraordinário para nós e outros discípulos de Graham. Em qualquer competição – financeira, mental ou física –, é uma vantagem enorme ter oponentes que aprenderam que nem vale a pena tentar. De um ponto de vista egoísta, os seguidores de Graham deveriam patrocinar cátedras para garantir a perpetuação do ensino da HME.

Dito isso, cabe um aviso. Até pouco tempo atrás, a arbitragem parecia fácil. Mas não se trata de uma forma de investimento que garanta lucros de 20% ao ano nem sequer qualquer tipo de lucro. Como observado, o mercado tem uma eficiência razoável na maior parte do tempo: para cada oportunidade de arbitragem da qual tiramos proveito ao longo desses 63 anos, abrimos mão de muitas outras que pareciam ter preços adequados.

Um investidor não consegue obter lucro mais alto com ações ao apenas se comprometer com uma categoria ou um estilo específico de investimento. Ele só vai conquistá-lo com avaliações cuidadosas dos fatos e um exercício contínuo de disciplina. Investir em situações de arbitragem, por si só, não é uma estratégia melhor do que montar uma carteira lançando dardos a esmo.

Quando possuímos parte de empresas excepcionais, cuja equipe de gestão também é excepcional, o melhor período de retenção de papéis é aquele que não termina. Somos exatamente o oposto daqueles que se apressam em vender e registrar lucros quando as empresas têm um bom desempenho, mas se apegam com afinco às que decepcionam. Peter Lynch é muito oportuno quando compara esse comportamento a cortar flores e regar ervas daninhas.

1988

Continuamos achando que, na maioria das vezes, é tolice se desfazer de uma participação em uma empresa que é sabidamente maravilhosa e tende a se manter assim. É muito difícil substituir participações em negócios dessa natureza.

O curioso é que os gestores não têm dificuldade alguma para entender essa questão quando diz respeito a um negócio operado por eles: a empresa controladora cuja subsidiária tem excepcionais características econômicas de longo prazo provavelmente não vai vendê-la, independentemente do preço. O executivo-chefe perguntaria: "Por que devo me desfazer da joia da coroa?" No entanto, quando se trata de administrar sua carteira pessoal de investimentos, esse mesmo executivo-chefe vai passar de um negócio a outro de um jeito improvisado – e até mesmo impetuoso –, ainda que seu corretor lhe apresente apenas argumentos superficiais para agir assim. Talvez o pior deles seja este: "Não há como ir à falência quando se tem lucro." Dá para imaginar um executivo-chefe usando tal argumento para insistir em que o conselho da empresa venda sua melhor subsidiária? Em nossa opinião, o que faz sentido nos negócios também faz sentido em relação às ações: um investidor deve manter a pequena parte de uma empresa valiosa com o mesmo afinco que o proprietário de 100% dela.

Já mencionei os resultados financeiros que poderiam ter sido alcançados ao se investir, em 1919, 40 dólares na The Coca-Cola Co.[12] Em 1938, mais de cinquenta anos após o lançamento da Coca-Cola, quando a bebida já se consagrara havia tempos como um sólido ícone americano, a *Fortune* fez uma excelente reportagem sobre a companhia. No segundo parágrafo, o autor

---

[12] Outro parágrafo desta carta de 1993 continha o seguinte texto:
Quero falar ainda de uma lição da História: em 1919, quando a Coca-Cola abriu seu capital, cada ação custava 40 dólares. No fim de 1920, após o mercado reavaliar com frieza as perspectivas da Coca-Cola, o preço das ações havia despencado mais de 50%, para 19,50 dólares. Já no fim de 1993, uma única ação, com os dividendos reinvestidos, valia mais de 2,1 milhões de dólares.

escreveu: "Várias vezes a cada ano, um investidor importante e sério observa com cautela e profundo respeito o histórico da Coca-Cola, mas chega à lamentável conclusão de que é tarde demais. Os fantasmas da saturação e da concorrência surgem diante dele."

Sim, havia concorrência tanto em 1938 quanto em 1993. Mas vale a pena destacar que, em 1938, a The Coca-Cola Co. vendeu 207 milhões de engradados de refrigerante (convertendo as medidas da época para os engradados usados hoje) e, em 1993, esse número passou para 10,7 bilhões, o que significa multiplicar por cinquenta o volume físico de uma empresa que já dominava o seu principal setor em 1938. Para os investidores, a festa não terminou naquele ano: embora os 40 dólares investidos em 1919 em uma ação tivessem (com os dividendos reinvestidos) se transformado em 3.277 dólares no fim de 1938, uma nova soma de 40 dólares investida então em ações da Coca-Cola valeria 25 mil dólares no fim de 1993.

Não posso deixar de citar mais um trecho da reportagem de 1938 da *Fortune*: "Seria difícil nomear uma empresa comparável à Coca-Cola em termos de tamanho que venda, como ela faz, um produto inalterado cujo histórico de dez anos tenha alguma semelhança com o da Coca-Cola." Nos 55 anos que se passaram desde então, a linha de produtos da companhia se ampliou bastante, mas é impressionante como essa descrição ainda se encaixa bem.

Charlie e eu compreendemos há muito tempo que, ao longo de uma vida de investimentos, é muito difícil tomar centenas de decisões inteligentes. Essa constatação se tornou cada vez mais imperiosa à medida que o capital da Berkshire aumentava e o universo de investimentos que poderiam afetar nossos resultados de maneira significativa diminuía drasticamente. Portanto, adotamos uma estratégia que exigia que fôssemos inteligentes – e sem exageros – só em algumas ocasiões. Aliás, agora nos contentamos com uma boa ideia por ano. (Segundo Charlie, é a minha vez.)

A estratégia que adotamos nos impede de seguir o dogma da diversificação. Muitos comentaristas diriam, então, que ela deve ser mais arriscada do que a estratégia de investidores mais convencionais. Discordamos. Acreditamos que uma política de concentração da carteira pode muito bem *diminuir* o risco ao aumentar, como deveria, tanto a intensidade da avaliação do investidor sobre uma empresa quanto o nível de tranquilidade que ele deve sentir em relação às suas características econômicas antes de comprá-la. Ao expressarmos essa opinião, definimos risco, para usar os termos do dicionário, como "a possibilidade de perda ou prejuízo".

Entretanto, os acadêmicos gostam de definir "risco" de investimento de outra forma: como a volatilidade relativa de uma ação ou de uma carteira de ações – ou seja, sua volatilidade em comparação com a de um amplo universo de ações. Esses acadêmicos empregam bancos de dados e conhecimentos estatísticos para calcular com precisão o "beta" de uma ação – sua volatilidade relativa no passado – e, com base nesses números, constroem teorias enigmáticas sobre investimento e alocação de capital. Porém, na ânsia de estabelecer uma estatística única para mensurar o risco, esquecem um princípio fundamental: é melhor estar mais ou menos certo do que rigorosamente errado.

Para os donos de uma empresa – e é assim que enxergamos os acionistas –, a definição de risco dos estudiosos está tão longe de ser correta que chega ao ponto de produzir absurdos. De acordo com a teoria baseada no beta, por exemplo, uma ação que teve uma queda brusca em comparação com o mercado – como aconteceu com o *Washington Post* quando o compramos, em 1973 – torna-se "mais arriscada" com o preço mais baixo do que quando tinha o preço mais alto. Essa descrição faria algum sentido diante da possibilidade de comprar uma empresa inteira por um preço bastante reduzido?

Na realidade, o verdadeiro investidor *comemora* a volatilidade. Ben Graham explicou a razão disso no capítulo 8 de *O investidor inteligente*. Foi nele que Graham apresentou o "Sr. Mercado", um sujeito prestativo [conforme mencionado] que aparece todos os dias para comprar ou vender algo, como o interlocutor preferir. Quanto mais instável o Sr. Mercado estiver, maiores oportunidades surgirão para o investidor. Num mercado com flutuações extremas, haverá ocasiões em que preços irracionalmente baixos serão associados a empresas sólidas. É impossível entender como a disponibilidade desses preços pode ser considerada um aumento do risco para o investidor, que tem total liberdade para ignorar o mercado ou explorar essa loucura.

Ao avaliar o risco de uma empresa, um purista do beta vai encarar com desdém a análise da produção da empresa, das ações dos concorrentes ou da quantidade de dinheiro que tomou emprestado. Talvez até prefira não saber o nome da companhia. O que ele valoriza é o histórico dos preços das ações.

Nós abrimos mão com prazer de conhecer esse histórico para buscar todas as informações que nos ajudem a compreender os negócios da empresa. Portanto, após comprarmos uma ação, não ficaríamos inquietos se os mercados fechassem durante um ou dois anos. Não precisamos da cotação diária da nossa posição de 100% na See's ou na H.H. Brown para validar nossa prosperidade. Então por que teríamos necessidade de saber a cotação da nossa participação de 7% na Coca-Cola?

Em nossa opinião, o risco real que um investidor deve avaliar é se, ao longo do período de retenção em potencial, as receitas agregadas – após o desconto de impostos – de um investimento (inclusive as recebidas na venda) darão a ele, no mínimo, o mesmo poder de compra que ofereciam no começo, somado a uma taxa de juros modesta sobre a participação inicial. Embora não possa ser calculado com uma precisão de engenharia, em alguns casos esse risco é avaliado com um grau de exatidão útil. Estes são os principais fatores que influenciam essa avaliação:

(1) o grau de certeza de que as características econômicas de longo prazo da empresa podem ser avaliadas;
(2) o grau de certeza de que a equipe de gestão pode ser avaliada, tanto em relação à capacidade de concretizar integralmente o potencial da empresa quanto à de utilizar os fluxos de caixa com sabedoria;
(3) o grau de certeza de que se pode confiar na equipe de gestão para direcionar aos acionistas, não a si mesma, as recompensas geradas pela empresa;
(4) o preço de compra da empresa;
(5) os níveis de tributação e inflação que estarão em vigor e que determinarão quanto de retorno bruto o investidor perde em poder de compra.

Para muitos analistas, é provável que esses fatores pareçam nebulosos, de um jeito quase insuportável, uma vez que não podem ser extraídos de nenhum tipo de banco de dados. A dificuldade de quantificar com precisão essas questões, no entanto, não anula a sua importância. Tampouco é intransponível. O juiz Stewart considerou impossível formular um teste para a obscenidade, mas mesmo assim declarou: "Quando a vejo, sei que é." Da mesma forma, os investidores também podem – de um modo inexato, porém útil – "ver" os riscos inerentes a certos investimentos sem fazer referência a equações complexas ou histórico de preços.

O teórico forjado no beta não tem nenhum mecanismo para distinguir o risco inerente a uma empresa de brinquedos que venda um só produto sem personalidade, como bambolês, e a outra cujo único produto seja o Banco Imobiliário ou a Barbie. Mas, para os investidores comuns, é bem possível fazer esse tipo de distinção desde que tenham uma compreensão razoável do comportamento do consumidor e dos fatores que criam forças ou fraquezas competitivas de longo prazo. Sem dúvida, todo investidor cometerá erros. Mas, ao se limitar a poucos casos fáceis de entender, uma pessoa razoavelmente inteligente, informada e aplicada consegue avaliar os riscos de investimento com um grau proveitoso de acerto.

Em relação a muitos setores, é claro, Charlie e eu não temos a capacidade de determinar se estamos lidando com um bambolê ou com uma Barbie. Fora isso, não conseguiríamos resolver esse problema ainda que dedicássemos anos de estudo intensivo a tais áreas. Em alguns casos, nossas lacunas intelectuais impediriam o entendimento; em outros, a natureza do setor seria a barreira. Por exemplo, não há como ter avaliações confiáveis sobre as características econômicas de longo prazo de uma empresa que faz uso de uma tecnologia em rápida evolução. Por acaso previmos, trinta anos atrás, o que aconteceria com os fabricantes de aparelhos de TV ou de computadores? Claro que não. (Tampouco o fez a maioria dos investidores e dos gestores ao ingressar nesses ramos com entusiasmo.) Então por que Charlie e eu conseguiríamos agora prever o futuro de outras empresas em rápido desenvolvimento? Em vez disso, ficaremos com os casos fáceis. Por que procurar uma agulha escondida no palheiro quando existe outra à vista de todos?

Claro, algumas estratégias de investimento – por exemplo, nossos esforços em arbitragem ao longo dos anos – exigem ampla diversificação. Se houver risco significativo em uma única transação, o risco geral deve ser reduzido transformando-se essa compra em um de muitos compromissos mutuamente independentes. Assim, você se mantém consciente ao adquirir um investimento arriscado – que de fato tenha uma possibilidade significativa de causar perda ou prejuízo – caso acredite que o lucro, ponderado para probabilidades, excede de maneira considerável a perda, comparativamente ponderada, e caso possa se comprometer com uma série de oportunidades similares, porém desvinculadas. A maioria dos investidores de risco adota essa estratégia. Se escolher esse caminho, você deve agir como um cassino que quer ver muita ação nas roletas, situação em que as probabilidades o favorecem, mas se recusa a aceitar uma aposta única alta.

Outra situação que exige ampla diversificação ocorre quando um investidor não entende as características econômicas de empresas específicas, mas, ainda assim, acredita ser de seu interesse se tornar proprietário de longo prazo de empresas americanas. Esse investidor deve tanto possuir uma grande quantidade de ações quanto espaçar suas compras. Por exemplo, ao investir com frequência em um fundo que acompanha o rendimento de determinado índice de ações, quem não sabe nada pode, na verdade, superar o desempenho da maioria dos profissionais da área de investimentos. Paradoxalmente, quando o dinheiro "burro" reconhece as próprias limitações, ele deixa de ser burro.

Por outro lado, se você for um investidor com algum conhecimento, capaz de compreender características econômicas de empresas e de encontrar de cinco a dez delas com preços razoáveis e vantagens competitivas importantes a longo prazo, a diversificação convencional não faz sentido no seu caso. Talvez só prejudique os resultados e aumente o risco. Não consigo entender por que um investidor desse tipo opta por colocar dinheiro em uma empresa que é a sua vigésima favorita em vez de simplesmente aplicá-lo em suas principais escolhas – as empresas que compreende mais e que apresentam menor risco, assim como o maior potencial de lucro. Nas palavras da profetisa Mae West: "Uma coisa boa em demasia pode ser maravilhosa."

1993

Sempre estamos em busca de empresas com características econômicas compreensíveis, duradouras e de dar água na boca, administradas por equipes de gestão capazes e orientadas para os acionistas. Esse foco não garante resultados: precisamos comprar por um preço razoável e obter de nossas empresas um desempenho que valide nossa avaliação. Essa abordagem de investimento – a busca de grandes estrelas – nos oferece nossa única chance de sucesso real. Considerando as grandes somas com que trabalhamos, Charlie e eu simplesmente não somos inteligentes o bastante para obter bons resultados comprando e vendendo com habilidade partes de empresas que estão longe da excelência. Tampouco acreditamos que muita gente consiga ter sucesso em investimentos de longo prazo pulando de galho em galho. Aliás, acreditamos que chamar de "investidor" instituições que negociam de forma ativa no mercado é como chamar de romântico quem sempre tem casos sem compromisso.

Se meu universo de possibilidades de negócios fosse limitado, digamos, a empresas de capital fechado em Omaha, primeiro eu tentaria avaliar as características econômicas de longo prazo de cada uma delas; em seguida, analisaria a qualidade dos responsáveis pela administração; por último, tentaria comprar algumas das melhores operações por um preço razoável. Com certeza, eu não iria querer uma parte igual de todas as empresas da cidade. Então por que a Berkshire deveria tomar uma atitude diferente ao lidar com o universo maior das empresas de capital aberto? E, uma vez que é muito difícil encontrar ótimas empresas e gestores extraordinários, por que deveríamos descartar os casos comprovados? Este é o nosso lema: "Se tiver sucesso de primeira, pare de tentar."

John Maynard Keynes, cuja genialidade como investidor se comparava à de seu pensamento, escreveu uma carta para um parceiro de negócios, F.C. Scott, em 15 de agosto de 1934, que já dizia tudo: "Conforme o tempo passa, fico cada vez mais convencido de que o método correto de investimento é alocar quantias razoavelmente altas em empresas sobre as quais o indivíduo considera ter algum conhecimento e em cuja gestão acredita plenamente. É um erro achar que o risco ficará restrito ao dispersar o investimento entre diversas empresas sobre as quais sabe pouco e nas quais não deposita especial confiança. O conhecimento e a experiência são definitivamente limitados, e raras vezes existem mais de dois ou três empreendimentos em dado momento nos quais eu mesmo me sinto no direito de depositar *total* confiança."

1991

Em 1987, o mercado acionário esteve muito agitado, mas com pouca movimentação líquida: o índice Dow Jones avançou 2,3% no ano. Você ficou sabendo, claro, da montanha-russa que gerou essa pequena mudança. O Sr. Mercado viveu um surto de euforia até outubro e, depois, teve uma convulsão súbita e intensa.

Devemos agradecer aos investidores "profissionais", aqueles que administram muitos bilhões, por grande parte dessa turbulência. Em vez de se concentrarem no que as empresas vão realizar nos próximos anos, hoje muitos prestigiados gestores focam no que esperam que seus pares façam nos próximos dias. Para eles, ações são apenas fichas em um jogo, como peças do Banco Imobiliário.

Um exemplo extremo das consequências dessa atitude é o "seguro de carteira", uma estratégia de gestão de recursos que vários dos principais consultores de investimentos adotaram em 1986-87. Essa estratégia – apenas uma versão com nome exótico da ordem de *stop loss* do pequeno especulador – determina que porções cada vez maiores de uma carteira de ações, ou suas disponibilidades futuras indexadas, sejam vendidas conforme os preços diminuem. Segundo essa estratégia, nada mais importa: uma venda com preço abaixo do anterior, em determinada magnitude, produz automaticamente uma grande ordem de venda. De acordo com o Relatório Brady, em meados de outubro de 1987 havia algo entre 60 bilhões e 90 bilhões de dólares em ações se equilibrando nesse gatilho hipersensível.

Se você achava que os consultores de investimento eram contratados para investir, talvez fique perplexo com essa técnica. Logo após comprar uma fazenda, um proprietário sensato pediria ao seu corretor de imóveis que começasse a vender lotes dela sempre que uma propriedade vizinha fosse vendida por um preço mais baixo? Ou você venderia a sua casa para qualquer um que lhe fizesse uma proposta às 9h31 de um dia só porque às 9h30 uma casa semelhante fora vendida por menos do que valia na véspera?

No entanto, movimentações como essa são o que o seguro de carteira pede que um fundo de pensão ou uma universidade faça quando detêm uma parte de empresas como a Ford ou a General Electric. Segundo essa estratégia, tais companhias devem ser vendidas de forma mais agressiva conforme o preço de avaliação delas diminui. Essa dedução "lógica" exige que as instituições recomprem essas empresas – é sério, não estou inventando – assim que os preços tenham se recuperado de forma significativa. Considerando que grandes somas são controladas por gestores que seguem essas práticas um tanto "Alice no País das Maravilhas", causa alguma surpresa que os mercados apresentem, às vezes, um comportamento bizarro?

Muitos analistas, entretanto, chegaram a uma conclusão incorreta ao observar acontecimentos recentes: eles gostam de afirmar que o pequeno investidor não tem chance em um mercado hoje dominado pelo comportamento errático dos grandes investidores. Esse entendimento está totalmente equivocado: tais mercados são ideais para qualquer investidor – pequeno ou grande – desde que ele concentre os investimentos nas áreas em que tem expertise. A volatilidade causada por gestores de recursos que especulam de modo irracional com grandes somas oferecerá ao verdadeiro investidor mais chances de fazer jogadas inteligentes. Ele pode ser prejudicado por essa volatilidade somente se for forçado, por questões financeiras ou psicológicas, a vender ativos em momentos desfavoráveis.

1987

E. *Investimento em "valor": uma redundância*

Realmente não vemos muitas diferenças entre a compra de uma empresa controlada e a de participações negociáveis. Em ambos os casos, tentamos adquirir empresas com características econômicas favoráveis de longo prazo. Nosso objetivo é encontrar um negócio excelente por um preço razoável, não um negócio medíocre por uma pechincha. Por mais que tentemos, Charlie e eu não sabemos tirar leite de pedra.

(Cabe observar que este seu presidente, que sempre se caracterizou por aprender rápido, precisou de apenas vinte anos para reconhecer a importância de se comprar boas empresas. Nesse meio-tempo, busquei "pechinchas" – e tive a infelicidade de encontrar algumas. Minha punição foi um curso sobre as características econômicas de fabricantes de implementos agrícolas, de lojas de departamentos e da indústria têxtil da Nova Inglaterra.)

Claro, talvez Charlie e eu interpretemos mal os fundamentos econômicos de uma empresa. Quando isso acontecer, vamos nos deparar com problemas, seja em relação a uma subsidiária 100% sob o nosso controle, ou a um valor mobiliário negociável – apesar de ser bem mais fácil se desfazer desse segundo item. (De fato, negócios podem ser mal interpretados: veja o caso do repórter europeu que, enviado aos Estados Unidos para traçar o perfil de Andrew Carnegie, mandou o seguinte telegrama a seu editor: "Meu Deus, você não vai acreditar em como dá dinheiro administrar bibliotecas.")[13]

---

[13] N. do E. Andrew Carnegie foi um empresário americano que durante a infância pobre se educou estudando em bibliotecas. Após enriquecer, exerceu a filantropia criando bibliotecas em qualquer cidade que manifestasse o desejo de ter uma.

Sempre que adquirimos o controle de uma empresa ou ações, tentamos comprar não somente bons negócios, mas também aqueles que são administrados por gestores de alto nível, talentosos e agradáveis. Se erramos a respeito dos gestores aos quais nos vinculamos, há certa vantagem porque temos o poder de efetuar mudanças. Mas, na prática, isso é um tanto ilusório: alterações na equipe de gestão, assim como em casamentos, são dolorosas, demoradas e incertas.

Eu diria que a empresa controlada oferece duas principais vantagens. A primeira é que quando controlamos uma empresa conseguimos alocar capital, ao passo que provavelmente teremos pouco ou nada a dizer sobre esse processo no caso das participações negociáveis. Esse ponto pode ser importante porque muitos líderes de empresas não são bons em alocação de capital. A inaptidão deles não causa surpresa. A maioria chega ao topo por ter se destacado em áreas como marketing, produção, engenharia e administração – ou, algumas vezes, política institucional.

Ao assumir o posto de executivo-chefe, eles encaram novas responsabilidades. Agora, precisam decidir como alocar recursos, uma tarefa crítica com que talvez nunca tenham lidado e que não é fácil de dominar. Para ir além, é como se a consagração de um músico extremamente talentoso não fosse se apresentar no Carnegie Hall, mas ser nomeado presidente do Federal Reserve (Fed).

A falta de habilidade de muitos deles quanto à alocação de capital não é uma questão de menor importância: após dez anos no cargo, um executivo-chefe cuja empresa retenha por ano um lucro igual a 10% do patrimônio líquido terá sido responsável pela utilização de mais de 60% de todo o capital em jogo na companhia.

Os executivos-chefes que reconhecem essa falta de habilidade (o que nem todos fazem) muitas vezes tentam compensá-la recorrendo à equipe, a consultores de gestão ou a especialistas em investimento. Charlie e eu observamos com frequência as consequências desse tipo de "ajuda". No cômputo geral, consideramos mais provável que o problema de alocação de capital seja acentuado e não resolvido.

Em última análise, ocorre muita alocação de recursos não inteligente nas empresas americanas. (É por isso que você ouve falar tanto de "reestruturação".) Mas a Berkshire teve sorte. Nas nossas principais participações não controladas, em geral o capital tem sido bem distribuído, e, em alguns casos, de modo brilhante.

A segunda vantagem de uma empresa controlada em relação a um valor mobiliário negociável tem a ver com os impostos. Como detentora corporativa, a Berkshire absorve alguns custos tributários significativos por meio da propriedade de posições parciais, o que não ocorre quando possuímos pelo menos 80% de uma empresa. Essas desvantagens fiscais já existem há muito tempo, mas alterações no código tributário fizeram com que elas aumentassem significativamente (em 1986). Por isso hoje um determinado negócio pode proporcionar à Berkshire resultados financeiros até 50% melhores se vier de uma participação de pelo menos 80%, não de uma menor.

As desvantagens de possuir valores mobiliários negociáveis às vezes são compensadas por um benefício imenso: esporadicamente, o mercado de ações nos oferece a oportunidade de comprar partes de empresas extraordinárias por preços, de fato, ridículos – bem abaixo dos exigidos em transações negociadas para a transferência de controle. Por exemplo, em 1973 compramos ações do *Washington Post* a 5,63 dólares cada. Após os impostos, o lucro operacional por ação foi de 10,30 dólares, em 1987. Da mesma forma, nossas ações da GEICO foram compradas em 1976, 1979 e 1980 por um preço médio de 6,67 dólares, com um lucro operacional por ação, após os impostos, de 9,01 dólares no ano passado. Em casos assim, o Sr. Mercado provou ser um grande amigo.

1987

Nossa estratégia de investimento em capital próprio permanece pouco alterada em relação ao que dissemos no Relatório Anual de 1977: "Selecionamos os nossos valores mobiliários em ações ordinárias e preferenciais negociáveis quase da mesma forma que avaliaríamos uma empresa para a aquisição da sua totalidade. Queremos que a empresa (a) seja compreensível para nós; (b) tenha perspectivas de longo prazo favoráveis; (c) seja operada por pessoas honestas e competentes; e (d) esteja disponível por um preço muito atraente." Só tivemos motivo para fazer uma única mudança nessa doutrina: em razão das condições de mercado e do nosso porte, substituímos "um preço atraente" por "um preço muito atraente".

Você vai perguntar como se decide o que é "atraente". Para responder a essa pergunta, a maioria dos analistas acha que deve escolher entre duas abordagens normalmente consideradas opostas: "valor" e "crescimento". De fato, muitos profissionais de investimento veem qualquer combinação dos dois termos como uma forma de *cross-dressing* intelectual.

Tal noção nos parece um tanto confusa (embora, devo confessar, eu mesmo tenha me envolvido com ela alguns anos atrás). Em nossa opinião, essas duas abordagens são como unha e carne: o crescimento é *sempre* um componente do cálculo de valor, que estabelece uma variável cuja importância oscila de desprezível a imensa, com impacto tanto negativo quanto positivo.

Além disso, consideramos o próprio termo "investimento em valor" redundante. O que é "investir" senão o ato de buscar um valor que seja ao menos suficiente para justificar a quantia paga? Pagar mais por ações do que o seu valor calculado, de maneira deliberada – na esperança de que logo possam ser vendidas por um preço ainda mais alto –, deveria ser rotulado como especulação (que não é ilegal nem imoral, tampouco – na nossa opinião – um jeito de engordar financeiramente).

Apropriado ou não, o termo "investimento em valor" é amplamente utilizado. Em geral, significa a compra de ações com base em baixos indicadores de preço/valor patrimonial e preço/lucro ou um alto retorno em dividendos. Infelizmente, mesmo que apareçam combinadas, essas características estão longe de determinar se um investidor de fato comprou algo pelo que vale e, portanto, opera pelo princípio de obter valor dos seus investimentos. Do mesmo modo, características opostas – altos indicadores de preço/valor patrimonial e preço/lucro e um baixo retorno em dividendos – não são, de forma alguma, incompatíveis com uma compra de "valor".

De maneira similar, o crescimento dos negócios – por si só – pouco nos diz a respeito do valor. É verdade que o crescimento costuma ter um impacto positivo sobre o valor, algumas vezes de proporções espetaculares. Mas isso não é uma certeza, não mesmo. Por exemplo, investidores despejaram dinheiro com regularidade no setor das companhias aéreas domésticas para financiar um crescimento sem lucro (ou algo até pior). Para essas pessoas, teria sido muito melhor se Orville Wright, um dos pioneiros da aviação, nunca tivesse conseguido decolar em Kitty Hawk: quanto mais a indústria cresceu, pior ficou o desastre para os proprietários.

O crescimento beneficia os investidores apenas quando a empresa em questão consegue investir com retornos incrementais atraentes – em outras palavras, somente quando cada dólar gasto para financiar o crescimento gera mais de um dólar em valor de mercado de longo prazo. No caso de uma empresa de baixo retorno com demanda de recursos adicionais, o crescimento prejudica o investidor.

Em *The Theory of Investment Value* (A teoria do investimento de valor), escrito há mais de cinquenta anos, John Burr Williams apresentou a equação de valor que resumimos aqui: *"O valor atual de qualquer ação, título ou empresa é determinado pelas entradas e saídas de caixa – com o desconto de uma taxa de juros apropriada – que se espera que ocorram no decorrer do tempo restante do ativo."* Observe que a fórmula é a mesma para ações e títulos. Mesmo assim, há uma diferença importante e difícil de contemplar entre os dois: um título tem um cupom e uma data de vencimento que definem os fluxos de caixa futuros, mas, no caso de ações, o próprio analista de investimentos deve estimar os "cupons" futuros. Além disso, a qualidade da equipe de gestão afeta o cupom do título apenas em raras ocasiões – sobretudo quando ela é inepta ou desonesta a ponto de o pagamento de juros ser suspenso. Por outro lado, a habilidade da equipe de gestão pode afetar de forma drástica os "cupons" das ações.

O investimento mais barato pelo critério de fluxo de caixa descontado é que deve ser escolhido – independentemente de a empresa crescer, ter lucros voláteis ou estáveis, um preço alto ou baixo em relação ao lucro e ao valor contábil. Além disso, embora a equação de valor mostre com frequência que as ações são mais baratas do que os bonds (títulos de dívida), esse resultado não é óbvio: quando os bonds forem considerados mais atraentes, eles devem ser comprados.

Deixando de lado a questão do preço, a melhor empresa para se ter é aquela que consegue utilizar, por um longo período, grandes quantias de capital incremental com taxas de retorno muito altas. E a pior para se possuir é a que deve fazer ou *fará* o oposto – isto é, empregar de forma sistemática quantias cada vez maiores de capital com taxas de retorno muito baixas. Infelizmente, é muito difícil encontrar esse primeiro tipo de empresa: a maioria das que têm alto retorno precisa de relativamente pouco capital. Os acionistas de uma dessas companhias costumam se beneficiar quando ela paga a maior parte do lucro em dividendos ou faz significativas recompras de ações.

Embora os cálculos matemáticos necessários para avaliar as ações não sejam complexos, é fácil um analista – mesmo experiente e inteligente – errar ao estimar "cupons" futuros. Na Berkshire, tentamos lidar com esse problema de duas maneiras. Primeiro, nos restringimos a empresas que acreditamos entender. Isso significa que elas devem ter características relativamente simples e estáveis. Se uma empresa é complexa ou está sujeita a mudanças constantes, não somos inteligentes o suficiente para prever fluxos de caixa futuros. Aliás, essa limitação não nos incomoda. Quase sempre o que conta na hora de investir não é quanto a pessoa sabe, mas se ela define de maneira realista o que não sabe. Um investidor precisa fazer pouquíssimas coisas certas, desde que evite cometer grandes erros.

Em segundo lugar, e igualmente importante, insistimos em ter uma margem de segurança para nosso preço de compra. Se avaliamos que o valor de uma ação ordinária é apenas um pouco maior do que seu preço, não temos interesse em comprar. Acreditamos que o princípio de margem de segurança, bastante enfatizado por Ben Graham, seja o elemento fundamental do sucesso dos investimentos.

Um investidor em ações ordinárias que seja inteligente se sairá melhor no mercado secundário do que comprando novas emissões. A razão tem a ver com a forma como os preços são fixados em cada situação. O mercado secundário vive períodos em que é governado pela loucura em massa, e assim estabelece de forma constante um preço de "equilíbrio". Por mais disparatado que seja esse preço, é o que conta para o detentor de uma ação ou título que precisa ou deseja vender – e, em qualquer momento, sempre haverá essas pessoas. Em muitos casos, ações com um valor de negócio x foram vendidas no mercado por metade de x ou até menos.

Por outro lado, o mercado de novas emissões é governado por acionistas controladores e empresas, que, em geral, podem selecionar o momento das ofertas ou, se o mercado parecer desfavorável, até deixar de fazê-las. É compreensível que esses vendedores não ofereçam qualquer barganha, seja por oferta pública, seja durante uma transação negociada: é raro encontrar x por metade de x nesse contexto. De fato, no caso de ofertas de ações ordinárias, os acionistas vendedores muitas vezes se sentem motivados a passá-las adiante somente quando acham que o mercado está pagando a mais. (Esses vendedores, é claro, explicariam tal proposição de maneira um pouco diferente. Alegariam que apenas resistem à venda quando o mercado está pagando abaixo do esperado por seus bens.)

1992

Logo após o fim do ano, a Berkshire comprou 3 milhões de ações da Capital Cities/ABC, Inc. ("Cap Cities") a 172,50 dólares cada – o preço de mercado no momento em que o compromisso foi firmado, no início de março de 1985. Eu me pronuncio sobre a gestão da Cap Cities há muitos anos: acho a melhor entre as empresas de capital aberto no país. E Tom Murphy e Dan Burke não apenas são ótimos gestores como exatamente aquele tipo de sujeito com quem você gostaria que a sua filha se casasse. É um privilégio ter uma ligação com os dois – e também proporciona momentos muito divertidos, como qualquer um que os conheça vai entender.

Nossa compra ajudou a Cap Cities a financiar a aquisição da American Broadcasting Companies, no valor de 3,5 bilhões de dólares. Para a Cap Cities, a ABC é um empreendimento importante, cujas características econômicas provavelmente não causarão furor nos próximos anos. Isso não nos dá um pingo de preocupação: podemos ser muito pacientes. (Não importa o tamanho do talento ou do esforço, algumas coisas simplesmente levam tempo: você não será pai de um bebê em um mês se engravidar nove mulheres.)

Como prova da nossa confiança, firmamos um acordo incomum: durante um período prolongado, Tom, como executivo-chefe (ou Dan, caso venha a ocupar esse cargo), escolhe nossas ações. Esse acordo foi iniciado por Charlie e eu, não por Tom. Também nos restringimos de várias maneiras em relação à venda de nossas ações. O objetivo dessas restrições é garantir que nosso bloco não seja vendido a um grande detentor (ou a alguém que pretenda se tornar um) sem a aprovação da equipe de gestão, um acordo semelhante aos que demos início há alguns anos na GEICO e no *Washington Post*.

Como grandes blocos costumam cobrar preços elevados, algumas pessoas podem achar que prejudicamos a Berkshire em termos financeiros ao criar tais restrições. Em nossa visão, ocorre exatamente o oposto. Consideramos que as perspectivas econômicas de longo prazo para essas empresas – e, portanto, para nós como proprietários – são melhores com esses acordos. Uma vez em vigor, os gestores competentes com os quais nos alinhamos podem concentrar os esforços inteiramente na gestão dos negócios e na maximização dos retornos de longo prazo para os proprietários. Com certeza, isso é muito melhor do que gestores distraídos pelo "entra e sai" de investidores esperançosos quanto a pôr a empresa à venda. (É claro que alguns gestores colocam os próprios interesses acima dos da empresa e dos proprietários e merecem ser substituídos – mas, ao realizarmos investimentos, tentamos manter distância de gente assim.)

Hoje, a instabilidade empresarial é uma consequência inevitável da propriedade amplamente difundida de ações com direito a voto. A qualquer momento um grande titular pode surgir, na maioria das vezes com uma retórica tranquilizadora, mas, com frequência, escondendo intenções grosseiras. Ao circunscrever nossos blocos de ações como costumamos fazer, pretendemos promover a estabilidade em circunstâncias nas quais, de outra forma, ela poderia faltar. Aliada a um bom gestor e uma boa empresa, tal certeza proporciona um terreno excelente para uma rica colheita financeira. Essa é a motivação econômica dos nossos acordos.

O lado humano é igualmente importante. Queremos que os gestores por quem temos apreço e admiração – os quais receberam de braços abertos um grande compromisso financeiro nosso – não percam uma noite sequer de sono com dúvidas quanto à possibilidade de surgirem surpresas devidas à nossa ampla propriedade. Eu disse a eles que não haveria surpresas, e a assinatura da Berkshire nesses acordos segue a minha palavra. Significa ainda que os gestores têm um compromisso empresarial e, portanto, não precisam se preocupar caso minha participação pessoal nos negócios da Berkshire se encerre de modo prematuro (um termo que defino como qualquer idade abaixo dos três dígitos).

Nossa compra da Cap Cities se deu pelo preço integral, refletindo o imenso entusiasmo por ações e propriedades de mídia que desenvolvemos nos últimos anos (o qual, no caso de algumas compras de propriedade, virou quase uma mania). Essa não é uma área para barganhas. Mas o nosso investimento na Cap Cities nos alia a uma combinação excepcional de propriedades e pessoas – e gostamos da oportunidade de participar em grande porte.

É provável, claro, que alguns de vocês se perguntem por que estamos comprando a Cap Cities agora por 172,50 dólares a ação, visto que este seu presidente, em um característico rasgo de genialidade, vendeu as participações da Berkshire nessa mesma empresa por 43 dólares a ação em 1978-80. Vou antecipar sua pergunta e dizer que passei boa parte do ano de 1985 trabalhando em uma resposta elegante que conciliasse esses atos.

Aguardem um pouco mais, por favor.

1985

F. *Investimento inteligente*

A inatividade nos parece um comportamento inteligente. Nem nós nem a maioria dos gestores sonharíamos em negociar de cabeça quente subsidiárias altamente lucrativas por causa da previsão de uma pequena variação na taxa de desconto do Fed ou da mudança de opinião de algum especialista de Wall Street. Sendo assim, por que deveríamos nos comportar de maneira diferente quanto às nossas posições minoritárias em empresas maravilhosas? A arte de investir com sucesso em empresas de capital aberto não é muito diferente da arte de adquirir subsidiárias com sucesso. Em ambos os casos, apenas se deseja adquirir, por um preço razoável, uma empresa com excelentes características econômicas e uma equipe de gestão capaz e honesta. Daí em diante, basta observar se essas qualidades se mantêm.

Quando executada de maneira competente, uma estratégia de investimento dessa natureza muitas vezes resulta na propriedade de valores mobiliários que passam a representar uma grande parte da carteira de quem a implementa. Esse investidor obteria um resultado semelhante caso seguisse uma política de comprar uma participação em, digamos, 20% do lucro futuro de vários astros do basquete universitário. Muitos desses atletas chegariam ao estrelato na NBA, e a participação do investidor logo dominaria seu fluxo de royalties. Sugerir que ele venda partes dos seus investimentos mais bem-sucedidos só porque passaram a dominar a carteira é o mesmo que sugerir que os Bulls negociem a saída de Michael Jordan por ele ser fundamental para a equipe.

Ao estudar os investimentos que realizamos tanto em empresas subsidiárias quanto em ações ordinárias, você verá que favorecemos empresas e setores que provavelmente não sofrerão grandes mudanças. A razão disso é simples: ao fazer esses dois tipos de compra, estamos em busca de operações que, acreditamos quase com certeza, terão uma enorme força competitiva daqui a dez ou vinte anos. Um ambiente de negócios em rápida transformação pode oferecer grandes oportunidades de lucro, mas inviabiliza a certeza que procuramos.

Devo enfatizar que, como cidadãos, Charlie e eu damos as boas-vindas às mudanças: novos produtos, ideias e processos inovadores e coisas assim melhoram a qualidade de vida em nosso país, e isso certamente é bom. Como investidores, porém, nossa reação perante um setor em ebulição é muito parecida com nossa atitude diante da exploração espacial: aplaudimos o esforço, mas preferimos deixar o passeio para depois.

Todas as empresas mudam. Hoje, a See's é diferente em muitos aspectos da que era em 1972, quando a compramos: ela oferece uma variedade diferente de doces, usa outras máquinas e faz vendas por novos canais. Mas os motivos pelos quais as pessoas compram caixas de chocolates hoje, e por que as compram de nós e não de outros, quase não mudaram em relação aos dos anos 1920, quando a família See estava erguendo o negócio. Além disso, é improvável que essas motivações se alterem nos próximos vinte ou até mesmo cinquenta anos.

Buscamos uma previsibilidade semelhante nos títulos negociáveis. Veja o exemplo da Coca-Cola: o zelo e a imaginação com que os produtos são vendidos floresceram sob o comando de Roberto Goizueta, que [fez] um trabalho absolutamente incrível na criação de valor para os seus acionistas. Auxiliado por Don Keough e Doug Ivester, Roberto repensou e aprimorou todos os aspectos da companhia. Mas os fundamentos dela – as qualidades que sustentam o domínio competitivo e as características econômicas impressionantes da Coca-Cola – permaneceram constantes ao longo dos anos.

Há pouco tempo, estudei o relatório de 1896 da Coca-Cola (e você acha que está com a leitura atrasada!). Naquela época, embora já fosse líder em vendas de bebidas não alcoólicas, a Coca-Cola só tinha uma década de existência. Mas o plano para os próximos cem anos já estava traçado. Ao relatar vendas no valor de 148 mil dólares naquele ano, o presidente da empresa, Asa Candler, afirmou: "Não poupamos esforços para percorrer o mundo inteiro e ensinar que a Coca-Cola é, por excelência, o artigo para a saúde e o bem-estar de todos." Embora "saúde" talvez não se aplique ao caso, adoro o fato de que a Coca-Cola perpetue esse lema básico de Candler até hoje – um século depois. Candler ainda acrescentou, assim como Roberto poderia fazer agora: "Nenhum artigo de caráter semelhante jamais se entrincheirou tão firmemente na apreciação do público." As vendas de xarope naquele ano, aliás, foram de 116.492 galões, e esse número chegou a 3,2 bilhões em 1996.

Não posso deixar de citar mais uma frase de Candler: "A partir deste ano, por volta de 1º de março... contratamos dez caixeiros-viajantes, com os quais, em correspondência sistemática com o escritório, cobrimos quase todo o território nacional." É o tipo de força de vendas que me agrada.

Companhias como a Coca-Cola poderiam muito bem ser chamadas de "As Inevitáveis". Talvez os analistas discordem um pouco em suas previsões sobre o volume de negócios das empresas de refrigerantes ou de equipamentos de barbear daqui a dez ou vinte anos. Nossa conversa sobre a inevitabilidade tampouco quis minimizar o trabalho vital que essas empresas devem continuar a realizar, em áreas como manufatura, distribuição, embalagem e inovação de produtos. Mas, no fim, nenhum observador sensato – nem sequer os concorrentes mais fortes dessas companhias, presumindo que avaliem o assunto com honestidade – questiona que a Coca-Cola vai dominar o mundo todo ao longo da vida do investimento. Aliás, é provável que esse domínio se fortaleça.

Sem dúvida, muitas empresas relacionadas a negócios de alta tecnologia ou a setores embrionários vão crescer bem mais rápido em termos percentuais do que As Inevitáveis. Mas prefiro ter certeza de um bom resultado a ter esperança de um ótimo.

Claro, Charlie e eu conseguimos identificar apenas algumas Inevitáveis, mesmo depois de uma vida inteira procurando por elas. A liderança por si só não oferece certezas: veja o choque de alguns anos atrás na General Motors, na IBM e na Sears, que haviam passado por longos períodos de aparente invencibilidade. Apesar de alguns setores ou ramos de atividade exibirem características que conferem aos líderes vantagens praticamente insuperáveis, as quais tendem a estabelecer a "sobrevivência do mais gordo" [como no caso dos jornais] como uma lei quase natural, a maioria não o faz. Assim, para cada Inevitável existem dezenas de Impostoras – empresas que agora estão em alta, mas são vulneráveis a ataques da concorrência. Ao considerarmos o que é necessário para ser uma Inevitável, Charlie e eu reconhecemos que nunca seremos capazes de inventar uma Nifty Fifty [grupo com as cinquenta ações mais populares da Bolsa de Nova York nos anos 1960 e 1970]. Às Inevitáveis na nossa carteira, portanto, acrescentamos algumas "Altamente Prováveis".

Você pode, é claro, pagar caro demais até mesmo pelas melhores empresas. O risco de pagar em excesso surge com regularidade, e talvez, em nossa opinião, agora seja bastante provável para os compradores de praticamente todas as ações, inclusive das Inevitáveis. Investidores que fazem compras em um mercado superaquecido precisam aceitar que muitas vezes pode demorar um bom tempo até o valor de uma empresa, ainda que extraordinária, alcançar o preço pago.

Um problema bem mais sério ocorre quando a equipe de gestão de uma companhia excelente se distrai e negligencia sua magnífica base de negócios enquanto compra outras empresas medianas, ou coisa pior. Quando isso ocorre, o sofrimento dos investidores costuma se prolongar. Infelizmente, foi o que aconteceu anos atrás na Coca-Cola. (Você acredita que há algumas décadas a empresa criava camarão?) A perda de foco é o que mais gera preocupações quando Charlie e eu pensamos em investir em negócios que, de modo geral, parecem extraordinários. Com muita frequência, observamos o valor estagnar diante da arrogância ou do tédio que levaram à dispersão da atenção dos gestores. Contudo, isso não vai acontecer de novo na Coca-Cola, graças à atual gestão – e também às futuras.

GOSTARIA DE FAZER MAIS algumas reflexões sobre os seus investimentos. A maioria dos investidores, tanto institucionais quanto individuais, descobrirá que a melhor maneira de possuir ações ordinárias é por meio de um fundo de índice com taxas mínimas. Quem segue esse caminho tem a certeza de superar o resultado líquido (descontadas taxas e despesas) oferecido pela maioria dos profissionais de investimento.

No entanto, se você decidir montar sua própria carteira, vale lembrar alguns pontos. O investimento inteligente não é complexo, mas isso não quer dizer que seja fácil. Um investidor precisa ter a capacidade de avaliar de modo correto as empresas selecionadas. Repare na palavra "selecionadas": você não precisa ser especialista em todo tipo de negócio, nem mesmo em muitos. Só precisa ser capaz de avaliar companhias dentro do seu círculo de competência. O tamanho desse círculo não é muito importante, porém é vital conhecer os limites dele.

Para investir com sucesso, você não precisa entender de beta, mercados eficientes, moderna teoria de carteiras, fixação do preço de opções ou mercados emergentes. Na verdade, talvez seja melhor você nem saber nada sobre esses assuntos. É claro, essa não é a visão predominante na maioria das escolas de negócios, cujo currículo de finanças tende a ser dominado por essas disciplinas. Em nossa opinião, porém, estudantes de investimento precisam apenas de dois cursos bem ministrados: "Como avaliar uma empresa" e "Como pensar sobre os preços de mercado".

Seu objetivo como investidor deve ser apenas comprar, por um preço racional, uma participação em uma empresa fácil de entender, cujo lucro quase certamente será mais alto, de forma concreta, daqui a cinco, dez e vinte anos. Ao longo do tempo, você encontrará poucas empresas que atendem a esses padrões – então, quando achar uma que se qualifique, deve comprar uma quantidade significativa de ações. Você também deve resistir à tentação de se afastar de suas diretrizes: se não estiver disposto a manter uma ação por dez anos, nem cogite possuí-la por dez minutos. Reúna uma carteira de empresas cujos lucros agregados cresçam ao longo dos anos e isso também ocorrerá com o valor de mercado da carteira.

Embora seja reconhecida em raras ocasiões, foi exatamente essa abordagem que gerou ganhos para os acionistas da Berkshire: nossos lucros transparentes cresceram em um bom ritmo no decorrer dos anos e o preço das ações subiu de modo proporcional. Se esses ganhos não tivessem se materializado, o valor da Berkshire pouco teria aumentado.

1996

Muitas das empresas em que fizemos vultosos investimentos tiveram resultados de negócios decepcionantes no ano passado. No entanto, acreditamos que suas relevantes vantagens competitivas hão de perdurar ao longo do tempo. Esse atributo, que contribui para bons resultados de investimento de longo prazo, é algo que Charlie e eu acreditamos ser capazes de identificar em algumas ocasiões. Na maioria das vezes, porém, não identificamos nada – pelo menos não com um alto grau de convicção. Aliás, isso explica por que não possuímos ações de empresas de tecnologia, embora compartilhemos da visão geral de que a sociedade será transformada por seus produtos e serviços. Nosso problema – que não conseguimos resolver nem com estudos complementares – é que não temos qualquer conhecimento sobre quais agentes da área de tecnologia detêm uma vantagem competitiva realmente *duradoura*.

Essa falta de conhecimento técnico, devemos acrescentar, não nos aflige. Afinal, existem muitas áreas de negócios nas quais Charlie e eu não temos qualquer experiência particular em alocação de capital. Por exemplo, nada temos a acrescentar quando se trata de avaliar patentes, processos de fabricação ou perspectivas geológicas. Assim, simplesmente não fazemos análises nessas áreas.

Nossa força consiste em identificar quando estamos operando bem dentro de nosso círculo de competência e quando estamos nos aproximando do limite. Prever as características econômicas de longo prazo de empresas que operam em setores em rápida mudança está simplesmente muito além do nosso limite. Se outras pessoas dizem ter uma habilidade preditiva nesses setores – e as afirmações delas parecem ser validadas pelo comportamento do mercado acionário –, nós não as invejamos nem as imitamos. Apenas nos limitamos ao que entendemos. Se nos desviarmos disso, será de maneira bastante acidental, não porque nossa inquietude nos levou a confundir esperança com racionalidade. Felizmente, é quase certo que, de tempos em tempos, haverá oportunidades para a Berkshire se sair bem dentro do círculo que demarcamos.

No momento, os preços das boas empresas que já possuímos não se mostram tão atraentes. Em outras palavras, nós nos sentimos muito melhor em relação a essas companhias do que em relação às ações delas. É por isso que não aumentamos as nossas participações atuais. Apesar disso, ainda não reduzimos nossa carteira de modo significativo: se a escolha for entre uma empresa duvidosa por um preço confortável ou uma empresa confortável por um preço duvidoso, preferimos a segunda opção. Contudo, o que realmente captura a nossa atenção é uma empresa confortável por um preço confortável.

Nossas reservas sobre os preços dos valores mobiliários que possuímos se aplicam ainda ao nível geral dos preços das ações. Nunca tentamos prever para onde o mercado de ações irá no próximo mês ou no próximo ano, e não estamos tentando fazer isso agora. Mas atualmente [no final de 1999] os investidores em ações parecem otimistas ao extremo quanto às expectativas de retornos futuros.

Consideramos que o crescimento do lucro empresarial está em grande parte vinculado aos negócios realizados no país (PIB), e vemos que o PIB está crescendo a uma taxa real de cerca de 3%. Além disso, usamos uma inflação hipotética de 2%. Charlie e eu não temos nenhuma convicção particular a respeito da precisão desses 2%. Mas é a visão do mercado: os *Treasury Inflation-Protected Securities* (TIPS)[14] rendem cerca de dois pontos percen-

---

[14] *Treasury Inflation-Protected Securities* (TIPS) é um título público emitido pelo Tesouro americano que rende uma taxa prefixada (que equivale ao juro real da economia) mais a variação da inflação. Seu principal atrativo é proteger o investidor da oscilação dos índices de preço. Já os *treasuries* são títulos prefixados, com prazos que oscilam de três meses a 30 anos.

tuais a menos do que um *treasury bond* padrão; se você acreditar que as taxas de inflação serão superiores a isso, pode lucrar apenas ao comprar TIPS e vender a descoberto outros títulos do governo.

Se os lucros realmente crescerem acompanhando o PIB, a uma taxa de cerca de 5%, é improvável que a valorização das empresas norte-americanas fique muito acima disso. Acrescente algo para os dividendos e você sairá com retornos de ações drasticamente mais baixos do que a maioria dos investidores obteve no passado ou espera obter no futuro. Se as expectativas dos investidores se tornarem mais realistas – o que, quase com certeza, ocorrerá –, o ajuste do mercado tende a ser rigoroso, sobretudo em setores nos quais a especulação tem se concentrado.

Estamos confiantes de que, um dia, a Berkshire terá oportunidades de aplicar grandes somas de dinheiro nos mercados de ações. Porém, como diz a canção: "Quem sabe onde ou quando?" Enquanto isso, se alguém começar a lhe explicar o que está acontecendo nas partes verdadeiramente instáveis desse mercado "encantado", talvez você se lembre do verso de outra canção: "Os tolos arranjam explicações, os sábios nunca tentam."

1999

[Às vezes, quando os preços estão altos tanto para empresas quanto para ações,] tentamos exercer o tipo de disciplina adotada por Ted Williams. No livro *The Science of Hitting* (A ciência das rebatidas), Ted explica que dividiu a zona de *strike* em 77 células, cada uma do tamanho de uma bola de beisebol. Ele sabia que se tentasse apenas as bolas na sua "melhor" célula, conseguiria uma média excelente de rebatidas. Caso fosse nas bolas no seu "pior" ponto, o canto externo inferior da zona de *strike*, a média cairia muito. Ou seja, esperar pelo arremesso bom significaria a entrada no Hall da Fama; tentar rebater sem critério equivaleria a uma passagem de volta para os times amadores.

Se é que eles chegam a entrar na zona de *strike*, os "arremessos" de negócios que vemos hoje só atingem o canto externo inferior. Se tentarmos rebatê-los, ficaremos presos a retornos baixos. Mas se deixarmos passar todas as bolas atuais, não há como garantir que as próximas que veremos serão mais do nosso agrado. Talvez os preços atraentes do passado fossem as aberrações, não os preços cheios de hoje. Ao contrário de Ted, não perderemos a vez se resistirmos a três arremessos quase fora da zona de rebatida; no entanto, ficar ali parado, dia após dia, com o bastão apoiado no ombro não é a minha ideia de diversão.

1997

G. Guimbas de cigarro e o imperativo institucional

Para citar Robert Benchley: "Um cachorro ensina uma criança a ter fidelidade e perseverança e a rodar três vezes antes de se deitar." Essas são as limitações da experiência. De todo modo, é uma boa ideia revisar os erros do passado antes de cometer novos. Então vamos dar uma rápida olhada nos últimos 25 anos.

- Meu primeiro erro, claro, foi comprar o controle da Berkshire. Apesar de saber que a manufatura têxtil não era um negócio promissor, fui seduzido porque o preço parecia barato. Adquirir ações desse tipo se mostrou razoavelmente recompensador nos meus primeiros anos, embora, na época em que a Berkshire surgiu, em 1965, eu já começasse a perceber que aquela não era a estratégia ideal.

  Se você comprar uma ação a um preço baixo o suficiente, em geral haverá algum desvio no destino da empresa que lhe dará a chance de passá-la adiante com um lucro decente, mesmo que o desempenho de longo prazo do negócio seja terrível. Chamo isso de estratégia de investimento da "guimba de cigarro". Uma guimba encontrada na rua que ainda renda uma última tragada pode não oferecer muita fumaça, mas a "compra por uma pechincha" tornará essa baforada lucrativa.

  A menos que você seja um liquidante, esse tipo de estratégia para comprar empresas é uma bobagem. Em primeiro lugar, é provável que o preço inicial não se mostre uma pechincha assim tão boa. Em uma empresa complicada, assim que um problema é resolvido, surge um novo – nunca há uma só barata na cozinha. Em segundo lugar, qualquer vantagem inicial que você garanta será corroída com rapidez pelo baixo retorno obtido pelo negócio. Por exemplo, se comprar por 8 milhões de dólares uma empresa que, de imediato, pode ser tanto vendida quanto liquidada por 10 milhões, e se optar por uma dessas alternativas, você conseguirá um retorno alto. Mas o investimento será decepcionante se a empresa for vendida por 10 milhões de dólares em dez anos e, durante esse intervalo, tiver lucrado e distribuído a cada ano apenas uma pequena porcentagem do custo. O tempo é amigo das empresas maravilhosas e inimigo das medíocres.

Talvez você ache esse princípio óbvio, mas aprendi da maneira mais difícil – aliás, repetidas vezes. Pouco depois de comprar a Berkshire, adquiri uma loja de departamentos em Baltimore, a Hochschild, Kohn, por meio de uma empresa chamada Diversified Retailing, mais tarde incorporada à Berkshire. Obtive nessa compra um desconto substancial em relação ao valor contábil, a equipe era de primeira e o negócio incluiu alguns itens extras – valores imobiliários não registrados e uma significativa reserva de estoque pelo método UEPS. Como eu iria perder essa chance? Mas aí... três anos depois, tive a sorte de vendê-la por um valor próximo ao que paguei.

- Isso nos conduz a uma lição relacionada a essa questão: bons jóqueis competem bem com bons cavalos, mas não com pangarés maltratados. Tanto a empresa têxtil da Berkshire quanto a Hochschild, Kohn tinham pessoas competentes e honestas no corpo de administração. Se empregados em uma empresa com boas características econômicas, os mesmos gestores teriam alcançado bons resultados. Mas jamais fariam qualquer progresso correndo em areia movediça.[15]

Já disse muitas vezes que quando uma equipe de gestão com uma reputação brilhante enfrenta uma empresa com uma reputação ruim quanto às características econômicas, é essa última que permanece intacta. Eu só queria não ter sido tão enérgico ao criar exemplos. Meu comportamento esteve à altura daquele admitido por Mae West: "Eu era a Branca de Neve, mas me desencaminhei."

- Outra lição relacionada a isso: vá com calma. Depois de 25 anos comprando e supervisionando uma grande variedade de empresas, Charlie e eu *não* aprendemos a resolver problemas complicados de negócios. O que aprendemos foi a evitá-los. Se fomos bem-sucedidos é porque nos concentramos em identificar obstáculos de meio metro que conseguiríamos ultrapassar, não por termos adquirido qualquer habilidade para superar os de dois metros.

---

[15] Ver "A ansiedade das mudanças nos negócios", na Parte I.C.

Essa descoberta pode parecer injusta, mas, tanto nos negócios quanto nos investimentos, ater-se ao fácil e óbvio costuma ser bem mais lucrativo do que solucionar o difícil. De vez em quando problemas complexos *devem* ser enfrentados. Em outros momentos surge uma ótima oportunidade de investimento quando uma excelente empresa se depara com um problema enorme, porém pontual e solucionável, como foi o caso, muitos anos atrás, da American Express e da GEICO. Mas, no geral, nós nos saímos melhor ao evitar os dragões do que ao matá-los.

- Minha descoberta mais surpreendente: a esmagadora importância nos negócios de uma força invisível que poderíamos chamar de "imperativo institucional". Na escola de negócios, ninguém me deu a menor pista sobre a existência do imperativo e tampouco o compreendi de maneira intuitiva quando fui trabalhar no mercado. Na época, eu achava que gestores decentes, inteligentes e experientes automaticamente tomariam decisões racionais nos negócios. Com o tempo, aprendi que não é bem assim. Pelo contrário: a racionalidade costuma perder força quando o imperativo institucional entra em jogo.

Por exemplo: (1) como se fosse governada pela Primeira Lei de Newton, uma instituição vai resistir a qualquer mudança de rumo; (2) assim como o trabalho se multiplica para preencher o tempo disponível, projetos empresariais ou aquisições vão se materializar para absorver os recursos disponíveis; (3) qualquer projeto de negócio que o líder deseje muito implantar, por mais tolo que seja, terá o apoio imediato de uma taxa de retorno detalhada e estudos estratégicos preparados por suas tropas; e (4) o comportamento de empresas semelhantes, estejam elas se expandindo, adquirindo, estabelecendo a remuneração de executivos ou qualquer outra coisa, será copiado sem qualquer reflexão.

A dinâmica institucional, não a venalidade ou a estupidez, conduz as empresas para esses caminhos muitas vezes equivocados. Após ter cometido alguns erros caros por desconhecer o poder do imperativo, tentei organizar e gerenciar a Berkshire de um modo que minimizasse esse impacto. Além do mais, Charlie e eu tentamos concentrar nossos investimentos em companhias que aparentem estar atentas ao problema.

- Depois de mais alguns erros, aprendi a fazer negócios apenas com pessoas pelas quais tenho apreço, confiança e admiração. Como já comentei, essa política por si só não garantirá o sucesso: uma empresa têxtil ou uma loja de departamentos de segunda categoria não vão prosperar apenas porque os gestores são pessoas com quem você gostaria que seus filhos se casassem. No entanto, um proprietário – ou investidor – consegue operar maravilhas se der um jeito de se associar a pessoas assim, em empresas que tenham características econômicas decentes. Por outro lado, não queremos nos vincular a gestores que carecem de qualidades admiráveis, por mais atraentes que sejam as perspectivas das empresas deles. Nunca conseguimos fazer um bom negócio com uma pessoa ruim.
- Alguns dos meus piores erros não foram visíveis publicamente: compras de ações e empresas que não concretizei, apesar de entender as virtudes dos negócios. Não é pecado perder uma grande oportunidade fora da sua área de competência. Mas deixei passar algumas compras realmente grandes, que me foram oferecidas de bandeja e eu era totalmente capaz de compreender. Para os acionistas da Berkshire, inclusive para mim, o custo de ter ficado chupando dedo tem sido enorme.
- Talvez pareça que as nossas políticas financeiras reiteradamente conservadoras tenham sido um erro, mas não foram, na minha opinião. Olhando para trás, está claro que índices de alavancagem bem mais altos na Berkshire, embora ainda convencionais, teriam produzido um retorno sobre o patrimônio anual consideravelmente maior do que a nossa média efetiva de 23,8%. Mesmo em 1965, talvez pudéssemos ter percebido que havia uma probabilidade de 99% de uma alavancagem mais elevada nos fazer bem. Do mesmo modo, poderíamos ter enxergado que havia apenas 1% de chance de algum fator de choque, externo ou interno, influenciar um quociente de endividamento convencional a gerar um resultado que ficasse entre a angústia temporária e a inadimplência.

Não teríamos apreciado essa probabilidade de 99:1 – e jamais apreciaremos. Em nossa opinião, uma chance pequena de angústia ou desgraça não pode ser compensada por uma grande chance de retornos extras. Se suas ações forem sensatas, você com certeza obterá bons resultados; na maioria dos casos assim, a alavancagem apenas acelera as coisas. Charlie e eu nunca tivemos muita pressa: curtimos bem mais o processo do que o resultado – embora também tenhamos aprendido a conviver com isso.

1989

H. *Vida, dívida e grandes quedas*

Exceto por quantias simbólicas, evitamos contrair dívidas e só recorremos a elas para três finalidades: (1) Em algumas ocasiões, usamos acordos de recompra como parte de determinadas estratégias de investimento de curto prazo que incorporam a propriedade de títulos do governo americano (ou de suas agências de apoio). Compras desse tipo são altamente oportunistas e envolvem apenas os títulos com maior liquidez. (2) Ao tomarmos dinheiro emprestado, damos como garantia carteiras de contas a receber que rendem juros e cujas características de risco compreendemos. (3) [Subsidiárias, tal como a Berkshire Hathaway Energy, podem incorrer em dívidas que aparecem no balanço patrimonial consolidado da Berkshire, mas a própria Berkshire não garante a obrigação.]

Do ponto de vista do risco, é bem mais seguro ter lucro com dez operações de diversas concessionárias de serviço público, não correlacionadas, que cubram os juros, digamos, na proporção de 2:1 do que ter uma cobertura muito maior fornecida por apenas uma. Um evento catastrófico pode tornar insolvente uma única concessionária – é só lembrar o que o Katrina fez com a concessionária de energia elétrica local de Nova Orleans –, independentemente do nível de conservadorismo da política de endividamento. Um desastre geográfico – por exemplo, um terremoto em um estado da Costa Oeste – não consegue causar o mesmo efeito na MidAmerican. E mesmo uma pessoa preocupada como Charlie não é capaz de pensar em um acontecimento que diminuiria de modo sistemático e significativo o lucro da concessionária. Por causa da diversidade cada vez maior de receitas regulamentadas, a MidAmerican sempre utilizará grandes quantias de dívidas.

A lista termina por aí. Não estamos interessados em contrair qualquer dívida significativa na Berkshire para fazer aquisições ou com propósitos operacionais. A sabedoria empresarial convencional, é claro, argumentaria que estamos sendo conservadores demais e que poderíamos obter lucros adicionais com segurança se injetássemos uma alavancagem moderada no nosso balanço patrimonial. Pode ser que sim. Mas muitas das centenas de milhares de investidores da Berkshire (entre eles, cabe enfatizar, muitos dos nossos conselheiros e dos principais gestores) têm grande parte do seu patrimônio líquido em ações nossas, e um desastre para a empresa também seria um desastre para eles.

Além do mais, há pessoas com lesões permanentes a quem devemos pagamentos de seguros que se estendem por cinquenta anos ou mais. A esses e a outros segurados, prometemos garantia total, seja lá o que venha a ocorrer: pânico financeiro, fechamentos de bolsas de valores (houve um prolongado em 1914), e até em caso de ataques nucleares, químicos ou biológicos no país. Estamos sempre dispostos a aceitar riscos imensos. Na verdade, mais do que qualquer seguradora, redigimos apólices com limites altos, vinculadas a eventos catastróficos únicos.

Temos ainda uma grande carteira de investimentos cujo valor de mercado poderia cair drástica e rapidamente em determinadas circunstâncias (como aconteceu em 19 de outubro de 1987). Porém, aconteça o que acontecer, a Berkshire terá o patrimônio líquido, os fluxos de renda e a liquidez para tratar do problema com tranquilidade. Qualquer outra abordagem é perigosa. Ao longo dos anos, várias pessoas muito inteligentes aprenderam, da maneira mais difícil, que uma longa sequência de números impressionantes multiplicados por um único zero sempre é igual a zero. Eu não gostaria de sentir na pele os efeitos dessa equação, muito menos de ser responsável por impor suas penalidades aos outros.

2005

É inquestionável que algumas pessoas ficaram muito ricas usando dinheiro emprestado. Mas essa também é uma forma de ficar muito pobre. Quando a alavancagem funciona, ela amplia os seus ganhos. Seu cônjuge dirá que você é inteligente, seus vizinhos morrerão de inveja. Mas a alavancagem é viciante. Depois de lucrar com suas maravilhas, pouquíssimas pessoas recuam e retomam práticas mais conservadoras. E, como todos nós aprendemos na terceira série – e alguns reaprenderam em 2008 –, qualquer quantidade de números positivos, por mais impressionante que seja, evapora se multiplicada por um único zero. A História nos mostra que, muitas vezes, a alavancagem produz zeros, mesmo se utilizada por pessoas bastante inteligentes.

É claro que ela também pode ser letal para as empresas. Companhias com grandes dívidas costumam presumir que tais obrigações podem ser refinanciadas à medida que vencem. É uma suposição que costuma ser válida. Porém, de vez em quando, por causa de problemas específicos da empresa ou da falta de crédito no mundo, os vencimentos precisam ser efetivamente pagos. Para tanto, só o dinheiro resolve.

Os mutuários aprendem então que o crédito funciona como o oxigênio. Quando abundante, a presença de ambos, crédito e oxigênio, passa despercebida. Estando em falta, é *impossível* não perceber. Mesmo uma breve ausência de crédito pode derrubar uma empresa. Aliás, em setembro de 2008, o desaparecimento repentino do crédito em muitos setores da economia por muito pouco não quebrou os Estados Unidos.

Na Berkshire, teremos pelo menos 10 bilhões de dólares em caixa, excluindo-se os valores retidos nas concessionárias regulamentadas de serviços públicos e nas empresas de ferrovias. Por causa desse compromisso, costumamos manter pelo menos 20 bilhões de dólares em mãos tanto para fazermos frente a perdas de seguros sem precedentes (a maior até o momento foi de cerca de 3 bilhões de dólares e se deveu ao Katrina, a catástrofe mais cara para o setor de seguros) quanto para aproveitarmos com rapidez as oportunidades de aquisição ou investimento, mesmo em tempos de turbulência financeira.

Nosso caixa é mantido sobretudo em *Treasury Bills*. Evitamos outros títulos de curto prazo que rendam alguns pontos-base a mais, uma política à qual aderimos bem antes que as fragilidades dos papéis comerciais e dos fundos do mercado monetário se tornassem aparentes, em setembro de 2008. Concordamos com a observação do escritor especializado em investimentos Ray DeVoe: "Já se perdeu mais dinheiro na tentativa de obter rendimento do que em assaltos à mão armada." Na Berkshire, não dependemos de linhas bancárias nem celebramos contratos que possam exigir o lançamento de garantias, com a exceção de quantias mínimas em relação a nossos ativos líquidos.

Por sermos tão cautelosos em relação à alavancagem, penalizamos nossos retornos pelo menor valor. Contudo, ter muita liquidez nos permite dormir tranquilos. Além disso, nos episódios esporádicos de caos financeiro que atingem a economia, estaremos equipados tanto financeira quanto emocionalmente para jogar no ataque enquanto outros lutam pela sobrevivência.

Foi isso que nos permitiu investir 15,6 bilhões de dólares nos 25 dias de pânico que se seguiram à falência do Lehman, em 2008.

2010

A Berkshire fornece alguns exemplos vívidos de como a aleatoriedade de preços a curto prazo pode ocultar o crescimento de valor a longo prazo. Nos últimos 53 anos, a companhia construiu valor ao reinvestir o lucro e deixar que os juros compostos fizessem a sua mágica. Avançamos ano após ano. Ainda assim, as ações da Berkshire sofreram quatro grandes quedas. Eis os detalhes sórdidos:

Período	*Máxima*	*Mínima*	*% de queda*
Março de 1973 a janeiro de 1975	93	38	(59,1%)
02/10/1987-27/10/1987	4.250	2.675	(37,1%)
19/06/1998-10/03/2000	80.900	41.300	(48,9%)
19/09/2008-05/03/2009	147.000	72.400	(50,7%)

Essa tabela oferece o argumento mais potente que posso reunir contra qualquer uso de dinheiro emprestado para aquisição de ações. Não há como dizer até que ponto as ações podem cair em um curto período de tempo – simples assim. Mesmo que seus empréstimos sejam de pequeno porte e suas posições não estejam ameaçadas de imediato por uma forte queda do mercado, você pode muito bem ficar atordoado com manchetes assustadoras e comentários esbaforidos. E uma mente inquieta não toma boas decisões.

Nos próximos 53 anos, nossas ações (e outras) sofrerão quedas semelhantes às que se veem na tabela. Não há como dizer quando isso vai acontecer. A qualquer momento, a luz pode passar do verde para o vermelho sem parar no amarelo.

Quando ocorrem, as grandes quedas oferecem oportunidades extraordinárias para quem não está limitado por dívidas. É então a hora de prestar atenção nestes versos do poema *Se*, de Kipling:

"Se és capaz de manter a cabeça no lugar enquanto todos à volta perdem a deles...
Se és capaz de esperar sem te cansares de esperar...
Se és capaz de pensar – sem fazeres dos pensamentos a tua meta...
Se és capaz de confiar em ti mesmo quando todos duvidam...
Tua é a Terra e tudo o mais que há nela."

2017

III. ALTERNATIVAS

ALÉM DE PARTICIPAÇÕES POR MEIO de ações ordinárias permanentes, possuímos grandes quantidades de valores mobiliários negociáveis em nossas seguradoras. Ao selecioná-los, podemos escolher entre cinco categorias principais: (1) investimentos de longo prazo por meio de ações ordinárias; (2) títulos de renda fixa de médio prazo; (3) títulos de renda fixa de longo prazo; (4) aplicações financeiras de curto prazo; e (5) compromissos de arbitragem de curto prazo [conforme discutido no ensaio "Arbitragem", na Parte II.C].

Não temos qualquer inclinação específica quando se trata de escolher entre essas categorias. Apenas buscamos, incessantemente, aquelas que, uma vez descontados os impostos, oferecem maior lucro, de acordo com a "expectativa matemática", sempre nos limitando a alternativas de investimento que acreditamos compreender. Esses critérios não têm nada a ver com a maximização dos ganhos imediatamente relatáveis: o objetivo maior é maximizar o patrimônio líquido final.

1987[16]

A. *Sondagem de campo*

As possibilidades de investimento são muitas e diversificadas. No entanto, como existem três categorias principais, é importante compreender as características de cada uma. Então vamos sondar o campo.

---

[16] Repetido sem a primeira frase em 1988 e 1989.

Investimentos em uma determinada moeda incluem fundos do mercado monetário, títulos, hipotecas e depósitos bancários, entre outros instrumentos financeiros. A maioria desses investimentos baseados em moeda é considerada "segura". Porém, na verdade, eles estão entre os ativos mais perigosos. O beta pode ser zero, mas o risco é enorme.

Ao longo do século passado, esses instrumentos financeiros destruíram o poder de compra dos investidores em muitos países, ainda que seus proprietários continuassem a receber pagamentos pontuais a título de juros e principal. Esse resultado terrível sempre se repetirá. Os governos determinam o valor final do dinheiro e, às vezes, forças sistêmicas os atraem para políticas que geram inflação. De tempos em tempos, essas políticas saem do controle.

Mesmo nos Estados Unidos, onde existe um forte anseio por uma moeda estável, o valor do dólar caiu surpreendentes 86% desde 1965, quando assumi a gestão da Berkshire. É necessário ter pelo menos 7 dólares hoje para alcançar o poder de compra de 1 dólar daquela época. Assim, uma instituição que não pagasse impostos precisaria, ao longo desse período, de 4,3% de juros anuais sobre os investimentos em títulos só para manter o poder de compra. Seus gestores estariam se enganando caso considerassem *qualquer* parcela desses juros como "receita".

Para os investidores sujeitos a impostos, o quadro é bem pior. Nesse mesmo período de 47 anos, a rolagem contínua dos *Treasury Bills* do governo americano gerou um retorno de 5,7% ao ano. Para um indivíduo que paga em média 25% de imposto de renda como pessoa física, esse valor, que parece satisfatório, não teria rendido *nada* em termos reais. O imposto de renda visível desse investidor teria retirado 1,4 ponto do rendimento declarado, e os índices inflacionários, invisíveis, teriam devorado os 4,3 pontos restantes. Vale ressaltar que a "taxa" de inflação implícita foi mais do que o triplo do imposto de renda explícito – que o nosso investidor provavelmente considerava o seu encargo principal. Pode estar impresso "*In God We Trust*" (Em Deus nós acreditamos) na nota do dólar, mas a mão que aciona a máquina de impressão do governo é demasiado humana.

As taxas de juros altas, é claro, podem compensar os compradores pelo risco de inflação que enfrentam com investimentos baseados em moeda – e, no início dos anos 1980, de fato, elas fizeram um bom trabalho nesse sentido. Porém, as taxas atuais não chegam perto de compensar o risco assumido pelos investidores em relação ao poder de compra. Por ora, os títulos deveriam vir com um rótulo de advertência.

Por essas condições de hoje, não gosto de investimentos baseados em moeda. Ainda assim, a Berkshire detém uma quantidade significativa deles, sobretudo de curto prazo. Na Berkshire, a necessidade de ampla liquidez ocupa o centro do palco e *nunca* será desprezada, por mais insatisfatórias que sejam as taxas. Para atender a essa necessidade, mantemos principalmente os *Treasury Bills* do governo americano, o único investimento com o qual podemos contar para obter liquidez mesmo nas condições econômicas mais caóticas. Nosso nível de liquidez operacional é de 20 bilhões de dólares, sendo que 10 bilhões de dólares são o mínimo indispensável.

Além dos requisitos impostos pela liquidez e pelos reguladores, compraremos títulos relacionados à moeda apenas se eles oferecerem uma possibilidade de ganho incomum – seja porque um crédito específico está mal precificado, como ocorre nos colapsos periódicos relacionados a *junk bonds*, ou debêntures de alto risco, seja porque as taxas subiram tanto que favorecem a realização de ganhos de capital consideráveis com títulos *high grade* quando elas caírem. Embora tenhamos explorado ambas as oportunidades no passado – e talvez façamos isso de novo –, agora estamos na direção contrária a essas perspectivas. Um comentário irônico feito há muito tempo por Shelby Cullom Davis, investidor de Wall Street, cai como uma luva hoje em dia: "Promoveram títulos que ofereceriam retornos sem risco e agora cobram por eles por oferecerem riscos sem retorno."

A segunda categoria principal de investimentos inclui ativos que nunca darão resultado, porém são adquiridos na esperança de que outra pessoa – também sabendo que os ativos permanecerão improdutivos – pague mais por eles no futuro. Durante um breve período do século XVII, as tulipas se tornaram o item preferido desse tipo de comprador.

Um investimento assim requer um grupo crescente de compradores, os quais, por sua vez, são atraídos pela crença de que esse número se expandirá ainda mais. Os proprietários *não* são inspirados pelo que o próprio bem – perenemente inanimado – pode produzir, mas pela crença de que outras pessoas vão desejá-lo com mais avidez ainda no futuro.

O principal ativo dessa categoria é o ouro, atualmente preferido por investidores que temem quase todos os demais, sobretudo o papel-moeda (cujo valor, como já observado, justifica o temor). O ouro padece de duas carências significativas: não tem grande utilidade nem produz muita coisa. É verdade que apresenta alguma utilidade industrial e decorativa, mas a demanda de ouro para tais finalidades é limitada e incapaz de absorver a produção nova. Enquanto isso, se você possuir trinta gramas de ouro durante uma eternidade, ainda terá os trinta gramas no fim dos tempos.

O que motiva a maioria dos compradores de ouro é a crença de que o grupo dos temerosos vai crescer. Na última década, esse entendimento se mostrou correto. Além disso, o aumento do preço por si só gerou um entusiasmo adicional por compras, atraindo quem considera que esse aumento valida uma tese de investimento. Quando um bando de investidores se junta a um grupo, eles criam sua própria verdade – *durante um tempo*.

Nos últimos 15 anos, tanto as ações de tecnologia quanto o mercado imobiliário demonstraram os excessos extraordinários que emergem da combinação de uma tese inicialmente sensata e uma alta de preços bastante divulgada. Nessas bolhas, logo no início um exército de investidores céticos sucumbiu à "prova" fornecida pelo mercado, e o grupo de compradores – durante algum tempo – expandiu-se o suficiente para manter o trem em movimento. Mas é inevitável que uma bolha inflada demais acabe estourando.

Hoje, o estoque mundial de ouro é de cerca de 170 mil toneladas. Se todo ele fosse fundido, formaria um cubo de cerca de vinte metros de cada lado. (Para visualizar, pense que cabe com folga em um campo de beisebol.) Pela cotação de 1.750 dólares por onça [cerca de trinta gramas] – o preço do ouro no momento em que escrevo –, esse cubo valeria 9,6 trilhões de dólares. Vamos chamá-lo de lote A.

Agora vamos criar um lote B que tenha o mesmo valor. Com ele, poderíamos comprar *todas* as terras cultiváveis dos EUA (cerca de 162 milhões de hectares, com uma produção anual de cerca de 200 bilhões de dólares), mais 16 empresas Exxon Mobil (a companhia mais lucrativa do mundo, com ganhos de mais de 40 bilhões de dólares por ano). Depois dessas aquisições, ainda sobraria cerca de 1 trilhão de dólares para gastar por aí (não faria sentido se conter após essa farra). Você consegue imaginar um investidor com 9,6 trilhões de dólares que, entre esses dois lotes, escolheria o A, não o B?

Além da avaliação espantosa diante do estoque existente, os preços atuais fazem a produção anual de ouro gerar cerca de 160 bilhões de dólares. Os compradores – joalheiros e fábricas que utilizam o recurso, indivíduos assustados ou especuladores – precisam absorver incessantemente essa oferta extra apenas para manter o equilíbrio dos preços correntes.

Daqui a um século, os cerca de 162 milhões de hectares de terras agrícolas terão produzido quantidades impressionantes de milho, trigo, algodão e outras safras – e continuarão a gerar essa recompensa valiosa, qualquer que seja a moeda. A Exxon Mobil provavelmente terá distribuído trilhões de dólares em dividendos aos seus acionistas e ainda possuirá ativos no valor de muitos trilhões mais (e, não se esqueça, você comprou 16 empresas Exxon). Já as 170 mil toneladas de ouro seguirão inalteradas em tamanho e incapazes de produzir qualquer coisa. Você pode fazer um carinho no cubo, mas ele não vai corresponder.

Sem dúvida, daqui a cem anos, quando as pessoas estiverem preocupadas, é provável que muitas ainda corram para o ouro. Contudo, estou confiante de que a avaliação atual de 9,6 trilhões do lote A, no decorrer do século, terá uma valorização bem inferior à alcançada pelo lote B.

Essas duas primeiras categorias desfrutam de uma popularidade máxima em picos de medo: o pavor do colapso econômico leva muita gente a recorrer a ativos lastreados em moeda, mais especificamente as obrigações dos Estados Unidos. Já o medo do colapso da moeda estimula a busca de ativos estéreis, como o ouro. Ouvimos falar que "o dinheiro é rei" no fim de 2008, no exato momento em que o dinheiro deveria ter sido utilizado, não retido. Da mesma forma, disseram que "o dinheiro é lixo" no início da década de 1980, quando investimentos fixados em dólar estavam no nível mais atraente de que se tem lembrança. Nessas ocasiões, investidores que necessitavam de uma multidão para apoiá-los pagaram caro por essa comodidade.

Minha preferência – e você já sabe aonde quero chegar – é a terceira categoria: investimento em ativos reais, como empresas, fazendas ou imóveis. Em épocas de inflação, o ideal é que esses ativos sejam capazes de gerar uma produção que retenha o seu valor em poder de compra e, ao mesmo tempo, exijam o mínimo de investimentos de capital novo. Fazendas, imóveis e muitas empresas, como a Coca-Cola, a IBM e a nossa própria See's Candy, passam no nosso teste do "cano duplo". Determinadas companhias – pense nas nossas concessionárias de serviço público, por exemplo – fracassam no mesmo teste, pois a inflação impõe a elas grandes exigências de capital. Para ganhar mais, os proprietários precisam investir mais. Mesmo assim, esses investimentos continuarão superiores aos ativos não produtivos ou lastreados em moeda.

Daqui a um século, independentemente de a moeda ser lastreada em ouro, conchas, dentes de tubarão ou um pedaço de papel (como hoje), as pessoas estarão dispostas a trocar alguns minutos do seu trabalho diário por uma Coca-Cola ou uma guloseima da See's. No futuro, a população americana vai movimentar mais mercadorias, consumir mais alimentos e necessitar de mais espaço para morar do que hoje. As pessoas sempre vão trocar o que produzem pelo que outros produzem.

As empresas de nosso país continuarão a fornecer com eficiência os bens e serviços desejados pelos cidadãos. Metaforicamente, essas "vacas" comerciais vão viver por séculos, fornecendo quantidades cada vez maiores de "leite" para ser ordenhado. Seu valor não será determinado pelo meio de troca, mas pela capacidade de entregar leite. Os proventos da venda do leite serão capitalizados pelos donos das vacas, assim como ocorreu no século XX, quando o Dow Jones subiu de 66 para 11.497 (e também pagou muitos dividendos). O objetivo da Berkshire será aumentar a sua participação em empresas de primeira linha. Nossa preferência será possuí-las em sua totalidade – mas também seremos proprietários com quantidades significativas de ações negociáveis. Acredito que, no decorrer de qualquer período prolongado, essa categoria de investimento se mostrará vitoriosa, muito à frente das três que examinamos. E, mais importante, será *de longe* a mais segura.

2011

B. Junk bonds *e a tese do punhal*

Há certas semelhanças entre investir em *junk bonds* e investir em ações: ambas as atividades exigem que façamos um cálculo de preço-valor e também que examinemos centenas de valores mobiliários para encontrar os poucos com um quociente recompensa/risco atraente. Mas também existem diferenças importantes entre as duas modalidades. Em relação às ações, esperamos que todos os compromissos funcionem bem, porque nos concentramos em empresas financiadas de forma conservadora e com forças competitivas, administradas por pessoas capazes e honestas. Se nós as comprarmos por preços razoáveis, as perdas tendem a ser raras. De fato, durante os 38 anos em que administramos os negócios da empresa, os ganhos das participações societárias da Berkshire (ou seja, excluindo-se as administradas na General Re e na GEICO) excederam as perdas em uma proporção de cerca de cem para um.

Ao comprar *junk bonds*, lidamos com empresas bem menos importantes. Em geral, estão sobrecarregadas de dívidas e, muitas vezes, operam em setores caracterizados por baixos rendimentos de capital. Há ainda casos em que a qualidade da equipe de gestão é questionável, podendo ter, inclusive, interesses diretamente opostos aos dos detentores das dívidas. Portanto, estimamos sofrer ocasionais grandes perdas em emissões desse tipo de debênture. Mas, até o momento, temos nos saído razoavelmente bem.

2002

A letargia que beira a preguiça continua sendo o alicerce do nosso estilo de investimento: este ano, não compramos nem vendemos sequer uma ação de cinco das nossas seis principais posições. A exceção foi o Wells Fargo, uma operação bancária administrada com excelência e de alto retorno, na qual aumentamos a participação para pouco menos de 10%, porcentagem máxima que podemos possuir sem a aprovação do conselho do Fed. Cerca de um sexto da nossa posição foi comprado em 1989; o restante, em 1990. [Em 2015, a Berkshire possuía aproximadamente 25% das ações ordinárias do Wells Fargo em circulação.]

O setor bancário não está entre os nossos preferidos. Quando os ativos equivalem a vinte vezes o patrimônio líquido – uma proporção comum nesse setor –, equívocos, mesmo envolvendo apenas uma pequena parte deles, podem destruir uma parcela importante do patrimônio. E os erros têm sido a regra, não a exceção, em diversos bancos importantes. A maioria é resultado de uma falha gerencial que chamamos de "imperativo institucional":[17] a tendência dos executivos de imitarem de maneira estúpida o comportamento dos seus pares, por mais tolo que isso possa parecer. Ao fazerem empréstimos, muitos banqueiros brincaram de seguir o que o chefe mandou, como se fizessem parte de um rebanho: agora estão descobrindo qual é o destino desse rebanho.

---

[17] Ver "Guimbas de cigarro e o imperativo institucional", na Parte II.G.

Como a alavancagem de 20:1 amplifica os efeitos dos pontos fortes e fracos da gestão, não temos interesse algum em comprar, por um preço "barato", ações de um banco mal administrado. Afinal, nosso único interesse é comprar, por um preço justo, bancos bem administrados.

Com o Wells Fargo, consideramos que conseguimos os melhores gestores do setor: Carl Reichardt e Paul Hazen. Em muitos aspectos, a combinação de Carl e Paul me lembra outra: Tom Murphy e Dan Burke, da Capital Cities/ABC. Primeiro, as duas duplas são mais fortes juntas do que separadas porque cada parceiro compreende o outro, confia nele e o admira. Em segundo lugar, ambas as equipes gerenciais pagam bem às pessoas capazes, mas abominam ter um número de funcionários maior do que o necessário. Terceiro, ambas atacam os custos com o mesmo empenho, estejam os lucros em níveis recordes ou sob pressão. Por fim, as duas se restringem ao que entendem e deixam que as suas habilidades, não o ego, determinem o que tentarão realizar. (Thomas J. Watson Sr., da IBM, seguia a mesma regra: "Eu não sou nenhum gênio", disse ele. "Sou inteligente em alguns momentos – mas me agarro a eles.")

Quando compramos ações do Wells Fargo, em 1990, tivemos a ajuda de um mercado caótico em relação a papéis de bancos. A confusão era pertinente: mês a mês, vinham a público decisões tolas de empréstimos tomadas por bancos antes conceituados. Conforme cada perda gigantesca era revelada, uma após outra – muitas vezes, depois de garantias por parte da gerência de que estava tudo bem –, os investidores, de modo compreensível, concluíram que não podiam confiar nos números dos bancos. Com a ajuda da fuga desses investidores, compramos uma participação de 10% no Wells Fargo por 290 milhões de dólares, valor cinco vezes menor do que o lucro após os impostos e três vezes menor do que o lucro antes dos impostos.

O Wells Fargo é grande – tem 56 bilhões de dólares em ativos – e vem tendo um ganho superior a 20% sobre as ações e de 1,25% sobre os ativos. Talvez o fato de havermos comprado um décimo do banco seja considerado algo quase equivalente a adquirir 100% de um banco de 5 bilhões de dólares, com características financeiras idênticas. Porém, se fôssemos realizar uma aquisição como essa, teríamos que pagar cerca de duas vezes os 290 milhões que desembolsamos pela participação no Wells Fargo. Além disso, esse banco de 5 bilhões, que pediria um preço com ágio, criaria outro problema para nós: não seríamos capazes de encontrar um Carl Reichardt para administrá-lo. Nos últimos anos, os executivos do Wells Fargo foram recrutados com mais avidez do que os de qualquer outra instituição bancária – contudo, ninguém conseguiu contratar o principal deles.

É claro, a propriedade de um banco – ou de qualquer outra empresa – está longe de ser isenta de riscos. Os bancos da Califórnia enfrentam o risco específico de um grande terremoto que pode causar estragos suficientes para os tomadores de empréstimos e, em consequência, destruir as instituições responsáveis por eles. Um segundo risco é sistêmico: a possibilidade de uma contração dos negócios ou de um pânico financeiro tão grave que colocaria em perigo os bancos altamente alavancados, mesmo que fossem administrados de maneira inteligente. Por último, o maior medo do mercado no momento é que os valores dos imóveis na Costa Oeste despenquem por causa do excesso de construções e venham a gerar perdas enormes para os bancos que financiaram essa expansão. Por ser um dos líderes do crédito imobiliário, o Wells Fargo é considerado particularmente vulnerável.

Nenhuma dessas eventualidades pode ser descartada, mas a probabilidade de as duas primeiras ocorrerem é baixa. Mesmo uma queda significativa no valor dos imóveis dificilmente trará grandes problemas para instituições bem administradas. Confira alguns cálculos matemáticos: hoje em dia, os ganhos anuais do Wells Fargo são muito superiores a 1 bilhão de dólares antes dos impostos, após gastos de mais de 300 milhões em perdas com empréstimos. Se 10% dos 48 bilhões de dólares em empréstimos do banco – não apenas os imobiliários – enfrentassem problemas em 1991, e isso gerasse perdas (incluindo-se juros não recebidos) de, em média, 30% do principal, a empresa praticamente atingiria o ponto de equilíbrio.

Um ano como esse – que consideramos apenas uma possibilidade remota, não uma probabilidade – não nos deixaria aflitos. Aliás, nós, da Berkshire, adoraríamos adquirir empresas ou investir em projetos de capital que não gerassem retorno durante um ano, mas que depois tivessem uma expectativa de ganho de 20% sobre o aumento do capital. Entretanto, temores de um desastre imobiliário na Califórnia semelhante ao ocorrido na Nova Inglaterra fizeram com que o preço das ações do Wells Fargo caísse quase 50% em alguns meses, em 1990. Embora tivéssemos comprado algumas ações pelos preços vigentes antes da queda, nós a comemoramos porque ela nos permitiu adquirir um número maior a novos preços – influenciados pelo pânico.

Vamos comprar empresas – ou participações – todo santo ano enquanto eu estiver vivo (e depois disso, se os conselheiros da Berkshire comparecerem às sessões espíritas que agendei). Diante dessas intenções, a queda dos preços das empresas nos beneficia, e a alta nos prejudica.

A causa mais comum dos preços baixos é o pessimismo – às vezes generalizado, outras vezes voltado a determinada empresa ou setor. Queremos fechar negócios em meio a esse clima não por gostarmos de pessimismo, mas dos preços que ele gera. O otimismo é inimigo do comprador racional.

Nada disso significa, contudo, que uma empresa ou uma ação seja uma compra inteligente somente por sua impopularidade – a abordagem oposta é tão tola quanto a estratégia de seguir a manada. É necessário pensar em vez de ficar perguntando por aí. Infelizmente, um comentário de Bertrand Russell sobre a vida se aplica com força peculiar no mundo financeiro: "A maioria dos homens prefere morrer a pensar. Muitos morrem."

OUTRA GRANDE MUDANÇA DE carteira realizada no ano passado foi aumentar de forma significativa nossas participações em títulos da RJR Nabisco, ações que compramos pela primeira vez no fim de 1989. No final de 1990, tínhamos 440 milhões de dólares investidos nesses títulos, uma quantia que se aproximava do valor de mercado. (No entanto, enquanto escrevo isso, o valor de mercado deles aumentou em mais de 150 milhões de dólares.)

Assim como fazer aquisições no setor bancário é algo incomum para nós, a compra de títulos abaixo do grau de investimento também é. Mas são raras as oportunidades que nos interessam e, ao mesmo tempo, são grandes o suficiente para ter um impacto compensador nos resultados da Berkshire. Portanto, vamos examinar qualquer categoria de investimento, desde que entendamos o negócio que estamos comprando e acreditemos que preço e valor possam estar descolados de forma significativa. (Em outro contexto, Woody Allen destacou a vantagem de ter uma mente aberta: "Não consigo entender por que não existem mais pessoas bissexuais, já que isso dobra as chances de conseguir um encontro no sábado à noite.")

No passado, compramos com sucesso alguns títulos abaixo do grau de investimento, apesar de todos serem "anjos caídos" fora de moda – títulos que inicialmente tinham grau de investimento, mas foram rebaixados quando os emissores passaram por crises.

Uma espécie de anjo caído e corrompido irrompeu no cenário dos investimentos nos anos 1980: os *junk bonds* que estavam bem abaixo do grau de investimento quando emitidos. À medida que a década avançava, novas ofertas dessa sucata manufaturada se tornaram cada vez piores, e acabou ocorrendo o resultado previsível: os *junk bonds* [também conhecidos como títulos podres] fizeram jus ao nome. Em 1990 – mesmo antes dos golpes da recessão –, o céu do mundo financeiro escureceu com os corpos de empresas em falência.

Os discípulos da dívida nos asseguraram que esse colapso não aconteceria: segundo eles, uma dívida enorme faria com que os gerentes operacionais concentrassem seus esforços como nunca, da mesma maneira que um punhal preso no volante do carro faria o motorista conduzi-lo com cuidado redobrado. Concordamos que essa situação produziria um motorista bastante alerta. Mas outra consequência certa seria um acidente mortal – e desnecessário –, caso o carro caísse em um buraco, mesmo que pequeno, ou passasse por uma fina camada de gelo. As estradas dos negócios são cheias de buracos; um plano que pretenda se esquivar de todos eles é caminho certo para o desastre.

No último capítulo de *O investidor inteligente*, Ben Graham rejeitou com veemência a tese do punhal: "Confrontados com o desafio de resumir o segredo do investimento sólido em três palavras, vamos nos arriscar com o lema 'margem de segurança'." Passados 42 anos desde a primeira vez que fiz tal leitura, ainda acho que essas são as três palavras certas. A incapacidade dos investidores de dar ouvidos a essa mensagem simples causou perdas assombrosas para eles no início dos anos 1990.

No auge da euforia desse mercado, estruturas de capital foram concebidas de modo a garantir o fracasso: em alguns casos, foi emitida tanta dívida que mesmo os resultados de negócios altamente vantajosos não conseguiram gerar fundos para cobri-la. Um caso particularmente escandaloso de "negócio natimorto" envolveu, alguns anos atrás, a compra de uma estação de televisão estabelecida em Tampa, adquirida com um endividamento tão alto que os juros excediam a *receita bruta* da emissora. Mesmo que você presuma que a mão de obra, os programas e os serviços fossem todos doados, não comprados, essa estrutura de capital exigia que as receitas explodissem – ou então a estação estaria condenada à falência. (Muitos dos títulos que financiaram a compra foram vendidos para associações de poupança e empréstimo hoje falidas – como contribuinte, você paga a conta dessa loucura.)

Agora tudo isso parece impossível. No entanto, quando esses delitos foram cometidos, bancos de investimento ardilosos chamaram atenção para certas pesquisas "científicas", as quais relatavam que, ao longo dos anos, as taxas de juros mais altas pagas por títulos de baixo grau de investimento tinham compensado bastante a taxa de inadimplência mais elevada. Assim, disseram esses simpáticos vendedores, uma carteira diversificada com *junk bonds* geraria um retorno líquido superior ao de uma carteira com títulos de grau alto. (Nas finanças, tome cuidado com "provas" de desempenho baseadas no passado: se os livros de História fossem a chave para a riqueza, a *Forbes 400* seria uma lista de bibliotecários.)

Havia uma falha na lógica do vendedor – do tipo que um aluno do primeiro ano de estatística é ensinado a reconhecer. Foi pressuposto que o universo dos *junk bonds* recém-criados era idêntico ao dos anjos caídos de grau baixo e que, portanto, a experiência de inadimplência do último grupo era significativa para prever essa experiência no caso das novas emissões.

Sem dúvida alguma, os universos eram diferentes em vários aspectos vitais. Para começar, o gestor de um anjo caído, quase invariavelmente ansioso para recuperar o status de grau de investimento, trabalhava por esse objetivo. O operador de *junk bonds* era um tipo totalmente diferente. Comportando-se como um usuário de heroína, ele canalizava sua energia não à busca de uma cura para as dívidas altas, mas a conseguir mais uma dose. Além disso, as sensibilidades fiduciárias dos executivos que gerenciam o típico anjo caído eram muitas vezes mais bem desenvolvidas do que as do financiopata emissor de *junk bonds*.

Wall Street dava pouca importância a tais distinções. Como de costume, o entusiasmo por uma ideia era proporcional não ao mérito, mas à receita que ela iria gerar. Montanhas de *junk bonds* foram vendidas por pessoas que não se importavam com aquelas que não pensavam – e não faltou gente tanto de um tipo quanto de outro.

Junk bonds continuam sendo um campo minado, mesmo com os preços de hoje, muitas vezes uma pequena fração do preço de emissão. Como dissemos no ano passado, nunca compramos uma nova emissão de uma debênture de alto risco. (O único bom momento para comprar *junk bonds* é o próximo dia 30 de fevereiro.) Mas estamos dispostos a dar uma espiada nesse terreno, agora que está em desordem.

No caso da RJR Nabisco, consideramos o crédito da empresa significativamente melhor do que foi a percepção geral durante algum tempo. O rendimento que recebemos, bem como o ganho de capital em potencial, compensa muito o risco que corremos (embora ele esteja longe de ser nulo). A RJR vendeu ativos por preços favoráveis, acrescentou grandes quantidades de capital próprio e, de maneira geral, está sendo bem administrada.

Entretanto, conforme sondamos o terreno, a maioria dos títulos de grau baixo continua com pouca atratividade. A obra de Wall Street dos anos 1980 é ainda pior do que pensávamos: muitas empresas importantes foram mortalmente atingidas. Já nós vamos continuar em busca de oportunidades enquanto o mercado de ferro-velho dos *junk bonds* se desintegra.

1990

É interessante comparar a abordagem da Wesco (de deliberada não diversificação de investimentos, na tentativa de realizar cada transação com mais sucesso) com uma promovida durante anos por Michael Milken para fomentar a venda de *junk bonds*. Apoiada por teorias de muitos professores de finanças, a abordagem de Milken argumentava que (1) os preços de mercado eram eficientes em um mundo onde os investidores recebem um extra por enfrentarem a volatilidade; (2) portanto, as novas emissões de *junk bonds* chegavam ao mercado com preços justos em um sentido probabilístico (o que significa que as altas taxas de juros prometidas cobriam o aumento da expectativa estatística de perda) e também forneciam algum retorno com ágio para cobrir a exposição à volatilidade; (3) sendo assim, se uma associação de poupança e empréstimo (ou outra instituição) providenciasse uma diversificação, digamos, ao comprar sem muita análise uma grande parte de cada nova emissão de *junk bonds* feita por Milken, ela conseguiria a mesma garantia de resultados acima da média que um proprietário de cassino, que conta com a vantagem da "casa". Esse tipo de teorização causou estragos nas instituições dirigidas por fiéis seguidores de tais ideias, os quais reforçaram as suas conclusões comprando as "debêntures" de Milken. Ao contrário da teoria, as compras amplamente diversificadas delas geraram, na maioria dos casos, resultados desanimadores. Todos nós conseguimos entender por que Milken agiu dessa maneira e acreditou no que precisava para manter sua imagem de pessoa resistente. Mas como explicar por que mais alguém acreditaria que Milken recebia comissões de 5% para dar aos compradores de "debêntures" a vantagem da casa de Las Vegas? Sugerimos este motivo: vários dos compradores tolos e seus consultores tiveram aulas com professores de finanças que insistiram demais em defender seus modelos idolatrados (a hipótese dos mercados eficientes e a moderna teoria das carteiras), ignorando outros que teriam alertado para o perigo. Esse é um tipo de erro comum do "especialista".[18]

C. *Títulos com cupom zero e máscaras de esqui*

A Berkshire emitiu 902,6 milhões de dólares do valor principal de Debêntures Subordinadas Conversíveis com Cupom Zero, hoje listadas na Bolsa de Valores de Nova York. O Salomon Brothers tratou do *underwriting* de maneira excelente e nos forneceu conselhos úteis e uma execução perfeita.

A maioria dos títulos, é claro, exige pagamentos regulares de juros; em geral, semestrais. Já um título com cupom zero não requer pagamentos de juros correntes; em vez disso, o investidor recebe o rendimento ao adquirir o título com um desconto significativo em relação ao valor em seu vencimento. A taxa de juros efetiva é determinada pelo preço original de emissão, pelo valor no vencimento e pelo período decorrido entre a emissão e o vencimento.

No nosso caso, os títulos foram emitidos por 44,314% do valor no vencimento, daqui a 15 anos. Para os investidores que compram os títulos, isso é o equivalente matemático ao pagamento atual de 5,5%, composto semestralmente. Como recebemos apenas 44,31 centavos por cada dólar, nossa receita com essa oferta foi de 400 milhões de dólares (menos cerca de 9,5 milhões das despesas com ela).

Os títulos foram emitidos em valores de 10 mil dólares, e cada um deles é conversível em 0,4515 ação da Berkshire Hathaway. Como um título de 10 mil custa 4.431 dólares, isso significa que o preço de conversão foi de 9.815 dólares por ação da Berkshire, um ágio de 15% sobre o preço de mercado então vigente. A Berkshire pode resgatar os títulos a qualquer momento após 28 de setembro de 1992 pelo valor acumulado (o preço original de emissão mais 5,5% compostos semestralmente). Além disso, em dois dias específicos, 28 de setembro de 1994 e de 1999, os detentores dos títulos poderão exigir que a Berkshire os compre pelo valor acumulado.

---

[18] Carta da Wesco Financial Corporation aos acionistas, datada de 1990, por Charles T. Munger. Reproduzida com permissão.

Para fins fiscais, a Berkshire tem o direito de deduzir o acúmulo de juros de 5,5% a cada ano, embora não façamos qualquer pagamento aos detentores dos títulos. Assim, o efeito líquido para nós, resultante da redução de impostos, é um fluxo de caixa positivo, um benefício muito significativo. Algumas variáveis desconhecidas nos impedem de calcular com exatidão nossa taxa de juros efetiva, mas, sob qualquer circunstância, ela ficará bem abaixo de 5,5%. Ao mesmo tempo, existe uma simetria em relação à legislação tributária: todos os proprietários sujeitos a tributação devem pagar anualmente imposto sobre os juros de 5,5% dos títulos, mesmo que não recebam dinheiro.

Nem os nossos títulos nem os de algumas empresas que realizaram emissões semelhantes no ano passado (notadamente, a Loews e a Motorola) se parecem com a grande quantidade de títulos com cupom zero emitidos nos últimos anos. Quanto a esses, Charlie e eu temos sido – e continuaremos – críticos declarados. Como vou explicar adiante, esses títulos costumam ser usados da maneira mais enganosa, com consequências gravíssimas para os investidores. Mas, antes de abordarmos esse assunto, vamos viajar de volta ao Jardim do Éden, em uma época em que a maçã ainda não havia sido mordida.

Se você tiver a minha idade, então comprou os primeiros títulos com cupom zero durante a Segunda Guerra Mundial, ao adquirir os famosos *Savings Bonds* dos Estados Unidos, série E – a emissão de títulos mais vendida da História. (Depois da guerra, uma em cada duas famílias norte-americanas possuía esses títulos emitidos pelo Tesouro dos Estados Unidos.) É claro que ninguém chamou a série E de título com cupom zero; afinal, duvido que esse termo já tivesse sido inventado. Mas a série E era precisamente isso.

Esses títulos foram emitidos em valores muito baixos, a partir de 18,75 dólares. Tal quantia comprava uma obrigação de 25 dólares do governo dos Estados Unidos, com vencimento em dez anos, termos que deram ao comprador um retorno anual composto de 2,9%. Na época, era uma oferta atraente: a taxa de 2,9% era superior à disponível em geral em títulos do governo, e o titular não enfrentava risco de flutuação de mercado, pois poderia resgatar os títulos a qualquer momento, apenas com uma pequena redução nos juros.

O Tesouro dos Estados Unidos lançou na última década uma segunda forma de emissão de cupom zero, também benigna e útil. Um dos problemas de um título normal é que, embora ele pague determinada taxa de juros – por exemplo, de 10% –, o investidor não consegue ter certeza de que terá um retorno composto de 10%. Para que essa taxa se concretize, 10% de cada cupom semestral deve ser reinvestido à medida que é recebido. Se as taxas de juros atuais forem, por exemplo, de apenas 6% ou 7% no vencimento desses cupons, o titular não poderá capitalizar seu dinheiro ao longo da vida do título pela taxa anunciada. Para fundos de pensão ou outros investimentos com obrigações de longo prazo, um "risco de reinvestimento" desse tipo às vezes se torna um problema sério. Talvez os *savings bonds* tenham resolvido isso, porém eles são emitidos apenas para pessoas físicas e não estão disponíveis em valores altos. O que os grandes compradores precisavam era de uma quantidade enorme de títulos equivalentes aos *savings bonds*.

Entram em cena alguns banqueiros de investimento engenhosos e, nesse caso, extremamente úteis (liderados, fico feliz em dizer, pelo Salomon Brothers). Eles criaram o instrumento desejado ao "retirarem" os cupons semestrais das emissões padrão do governo. Cada cupom, uma vez retirado, assume o caráter essencial de um título da dívida pública não negociável, pois representa um montante único, com vencimento futuro. Por exemplo, se você retirar quarenta cupons semestrais de um título do governo americano com vencimento em 2010, terá quarenta títulos com cupom zero, com vencimentos em um período de seis meses a vinte anos, sendo que cada um deles pode ser agrupado com outros cupons de vencimento similar e, então, comercializado. Se as taxas de juros atuais forem, digamos, de 10% para todos os vencimentos, a emissão de seis meses será vendida por 95,24% do valor no vencimento, e a emissão de vinte anos, por 14,20%. Assim, o comprador com determinado prazo de vencimento tem a garantia de uma taxa composta de 10% para todo o período de retenção. A retirada de títulos do governo ocorreu em grande escala nos últimos anos, à medida que investidores de longo prazo, desde fundos de pensão até contas individuais de aposentadoria, perceberam que essas emissões de cupom zero e grau alto eram adequadas às suas necessidades.

Porém, como acontece em Wall Street com bastante frequência, o que os sábios fazem no começo os tolos fazem no fim. Nos últimos anos, títulos com cupom zero – e o seu equivalente funcional, os títulos com pagamento em espécie (PIK), que distribuem títulos PIK adicionais a cada semestre como forma de juros em vez de pagar em dinheiro – têm sido emitidos em grandes quantidades por créditos cada vez mais arriscados. Para esses emissores, o PIK oferece uma vantagem esmagadora: é impossível deixar de cumprir a promessa de não pagar nada. Na verdade, se os governos dos países menos desenvolvidos não tivessem emitido dívidas na década de 1970 além das obrigações com cupom zero de longo prazo, hoje eles teriam um histórico impecável como devedores.

Esse princípio – de que não há necessidade de ficar inadimplente durante muito tempo quando se promete solenemente não pagar nada ao longo desse período – não foi abandonado no caso de captadores de recursos e bancos de investimento que buscam financiar negócios cada vez mais instáveis. Mas demorou um pouco para os credores o aceitarem: há alguns anos, quando começou a febre da aquisição com dinheiro emprestado, os compradores só podiam tomar empréstimos se tivessem um embasamento razoavelmente sólido, com uma estimativa conservadora do fluxo de caixa livre – ou seja, o lucro operacional mais a depreciação e a amortização, menos as despesas de capital normalizadas –, que deve ser suficiente para cobrir tanto os juros quanto abatimentos moderados da dívida.

Mais tarde, o aumento da adrenalina dos negociadores levou à compra de empresas por preços tão altos que todo o fluxo de caixa livre teve que ser necessariamente alocado para o pagamento de juros. Desse modo, não sobrou nada para a amortização da dívida. Com efeito, um posicionamento no estilo de Scarlett O'Hara – "Penso nisso amanhã" – em relação aos pagamentos do principal foi assumido pelos mutuários e aceito por um novo tipo de credor, o comprador de *junk bonds* de emissão original. Hoje, a dívida se tornou algo a ser refinanciado em vez de quitado. Essa mudança nos evoca um cartum da *New Yorker*, no qual um mutuário grato se levanta para apertar a mão do agente de crédito do banco e solta: "Nem sei como vou lhe pagar."

Logo os mutuários descobriram que mesmo os novos padrões frouxos ainda os deixavam vinculados de um modo insuportável. Para induzir os credores a financiar transações ainda mais tolas, eles lançaram uma abominação, o Lucro Antes de Depreciação, Juros e Impostos (EBDIT, na sigla em inglês), como teste da capacidade de uma empresa de pagar juros. Usando esse padrão limitado, o mutuário ignorou a depreciação como despesa, com base na teoria de que ela não exige o desembolso de caixa corrente.

Sem dúvida, agir assim é uma ilusão. Em 95% das empresas americanas, os gastos de capital, que com o tempo praticamente se aproximam da depreciação, são uma necessidade e, também, uma despesa em todos os aspectos tão real quanto os custos de mão de obra ou de água, luz e gás.

Mesmo um aluno que tenha abandonado o ensino médio sabe que, para financiar um carro, sua renda deve cobrir não só os juros e as despesas operacionais como também a depreciação, calculada de forma realista. Ele seria ridicularizado no banco se começasse a falar de EBDIT.

As despesas de capital em uma empresa podem ser dispensadas, é claro, em qualquer mês, assim como o ser humano pode ficar alguns dias sem comer. Mas quando pular as refeições se torna uma rotina e não há uma compensação, o corpo enfraquece e, por fim, morre. Além disso, ao longo do tempo, a política de iniciar e interromper a alimentação deixará o organismo menos saudável – seja o humano ou o empresarial – do que aquele que recebe uma dieta regular. Como empresários, Charlie e eu gostamos de ter concorrentes incapazes de financiar os gastos de capital.

Talvez você acredite que empurrar para longe uma despesa importante como a depreciação, na tentativa de fazer um negócio horroroso parecer bom, esbarra nos limites da engenhosidade de Wall Street. Se for o caso, você não esteve atento nos últimos anos. Os captadores precisavam encontrar uma maneira de justificar aquisições ainda mais caras. Caso contrário, corriam o risco – Deus os livre – de perder negócios para outros colegas com mais "imaginação".

Assim, atravessando o espelho, como [a personagem de Lewis Carroll] Alice, os captadores e seus bancos de investimento proclamaram que o EBDIT agora deveria ser medido apenas com base nos juros em dinheiro. Isso significou que os juros acumulados em títulos com cupom zero ou PIK poderiam ser ignorados na avaliação da viabilidade financeira de uma transação. Essa abordagem não apenas relegou a despesa de depreciação ao cantinho do "vamos ignorar" como também deu um tratamento semelhante ao que, em geral, era uma parte significativa da despesa com juros. De maneira vergonhosa, muitos profissionais da gestão de investimentos concordaram com esse absurdo, embora costumassem ter o cuidado de fazê-lo apenas com o dinheiro dos clientes, não com o deles. (Na verdade, dizer que esses gestores são "profissionais" é muita gentileza.)

Com esse novo padrão, uma empresa que lucrasse, por exemplo, 100 milhões de dólares antes dos impostos e tivesse dívidas sobre as quais incidissem 90 milhões de dólares de juros a serem pagos no presente poderia usar um cupom zero de emissão PIK para incorrer em outros 60 milhões de juros anuais, os quais acumulariam e seriam capitalizados, mas só venceriam após alguns anos. A taxa sobre essas emissões seria normalmente muito alta, o que significa que a situação no segundo ano poderia ser de 90 milhões de juros efetivamente pagos, mais 69 milhões de juros acumulados – e assim por diante, conforme a capitalização prosseguisse. Esses esquemas de refazer empréstimos com taxas altas, que alguns anos atrás estavam, como deveriam, confinados a seus próprios limites, logo se tornaram modelos de financiamento em praticamente todos os principais bancos de investimento.

Ao fazerem tais ofertas, esses gestores exibem seu lado humorístico: entregam projeções de receitas e de balanço patrimonial que se estendem por pelo menos cinco anos para companhias das quais mal tinham ouvido falar alguns meses antes. Se alguém lhe mostrar programações desse tipo, sugiro que entre na brincadeira: peça ao especialista em investimento os orçamentos de um ano que a própria firma dele preparou no início dos anos recentes e, depois, compare-os com o que de fato ocorreu.

Algum tempo atrás, John Kenneth Galbraith, no espirituoso e perspicaz *1929: A grande crise*, cunhou um novo termo econômico: *"the bezzle"*, definido como a quantidade de desfalques (*embezzlement*) não descobertos, cometidos em dado momento. Essa criatura financeira tem um atributo mágico: quem executa as falcatruas fica cada vez mais rico, enquanto os fraudados demoram a se sentir mais pobres.

De maneira astuta, o professor Galbraith observou que esse montante deveria ser somado à riqueza nacional para que pudéssemos ter ideia da riqueza psíquica nacional. Claro, uma sociedade que deseja se sentir extremamente próspera encorajaria os cidadãos a cometer fraudes ao mesmo tempo que tentaria não detectar esse tipo de crime. Assim, a "riqueza" inflaria, embora nem sequer um mínimo de trabalho produtivo tivesse sido realizado.

O absurdo satírico do *bezzle* é ofuscado por um absurdo do mundo real, que é o título com cupom zero. Com zeros, uma das partes de um contrato pode sentir que tem um "lucro" sem que a outra experimente a dor das despesas. No nosso exemplo, uma empresa capaz de lucrar só 100 milhões de dólares por ano – e, portanto, de pagar somente esse valor em juros – cria, em um passe de mágica, um "lucro" de 150 milhões de dólares para os detentores de títulos. Contanto que grandes investidores voem por vontade própria igual a Peter Pan, repetindo "Eu acredito", não há limite para a quantidade de "lucro" que pode ser criada pelo título com cupom zero.

Wall Street deu as boas-vindas a essa invenção com o entusiasmo que talvez pessoas menos esclarecidas dessem à roda ou ao arado. Então, finalmente, eis um instrumento que permitiria fazer negócios por preços não mais limitados pelo poder de ganho real. O resultado, é óbvio, seriam mais transações: preços absurdos sempre vão atrair vendedores. E, como poderia ter dito Jesse Unruh, as transações são o leite materno das finanças.

O PIK possui uma atração a mais para o captador e o banco de investimento: o tempo decorrido entre a loucura e o fracasso pode ser estendido. E isso não é um benefício insignificante. Caso o período anterior à verificação de todos os custos seja longo, os captadores podem criar uma série de negócios tolos – e cobrar muitas taxas –, sem que a primeira galinha tenha voltado ao poleiro para descansar das suas empreitadas.

Mas, no fim, a alquimia fracassa, seja ela metalúrgica ou financeira. Não é possível transformar uma empresa comum em um negócio de ouro utilizando truques de contabilidade ou de estrutura de capital. O homem que se diz alquimista financeiro pode ficar rico, mas, em geral, sua riqueza virá de uma rede de investidores crédulos, e não serão uma conquista empresarial.

Apesar de seus pontos fracos, é preciso reconhecer que muitos títulos com cupom zero não ficarão inadimplentes. Aliás, já possuímos alguns e talvez venhamos a adquirir mais se houver desespero suficiente no mercado. (No entanto, nem sequer consideramos comprar uma nova emissão de um crédito fraco.) Nenhum instrumento financeiro é ruim por si só; algumas categorias, porém, têm muito mais potencial para causar danos do que outras.

O prêmio de primeiro lugar em geração de danos deve ir para o emissor de cupom zero incapaz de manter atualizado o pagamento de juros. Este é o nosso conselho: quando um banco de investimento começar a falar sobre EBDIT – ou alguém criar uma estrutura de capital que não permita que todos os juros, os a pagar e os acumulados, sejam honrados com conforto, sem a ajuda do fluxo de caixa corrente ou de gastos amplos de capital –, feche a sua carteira. Para virar a mesa, sugira que o captador e sua muito bem remunerada comitiva aceitem taxas de cupom zero e adiem o ganho deles até os títulos terem sido pagos integralmente. Aí veja se o entusiasmo pelo negócio vai perdurar.

Talvez nossos comentários sobre os bancos de investimento pareçam duros. Mas Charlie e eu – dois sujeitos irremediavelmente antiquados – acreditamos que eles deveriam desempenhar o papel de guardiões e proteger os investidores da propensão do captador de se entregar a excessos. Afinal, ao longo do tempo, os captadores têm mostrado o mesmo bom senso e a mesma moderação na hora de aceitar dinheiro que os alcoólatras exibem diante de uma garrafa de bebida. Portanto, a conduta do banqueiro deve melhorar para se equiparar ao menos à do barman responsável que, quando necessário, recusa o lucro do próximo drinque para não deixar um bêbado pegar a estrada. Nos últimos anos, infelizmente, muitas firmas de investimento líderes de mercado descobriram que a moralidade do barman é um intolerável padrão restritivo. Em tempos recentes, quem seguiu o caminho mais ético em Wall Street encontrou a estrada livre, sem muito trânsito.

Uma nota preocupante: o custo da loucura do cupom zero não será arcado exclusivamente pelos participantes diretos. Certas associações de poupança e empréstimo eram grandes compradoras desses títulos, com o dinheiro proveniente de depósitos segurados pelo FSLIC. Ao se esforçar para mostrar ganhos esplêndidos, esses compradores registraram – mas não receberam – uma receita de juros altíssima sobre tais emissões. Muitas dessas associações agora estão com problemas sérios. Se seus empréstimos a créditos duvidosos dessem certo, os proprietários das associações teriam embolsado os lucros. Nos muitos casos em que fracassam, o contribuinte pagou a conta. Para parafrasear Jackie Mason, eram os gestores que deveriam estar de máscara de esqui nessas associações.

1989

D. *Ações preferenciais*

Queremos apenas nos associar a pessoas por quem temos apreço, admiração e confiança. John Gutfreund, do Salomon, Colman Mockler, Jr., da Gillette, Ed Colodny, da USAir, e Andy Sigler, da Champion, passam nesse teste com folga.

Por sua vez, eles demonstraram ter alguma confiança em nós ao insistir que nossas preferenciais tivessem, em todos os casos, direitos irrestritos de voto por meio da conversão da totalidade das ações, um acordo que está longe de ser o padrão nas finanças das empresas. Com efeito, confiam que somos proprietários inteligentes, que pensamos no amanhã *e não* no agora, assim como nós confiamos que eles sejam gestores inteligentes que olham tanto para o futuro *quanto* para o presente.

As estruturas de ações preferenciais que negociamos vão nos proporcionar um retorno medíocre caso a economia do setor prejudique o desempenho de nossas empresas, mas vão gerar resultados razoavelmente atraentes se obtiverem um retorno comparável ao das empresas americanas em geral. Acreditamos que a Gillette, sob a gestão de Colman, excederá em muito esse retorno, e que John, Ed e Andy vão alcançá-lo, a menos que a situação de cada setor seja adversa.

Em quase todas as condições, esperamos que essas preferenciais nos deem um retorno equivalente ao nosso dinheiro somado a dividendos. Se, no entanto, só conseguirmos isso, o resultado será decepcionante, pois teremos aberto mão da flexibilidade e, em consequência, perdido algumas oportunidades significativas que tendem a se apresentar ao longo da década. Nesse cenário, teremos um retorno típico de ações preferenciais, sendo que esses papéis não têm qualquer apelo para nós. A Berkshire só conseguirá alcançar resultados satisfatórios com as suas quatro emissões de preferenciais por meio de um bom desempenho das ações ordinárias das empresas nas quais investimos.

Para que isso ocorra, serão necessárias uma boa gestão e uma indústria com condições ao menos toleráveis. Mas acreditamos que o investimento da Berkshire também vai contribuir e os acionistas de todas as investidas hão de lucrar nos próximos anos com as ações preferenciais que compramos. A ajuda virá do fato de agora essas empresas terem um grande acionista, estável e interessado, cujos presidente e vice-presidente, por meio de investimentos da Berkshire, comprometeram indiretamente nesses empreendimentos uma quantia muito alta de dinheiro deles próprios. Ao lidarmos com as nossas investidas, Charlie e eu lhes daremos apoio e seremos analíticos e objetivos. Reconhecemos que estamos trabalhando com executivos-chefes experientes no comando das próprias empresas que, mesmo assim, em certos momentos valorizam a oportunidade de testar ideias vindas de alguém sem vínculos com aquele setor ou com as decisões do passado.

Em grupo, essas ações preferenciais conversíveis não vão gerar os retornos que podemos obter quando encontramos uma empresa com perspectivas econômicas maravilhosas, não valorizadas pelo mercado. Tampouco os retornos serão tão atraentes quanto os obtidos quando aplicamos capital da forma que preferimos: a aquisição de pelo menos 80% de uma boa empresa, com uma boa gestão. Mas essas duas oportunidades são raras, em particular com um porte adequado a nossos recursos atuais e previstos.

Em suma, Charlie e eu achamos que nossos investimentos em ações preferenciais têm que gerar retornos moderadamente acima dos alcançados pela maioria das carteiras de renda fixa e que podemos desempenhar um papel menor, porém gratificante e construtivo, nas empresas investidas.

1989

Erros acontecem quando se toma uma decisão. Mas só podemos conceder o prêmio de melhor erro quando a estupidez dessa decisão se torna evidente. Segundo esse critério, 1994 foi um ano farto, com uma disputa acirrada pela medalha de ouro. Eu bem que gostaria de lhe dizer que Charlie é a origem dos equívocos descritos na sequência, mas sempre que tento explicar as coisas dessa maneira meu nariz começa a crescer.

E os indicados são...

No fim de 1993, vendi 10 milhões de ações da Cap Cities por 63 dólares; no fim de 1994, o preço chegou a 85,25 dólares. (Para os que desejam evitar o sofrimento de calcular sozinhos o valor desse dano, saibam que a diferença é de 222,5 milhões de dólares.) Quando compramos as ações por 17,25, em 1986, eu lhe disse que já havia vendido as nossas participações na Cap Cities por 4,30 dólares por ação, no período entre 1978 e 1980, e acrescentei que não conseguia explicar esse meu comportamento.[19] Agora me tornei reincidente. Talvez seja a hora de passar a tutela para outra pessoa.

Por mais chocante que seja, a decisão sobre a Cap Cities conquistou apenas a medalha de prata. As maiores honras vão para um erro que cometi há cinco anos, mas só amadureceu totalmente em 1994: nossa compra de ações preferenciais da USAir por 358 milhões de dólares, cujo dividendo foi suspenso em setembro. Esse negócio foi um "erro não forçado", o que significa que não fui pressionado a fazer o investimento nem enganado por ninguém ao realizá-lo. Pelo contrário, foi um caso de análise desleixada, um lapso cuja causa talvez tenha sido o fato de comprarmos um valor mobiliário sênior ou apenas arrogância. De todo modo, foi um grande erro.

Antes dessa compra, eu simplesmente falhei ao não atentar aos problemas que, de modo inevitável, afetariam uma transportadora cujos custos

---

[19] Ver "Investimento em 'valor': uma redundância", na Parte II.E. Os números por ação diferem nos dois ensaios em razão de desdobramentos de ações.

eram, além de altos, muito difíceis de reduzir. Nos primeiros anos, essa ameaça trouxe poucos contratempos. As companhias aéreas eram então protegidas da concorrência por regulamentações, e as transportadoras conseguiam absorver custos elevados porque podiam repassá-los praticando tarifas também altas.

Quando veio a desregulamentação, ela não mudou o quadro de imediato: a capacidade das transportadoras de baixo custo era tão pequena que as de alto custo conseguiam, em grande parte, manter as estruturas tarifárias existentes. Nesse período, no qual a maioria dos problemas de longo prazo eram invisíveis, mas se multiplicavam de forma lenta, os custos não sustentáveis se tornaram ainda mais embutidos.

À medida que se expandia o número de assentos das operadoras de baixo custo, suas baixas tarifas começaram a forçar as companhias aéreas tradicionais, de alto custo, a reduzir seus preços. O acerto de contas para essas companhias pôde ser adiado graças às injeções de capital (como a que fizemos na USAir), mas, por fim, prevaleceu uma regra fundamental da economia: em um setor de commodities não regulamentado, uma empresa deve reduzir os custos a níveis competitivos ou encarar a extinção. Esse princípio deveria ter sido óbvio para este seu presidente, mas eu falhei.

Seth Schofield, [então] executivo-chefe da USAir, trabalhou de modo diligente para corrigir os problemas históricos de custos da empresa, mas, até o momento, não teve sucesso. Em parte, isso se deve ao fato de ele ter precisado lidar com um alvo em movimento, porque algumas grandes transportadoras obtiveram vantagens relativas a concessões de mão de obra e outras se beneficiaram dos custos de "recomeço" resultantes de processos de falência. (Como afirmou Herb Kelleher, executivo-chefe da Southwest Airlines: "O tribunal de falências das companhias aéreas virou um spa.") Além disso, não deve ser surpresa para ninguém que os funcionários das companhias aéreas que, por contrato, recebem um salário acima da média do mercado vão resistir a qualquer redução de valor, contanto que continuem recebendo seus cheques.

Apesar dessa situação difícil, talvez a USAir ainda consiga realizar a contenção de custos necessária para se manter viável a longo prazo. Mas estamos longe de ter certeza de que isso vai se concretizar.

Por isso reduzimos nosso investimento na USAir para 89,5 milhões de dólares, ou 25 centavos por cada dólar, no fim de 1994. Essa avaliação reflete tanto a possibilidade de que nossas ações preferenciais tenham o valor ampla ou totalmente recuperado quanto outra, no sentido oposto, de que as ações acabem não valendo nada. Seja qual for o desfecho, obedeceremos a uma regra básica de investimento: não precisamos reincidir no que nos trouxe prejuízo.

Os efeitos contábeis da nossa baixa da USAir são complicados. No balanço patrimonial, registramos todas as ações por um valor de mercado estimado. Portanto, no fim do terceiro trimestre do ano passado, lançamos as preferenciais da USAir por 89,5 milhões de dólares, ou 25% do custo. Em outras palavras, nosso patrimônio líquido refletia, na época, um valor para a USAir bem abaixo do custo que tínhamos, de 358 milhões.

Porém, no quarto trimestre, concluímos que a queda de valor foi, em termos contábeis, "diferente de temporária" e que a análise exigia que enviássemos a baixa de 268,5 milhões de dólares por meio da nossa demonstração do resultado do exercício. A quantia não afetou em mais nada o quarto trimestre. Ou seja, não reduziu o nosso patrimônio líquido, porque a redução de valor já havia sido refletida ali.

Charlie e eu não vamos nos candidatar à reeleição para o conselho da USAir na próxima reunião anual. Se Seth quiser nos consultar, porém, teremos o maior prazer em ajudá-lo da melhor forma.

1994

Quando o rico proprietário da Virgin Atlantic Airways, Richard Branson, foi questionado sobre como se tornar milionário, ele deu uma resposta rápida: "Não tem segredo algum. É só começar como bilionário e depois comprar uma companhia aérea." Relutante em aceitar e confiar nessa proposição de Branson, em 1989, este seu presidente decidiu testá-la e investiu 358 milhões de dólares em ações preferenciais de 9,25% da USAir.

Eu admirava Ed Colodny, o então executivo-chefe da empresa, e isso não mudou, mas minha análise dos negócios da USAir foi superficial e incorreta. Fui de tal forma seduzido pelo longo histórico de operações lucrativas da companhia e pela aparente proteção que a propriedade de um valor mobiliário sênior me oferecia que subestimei o ponto crucial: as receitas da USAir seriam cada vez mais afetadas pelos efeitos de um mercado não regulamentado e ferozmente competitivo, enquanto a empresa mantinha uma estrutura de custos que era um resquício da época em que a regulamentação protegia o lucro. Caso não houvesse um controle, esses custos seriam o presságio do desastre, por mais tranquilizador que fosse o histórico da companhia aérea.

Para racionalizar os custos, no entanto, a USAir precisava de grandes melhorias nos contratos de trabalho – e isso é algo que a maioria das companhias aéreas teve extrema dificuldade de conseguir, a não ser que houvesse uma ameaça convincente ou, de fato, uma falência decretada. A USAir não seria exceção. Logo após comprarmos as ações preferenciais, o desequilíbrio entre os custos e as receitas da empresa começou a crescer de forma explosiva. No período entre 1990 e 1994, a USAir perdeu no total 2,4 bilhões de dólares, um desempenho que aniquilou inteiramente o valor patrimonial das ações ordinárias.

Durante boa parte desse período, a empresa nos pagou os dividendos preferenciais, mas isso foi suspenso em 1994. Um pouco mais tarde, quando a situação parecia particularmente tenebrosa, reduzimos nosso investimento em 75%, para 89,5 milhões de dólares. Depois, ao longo de quase todo o ano de 1995, ofereci nossas ações por 50% do valor nominal. Felizmente, não tive sucesso.

Em meio aos muitos erros que cometi em relação à USAir, houve um acerto: ao realizarmos o investimento, incluímos uma cláusula um tanto incomum no contrato das preferenciais, estipulando que "dividendos de penalidade" – ficar cinco pontos percentuais acima da taxa básica – seriam acumulados em todas as dívidas vencidas e não pagas. Com isso, quando o nosso dividendo de 9,25% foi omitido por dois anos, os valores não pagos foram capitalizados com taxas que variavam entre 13,25% e 14%.

Diante desse dispositivo de penalidade, a USAir tinha um incentivo enorme para pagar as dívidas vencidas e não pagas o mais rápido possível. E no segundo semestre de 1996, quando se tornou lucrativa, ela de fato começou a pagar e depositou 47,9 milhões de dólares para nós. Devemos um grande agradecimento ao executivo-chefe da empresa, Stephen Wolf, por ter conduzido a companhia aérea ao desempenho que permitiu esse pagamento. Contudo, esse resultado teve uma ajuda recente significativa, pois o setor está de vento em popa, em uma fase que pode ser cíclica por natureza. A empresa ainda tem problemas básicos de custos a resolver.

De qualquer forma, os preços dos títulos da USAir negociados em bolsa nos mostram que nossas ações preferenciais agora devem estar valendo o seu valor nominal de 358 milhões de dólares, algo próximo disso. Também recolhemos ao longo dos anos um total de 240,5 milhões de dólares em dividendos (incluindo-se os 30 milhões recebidos em 1997).

No início de 1996, antes de quaisquer dividendos acumulados serem pagos, tentei novamente me desfazer das nossas participações – dessa vez, por cerca de 335 milhões de dólares. Você deu sorte: falhei de novo na minha tentativa de arrancar a derrota das mandíbulas da vitória.

Em um contexto diferente, um amigo certa vez me perguntou: "Já que você é tão rico, por que não é inteligente?" Depois de revisar o meu desempenho lamentável em relação à USAir, talvez você conclua que faz sentido isso que ele disse.

1996

Ao efetuar a compra da USAir, este seu presidente mostrou uma noção de tempo primorosa: entrei no negócio quase no exato momento em que ele mergulhou em problemas sérios. (Ninguém me pressionou – no jargão do tênis, cometi um "erro não forçado".) Os contratempos da empresa foram causados pelas condições do setor e pelas dificuldades encontradas após a incorporação para integrar a Piedmont – uma angústia que eu deveria ter antecipado, pois quase todas as fusões de companhias aéreas foram seguidas de instabilidade operacional.

Em pouco tempo, Ed Colodny e Seth Schofield solucionaram o segundo problema: hoje, a companhia aérea obtém avaliações excelentes pelo serviço. As questões do setor como um todo têm se mostrado bem mais graves. Desde a nossa compra, a economia do ramo de aviação civil se deteriorou em um ritmo alarmante, acelerado pelas táticas de preços camicases de certas companhias aéreas. O problema que esses preços causaram a todas as transportadoras comprova uma verdade relevante: em um ramo de negócios que vende um produto do tipo commodity, é impossível ser muito mais inteligente do que o concorrente mais idiota.

Contudo, a menos que esse setor seja dizimado nos próximos anos, deve dar tudo certo com o nosso investimento na USAir. Ed e Seth lidaram de forma decisiva com a turbulência atual ao promoverem grandes mudanças nas operações. Mesmo assim, agora nosso investimento é menos seguro do que na época em que o realizei.

Nossas ações preferenciais conversíveis são valores mobiliários relativamente simples, mas devo avisá-lo que, se o passado servir como guia, talvez você leia, vez por outra, declarações imprecisas ou enganosas sobre elas. No último ano, por exemplo, vários jornalistas calcularam que o valor de todas as nossas preferenciais era equivalente ao das ações ordinárias nas quais elas são conversíveis. Segundo essa lógica, nossas ações preferenciais do Salomon, conversíveis em ordinárias por 38 dólares, valeriam 60% do valor nominal caso as ordinárias do Salomon fossem vendidas por 22,80. Mas há um pequeno problema com essa linha de raciocínio: para usá-la, temos que concluir que todo o valor de uma preferencial conversível se deve ao privilégio de conversão e que o valor de uma preferencial não conversível do Salomon seria nulo, independentemente do cupom ou dos termos de resgate.

Lembre-se de que a maior parte do valor das nossas preferenciais conversíveis é derivado das suas características de renda fixa. Isso significa que o valor delas não pode ser menor do que o que teriam como preferenciais não conversíveis – e talvez seja até superior, por causa da opção de conversão.

1990

A Berkshire fez cinco compras privadas de ações preferenciais conversíveis no período entre 1987 e 1991, e agora é um bom momento para discutir a situação desses investimentos.

Em cada caso, tivemos a opção de manter essas preferenciais como títulos de renda fixa ou convertê-las em ações ordinárias. No começo, considerávamos seu valor sobretudo pelas características de renda fixa. A opção que tivemos de convertê-las foi uma surpresa.

Nossa compra particular de 300 milhões de dólares em "*Percs*"[20] da American Express era uma forma modificada de ações ordinárias cujas características de renda fixa representavam apenas uma pequena parte do valor inicial. Três anos após essa aquisição, as *Percs* foram convertidas de maneira

---

[20] *Percs* (Preference Equity Redemption Cumulative Stock) é um derivativo de ações. Trata-se de um título híbrido que paga uma taxa fixa e, após um prazo determinado, é automaticamente conversível em uma ação comum.

automática em ações ordinárias. Já as nossas outras ações preferenciais conversíveis foram configuradas para só se tornarem ações ordinárias se assim o desejássemos – uma diferença crucial.

Quando compramos os títulos conversíveis, eu lhe disse que esperávamos retornos, descontados os impostos, "moderadamente" acima do que poderíamos ganhar com os de renda fixa de médio prazo que tínhamos. Superamos essa expectativa – mas apenas graças ao desempenho de uma única emissão. Também falei que esses valores mobiliários, em conjunto, "não iriam gerar os retornos que alcançamos quando encontramos uma empresa com perspectivas econômicas maravilhosas". Infelizmente, essa previsão se cumpriu. Por fim, afirmei que, "sob quase todas as condições, esperamos que essas preferenciais nos deem um retorno equivalente ao nosso dinheiro mais dividendos". Essa parte eu gostaria de retirar. Certa vez, Winston Churchill afirmou: "Comer minhas palavras nunca me deu indigestão." Entretanto, minha declaração de que era quase impossível perdermos dinheiro com as nossas preferenciais me causou uma azia merecida.

Nossa melhor participação tem sido na Gillette, a qual, desde o início, afirmamos ser uma empresa superior. Mas, por ironia, essa também é a compra em que cometi o meu maior erro – só que de uma natureza jamais reconhecida nas demonstrações financeiras.

Pagamos 600 milhões de dólares em 1989 por ações preferenciais da Gillette que eram conversíveis em 48 milhões de ações ordinárias (ajustadas pelo desdobramento). Se tivesse tomado outro caminho quanto a esses 600 milhões de dólares, é provável que eu conseguisse comprar 60 milhões de ações ordinárias da companhia. Na época, a ação ordinária estava cotada a cerca de 10,50, e, por se tratar de uma grande transação privada com restrições relevantes, havia grandes chances de eu conseguir comprá-las com um desconto de pelo menos 5%. Não dá para ter certeza disso, porém é provável que a equipe de gestão da Gillette ficasse igualmente feliz com a opção da Berkshire pela ordinária.

Mas eu era inteligente demais para seguir por esse caminho. Em vez disso, por menos de dois anos, recebemos alguma receita extra de dividendos (a diferença entre o rendimento das preferenciais e o das ordinárias). A essa altura, a empresa – de forma muito apropriada – convocou a emissão, movimentando-se para fazer isso o mais rápido possível. Se eu tivesse negociado ações ordinárias em vez das preferenciais, estaríamos em uma situação melhor no fim de 1995, com 625 milhões de dólares a mais, tirando os dividendos "excedentes", de cerca de 70 milhões de dólares.

No caso da Champion, a capacidade da empresa de exigir as nossas preferenciais por 115% do custo nos obrigou a efetuar em agosto passado uma mudança que preferiríamos ter adiado. Nesse caso, convertemos nossas ações um pouco antes da chamada iminente e as oferecemos à companhia com um desconto modesto.

Charlie e eu nunca tivemos convicção sobre a indústria de papel – na verdade, não me lembro de ter ações ordinárias de um produtor de papel nos meus 54 anos de investimentos. Sendo assim, o que decidimos em agosto foi se venderíamos para o mercado ou para a empresa. Nosso ganho de capital com a Champion foi moderado – cerca de 19%, após o desconto dos impostos, por um investimento de seis anos –, mas as preferenciais nos proporcionaram um bom retorno em forma de dividendo, após os impostos, ao longo do período de retenção. (Dito isso, muitos relatos da imprensa exageraram os retornos pós-impostos obtidos pelas seguradoras de bens e responsabilidade civil relativos aos dividendos pagos a elas. A imprensa falhou ao não levar em consideração uma mudança na legislação tributária, que, ao entrar em vigor em 1987, reduziu de maneira significativa o crédito de dividendos recebidos aplicável às seguradoras.)

Nossas ações preferenciais do First Empire estavam para ser convocadas em 31 de março de 1996, a primeira data permitida. Estamos confortáveis em ter ações de bancos bem administrados e vamos converter e manter as ações ordinárias do First Empire. Bob Wilmers, executivo-chefe da empresa, é um banqueiro extraordinário, a quem temos o prazer de estar vinculados.

As outras duas preferenciais têm se revelado decepcionantes, embora as do Salomon tenham superado ligeiramente os valores mobiliários de renda fixa, os quais elas substituíram. No entanto, a quantidade de tempo de gestão que Charlie e eu dedicamos a essa participação tem sido muito maior do que a sua importância econômica para a Berkshire. Com certeza, jamais sonhei que aceitaria um emprego novo aos 60 anos – isto é, o de presidente interino do Salomon – por causa da compra de um título de renda fixa.

Logo depois da compra das preferenciais do Salomon, em 1987, escrevi que não tinha "nenhuma visão especial a respeito da direção ou da lucratividade futura dos bancos de investimento". Até o mais desinteressado analista concluiria que, desde então, eu só provei que estava certo.

Até o momento, não vale a pena usar nossa opção de converter em ações ordinárias do Salomon. Fora isso, o índice Dow Jones dobrou desde que me comprometi a comprar as preferenciais, e o grupo de corretagem teve igual desempenho. Isso significa que minha decisão de escolher o Salomon, por considerar valiosa a opção de conversão, precisa ser classificada como muito ruim. Contudo, as preferenciais permaneceram sob condições desafiadoras para o desempenho de um valor mobiliário de renda fixa, e o dividendo de 9% é bastante atraente hoje.

De acordo com os termos das preferenciais, a menos que elas sejam convertidas, é exigido o resgate de 20% da emissão todo dia 31 de outubro, de 1995 a 1999. Cento e quarenta milhões dos nossos 700 milhões de dólares iniciais foram retirados seguindo o cronograma no ano passado. (Alguns relatos da imprensa rotularam isso de venda, mas um valor mobiliário sênior que vence não é "vendido".) Embora tenhamos optado por não converter as preferenciais vencidas no ano passado, temos direito a mais quatro mordidas na maçã da conversão, e acredito ser bem provável que ainda identifiquemos valor nesse direito de converter.

1995

As ações ordinárias da Gillette e do First Empire [nas quais as preferenciais da Berkshire tinham sido convertidas] subiram de modo substancial, alinhadas com o excelente desempenho dessas empresas. No fim do ano, os 600 milhões de dólares que investimos na Gillette em 1989 foram avaliados em 4,8 bilhões de dólares, e os 40 milhões que comprometemos com o First Empire em 1991 aumentaram para 236 milhões.

Enquanto isso, nossas duas companhias que tinham ficado para trás [a USAir e o Salomon] ganharam vida de uma forma muito importante. Em uma transação que enfim recompensou acionistas depois de um longo sofrimento, o Salomon foi recentemente incorporado pelo Travellers Group. Todos os acionistas da Berkshire – inclusive eu, pessoalmente – temos uma grande dívida com Deryck Maughan e Bob Denham por, primeiro, desempenharem um papel fundamental para salvar o Salomon da extinção após o escândalo de 1991 e, segundo, recuperarem a vitalidade da empresa em um grau que fez dela uma aquisição atraente para o Travelers. Já disse várias vezes que gostaria de trabalhar com executivos por quem tenho apreço, confiança e admiração. Não há dois profissionais que se encaixem melhor nessa descrição do que Deryck e Bob.

Os resultados finais do investimento da Berkshire no Salomon ainda vão demorar a ser computados, mas posso afirmar com segurança que serão muito melhores do que eu esperava há dois anos. Olhando para trás, considero minha experiência com o Salomon fascinante e instrutiva, embora durante um tempo, entre 1991 e 1992 [quando atuava como presidente da empresa], eu me sentisse como o crítico de teatro que escreveu: "Eu teria gostado da peça, não fosse o assento ruim. Bem de frente para o palco."

A ressurreição da US Airways beira o milagre. Quem assistiu à minha movimentação referente a esse investimento sabe que compilei um histórico sem qualquer marca de sucesso. No início, cometi um erro ao comprar as ações e, mais tarde, errei de novo ao tentar me desfazer várias vezes das participações, por 50 centavos por cada dólar.

Duas mudanças na empresa coincidiram com a sua recuperação notável: (1) Charlie e eu deixamos o conselho diretor; e (2) Stephen Wolf se tornou o executivo-chefe. Felizmente para o nosso ego, o segundo acontecimento foi essencial: as realizações de Stephen Wolf na companhia aérea têm sido fenomenais.

Ainda há muito que fazer na US Airways, mas a sobrevivência não é mais um problema. Com isso, a empresa acertou a situação dos dividendos vencidos e não pagos das nossas preferenciais ao longo de 1997, ao incluir pagamentos extras para nos compensar pelo atraso sofrido. Além disso, as ações ordinárias subiram de uma baixa de 4 dólares para uma alta recente de 73 dólares.

O resgate das nossas preferenciais foi solicitado em 15 de março. Mas o aumento das ações da empresa valorizou bastante nossos direitos de conversão, que considerávamos inúteis até pouco tempo atrás. Agora é quase certo que as nossas ações da US Airways vão gerar um lucro decente – isto é, se excluirmos meu gasto com antiácido –, e o ganho pode até se mostrar indecente.

Na próxima vez que eu tomar uma decisão muito estúpida, os acionistas da Berkshire já sabem o que fazer: liguem para o Sr. Wolf.

ALÉM DAS PREFERENCIAIS CONVERSÍVEIS, compramos outra posição privada em 1991, os 300 milhões de dólares em *Percs* da American Express. Na essência, esse valor mobiliário eram ações ordinárias que apresentavam um *tradeoff* nos três primeiros anos: recebemos pagamentos extras de dividendos nesse período, mas também fomos limitados na valorização do preço que podíamos fazer. Apesar do limite, essa participação se provou extraordinariamente lucrativa graças a uma jogada deste presidente, a qual combinou sorte e habilidade – 110% de sorte, a habilidade que equilibra.

Nossas *Percs* deveriam ser convertidas em ações ordinárias em agosto de 1994 e, no mês anterior, eu ponderava se deveria vendê-las após a conversão. Um motivo para mantê-las era o excelente executivo-chefe da Amex, Harvey Golub, que parecia capaz de maximizar todo o potencial da companhia (uma suposição que já se confirmou – com folga). Mas o tamanho desse potencial estava em questão: a Amex enfrentava a competição implacável de uma infinidade de administradoras de cartões, lideradas pela Visa. Após avaliar os argumentos, eu estava inclinado a me desfazer delas.

Foi aí que tive sorte. No mês em que tomei a decisão, joguei golfe em Prouts Neck, no Maine, com o executivo-chefe da Hertz, Frank Olson. Frank é um gestor brilhante e tem um conhecimento profundo do setor de cartões. Assim, do primeiro buraco em diante, fiz a ele uma série de perguntas a respeito desse mercado. Quando chegamos ao segundo *green*, Frank me convenceu de que o cartão empresarial da Amex era uma franquia excelente, e decidi que não a venderia. Mais umas tacadas, e virei comprador. Em poucos meses, a Berkshire era proprietária de 10% da empresa.

Agora temos um lucro de 3 bilhões de dólares com as ações da Amex e, naturalmente, sou muito grato ao Frank. Mas George Gillespie, um amigo comum, diz que me confundi a respeito do devido alvo da minha gratidão. Afinal, ressalta George, foi ele quem marcou o jogo e me colocou para jogar com Frank.

1997

E. *Derivativos*

Charlie e eu temos a mesma opinião sobre derivativos e as atividades de negociação que os acompanham: nós os vemos como bombas-relógio, tanto para as partes envolvidas quanto para o sistema econômico.

Após ter compartilhado esse pensamento, que logo retomarei, quero dar um passo atrás para explicar os derivativos, embora tenha que ser de uma maneira geral, pois a palavra abrange uma diversidade extraordinária de contratos financeiros. Na essência, tais instrumentos exigem que o dinheiro mude de mãos em alguma data futura, com a quantia sendo determinada por um ou mais itens de referência, como taxas de juros, preços de ações ou valores de moeda. Caso, por exemplo, você compre ou venda a descoberto um contrato futuro do S&P 500, então é parte de uma transação de derivativos muito simples – e vai ganhar ou perder *conforme* as variações do índice. A duração do contrato de derivativos depende de cada caso (às vezes, pode passar de vinte anos), e o valor costuma estar vinculado a diversas variáveis.

A menos que os contratos de derivativos contem com colateral ou depósito de garantia, o valor final também depende da qualidade de crédito das demais partes. Mas, nesse intervalo, antes que o contrato seja fechado, elas registram lucros e perdas – muitas vezes, em quantias altas – na declaração de lucros atuais, sem que um centavo sequer troque de mãos.

A diversidade de contratos de derivativos é limitada somente pela imaginação humana (por vezes, ao que parece, a dos loucos). Na Enron, por exemplo, derivativos nas áreas de jornal e banda larga, que só deveriam ser liquidados após muitos anos, foram registrados. Digamos que você queira redigir um contrato para especular o número de gêmeos que nascerão no estado de Nebraska em 2020. Sem problema: por um determinado preço, será fácil encontrar uma contraparte disposta a assiná-lo.

Quando compramos a Gen Re, veio junto a General Re Securities, uma corretora de derivativos que Charlie e eu não queríamos, pois a considerávamos perigosa. Fracassamos nas tentativas de vender a operação e agora estamos encerrando-a.

Só que é mais fácil falar do que efetivamente encerrar uma empresa de derivativos. Aliás, as companhias de resseguro e derivativos têm uma semelhança: são como o Inferno, onde é fácil entrar e quase impossível sair. Em ambos os setores, após se redigir um contrato – com cláusulas que podem exigir um grande pagamento décadas depois –, em geral se fica preso a ele. É verdade que existem métodos pelos quais o risco pode ser transferido para outras pessoas. Mas a maioria das estratégias desse tipo deixa o indivíduo com uma responsabilidade residual.

Outro ponto comum entre resseguro e derivativos é que ambos costumam gerar lucros relatados extremamente exagerados. Isso ocorre porque os ganhos atuais são baseados, de maneira significativa, em estimativas cuja imprecisão talvez não seja descoberta por muitos anos.

Em geral, os erros serão honestos, o que reflete apenas a tendência humana de ter uma visão otimista dos próprios compromissos. Mas as partes envolvidas nos derivativos também recebem incentivos enormes para trapacear ao contabilizá-los. Quem negocia derivativos normalmente é pago (no todo ou em parte) sobre "lucro" calculado pela contabilização de marcação a mercado. No entanto, muitas vezes não existe um mercado real (pense naquele contrato envolvendo gêmeos), e a "marcação a modelo" é utilizada.

Essa substituição pode causar prejuízos em grande escala. Como regra geral, os contratos abrangendo vários itens de referência e datas de liquidação distantes dão mais oportunidades às partes para recorrerem a premissas fantasiosas. No contexto dos gêmeos, por exemplo, as duas partes do contrato podem muito bem usar modelos diferentes, o que permite que *ambas* apresentem lucros substanciais durante muitos anos. Em casos extremos, a marcação a modelo cai no que eu chamaria de marcação a mito.

É claro que tanto os auditores internos quanto os externos revisam os números, mas esse não é um trabalho fácil. Por exemplo: no fim do ano (dez meses após o encerramento da operação), a General Re Securities tinha 14.384 contratos em aberto, envolvendo 672 partes em todo o mundo. Cada contrato tinha um valor positivo ou negativo proveniente de pelo menos um item de referência, incluindo-se alguns de uma complexidade enlouquecedora. Na avaliação de uma carteira como essa, os auditores especialistas facilmente poderiam ter opiniões bastante variadas, sem que houvesse qualquer desonestidade nisso.

O problema da avaliação está longe de ser acadêmico: nos últimos anos, algumas fraudes em grande escala e outras atividades que beiraram a fraude foram facilitadas por negociações de derivativos. No setor de energia e concessionárias de energia elétrica, por exemplo, empresas usaram derivativos e atividades de negociação para relatar "lucros" altos – até que o teto desabou quando elas efetivamente tentaram converter em dinheiro as contas a receber relacionadas a derivativos que constavam no balanço patrimonial. Aí a "marcação a mercado" se revelou uma verdadeira "marcação a mito".

Posso lhe assegurar que os erros de marcação no negócio de derivativos não têm sido simétricos. Quase invariavelmente, tais erros favoreceram o operador que estava de olho em um bônus de vários milhões de dólares ou o executivo-chefe que queria relatar um "lucro" impressionante (ou ambos). Os bônus foram pagos, e o CEO lucrou com as opções dele. Só bem mais tarde os acionistas souberam que os lucros relatados eram uma farsa.

Outra questão relativa aos derivativos é que eles podem agravar os problemas que uma empresa enfrenta por motivos totalmente alheios à companhia. Esse efeito de acúmulo de dificuldades ocorre porque muitos contratos de derivativos exigem que uma empresa em processo de rebaixamento de crédito forneça, de imediato, garantias às outras partes. Imagine, então, que uma companhia seja rebaixada por causa de adversidades gerais e que, na mesma hora, seus derivativos entrem em ação com tal exigência, impondo à empresa uma demanda enorme e inesperada de garantias em dinheiro. A necessidade de atender a essa demanda pode, então, arremessar a companhia em uma crise de liquidez que, em alguns casos, provocará ainda mais rebaixamentos. Estaremos diante de uma espiral com risco de levar a empresa ao colapso.

Os derivativos também geram um risco em cadeia semelhante ao que ameaça seguradoras ou resseguradoras que entregam grande parte dos seus negócios a terceiros. Em ambos os casos, contas a receber altas e provenientes de muitas partes tendem a se acumular com o tempo. Talvez um participante se considere prudente por acreditar que suas grandes exposições a crédito são diversificadas e, portanto, não representam perigo. Em certas circunstâncias, porém, um evento externo com impacto negativo nas contas a receber da empresa A também causará impacto nos recebíveis das empresas B até Z. A História nos ensina que, em geral, as crises causam problemas que se correlacionam de uma forma jamais sonhada em tempos de calmaria.

No setor bancário, o reconhecimento de um problema de "interligação" foi uma das razões para a criação do sistema do Fed. Antes de sua implantação, houve ocasiões em que a quebra de bancos fracos gerou demandas repentinas e imprevistas de liquidez para bancos antes fortes, levando-os à falência. O Fed agora isola os fortes dos problemas dos fracos. Mas não há nenhum banco central designado para a tarefa de evitar que o efeito dominó atinja os seguros ou os derivativos. Nesses ramos, empresas de base sólida podem se tornar problemáticas só por causa das agruras de outras que compõem a cadeia produtiva. Quando um setor está ameaçado por uma possível "reação em cadeia", ele se preocupa em minimizar qualquer tipo de risco. É assim que conduzimos nossa companhia de resseguro, e esse é um dos motivos pelos quais estamos deixando a área de derivativos.

Muita gente argumenta que os derivativos reduzem problemas sistêmicos, já que os participantes que não podem assumir certos riscos são capazes de transferi-los para mãos mais fortes. Acredita-se que os derivativos atuam para estabilizar a economia, facilitar as negociações e eliminar solavancos para participantes individuais. E, em um nível micro, isso que se diz costuma ser verdade. De fato, na Berkshire, às vezes me envolvo em transações de derivativos em grande escala para facilitar determinadas estratégias de investimento.

Mas Charlie e eu acreditamos que o cenário macro é cada vez mais perigoso. Grandes quantidades de risco, sobretudo risco de crédito, se concentraram nas mãos de relativamente poucos corretores de derivativos, que também negociam bastante entre si. Em pouco tempo, os problemas de um podem contaminar os demais. Para completar, as outras partes dos contratos devem quantias enormes a esses corretores. Como mencionei, algumas dessas partes estão vinculadas de tal modo que um único acontecimento (como a implosão do setor de telecomunicações ou o declínio abrupto do valor de projetos de energia comercial) talvez lhes cause um problema simultâneo. Quando vem à tona de modo repentino, a interligação pode desencadear sérios problemas sistêmicos.

De fato, em 1998, as atividades alavancadas e intensas com derivativos de um único hedge fund, o Long-Term Capital Management, provocaram tamanha ansiedade no Fed que este, de modo apressado, orquestrou um esforço de resgate. Em depoimentos posteriores ao Congresso, funcionários da instituição reconheceram que, se não tivessem feito a intervenção, as negociações pendentes do LTCM – uma firma desconhecida do público geral, com apenas algumas centenas de empregados – poderiam ameaçar gravemente a estabilidade dos mercados americanos. Ou seja, a atuação do Fed ocorreu por causa do temor de seus líderes em relação ao que poderia acontecer com outras instituições financeiras caso o LTCM desencadeasse um efeito dominó. Apesar de ter paralisado muitos segmentos do mercado de renda fixa durante semanas, esse caso estava longe de ser o pior cenário.

Entre os instrumentos de derivativos usados pelo LTCM estavam os *swaps* de retorno total, um tipo de contrato que facilita a alavancagem de 100% em diversos mercados, inclusive o de ações. Por exemplo, a Parte A de um contrato, em geral um banco, põe todo o dinheiro na compra de uma ação, enquanto a Parte B, sem colocar nenhum capital, concorda que, em uma data futura, vai receber qualquer ganho ou pagar qualquer perda que o banco obtiver.

Swaps de retorno total fazem os requisitos de margem virar piada. Além disso, outros tipos de derivativos restringem de maneira drástica a capacidade dos reguladores de conter a alavancagem e, de modo geral, conseguem controlar os perfis de risco de bancos, seguradoras e outras instituições financeiras. Da mesma forma, até mesmo investidores e analistas experientes encontram problemas graves ao analisarem a condição financeira de firmas comprometidas com muitos contratos de derivativos. Quando Charlie e eu terminamos de ler as longas notas de rodapé que detalham as atividades de grandes bancos relativas a derivativos, a única coisa que entendemos é que *não* entendemos a dimensão do risco ao qual a instituição está exposta.

Agora o gênio dos derivativos já saiu da lâmpada, e é quase certo que esses instrumentos vão se multiplicar em variedade e número até que algum acontecimento evidencie quão tóxicos são. A noção do perigo que eles representam já permeou as empresas de eletricidade e gás, nas quais o surgimento de problemas sérios levou a uma redução drástica de seu uso. Porém, em outros cantos, as empresas de derivativos continuam se expandindo sem controle. Até agora, os bancos centrais e os governos não encontraram uma forma eficaz de controlar, ou pelo menos monitorar, os riscos decorrentes desses contratos.

Charlie e eu acreditamos que a Berkshire deve ser uma fortaleza de solidez financeira – para o bem dos nossos proprietários, credores, segurados e funcionários – e tentamos estar atentos a qualquer tipo de risco de catástrofe de grandes proporções. Talvez essa postura nos deixe por demais apreensivos com a quantidade crescente de contratos de derivativos de longo prazo e com o número enorme de contas a receber não garantidas que proliferam em paralelo. Em nossa opinião, derivativos são armas financeiras de destruição em massa que carregam perigos que, embora latentes por enquanto, têm grande potencial de letalidade.

2002

Há muito tempo, Mark Twain afirmou: "Um homem que tenta levar um gato para casa puxando-o pelo rabo aprenderá uma lição que não poderia ser ensinada de outra maneira." Se Twain ainda estivesse por aqui, quem sabe ele tentasse liquidar uma empresa de derivativos. Depois de alguns dias, preferiria os gatos.

No ano passado, perdemos 104 milhões de dólares, sem contar os impostos, na tentativa persistente de sair da operação de derivativos da Gen Re. As perdas agregadas desde que começamos essa empreitada totalizam 404 milhões de dólares. No começo, tínhamos 23.218 contratos em aberto. No início de 2005, esse número caiu para 2.890. Talvez você esperasse que a esta altura as nossas perdas tivessem sido estancadas, mas continuamos sangrando. Reduzir o estoque para 741 contratos no ano passado nos custou os 104 milhões já mencionados. A justificativa para estabelecer essa unidade, em 1990, foi o desejo da Gen Re de atender às necessidades dos clientes de seguros.

Só que um dos contratos que liquidamos em 2005 tinha um prazo de cem anos! É difícil imaginar qual "necessidade" um contrato assim poderia satisfazer, exceto, talvez, a que um operador consciente da sua remuneração tem de registrar um contrato de longo prazo. Contratos longos, ou com variáveis múltiplas, são os mais difíceis de marcar a mercado (o procedimento padrão usado na contabilidade de derivativos) e os que mais oferecem espaço para a "imaginação" na hora de os operadores realizarem a estimativa de valor.

Não é de admirar que eles os promovam. É óbvio que uma empresa cujas altas remunerações se baseiam em números presumidos está repleta de perigos. Quando dois operadores fecham uma transação com variáveis diversas – por vezes esotéricas – e data de liquidação distante, suas respectivas firmas devem, na sequência, avaliar esses contratos sempre que calcularem o lucro. Um determinado contrato pode ser avaliado por um preço pela Empresa A e por outro pela Empresa B. Pode apostar que essa diferença – que pode ser de grande magnitude, segundo informações que possuo – tem a ver com tendências direcionadas a favorecer o lucro de cada empresa. É um mundo estranho esse no qual ambas as partes podem realizar uma transação no papel e relatá-la de imediato como lucrativa.

Insisto nessa experiência que tivemos com derivativos por dois motivos. Um é pessoal e desagradável. A dura realidade é que minha demora em me movimentar para encerrar a operação comercial da Gen Re custou muito caro a você. Tanto Charlie quanto eu sabíamos, no momento da compra da Gen Re, que ela era um problema, e dissemos à equipe de gestão da empresa que queríamos sair do negócio. Era minha responsabilidade garantir que isso ocorresse. Em vez de resolver a situação de imediato, porém, desperdicei vários anos enquanto tentávamos vender a operação. Foi um esforço fadado ao fracasso, porque nenhuma solução realista poderia nos libertar do labirinto de passivos que existiria por décadas.

Nossas obrigações eram preocupantes, sobretudo porque não dava para mensurar o potencial de explodirem. Além disso, caso acontecesse um problema grave, sabíamos que provavelmente estaria correlacionado ao de outros setores dos mercados financeiros. Assim, fracassei em minha tentativa de encontrar uma saída indolor e, nesse meio-tempo, mais negociações foram registradas. Pode me culpar por ter hesitado. (Charlie chama isso de "chupar o dedo".) Quando existe um problema, seja pessoal ou operacional, a hora de agir é *agora*.

A segunda razão pela qual sempre descrevo nossos problemas nessa área reside na esperança de que tais experiências possam ser instrutivas para gestores, auditores e reguladores. Em certo sentido, somos um canário nessa mina de carvão comercial e devemos cantarolar uma advertência à medida que nos aproximamos do fim [como os pássaros que assoviam alertando para o acúmulo de gás metano no interior das minas]. O número e o valor dos contratos de derivativos em aberto no mundo continuam a disparar e hoje se multiplicaram em relação ao que existia em 1998, última vez que eclodiu um caos financeiro. Nossa experiência deve inspirar a reflexão justamente porque tínhamos mais chances do que a média de sair do problema com elegância.

Além disso, não temos conhecimento de nenhum mau comportamento por parte dos envolvidos. Talvez essa história seja diferente para outras pessoas no futuro. Se quiser, imagine uma ou mais firmas (os problemas costumam se espalhar), com posições que equivalem às nossas, multiplicadas várias vezes, tentando liquidar em mercados caóticos e sob pressões extremas e bastante divulgadas. Deve-se dar muita atenção a esse cenário agora, não após o fato ocorrer. A segurança dos diques de Nova Orleans deveria ter sido avaliada – e reforçada – antes da chegada do Katrina. Quando enfim encerrarmos a Gen Re Securities, meus sentimentos sobre a sua partida serão semelhantes aos expressos em uma canção country: "Minha mulher fugiu com o meu melhor amigo e, claro, morro de saudade dele." [A carta de 2006 indica que a operação de derivativos da Gen Re foi enfim encerrada.]

2005

Celebramos vários tipos de contratos de derivativos. Isso pode parecer estranho considerando-se os problemas sistêmicos que podem resultar do enorme crescimento do uso dele. Talvez você se pergunte: por que estamos brincando com esse material potencialmente tóxico?

A resposta é que os derivativos, assim como as ações e os títulos, às vezes apresentam preços absurdamente equivocados. Durante muitos anos, portanto, temos redigido de forma seletiva contratos de derivativos – uma quantidade pequena, mas algumas vezes relativa a somas elevadas em dólares. Atualmente, temos 62 contratos em aberto. Eu mesmo os gerencio, e eles estão livres do risco de crédito das demais partes. Até agora esses contratos funcionaram bem para nós e geraram um lucro antes dos impostos na casa de centenas de milhões de dólares. Embora tenhamos perdas de tempos em tempos, é provável que continuemos a obter – de modo geral – lucros significativos sobre derivativos com preços incorretos.

2006

Derivativos são perigosos. Eles elevaram de maneira drástica a alavancagem e os riscos do sistema financeiro. Praticamente tornaram impossível aos investidores compreender e analisar os principais bancos comerciais e de investimento. E ainda permitiram que a Fannie Mae e a Freddie Mac[21] emitissem diversas declarações falsas sobre os lucros durante anos. Essas instituições eram tão indecifráveis que a autoridade reguladora federal, o OFHEO, não conseguiu identificar as distorções contábeis de ambas, apesar de ter cem funcionários que não faziam outra coisa a não ser supervisioná-las.

De fato, como os acontecimentos recentes demonstraram, certos executivos-chefes (ou antigos executivos-chefes) de renome, no comando de instituições financeiras importantes, simplesmente eram incapazes de gerenciar uma empresa com muitos lançamentos complexos de derivativos. Inclua Charlie e eu nesse grupo desafortunado: quando a Berkshire comprou a General Re, em 1998, sabíamos que não podíamos compreender os registros de

---

[21] N. do E. Fannie Mae e Freddie Mac são as duas das principais empresas de crédito imobiliário dos Estados Unidos. Esses "apelidos" se referem respectivamente a Federal National Mortgage Association e Federal Home Loan Mortgage Corporation. Ambas estão na raiz da crise do *subprime* em 2008 e precisaram de socorro governamental.

23.218 contratos de derivativos, firmados com 884 partes (muitas das quais nunca tínhamos ouvido falar). Então decidimos fechar a loja. Apesar de não estarmos sob pressão e de operarmos em mercados favoráveis na época em que saímos do negócio, perdemos cinco anos e mais de 400 milhões de dólares para concluir grande parte da tarefa. No momento da partida, nossos sentimentos sobre a empresa refletiam o verso de uma canção country: "Eu gostava mais de você quando não te conhecia tão bem."

A "transparência" melhorada – uma das soluções favoritas de políticos, analistas e reguladores financeiros para evitar futuros descarrilamentos – não vai remediar os problemas trazidos pelos derivativos. Desconheço um mecanismo de relatório que chegue perto de descrever e mensurar os riscos em uma carteira de derivativos volumosa e complexa. Os auditores não conseguem auditar esses contratos, os reguladores não conseguem regulá-los.

Como estudo de caso sobre a eficiência regulatória, vamos examinar com mais detalhes o exemplo da Freddie e da Fannie. Essas instituições gigantescas foram criadas pelo Congresso, que manteve o controle sobre elas para ditar o que podiam fazer. Para auxiliar a supervisão das instituições, o Congresso criou o OFHEO, em 1992, incumbindo-o de garantir o bom comportamento desses dois colossos. Com a mudança, Fannie e Freddie se tornaram as empresas mais intensamente regulamentadas de que tenho conhecimento, o que foi mensurado por profissionais designados para a tarefa.

Em 15 de junho de 2003, o OFHEO (cujos relatórios anuais estão disponíveis na internet) enviou o relatório de 2002 ao Congresso – mais especificamente, aos quatro dirigentes do órgão no Senado e na Câmara, entre eles ninguém menos do que os senhores Sarbanes e Oxley. As 127 páginas do documento incluíam uma frase de autocongratulação na capa: "Comemorando dez anos de excelência." A carta de transmissão e o relatório foram entregues nove dias *após* o executivo-chefe e o diretor financeiro da Freddie terem renunciado, ambos com a reputação abalada, e o executivo-chefe de operações ter sido demitido. A carta não fazia qualquer menção a essas movimentações. Ao mesmo tempo, o relatório concluía, como de hábito, que "as duas empresas eram financeiramente sólidas e bem administradas".

Na verdade, já havia algum tempo que as duas companhias tinham se envolvido em grandes manobras contábeis. Finalmente, em 2006, o OFHEO divulgou 340 páginas de uma crônica contundente dos pecados da Fannie, a qual de certa forma pôs a culpa em todas as partes, exceto – é, isso mesmo – o Congresso e o próprio OFHEO.

O colapso do Bear Stearns dá destaque ao problema da outra parte do contrato, embutido nas transações de derivativos – uma bomba-relógio que discuti pela primeira vez no relatório da Berkshire de 2002. Em 3 de abril de 2008, o então competente presidente do Fed de Nova York, Tim Geithner, explicou a necessidade de resgate: "Se as outras partes dos contratos de derivativos do Bear descobrissem de repente que posições financeiras relevantes estabelecidas por elas para a proteção contra riscos financeiros não estavam mais operantes, isso teria desencadeado ainda mais desarticulação nos mercados. Essa movimentação teria precipitado uma corrida das outras partes dos contratos do Bear para liquidar as garantias que detinham quanto a essas posições e para tentar replicá-las em mercados já muito frágeis." Esse é o jeito do Fed de dizer: "Nós intervimos para evitar uma reação financeira em cadeia, de magnitude imprevisível." Em minha opinião, o Fed acertou ao agir assim.

Uma negociação normal de ações ou títulos é concluída em poucos dias, quando uma parte recebe seu dinheiro, e a outra, os títulos. Portanto, o risco da outra parte desaparece em pouco tempo, o que significa que os problemas de crédito não se acumulam. Esse rápido processo de liquidação é fundamental para manter a integridade dos mercados. Aliás, é uma das razões pelas quais, em 1995, a Bolsa de Valores de Nova York e a Nasdaq *encurtaram* o período de liquidação de cinco para três dias.

Já os contratos de derivativos, muitas vezes, ficam sem liquidação durante anos ou décadas, o que leva as partes a acumular reivindicações descomunais umas contra as outras. Ativos e passivos de "papel" – muitas vezes difíceis de quantificar – tornam-se partes importantes das demonstrações financeiras, embora vá demorar muitos anos para esses itens serem validados. Além disso, uma teia assustadora de dependência mútua se desenvolve entre instituições financeiras de peso. Bilhões em contas a receber e a pagar ficam concentrados nas mãos de algumas grandes corretoras, aptas a também estar altamente alavancadas de outras maneiras. Participantes que tentam evitar problemas encaram o mesmo desafio de quem tenta não ser contaminado por doenças venéreas: a questão não é só com quem *você* dorme, mas também com quem *eles* estão dormindo.

Para continuar com a metáfora, dormir com várias pessoas pode, na verdade, ser útil para grandes corretoras de derivativos, porque assegura a ajuda do governo caso haja problema. Em outras palavras, apenas empresas com problemas capazes de infectar todo o bairro – não vou citar nomes – certamente vão se tornar uma preocupação do Estado (um desfecho adequado, lamento dizer). Dessa realidade incômoda vem *a Primeira Lei de Sobrevivência Empresarial* para executivos-chefes ambiciosos que acumulam alavancagem e administram volumosos e insondáveis registros contábeis de derivativos: uma incompetência somente modesta não serve – são necessárias burradas incompreensíveis.

2008

F. *Moedas estrangeiras e títulos*

Em 2002, entramos no mercado de moedas estrangeiras pela primeira vez na minha vida e, em 2003, ampliamos nossa posição, à medida que fiquei cada vez mais pessimista em relação ao dólar. Devo observar que o cemitério dos profetas tem uma grande ala reservada aos analistas que preveem o cenário macro. Aliás, fizemos poucas previsões macro na Berkshire e raramente vimos outras pessoas alcançarem sucesso duradouro fazendo profecias.

Temos – e continuaremos a ter – a maior parte do patrimônio líquido da Berkshire em ativos dos Estados Unidos. Mas, nos últimos anos, o déficit comercial dos EUA vem alimentando à força o restante do mundo com dólares. Durante um tempo, o apetite estrangeiro por esses ativos absorveu a oferta com rapidez. Contudo, no fim de 2002, o mundo começou a enjoar dessa dieta, e o valor do dólar passou a cair em relação às principais moedas. Mesmo assim, as taxas de câmbio vigentes não levarão a uma diminuição relevante do déficit comercial americano: quer os investidores estrangeiros gostem ou não, eles continuarão a ser inundados de dólares. É uma incógnita para todo mundo quais serão as consequências disso, mas talvez sejam problemáticas – e, na realidade, tenham um alcance muito além dos mercados cambiais.

Como cidadão norte-americano, espero que haja um desfecho favorável para esse problema. Talvez meus alertas se revelem desnecessários: o dinamismo e a resiliência do nosso país várias vezes já fizeram de bobo quem é do contra. Mas a Berkshire detém, em dólares, muitos bilhões de investimentos de curto prazo. Então me sinto mais confortável em possuir contratos de câmbio que ao menos representam uma compensação parcial para essa posição.

2003

A Berkshire possuía cerca de 21,4 bilhões de dólares em contratos de câmbio no fim do ano, divididos entre 12 moedas. [Conforme mencionado no ensaio anterior,] ter ativos desse tipo é uma mudança decisiva para nós. Antes de março de 2002, nem a Berkshire nem eu *jamais* tínhamos negociado em moedas estrangeiras. Porém, crescem as evidências de que nossas políticas de negociação vão exercer pressão constante sobre o dólar durante muitos anos – então, desde 2002, damos atenção a esse alerta ao definir o rumo dos investimentos. (Como disse certa vez W.C. Fields ao ouvir um pedido de esmola: "Desculpe, meu filho, todo o meu dinheiro está investido em moeda.")

Tenha certeza de uma coisa: o que pensamos sobre as moedas não se baseia, de modo algum, em dúvidas sobre os Estados Unidos. Vivemos em um país extraordinariamente rico, produto de um sistema que valoriza a economia de mercado, o Estado de Direito e a igualdade de oportunidades. A economia americana é, de longe, a mais forte do mundo e continuará sendo. Temos sorte de viver aqui.

Entretanto, as práticas comerciais do país estão desfavorecendo o dólar. Por mais que a queda de valor já tenha sido significativa, é provável que essa tendência permaneça. Sem mudanças nas políticas, os mercados de câmbio podem inclusive se desorganizar e gerar efeitos indiretos, tanto políticos quanto financeiros. Ninguém sabe dizer se esses problemas vão se materializar, mas como um cenário assim não é uma possibilidade remota, muito pelo contrário, os formuladores de políticas públicas deveriam considerá-lo *agora*. A inclinação deles, entretanto, está voltada para uma negligência não muito favorável: em novembro de 2000 foi publicada uma pesquisa do Congresso com 318 páginas sobre as consequências dos incessantes déficits comerciais e, desde então, o documento vem acumulando poeira. Esse estudo foi encomendado após o déficit ter atingido alarmantes 263 bilhões de dólares em 1999; no ano passado, esse número havia subido para 618 bilhões de dólares.

Charlie e eu, cabe enfatizar, acreditamos que o verdadeiro comércio – isto é, a troca de bens e serviços com outros países – é imensamente benéfico tanto para nós quanto para eles. No ano passado, esse tipo de comércio genuíno movimentou 1,15 trilhão de dólares – e quanto mais houver, melhor. No entanto, observou-se também que o país comprou outros 618 bilhões de dólares em bens e serviços do restante do mundo, os quais não foram correspondidos. Esse é um número espantoso, com consequências relevantes.

O item de equilíbrio dessa pseudotroca unilateral – em economia, sempre há uma contrapartida – é uma transferência de riqueza dos Estados Unidos para o restante do mundo. Ela pode se materializar na forma de declarações de dívida concedidas por instituições privadas ou governamentais americanas a estrangeiros – ou quando eles assumem a propriedade dos nossos ativos –, tais como ações e imóveis. Nos dois casos, os americanos acabam possuindo uma parte reduzida do nosso país, enquanto os não americanos passam a ser donos de uma fatia maior. Essa alimentação forçada à base da riqueza americana ocorre agora a uma taxa de 1,8 bilhão de dólares por dia, o que representa um aumento de 20% desde a minha carta do ano passado. Assim, outros países e seus cidadãos têm atualmente um líquido de cerca de 3 trilhões de dólares dos Estados Unidos. Há uma década, a propriedade líquida deles era insignificante.

Falar de trilhões entorpece a maioria dos cérebros. Outra fonte de confusão é que o déficit em conta corrente (a soma de três itens, sendo que o déficit comercial é, de longe, o mais importante) e o déficit orçamentário nacional costumam ser colocados no mesmo saco, como se fossem iguais. Eles são tudo menos isso. As causas e as consequências de cada um são diferentes.

Um déficit orçamentário não reduz, de forma alguma, a fatia do bolo nacional que vai para os americanos. Contanto que outros países e seus cidadãos não tenham qualquer propriedade líquida dos Estados Unidos, 100% da produção do nosso país pertence aos cidadãos americanos, em *todos* os cenários orçamentários, inclusive um que envolva um déficit enorme.

Como uma "família" rica e cheia de bens, os americanos vão discutir, por intermédio de seus legisladores, de que forma o governo deve redistribuir a produção nacional – ou seja, quem vai pagar impostos e quem vai receber benefícios governamentais. Se for necessário rever promessas anteriores de "direitos", os "membros da família" vão debater entre si, de maneira acalorada, quem deve sentir a dor no bolso. Talvez os impostos aumentem; talvez as promessas sejam modificadas; talvez mais dívida interna seja contraída. Mas quando a briga terminar, o bolo enorme da família permanece *inteiro* e disponível para os seus integrantes, por mais que esteja dividido. Nenhuma fatia precisa ser enviada para o exterior.

Déficits altos e persistentes em conta corrente geram um resultado totalmente diferente. Conforme o tempo passa e as demandas que nos pressionam aumentam, possuímos cada vez menos o que produzimos. Com efeito, o restante do mundo desfruta de um royalty crescente sobre a produção americana. Nesse caso, somos como uma família que sempre gasta mais do que ganha. Ao longo dos anos, ela descobre que trabalha cada vez mais para a "empresa financeira" e menos para si mesma.

Se continuarmos a ter déficits em conta corrente comparáveis aos que prevalecem hoje, outros países e seus cidadãos terão uma propriedade líquida dos Estados Unidos de cerca de 11 trilhões de dólares daqui a uma década. E, caso os investidores estrangeiros lucrassem apenas 5% sobre essa participação líquida, precisaríamos enviar um líquido de 550 bilhões de dólares em bens e serviços ao exterior *todo ano*, só para atender aos investimentos americanos mantidos por estrangeiros. Nesse dia, daqui a uma década, nosso PIB provavelmente totalizaria cerca de 18 trilhões (considerando-se uma inflação baixa, o que está longe de ser uma certeza). Ou seja, nossa "família" dos Estados Unidos entregaria então 3% da sua produção anual para o mundo, apenas como tributo pelos excessos do passado. Nesse caso, ao contrário daquele relacionado aos déficits orçamentários, os filhos iriam pagar mesmo pelos pecados dos pais.

Sem dúvida, esse royalty anual pago ao mundo – que só desapareceria se os EUA consumissem pouco em grande escala e começassem a gerar um superávit comercial alto com regularidade – provocaria uma instabilidade política significativa no país. Os americanos ainda estariam vivendo muito bem – aliás, melhor do que hoje, graças ao crescimento da nossa economia. Mas eles se irritariam com a ideia de pagar tributo pela eternidade aos seus credores e proprietários no exterior. Um país que, neste momento, aspira a uma "Sociedade da Propriedade" não vai encontrar felicidade – e vou usar uma hipérbole aqui para enfatizar – em uma "Sociedade do Meeiro". Mas é precisamente nessa direção que as nossas políticas comerciais estão nos levando, apoiadas tanto por republicanos quanto por democratas.

Muitas figuras financeiras proeminentes dos EUA, dentro e fora do governo, declararam que os nossos déficits em conta corrente não podem persistir. Por exemplo, as atas de 29 a 30 de junho de 2004 do Comitê de Mercado Aberto do Fed afirmam: "A equipe observou que déficits externos excessivos não poderiam ser sustentados indefinidamente." Mas, apesar da preocupação constante e excessiva por parte dos eruditos, eles não oferecem qualquer sugestão substancial para domar o desequilíbrio crescente.

[Um ano e quatro meses antes, eu havia] avisado que "uma queda suave do dólar não forneceria a resposta". E até agora não forneceu. Ainda assim, os formuladores de políticas públicas continuam a esperar um "pouso suave", enquanto aconselham outros países a estimular (leia-se "inflar") suas economias e os americanos a economizar mais. Na minha opinião, essas advertências erram o alvo: existem problemas estruturais profundamente enraizados que levarão os Estados Unidos a continuar mantendo um enorme déficit em conta corrente, a menos que as políticas comerciais mudem de modo significativo ou o dólar caia em um grau que desestabilize os mercados financeiros.

Os defensores do statu quo comercial gostam de citar Adam Smith: "O que é prudência na conduta de cada família dificilmente será loucura na conduta de um grande reino. Se um país estrangeiro consegue nos fornecer uma mercadoria mais barata do que a que nós mesmos conseguimos fabricar, é melhor comprar deles usando uma parte da produção da nossa própria indústria, empregada de modo a termos alguma vantagem."

Eu concordo. Observe, contudo, que a declaração do Sr. Smith se refere à troca de *produto* por produto, não de *riqueza* por produto, como nosso país está fazendo no montante anual de 600 bilhões de dólares. Além disso, tenho certeza de que ele nunca teria sugerido que "prudência" seria sua "família" vender todos os dias parte da fazenda para financiar o consumo excessivo. No entanto, é exatamente isso que o "grande reino" chamado Estados Unidos está fazendo.

Se estivéssemos com um superávit em conta corrente de 600 bilhões de dólares, analistas em todo o mundo condenariam de modo violento a nossa política, por a considerarem uma forma extrema de "mercantilismo" – uma estratégia econômica há muito desacreditada, por meio da qual países fomentaram as exportações, desestimularam as importações e acumularam tesouros. Eu também condenaria essa política. Mas, de fato, inclusive talvez seja essa a intenção, o restante do mundo está praticando mercantilismo em relação aos Estados Unidos, algo que se tornou possível pelo vasto estoque de ativos e pelo histórico de crédito impecável que temos. Na verdade, o mundo nunca permitiria que outro país usasse um cartão de crédito no valor da sua própria moeda, na proporção insaciável com que utilizamos o nosso. Atualmente, a maioria dos investidores estrangeiros está otimista: talvez eles nos vejam como drogados perdulários, mas também saibam que somos drogados *ricos*.

Nosso comportamento perdulário, entretanto, não será tolerado para sempre. E, embora seja impossível prever com exatidão quando e como a questão comercial será resolvida, é improvável que a solução fomente um *aumento* do valor do dólar em relação às moedas dos nossos parceiros comerciais.

Esperamos que os EUA adotem políticas que reduzam de forma rápida e significativa o déficit em conta corrente. É verdade que uma solução imediata provavelmente faria a Berkshire registrar perdas com os contratos de câmbio. Mas os recursos da empresa permanecem bastante concentrados em ativos lastreados em dólares, e são do nosso interesse tanto um dólar forte quanto um ambiente de baixa inflação.

John Maynard Keynes afirmou no magistral *Teoria geral do emprego, do juro e da moeda*: "A sabedoria do mundo ensina que é melhor para a reputação falhar de forma convencional do que ter sucesso de forma não convencional." (Ou, para colocar em termos menos elegantes, talvez o grupo daqueles que agem em rebanho seja ridicularizado, mas nunca um deles é criticado *individualmente*.) Do ponto de vista da reputação, Charlie e eu corremos um risco evidente por nosso compromisso com o câmbio, mas acreditamos em gerenciar a Berkshire como se possuíssemos 100% dela. E, nesse caso, nós não seguiríamos uma política de exclusividade para o dólar.

2004

Quando temos uma posição de longo prazo em ações ou títulos, as mudanças de valor a cada ano se refletem no balanço patrimonial, mas, desde que o ativo não seja vendido, é raro isso ocorrer em relação ao lucro. Por exemplo, o valor de nossas participações na Coca-Cola, que era de 1 bilhão de dólares no começo, passou para 13,4 bilhões no fim de 1998 e, desde então, diminuiu para 8,1 bilhões – sendo que essa movimentação não afetou nossa demonstração de resultados do exercício. Contudo, as posições de moeda de longo prazo são marcadas a mercado diariamente e, portanto, têm efeito sobre o lucro em todos os períodos relatados.

Desde a data em que assinamos os primeiros contratos de câmbio, estamos 2 bilhões de dólares no azul. Em 2005, reduzimos um pouco nossa posição direta em moedas, mas compensamos essa mudança, em parte, ao comprar títulos cujos preços são denominados em diversas moedas estrangeiras, as quais obtêm grande parte do lucro no exterior. Charlie e eu preferimos esse método de adquirir exposição em moedas diferentes do dólar. Isso se deve bastante às mudanças nas taxas de juros: como as taxas americanas aumentaram em relação às do restante do mundo, hoje manter a maioria das moedas estrangeiras envolve um considerável "carregamento" negativo.

Por outro lado, é provável que a propriedade de ações estrangeiras crie, com o tempo, um carregamento positivo – que talvez seja substancial. Os fatores implícitos que afetam o déficit em conta corrente dos Estados Unidos continuam a piorar, sem qualquer diminuição à vista. Não apenas nosso déficit comercial – o maior e mais conhecido item da conta corrente – atingiu um recorde histórico em 2005 como também podemos esperar que um segundo item – o saldo da receita de investimentos – fique negativo em breve. À medida que os estrangeiros aumentam a propriedade de ativos americanos (ou as demandas direcionadas a nós) relativos aos investimentos dos EUA no exterior, esses investidores vão começar a ganhar mais com suas participações do que nós com as nossas.

Por fim, as transferências unilaterais, o terceiro componente da conta corrente, são sempre negativas. Os Estados Unidos, devemos enfatizar, são um país extraordinariamente rico que vai se tornar mais rico ainda. Como resultado, os enormes desequilíbrios na conta corrente do país podem, por muito tempo ainda, seguir sem provocar efeitos nocivos perceptíveis na economia ou nos mercados americanos. Porém, duvido que a situação permaneça favorável para sempre. Ou os americanos enfrentam o problema em breve, da maneira que escolhermos, ou, em algum momento, é provável que ele bata à nossa porta de um jeito desagradável.

2005

G. *Propriedade de imóvel: prática e política*

Como bem se sabe, em 2008 os Estados Unidos saíram dos trilhos quanto às políticas de aquisição da casa própria e de empréstimos hipotecários, e a economia americana pagou um preço altíssimo por esses erros. Todos nós participamos desse comportamento destrutivo: governo, credores, devedores, a mídia, agências de classificação – pode escolher. No cerne da loucura estava a crença quase universal de que o valor das residências com certeza aumentaria ao longo do tempo e que qualquer queda seria irrelevante. A aceitação dessa premissa justificou quase todos os preços e práticas nas transações imobiliárias. Em todos os cantos, proprietários se sentiram mais ricos e correram para "monetizar" a valorização dos imóveis fazendo refinanciamentos. Essas infusões maciças de dinheiro alimentaram uma farra de consumo que tomou conta da economia. Parecia tudo muito divertido enquanto durou. (Um fato que passou quase despercebido: muitas pessoas que "perderam" suas casas na execução da hipoteca, na verdade, obtiveram lucro, já que, anteriormente, haviam feito refinanciamentos que deram a elas uma quantia em dinheiro superior ao custo. Em casos assim, o proprietário despejado foi o vencedor, e a vítima foi o credor.)

2011

Vou escrever aqui um pouco sobre a operação hipotecária da Clayton Homes, porque a experiência recente dessa companhia pode ser útil no debate sobre políticas públicas para habitação e hipotecas.

A Clayton, maior empresa de casas pré-fabricadas dos Estados Unidos, entregou no ano passado 27.499 unidades, cerca de 34% do total de 81.889 casas do setor. É provável que nossa participação aumente em 2009, em parte porque as outras empresas do ramo passam por sérias dificuldades. No geral, o número de unidades vendidas diminuiu de forma constante depois de atingir seu ápice, de 372.843 casas comercializadas, em 1998.

Naquela época, grande parte desse setor empregava práticas de vendas atrozes. Quando escrevi sobre essa fase um pouco mais tarde, comentei que isso incluiu "mutuários que não deveriam ter recebido empréstimo sendo financiados por credores que não deveriam ter emprestado".

Antes de tudo, muitas vezes a necessidade de pagamento de sinais consideráveis era ignorada. Em alguns casos, havia falsidade nesse meio. ("Acho que vale 2.000 dólares, com certeza", diz o vendedor que vai receber uma comissão de 3.000 dólares caso o empréstimo seja aprovado.) Além disso, mutuários concordavam com pagamentos mensais fora da realidade deles porque não tinham nada a perder. As hipotecas resultantes dessas negociações em geral eram empacotadas ("securitizadas") e vendidas por firmas de Wall Street para investidores desavisados. Essa cadeia de insensatez só podia terminar mal.

Cabe aqui enfatizar que, durante todo esse tempo, a Clayton seguiu práticas bem mais sensatas em relação a seus próprios empréstimos. Na realidade, nenhum comprador das hipotecas que ela criou e depois securitizou jamais perdeu um centavo do principal ou dos juros. Mas a Clayton foi a exceção à regra: as perdas desse setor foram assombrosas. E a ressaca ainda não passou.

Esse desastre do período entre 1997 e 2000 deveria ter servido de alerta, semelhante ao do canário na mina de carvão, para o mercado imobiliário tradicional, que é bem maior. Entretanto, os investidores, o governo e as agências de classificação de risco não aprenderam absolutamente nada com o fiasco das casas pré-fabricadas. Pelo contrário, em uma reedição assustadora desse desastre, os mesmos erros foram repetidos com casas convencionais de 2004 a 2007: com prazer, os credores realizaram empréstimos que os tomadores não podiam bancar com a própria renda, embora tenham assinado com entusiasmo contratos em que prometiam arcar com os pagamentos. Ambas as partes contaram com a "valorização do preço do imóvel" para firmar esse acordo, que só se tornou possível dessa maneira. Mais uma vez cito Scarlett O'Hara: "Amanhã eu penso nisso." Agora as consequências desse comportamento estão repercutindo em todos os cantos da nossa economia.

Os 198.888 devedores da Clayton, no entanto, continuaram a efetuar os pagamentos normalmente durante a crise imobiliária, sem nos trazer perdas inesperadas. Isso *não* ocorreu graças a uma solvência acima da média por parte desses mutuários, o que é um fato comprovado pelas pontuações FICO (uma medida padrão de risco de crédito). A média de pontuação FICO deles é de 644, enquanto a média nacional é de 723. Além disso, cerca de 35% desses mutuários estão abaixo dos 620 pontos, um segmento em geral designado como "*subprime*". Muitos lastimáveis grupos de hipotecas de residências convencionais são formados por mutuários com um crédito bem melhor, conforme as pontuações FICO.

Ainda assim, no fim do ano, a taxa de inadimplência dos empréstimos originados por nós era de 3,6%, um aumento apenas moderado em relação aos 2,9% de 2006 e 2004. (Além dos empréstimos que originamos, também compramos grandes quantidades de carteiras variadas de outras instituições financeiras.) Em 2008, as execuções de hipoteca da Clayton tiveram 3% de empréstimos originados, sendo que em 2006 esse número chegou a 3,8%, e em 2004, a 5,3%.

Por que os nossos mutuários – tipicamente, pessoas com rendas modestas e pontuações de crédito longe de excelentes – têm um desempenho tão bom? A resposta é simples: está na primeira aula do curso sobre empréstimos. Nossos mutuários apenas analisaram o pagamento total da hipoteca em relação à renda real deles – não em relação à esperada – e, então, decidiram assumir esse compromisso. Para simplificar, eles contraíram uma hipoteca com a intenção de quitá-la, fosse qual fosse o comportamento dos preços dos imóveis.

É igualmente importante o que nossos mutuários *não* fizeram. Eles não contaram com refinanciamentos para pagar o empréstimo. Tampouco aceitaram taxas "promocionais", as quais, após serem reajustadas, ficariam desproporcionais em relação à renda deles. E também não presumiram que sempre poderiam ter lucro ao vender o imóvel caso o pagamento da hipoteca se tornasse oneroso.

Claro, vários mutuários nossos enfrentarão problemas. Em geral, eles têm somente pequenas economias para sobreviver quando surge uma adversidade. A principal causa de inadimplência ou execução da hipoteca é a perda do emprego, mas também existem outros fatores, como morte, divórcio e despesas médicas. Se as taxas de desemprego aumentarem – o que com certeza ocorrerá em 2009 –, mais tomadores de empréstimos da Clayton terão contratempos, e teremos perdas maiores, embora ainda administráveis. Mas as nossas dificuldades não serão influenciadas, de modo algum, pela tendência dos preços dos imóveis.

Os comentários sobre a atual crise imobiliária costumam ignorar o fato crucial de que a maioria das execuções de hipoteca *não* ocorre porque uma casa vale menos do que a própria hipoteca (os chamados empréstimos "de cabeça para baixo"). A questão maior é que os mutuários não conseguem pagar a parcela mensal com a qual haviam concordado. É raro um proprietário que tenha dado uma entrada expressiva – proveniente da poupança, não de outros empréstimos – deixar o imóvel onde mora só porque ele passou a valer menos do que a hipoteca. Na verdade, as pessoas fazem isso quando não conseguem arcar com as parcelas mensais do financiamento.

Ter uma casa para morar é algo maravilhoso. Minha família e eu gostamos da propriedade onde vivemos há cinquenta anos, com outros mais por vir. Mas gostar do imóvel e considerá-lo útil devem ser os principais motivos para a compra, não o lucro ou as possibilidades de refinanciamento. E o pagamento da casa precisa caber na renda do comprador.

O atual colapso imobiliário deve ensinar a compradores, credores, corretores e governo algumas lições simples, que vão garantir a estabilidade no futuro. A compra de uma casa precisa de uma entrada genuína de pelo menos 10% e de parcelas mensais que se encaixem de maneira confortável na renda do mutuário. Além disso, essa renda precisa ser verificada com cuidado.

Colocar pessoas em casas, embora seja uma meta desejável, não deve ser o objetivo principal do nosso país. Mantê-las nas suas casas deve ser a meta.

2008

H. *Parcerias de negócios*

No fim de 2000, começamos a adquirir obrigações do Finova Group, uma empresa financeira com problemas. O Finova tinha cerca de 11 bilhões de dólares em dívidas pendentes, dos quais compramos 13% por cerca de dois terços do valor nominal. Nossa expectativa era de que a empresa iria à falência, mas acreditávamos que a liquidação dos seus ativos geraria uma contrapartida para os credores muito superior ao nosso custo. Como a inadimplência se avolumava no início de 2001, juntamos forças com a Leucadia National Corporation para apresentar à companhia um plano predefinido de falência.

Conforme as modificações posteriores (e aqui estou dando uma simplificada), esse plano previa que os credores recebessem 70% do valor de face (junto dos juros totais) e uma nota promissória recém-emitida de 7,5% pelos outros 30% não exercidos em dinheiro. Para financiar a distribuição de 70% do Finova, a Leucadia e a Berkshire formaram uma entidade de propriedade conjunta – batizada de Berkadia –, que tomou 5,6 bilhões de dólares emprestados, por meio do FleetBoston, e, por sua vez, emprestou essa quantia ao Finova. Com isso, em paralelo, a Berkadia obteve prioridade para reivindicar os ativos do Finova. A Berkshire garantiu 90% do empréstimo da Berkadia e também tem uma garantia secundária sobre os 10% pelos quais a Leucadia é a principal responsável. (Já comentei que estou simplificando essa operação?)

Existe um spread de cerca de dois pontos percentuais entre o que a Berkadia paga pelo empréstimo e o que recebe do Finova, sendo que 90% dele fluem para a Berkshire, e 10%, para a Leucadia. No momento em que escrevo isto, cada empréstimo recebeu pagamentos parciais, e o saldo é de 3,9 bilhões.

Como parte do plano de falência, aprovado em 10 de agosto de 2001, a Berkshire também concordou em oferecer 70% do valor de face por até 500 milhões de dólares do montante principal dos 3,25 bilhões de dólares de novos títulos de 7,5% emitidos pelo Finova. (Desses, já havíamos recebido 426,8 milhões de dólares em montante principal, já que éramos proprietários de 13% da dívida original.) Nossa oferta, que vigoraria até 26 de setembro de 2001, poderia ser retirada sob diversas condições. Ela se tornaria operacional, por exemplo, caso a Bolsa de Valores de Nova York fechasse durante o período da oferta. Quando isso realmente ocorreu, na semana do 11 de setembro, encerramos de imediato a oferta.

Muitos dos empréstimos do Finova envolvem ativos de aeronaves cujos valores foram reduzidos de maneira significativa pelos acontecimentos do 11 de setembro. Outras contas a receber detidas pela empresa também estavam ameaçadas pelas consequências econômicas do ataque. As perspectivas do Finova, portanto, não são tão boas quanto no momento em que fizemos nossa proposta ao tribunal de falências. Ainda assim, acreditamos que, como um todo, a transação há de se mostrar satisfatória para a Berkshire. A Leucadia tem uma responsabilidade operacional diária em relação ao Finova, e há muito tempo estamos impressionados com a visão de negócios e o talento gerencial dos seus principais executivos.

2001

De acordo com o plano [da Berkadia], forneceríamos a maior parte do capital, e a Leucadia, dos cérebros. E foi assim que funcionou. De fato, Joe Steinberg e Ian Cumming, que juntos administram a Leucadia, fizeram um trabalho tão bom na liquidação do portfólio do Finova que foi extinta a garantia de 5,6 bilhões de dólares assumida por nós em relação à transação. Infelizmente, o subproduto dessa compensação rápida é que nossa receita futura será bastante reduzida. No geral, a Berkadia rendeu um dinheiro excelente para nós, e Joe e Ian têm sido parceiros fantásticos.

2003

No fim de 2009, nos tornamos proprietários de 50% da Berkadia Commercial Mortgage (antes conhecida como Capmark), a terceira maior entidade gestora de hipotecas comerciais do país. Além de atender a uma carteira de 235 bilhões de dólares, a companhia tem um papel importante na geração de hipotecas, com 25 escritórios espalhados pelo país. Embora os imóveis comerciais devam enfrentar grandes problemas nos próximos anos, as oportunidades de longo prazo para a Berkadia são significativas.

Nosso parceiro nessa operação é a Leucadia, administrada por Joe Steinberg e Ian Cumming, com quem tivemos uma experiência fantástica alguns anos atrás, quando a Berkshire se juntou a eles para comprar o Finova, uma empresa financeira em dificuldades. Ao resolverem essa situação, Joe e Ian foram muito além das exigências do cargo, algo que sempre incentivo. Naturalmente, fiquei encantado quando me chamaram para uma nova parceria na compra da Capmark.

2009

Adquirimos uma grande participação na H.J. Heinz. [A empresa] tem a ver conosco e continuará a prosperar daqui a um século. Além disso, com a compra da Heinz, criamos um modelo de parceria que pode ser usado pela Berkshire em futuras aquisições de porte. Nesse caso, nós nos associamos a investidores da 3G Capital, empresa liderada por meu amigo Jorge Paulo Lemann. Seus talentosos parceiros – Bernardo Hees, o novo executivo-chefe da Heinz, e Alex Behring, presidente da empresa – são responsáveis pelas operações.

A Berkshire é o parceiro financeiro. Nessa função, compramos 8 bilhões de dólares em ações preferenciais da Heinz, as quais têm um cupom de 9%, além de outras características que devem aumentar o retorno anual das preferenciais para cerca de 12%. A Berkshire e a 3G compraram, cada uma, metade das ações ordinárias da Heinz por 4,25 bilhões de dólares.

Embora a aquisição da Heinz tenha algumas semelhanças com uma transação de *private equity*, há uma diferença crucial: a Berkshire pretende jamais vender uma ação da empresa. O que preferimos é comprar mais, e isso pode acontecer: talvez certos investidores da 3G vendam algumas ou todas as suas ações no futuro, e poderemos aumentar nossa participação nessas ocasiões. Outra possibilidade é a Berkshire e a 3G decidirem em algum momento que seria um benefício mútuo trocarmos algumas das nossas ações preferenciais por ações ordinárias (com base em uma avaliação patrimonial adequada para a época).

Nossa parceria assumiu o controle da Heinz em junho, e os resultados operacionais até o momento são encorajadores. No entanto, apenas ganhos menores da Heinz estão refletidos no lucro que relatamos para a Berkshire este ano: os encargos únicos incorridos na compra e a subsequente reestruturação das operações totalizaram 1,3 bilhão. Os ganhos em 2014 serão significativos.

2013

Há dois anos, meu amigo Jorge Paulo Lemann convidou a Berkshire para se juntar ao grupo 3G Capital na aquisição da Heinz. A decisão de aceitar foi fácil: eu soube, na hora, que essa parceria funcionaria bem tanto do ponto de vista pessoal quanto do financeiro. E isso aconteceu, sem qualquer dúvida.

Não tenho vergonha de admitir que a Heinz tem uma gestão muito melhor com Alex Behring, o presidente, e Bernardo Hees, o executivo-chefe, do que teria se eu estivesse no comando. Eles seguem padrões de desempenho extraordinariamente altos e nunca estão satisfeitos, mesmo quando os resultados superam em muito os da concorrência.

Esperamos fazer parceria com a 3G em outros negócios. Às vezes, nossa participação vai se limitar a um papel financeiro, como foi o caso da recente aquisição do Tim Hortons pelo Burger King. Nosso acordo preferido, entretanto, normalmente será nos vincularmos a um parceiro patrimonial *permanente* (que, em alguns casos, também contribui para o financiamento do negócio). Seja qual for a estrutura, gostamos muito de trabalhar com Jorge Paulo.

2014

Nossa parceria [com a 3G, uma empresa de sociedade de participação privada] na Heinz mais que dobrou de tamanho no ano passado ao ser incorporada à Kraft. Jorge Paulo e seus associados não poderiam ser melhores parceiros. Compartilhamos com eles a paixão por comprar, construir e manter grandes negócios que atendam a necessidades e desejos básicos. Seguimos caminhos diferentes, no entanto, na busca desse objetivo.

O método deles, que tem lhes rendido um sucesso extraordinário, é comprar empresas que ofereçam oportunidades de eliminar vários custos desnecessários e, depois – com muita rapidez –, tomar as medidas necessárias para executar a tarefa. Suas ações aumentam de modo expressivo a produtividade, o fator mais importante no crescimento econômico dos Estados Unidos nos últimos 240 anos. Se não houver mais produção de bens e serviços desejados por hora de trabalho – essa é a medida dos ganhos de produtividade –, é inevitável que uma economia fique estagnada. Em boa parte das empresas americanas, é possível obter ganhos relevantes de produtividade, e isso oferece oportunidades para Jorge Paulo e seus associados.

Na Berkshire, nós também ansiamos por eficiência e detestamos a burocracia. Para atingir nossos objetivos, entretanto, seguimos uma abordagem que enfatiza a prevenção do inchaço, comprando empresas como a PCC, que há muito tempo são administradas por gestores eficientes e preocupados com os custos. Após a compra, nosso papel é somente criar um ambiente no qual esses executivos-chefes – ou seus eventuais sucessores, que costumam ter mentalidade parecida – possam maximizar a eficácia gerencial e o prazer que extraem do trabalho.

Vamos continuar a operar com uma descentralização extrema na Berkshire – a qual, aliás, é quase inédita. Mas também vamos buscar oportunidades de parcerias com Jorge Paulo, seja como parceiro financeiro, como foi o caso quando o grupo dele comprou o Tim Hortons, ou como uma combinação de parceiro patrimonial e financeiro, o que aconteceu no caso da Heinz. De vez em quando, podemos ainda firmar outras parcerias, como a da Berkadia, que é bem-sucedida.

Contudo, a Berkshire vai se associar apenas a parceiros que façam aquisições amigáveis. Sem dúvida, certas ofertas hostis são justificadas: alguns executivos-chefes esquecem que é para os acionistas que deveriam trabalhar, outros são deploravelmente ineptos. Em ambos os casos, os conselheiros podem estar cegos para o problema ou apenas relutantes em realizar a mudança necessária. É nessas horas que é necessária a renovação do quadro. Mas nós vamos passar adiante essas "oportunidades". Na Berkshire, só vamos aonde somos bem-vindos.

2015

Conseguimos fazer uma compra independente e sensata no ano passado, uma participação societária de 38,6% na Pilot Flying J ("PFJ"). Com cerca de 20 bilhões de dólares em volume anual, a empresa é, de longe, a maior operadora de autopostos rodoviários do país.

A PFJ é administrada desde o começo por uma família admirável, os Haslam. Há 60 anos, "Big Jim" Haslam começou com um sonho e um posto de gasolina. Hoje, seu filho, Jimmy, gerencia 27 mil associados em cerca de 750 localidades em toda a América do Norte. A Berkshire tem um acordo contratual para aumentar a sua participação na PFJ para 80% em 2023. Assim, os membros da família Haslam ficariam com os 20% restantes. Para a Berkshire, essa parceria é um prazer.

Quando estiver dirigindo na estrada, visite uma parada. A PFJ tem postos de gasolina e óleo diesel e, além disso, a comida é boa. Se o dia tiver sido longo, não esqueça que nossas instalações têm no total 5.200 chuveiros.

2017

IV. AÇÕES ORDINÁRIAS

SURTOS OCASIONAIS DE DUAS DOENÇAS extremamente contagiosas, o medo e a ganância, sempre hão de ocorrer na comunidade dos investidores. O momento dessas epidemias é imprevisível. E elas produzirão aberrações de mercado igualmente imprevisíveis, tanto no que diz respeito à duração quanto à gravidade. Por isso nunca tentamos antecipar o começo nem o fim de qualquer uma das duas. Nosso objetivo é mais modesto: apenas tentamos ter medo quando as outras pessoas se mostram gananciosas, e somos gananciosos somente quando as outras pessoas estão com medo.

Neste momento em que estou escrevendo, não se vê muito medo em Wall Street. O que prevalece é a euforia – e por que seria diferente? O que poderia ser mais estimulante do que participar de um mercado em alta, no qual as recompensas para os proprietários das empresas se tornam gloriosamente desvinculadas do arrastado desempenho dessas companhias? No entanto, infelizmente, as ações não conseguem ter um desempenho superior ao das empresas para sempre.

Aliás, por causa dos custos pesados de transação e de gestão de investimentos que enfrentam, é inevitável que, considerando um horizonte de longo prazo, os acionistas como um todo tenham resultados inferiores aos das empresas que possuem. Se as empresas americanas, em conjunto, têm ganhos de cerca de 12% sobre participações acionárias ao ano, os ganhos dos investidores são significativamente menores. Mercados em alta podem ofuscar as leis matemáticas, mas não conseguem revogá-las.

1986

A. *Superação de custos por indexação*

Para a Berkshire e outros proprietários de ações de empresas americanas, tem sido fácil prosperar ao longo dos anos. Entre 31 de dezembro de 1899 e 31 de dezembro de 1999, para dar um exemplo efetivo de longo prazo, o índice Dow Jones subiu de 65,73 para 11.497,12. (Adivinhe qual é a taxa de crescimento anual necessária para gerar esse resultado? A resposta surpreendente está no fim deste ensaio.) Esse aumento enorme se deve a uma razão simples: ao longo do século, as empresas americanas tiveram um desempenho extraordinário, e os investidores surfaram nessa onda de prosperidade. E elas continuam indo bem. Mas agora os acionistas, por uma série de lesões autoinfligidas, estão reduzindo de maneira significativa os retornos que vão obter com seus investimentos.

A explicação de como isso ocorre começa com uma verdade fundamental: exceto alguns casos sem importância, como falências, em que parte das perdas da empresa são assumidas pelos credores, *o máximo que o conjunto dos proprietários consegue obter, de hoje até o Dia do Juízo Final, é exatamente o valor que as próprias companhias obtiveram.* Também é verdade que, ao comprar e vender com inteligência ou sorte, talvez o investidor A fique com uma fatia maior do bolo, às custas do investidor B. E, sim, todos os investidores *se sentem* mais ricos quando as ações disparam. No entanto, um proprietário só pode sair do negócio se conseguir alguém para ficar em seu lugar. Quando um investidor vende na alta, outro precisa comprar na alta. Para os proprietários como um todo, simplesmente não existe nenhuma mágica – nenhuma chuva de dinheiro vinda do espaço sideral – para possibilitar que extraiam riqueza das empresas além daquela criada por elas mesmas.

De fato, o ganho dos proprietários precisa ser menor do que o das suas empresas por causa dos custos "friccionais". E este é o meu argumento: agora esses custos alcançaram valores que farão com que os acionistas ganhem *bem menos* do que a média histórica.

Para entender como esse número foi inflado, imagine por um instante que todas as empresas americanas pertencem, e sempre irão pertencer, a uma única família. Vamos chamá-la de família Fortuna. Após o pagamento de impostos sobre dividendos, os Fortuna ficam mais ricos – a cada geração – em termos do lucro agregado obtido por suas companhias. Hoje, esse montante é de cerca de 700 bilhões de dólares anuais. A família, é claro, gasta parte desses dólares e capitaliza a quantia que sobra em benefício próprio. Na casa dos Fortuna, todos enriquecem no mesmo ritmo e tudo é harmonioso.

Mas agora vamos supor que alguns Ajudantes com boa lábia se aproximem da família e convençam cada um de seus integrantes a tentar ser mais esperto do que os outros parentes ao fechar com eles operações de compra e venda de certas participações. Os Ajudantes – por uma comissão, sem dúvida – fazem a gentileza de cuidar dessas transações. Os Fortuna ainda são donos de todas as empresas americanas – essas negociações só reorganizam quem possui o quê. Assim, o ganho anual de riqueza da família diminui e se iguala aos ganhos das empresas americanas *menos* as comissões pagas. Quanto mais os membros da família negociam, mais suas fatias do bolo diminuem, enquanto as dos Ajudantes aumentam. Esse fato não passa despercebido por esses Ajudantes-corretores: eles precisam que haja atividade e, de várias maneiras, buscam incentivá-la.

Depois de um tempo, a maioria dos integrantes da família percebe que não está se saindo muito bem nesse novo jogo, uma espécie de "vou derrotar o meu irmão". Aí entra uma nova leva de Ajudantes. Esses recém-chegados explicam a cada membro do clã Fortuna que, sozinho, ele nunca será mais esperto do que o restante da família. Sugerem então o seguinte remédio: "Contrate um gestor – é, nós mesmos – para garantir um serviço executado de maneira profissional." Esses Ajudantes-gestores continuam a empregar os Ajudantes-corretores para as negociações – talvez os gestores até intensifiquem essa atividade de modo a permitir que os corretores prosperem ainda mais. No geral, agora uma fatia maior do bolo vai para as duas classes de Ajudantes.

A família fica cada vez mais frustrada. Todos os seus integrantes passaram a contratar profissionais. Ainda assim, as finanças do grupo como um todo pioraram. Qual seria a solução? Arranjar mais ajuda, é evidente.

E ela chega pelas mãos de planejadores financeiros e consultores institucionais, que intervêm para aconselhar os Fortuna na seleção dos Ajudantes-gestores. Atordoada, a família agradece a ajuda. A essa altura, os parentes já sabem que não conseguem escolher as melhores ações nem quem melhor as selecione. Por que, alguém poderia perguntar, teriam a expectativa de saber escolher o melhor consultor para eles? Mas essa questão não ocorre aos Fortuna e, com certeza, os Ajudantes-consultores não vão levantá-la.

Os Fortuna, que agora sustentam três classes de Ajudantes caros, descobrem que os resultados pioraram e entram em desespero. Mas, quando estavam prestes a perder a esperança, eis que surge um quarto grupo – vamos chamá-los de hiper-Ajudantes. Essa gente simpática explica aos Fortuna que a causa desses resultados insatisfatórios é que os Ajudantes em ação – corretores, gestores, consultores – não estão motivados o suficiente, além de só agirem no automático. "O que vocês poderiam esperar de um bando de zumbis?", indagam os novos Ajudantes.

Esses últimos recém-chegados oferecem uma solução simples, de tirar o fôlego: *paguem mais dinheiro a eles*. Cheios de autoconfiança, os hiper-Ajudantes afirmam que cada integrante da família deve desembolsar enormes pagamentos pontuais – além de comissões fixas, a serem depositadas com rigor –, com o objetivo de *enfim* deixar os parentes para trás.

Os mais observadores percebem que alguns dos hiper-Ajudantes são, na verdade, apenas Ajudantes-gestores de uniforme novo, no qual está costurado um nome sexy como HEDGE FUNDS ou *PRIVATE EQUITY*. Entretanto, os novos Ajudantes garantem aos Fortuna que essa mudança de vestimenta é de extrema importância por conferir poderes mágicos semelhantes aos adquiridos pelo pacato Clark Kent quando ele veste seu uniforme de Super-Homem. Mais tranquila após a explicação, a família resolve pagar mais.

E é a este ponto que chegamos hoje: agora uma parte recorde dos ganhos que iriam na sua totalidade para os proprietários – se todos eles só ficassem sentados numa cadeira de balanço – vai para um exército inchado de Ajudantes. Um fenômeno particularmente dispendioso é a pandemia recente de acordos de lucro, por meio dos quais os Ajudantes recebem grandes porções dos ganhos quando são inteligentes ou têm sorte e deixam todas as perdas para os membros da família – e ainda as altas comissões fixas – quando são burros ou azarados (ou, em algumas ocasiões, desonestos).

Após um número suficiente de arranjos como esse – se der cara, o Ajudante fica com grande parte dos ganhos; se der coroa, os Fortuna perdem e pagam caro por esse privilégio –, talvez seja mais adequado chamar a família de Infortúnio. Na realidade, hoje essa família tem custos friccionais de todos os tipos que, às vezes, chegam a 20% do lucro das empresas americanas. Ou seja, o fardo de pagar Ajudantes pode fazer com que os investidores americanos, como um todo, só tenham ganhos de cerca de 80% do que obteriam se ficassem parados e não dessem ouvidos a ninguém.

Muito tempo atrás, Sir Isaac Newton nos legou três leis do movimento, que foram obra de um gênio. Mas os talentos de Sir Isaac não abrangiam os investimentos. Ele perdeu um bom dinheiro na Bolha do Mar do Sul e, mais tarde, explicou isso da seguinte maneira: "Consigo calcular o deslocamento das estrelas, mas não a loucura dos homens." Se não tivesse ficado traumatizado com essa perda, Sir Isaac poderia muito bem ter descoberto a Quarta Lei do Movimento: *para os investidores como um todo, os retornos diminuem à medida que o movimento aumenta.*

Aqui está a resposta à pergunta feita no início deste ensaio: para ser bem específico, o índice Dow Jones aumentou de 65,73 para 11.497,12 no século XX, o que equivale a um ganho de 5,3% composto anualmente. (Os investidores também teriam recebido dividendos, é claro.) Para alcançar a mesma taxa de ganho no século XXI, o Dow Jones terá que chegar, até 31 de dezembro de 2099 (prepare-se), a exatos 2.011.011,23. Mas estou disposto a me contentar com 2.000.000: já se passaram seis anos deste século, e o Dow não teve nenhum ganho.

Após escrever o ensaio anterior, ofereci publicamente 500 mil dólares em uma aposta: nenhum profissional de investimento conseguiria selecionar um conjunto de pelo menos cinco hedge funds – meios de investimento altamente populares, cujas tarifas são altas – que, durante um longo período, superariam o desempenho de um fundo de índice de gestão passiva do S&P 500, que cobre taxas meramente simbólicas. Sugeri uma aposta de dez anos e nomeei um fundo de baixo custo do Vanguard S&P como meu candidato.

2005[22]

Eis o placar final da aposta: o ganho final de 2008 a 2017 do fundo de índice do S&P foi de 125,8%, para um ganho médio anual de 8,5%. Os valores comparativos para cada um dos "fundos de fundos" foram, respectivamente: 21,7% e 2,0%; 42,3% e 3,6%; 87,7% e 6,5%; 2,8% e 0,3%; e 27,0% e 2,4%.

Fiz essa aposta por dois motivos: (1) para alavancar minha despesa em uma soma desproporcionalmente maior, a qual – se o resultado fosse o que eu esperava – seria distribuída no início de 2018 para a Girls Inc. de Omaha; e (2) para divulgar a certeza de que minha escolha – um investimento de custo quase zero em um fundo de índice de gestão passiva do S&P 500 – teria, com o tempo, resultados melhores do que os alcançados

---

[22] Reimpresso em 2016.

pela maioria dos profissionais de investimento, por mais prestígio e incentivo que esses "ajudantes" tivessem.

Abordar essa questão é de extrema importância. Investidores americanos pagam quantias exorbitantes aos consultores todos os anos e, muitas vezes, incorrem em vários níveis de custos indiretos. Como um todo, esses investidores obtêm o que o dinheiro deles vale? Ainda como um todo, eles recebem de fato algo pelas despesas que têm?

A Protégé Partners, que fez a aposta comigo, escolheu cinco fundos de fundos, esperando que superassem o S&P 500. Não foi uma amostragem pequena. Esses cinco fundos de fundos, por sua vez, detinham participações em mais de duzentos hedge funds.

A Protégé é uma firma de consultoria que conhece profundamente Wall Street e selecionou cinco especialistas em investimentos que, por sua vez, contrataram várias centenas de outros especialistas em investimentos, sendo que cada um administrou o seu próprio hedge fund. Essas pessoas reunidas formaram uma equipe de elite, operando com cérebros, adrenalina e confiança.

Os gestores dos cinco fundos de fundos contavam com uma vantagem extra: podiam – e de fato fizeram isso – reorganizar as carteiras de hedge funds ao longo de dez anos, ao investirem em novas "estrelas", enquanto saíam de suas posições em fundos cujos gestores haviam perdido a mão.

Todos os agentes do lado da Protégé receberam altos incentivos: tanto os gestores de fundos de fundos quanto os gestores de hedge funds selecionados por eles compartilharam quantias consideráveis em ganhos, mesmo os obtidos apenas pela tendência comum de alta do mercado. (Em cada período decenal, desde que assumimos o controle da Berkshire, os anos com ganhos pelo S&P 500 excederam os de perdas em 100%.)

Esses incentivos para o desempenho, devemos enfatizar, foram a cereja do bolo, que era enorme e saboroso: mesmo que os fundos perdessem dinheiro dos investidores durante a década, os gestores poderiam enriquecer bastante. Isso ocorreria porque as tarifas fixas, com uma média de espantosos 2,5% dos ativos, ou algo assim, eram pagas todos os anos pelos investidores dos fundos de fundos. Parte desse valor ficava com os gestores dos cinco fundos de fundos, enquanto o saldo ia para os mais de duzentos gestores dos hedge funds relacionados.

Quero enfatizar que não houve nada de anormal no comportamento do mercado de ações ao longo desse período de dez anos. Se uma pesquisa com "especialistas" em investimentos tivesse sido feita no fim de 2007 para prever os retornos das ações ordinárias de longo prazo, é provável que as estimativas ficassem, na média, próximas aos 8,5% efetivamente entregues pelo S&P 500. Ganhar dinheiro naquele ambiente deveria ter sido fácil. De fato, os "Ajudantes" de Wall Street receberam somas assombrosas. Embora esse grupo tenha prosperado, para muitos de seus investidores aquela foi uma década perdida.

O desempenho vem, o desempenho vai. As tarifas nunca diminuem.

Essa aposta exemplifica outra lição importante: embora os mercados em geral sejam racionais, eles fazem loucuras de vez em quando. Aproveitar as oportunidades oferecidas nesses momentos não requer uma grande inteligência, um diploma em economia ou familiaridade com os jargões de Wall Street, como alfa e beta. O que os investidores precisam, na verdade, é da capacidade de ignorar o medo ou o entusiasmo da multidão e de focar em alguns fundamentos simples. Estar disposto a parecer pouco criativo durante um longo período – ou mesmo tolo – também é essencial.

2017

Tenho certeza de que, em quase todos os casos, os gestores de ambos os níveis eram pessoas honestas e inteligentes. Mas os resultados para seus investidores foram desanimadores – aliás, bastante desanimadores. E, infelizmente, as tarifas fixas cobradas por todos os fundos e fundos de fundos envolvidos – as quais não tinham qualquer justificativa com base no desempenho – eram tão altas que os gestores receberam recompensas de grande vulto durante os nove anos que se passaram. Como talvez dissesse Gordon Gekko: "As gratificações nunca dormem."

Provavelmente, os gestores dos hedge funds ligados à nossa aposta receberam pagamentos um pouco abaixo do padrão vigente, de "2 e 20", o que significa uma taxa fixa anual de 2%, a qual deve ser paga mesmo quando as perdas são enormes, e 20% do lucro sem recuperação (caso anos bons sejam seguidos de outros ruins). Com esse arranjo assimétrico, a capacidade de um operador de hedge fund de apenas acumular ativos sob sua gestão tornou muitos deles extraordinariamente ricos, mesmo quando seus investimentos tiveram um desempenho ruim.

E ainda não terminamos de falar das gratificações. Não se esqueça: é preciso alimentar também os gestores de fundos de fundos. Eles receberam uma quantia extra que, de forma habitual, era fixada em 1% dos ativos. Então, apesar do péssimo histórico geral dos cinco fundos de fundos, alguns tiveram bons anos e cobraram taxas de performance. Por isso estimo que, ao longo de nove anos, cerca de 60% – socorro! – de todos os ganhos obtidos pelos cinco fundos de fundos acabaram desviados para os dois níveis de gerência. Essa foi a recompensa indevida que receberam por realizar algo muito aquém do que as centenas de sócios limitados deles poderiam ter alcançado por conta própria, sem esforço – e praticamente sem custo.

Existem, é claro, alguns indivíduos qualificados que têm uma grande probabilidade de superar o S&P após longos períodos. Mas, desde o começo da minha vida, só identifiquei uns dez profissionais que considerei capazes de realizar essa façanha.

Sem dúvida, existem muitas centenas de pessoas – quem sabe, milhares – que não tive a oportunidade de conhecer com habilidades comparáveis às desses dez que mencionei. Afinal, não se trata de uma tarefa impossível. O problema é que a grande maioria dos gestores que tentam superar o desempenho do S&P vai fracassar. Também é muito alta a probabilidade de a pessoa que solicita seus recursos não ser a exceção que vai se sair bem. Bill Ruane – um ser humano maravilhoso, em quem identifiquei com boa dose de certeza, sessenta anos atrás, a capacidade de obter retornos de investimento superiores a longo prazo – soube expressar isso muito bem: "Na gestão de investimentos, existe uma progressão dos inovadores para os imitadores e, daí, para o enxame de incompetentes."

Para complicar ainda mais a busca do raro gestor que faz jus à alta remuneração embolsada, temos o fato de alguns profissionais de investimento, assim como certos amadores, terem sorte durante períodos curtos. Se mil gestores fizerem uma previsão de mercado no início de determinado ano, é muito provável que pelo menos um deles acerte por nove anos consecutivos. Claro, mil macacos teriam a mesma probabilidade de gerar um profeta aparentemente sábio. Mas ainda assim haveria uma diferença: o macaco sortudo não teria uma fila de gente à sua procura para lhe confiar seus investimentos.

Por fim, existem três realidades conectadas que fazem com que o sucesso do investimento gere um fracasso. Em primeiro lugar, um bom histórico atrai em pouco tempo uma enxurrada de dinheiro. Em segundo, grandes quantias acabam funcionando como uma âncora que paralisa o desempenho do investimento: o que é fácil realizar com milhões vira uma batalha com bilhões (é de chorar!). Em terceiro, a maioria dos gestores, no entanto, vai buscar dinheiro novo mediante uma equação pessoal – ou seja, quanto mais fundos eles administram, maiores são as comissões.

Para concluir: quando trilhões de dólares ficam sob a administração do povo de Wall Street que cobra tarifas altas, em geral são os gestores que colhem lucros exorbitantes, não os clientes. Tanto os grandes quanto os pequenos investidores devem se ater aos fundos de índice de baixo custo.

COM O PASSAR DOS anos, muitas vezes me pediram conselhos sobre investimentos e, conforme eu respondia, aprendi bastante sobre o comportamento humano. Minha recomendação habitual tem sido um fundo de índice do S&P 500 de baixo custo. De modo geral, meus amigos que têm somente posses modestas seguiram a minha sugestão – devo dar esse crédito a eles.

Contudo, acredito que nenhum dos indivíduos extremamente ricos, fundos de pensão ou instituições a quem dei esse mesmo conselho seguiu minhas recomendações. Agradeceram gentilmente e partiram para ouvir o canto da sereia de um gestor que cobra caro ou, no caso de muitas instituições, foram procurar outra espécie de hiper-Ajudante chamada consultor.

Só que esse profissional enfrenta um problema. Você consegue imaginar um consultor de investimentos que diz aos clientes, ano após ano, para continuarem depositando em um fundo de índice que replica o S&P 500? Isso seria suicídio profissional. No entanto, tarifas altas são despejadas nas mãos desses hiper-Ajudantes quando eles recomendam pequenas mudanças gerenciais mais ou menos a cada ano. Com frequência, esse conselho vem na forma de um palavreado esotérico para explicar por que "estilos" de investimento da moda ou tendências econômicas correntes tornam tal mudança apropriada.

Os ricos estão acostumados a acreditar que a vida lhes destina tudo o que há de melhor em termos de alimentação, escolaridade, entretenimento, moradia, cirurgia plástica, ingressos para jogos esportivos, entre outras coisas. Acham que o dinheiro deles deveria comprar algo superior ao que está acessível às massas.

Em muitos aspectos da vida, de fato, a riqueza conquista produtos ou serviços de primeira linha. Por esse motivo, as "elites" financeiras – indivíduos ricos, fundos de pensão, dotações para universidades, etc. – têm grande dificuldade em adotar com placidez um produto ou serviço financeiro que também esteja disponível para quem investe apenas alguns milhares de dólares. Essa relutância dos ricos costuma prevalecer, embora esteja claro que o produto em questão é, com base na expectativa, a melhor escolha. Minha estimativa – muito aproximada, reconheço – é que a busca da elite de uma consultoria de investimento de maior qualidade levou a um desperdício total de mais de 100 bilhões de dólares na última década. Pense nisto: mesmo uma tarifa de 1% sobre alguns trilhões de dólares vai gerar uma bolada. É claro que nem todo investidor que colocou dinheiro em hedge funds há dez anos ficou para trás em relação ao retorno do S&P 500. Mas acredito que meu cálculo do déficit agregado seja conservador.

Grande parte do prejuízo financeiro atingiu os fundos de pensão dos funcionários públicos. É lamentável que muitos deles não tenham recursos suficientes, em parte porque sofreram um golpe duplo: baixo desempenho dos investimentos acompanhado de tarifas elevadas. Como resultado, os ativos desses fundos tiveram déficits que, durante décadas, precisarão ser compensados pelos contribuintes locais.

O comportamento humano não vai mudar. Indivíduos ricos, fundos de pensão, dotações e similares vão continuar a achar que merecem algo "a mais" em termos de recomendação de investimento. Os consultores que jogarem de modo inteligente com essa expectativa vão enriquecer muito. Este ano, talvez a poção mágica esteja nos hedge funds; no próximo, pode ser outra coisa. O resultado provável desse desfile de promessas pode ser resumido em um ditado: "Quando uma pessoa com dinheiro encontra outra com experiência, quem tinha experiência termina com o dinheiro e quem tinha dinheiro ganha a experiência."

Muito tempo atrás, meu cunhado Homer Rogers trabalhava como agente de vendas de produtores de carne em Omaha. Perguntei a ele como tinha convencido fazendeiros e pequenos produtores a contratá-lo para intermediar a venda de porcos e gado para compradores das quatro grandes empresas de empacotamento de carne (Swift, Cudahy, Wilson e Armour). Afinal, os porcos eram apenas porcos, enquanto os compradores eram especialistas que sabiam até o último centavo quanto valia cada animal. Como então, perguntei a Homer, um agente de vendas conseguiria obter um resultado melhor do que os demais?

Homer me lançou um olhar de pena e falou: "Warren, a questão não é como vender, é como falar no assunto." O que deu certo nas fazendas continua dando certo em Wall Street.

2016

B. *Atração de acionistas de qualidade*

Em alguns meses, é provável que as ações da Berkshire sejam negociadas na Bolsa de Valores de Nova York (NYSE). Essa operação se tornaria possível graças a uma nova regra de listagem definida pelo conselho de diretores da bolsa, que solicitou sua aprovação à SEC (a comissão de valores mobiliários dos Estados Unidos). Se essa aprovação ocorrer, esperamos pedir um registro. Acreditamos que ele será concedido.

Até o momento, a bolsa de valores exige que as empresas recém-listadas tenham, no mínimo, 2 mil acionistas, cada um deles com pelo menos cem ações. O objetivo dessa regra é assegurar que as empresas listadas na NYSE desfrutem da participação do investidor amplo que contribui para a organização do mercado. O padrão de cem ações corresponde à unidade de negociação ("lote-padrão") para todas as ações ordinárias listadas hoje.

Como em 1988 a Berkshire tinha relativamente poucas ações em circulação (1.146.642), a empresa não contava com o número de detentores do mínimo de cem ações exigido pela bolsa. No entanto, uma participação de dez ações da Berkshire representa um compromisso de investimento significativo. Na verdade, o valor de dez ações da nossa empresa é maior do que o de cem ações de qualquer papel listado na NYSE. A bolsa, portanto, está disposta a permitir que as ações da Berkshire sejam negociadas em "lotes-padrão" de *dez* ações.

A regra proposta pela NYSE simplesmente faz com que o mínimo de 2 mil acionistas deixe de se basear em detentores de pelo menos cem ações e passe a ser mensurado por detentores de pelo menos um lote-padrão. A Berkshire atende com facilidade a esse requisito.

Charlie e eu estamos satisfeitos com a perspectiva de listagem em bolsa de valores, pois acreditamos que essa mudança beneficiará nossos acionistas. Temos dois critérios para avaliar qual é o melhor mercado para as ações da Berkshire. Primeiro, esperamos que as ações sejam negociadas de modo regular por um preço racional em relação ao valor intrínseco do negócio. Se isso acontece, cada acionista obtém um resultado de investimento próximo ao dos negócios da Berkshire durante o período de propriedade.

Esse desfecho está longe de ser automático. Muitas ações oscilam entre níveis extremos de falta e de excesso de valorização. Quando isso acontece, os proprietários são recompensados ou penalizados de uma maneira totalmente diferente do desempenho da empresa durante aquele período de propriedade. Queremos evitar resultados inconstantes como esses. Nosso objetivo é fazer com que nossos sócios-acionistas lucrem com as conquistas da empresa, não graças ao comportamento tolo dos coproprietários.

Preços racionais consistentes são resultado da existência de proprietários racionais, tanto os atuais quanto os futuros. Todas as nossas políticas e comunicações são pensadas para atrair o proprietário de longo prazo orientado para os negócios e para filtrar possíveis compradores cujo foco seja de curto prazo e voltado para o mercado. Até o momento, fomos bem-sucedidos nessa tentativa. As ações da Berkshire têm sido vendidas, de maneira frequente e incomum, em uma faixa estreita, próxima ao valor intrínseco do negócio. Não acreditamos que a listagem na NYSE melhore nem diminua as perspectivas da Berkshire de vender de maneira sistemática por um preço apropriado: a qualidade dos nossos acionistas produzirá um bom resultado em qualquer mercado.

No entanto, acreditamos que a listagem em bolsa reduzirá os custos de transação para os acionistas da Berkshire – e isso é importante. Embora nosso objetivo seja atrair acionistas que permaneçam por muito tempo, também queremos minimizar os custos gerados pela entrada e saída deles. A longo prazo, as recompensas agregadas, sem contar os impostos, para nossos proprietários serão iguais aos ganhos de negócios obtidos pela empresa, descontando os custos de transação determinados pelo mercado – ou seja, as comissões cobradas pelos corretores mais os spreads líquidos alcançados pelos formadores de mercado. No geral, acreditamos que esses custos de transação serão reduzidos de maneira considerável pela listagem na NYSE.

Os custos de transação são bem pesados para ações muito negociadas, correspondendo, não raro, a pelo menos 10% do lucro de uma empresa de capital aberto. Com efeito, esses custos representam um imposto robusto para os proprietários, embora se baseiem em decisões individuais de promover uma "dança das cadeiras" e sejam pagos à comunidade financeira, não a Washington. Nossas políticas e sua atitude de investimento reduziram esse "imposto" para os proprietários da Berkshire ao que acreditamos ser o nível mais baixo entre as grandes empresas de capital aberto. Quando formos listados na NYSE, esses custos para nossos proprietários devem diminuir ainda mais, pois o spread do formador de mercado será reduzido.

Um último comentário: *tenha certeza de que não buscamos a listagem na NYSE com o objetivo de obter uma avaliação mais alta das ações da Berkshire. Elas devem ser vendidas na NYSE, e esperamos que o sejam, por preços próxi-*

mos aos que seriam determinados pelo mercado de balcão, em circunstâncias econômicas semelhantes. A listagem na Bolsa de Valores de Nova York não deve induzir você a comprar ou vender: é apenas para reduzir seus custos, caso decida fazer uma dessas coisas.

1988[23]

As ações da Berkshire foram listadas na NYSE em 29 de novembro de 1988. Vou esclarecer um ponto não abordado na carta anterior: embora o nosso lote-padrão para negociação na NYSE seja de dez ações, é possível comprar ou vender qualquer número de ações a partir de um.

Conforme a carta anterior explica, nosso objetivo principal com a listagem era reduzir os custos de transação, e acreditamos que ele vem sendo alcançado. Geralmente, o spread entre o lance e o preço pedido na NYSE tem estado bem abaixo do spread que prevalecia no mercado de balcão.

A Henderson Brothers, Inc., especialista nas nossas ações, é a mais antiga firma especializada ainda em atuação na bolsa – o criador da empresa, William Thomas Henderson, comprou o assento dele por 500 dólares em 8 de setembro de 1861. (Há pouco tempo, os assentos estavam sendo vendidos por cerca de 625 mil dólares.) Entre as 54 firmas que atuam como especialistas, a HBI ocupa o segundo lugar em número de ações designadas, com 83. Ficamos contentes quando a Berkshire foi alocada para a HBI, e o desempenho da firma tem nos agradado muito. O presidente Jim Maguire gerencia pessoalmente as negociações da Berkshire, e não poderíamos estar em melhores mãos.

Em dois aspectos, existe a probabilidade de que nossos objetivos sejam um tanto diferentes das metas da maioria das empresas listadas. Primeiro, não pretendemos maximizar o preço de negociação das ações da Berkshire. Em vez disso, queremos que elas sejam negociadas em uma faixa limitada, bem próxima do valor intrínseco do negócio (o qual esperamos que aumente a uma taxa razoável – ou, melhor ainda, além do razoável).

Em segundo lugar, desejamos que haja pouquíssima atividade de negociação. Se administrássemos uma empresa de capital fechado com alguns

---

[23] Carta enviada aos acionistas da Berkshire em 5 de agosto de 1988 e reimpressa no mesmo ano.

sócios passivos, ficaríamos decepcionados caso eles – e os seus substitutos – quisessem a todo momento deixar a parceria. Na gestão de uma empresa de capital aberto, o sentimento é o mesmo.

Nosso objetivo é atrair proprietários de longo prazo que, na hora da compra, não tenham um cronograma ou um preço-alvo de venda, mas planejem permanecer conosco por prazo indeterminado. Não entendemos o executivo-chefe que almeja muita atividade em relação às ações, pois isso só pode ser alcançado se a toda hora muitos dos seus proprietários saírem do negócio. Em qual outra organização – seja uma escola, um clube, uma igreja, etc. – os líderes comemoram quando um integrante vai embora? (No entanto, se houvesse um corretor cujo sustento dependesse da rotatividade de membros em organizações como essas, pode ter certeza de que haveria alguém para incentivar movimentações, com comentários do tipo: "Faz tempo que não há novidade no cristianismo, então quem sabe deveríamos mudar para o budismo na semana que vem.")

É claro que, de tempos em tempos, alguns proprietários da Berkshire precisam ou desejam vender, e ansiamos por bons substitutos que lhes paguem um preço justo. Assim, por meio das políticas, do desempenho e das comunicações da empresa, tentamos atrair novos acionistas que entendam nossas operações, compartilhem dos nossos horizontes de tempo e nos avaliem da mesma forma que nós fazemos. Se conseguirmos continuar atraentes para esse tipo de acionista – e, algo igualmente importante, desinteressantes para aqueles com expectativas de curto prazo ou irrealistas –, as ações da Berkshire devem ser vendidas com regularidade por preços vinculados de modo razoável ao valor de negócio.[24]

1988

---

[24] O seguinte trecho é de 1989:

Após mais de um ano de negociação das ações da Berkshire na Bolsa de Valores de Nova York, nosso especialista, Jim Maguire, da HBI, dá continuidade ao seu excelente desempenho. Antes de sermos listados, os spreads dos corretores costumavam ser de pelo menos 3% do preço de mercado. Jim manteve o spread em até cinquenta pontos, o que fica bem abaixo de 1%, considerando os preços atuais. Os acionistas que compram ou vendem se beneficiam de modo significativo dessa redução dos custos de transação.

Como estamos maravilhados com a experiência com o Jim, com a HBI e com a NYSE, falei sobre isso em anúncios que foram veiculados em uma série organizada pela NYSE. Normalmente, evito dar depoimentos, mas nesse caso foi um prazer elogiar publicamente a bolsa.

C. Desdobramento de ações e o pé invisível

Frequentemente nos perguntam por que a Berkshire não faz desdobramento de suas ações. Ao que parece, a suposição geral por trás dessa pergunta é a de que um desdobramento favorece o acionista. Nós discordamos. Vou explicar o motivo.

Um dos nossos objetivos é fazer com que as ações da Berkshire Hathaway sejam vendidas por um preço vinculado de modo racional ao seu valor intrínseco. (Mas observe que eu falei "vinculado de modo racional", não "idêntico": se empresas bem-conceituadas estão vendendo ações no mercado com grandes descontos em relação ao valor, a Berkshire pode muito bem ser precificada de modo similar.) A chave para um preço racional da ação são acionistas racionais, tanto os atuais quanto os futuros.

Quando os detentores das ações de uma empresa e/ou os compradores em potencial atraídos por ela tendem a tomar decisões irracionais ou baseadas na emoção, surgem, com certa constância, alguns preços de ações bastante ridículos. Personalidades instáveis produzem avaliações instáveis. Talvez essas aberrações nos ajudem a comprar e vender ações de outras empresas, mas achamos que é tanto do seu interesse quanto do nosso minimizar a ocorrência delas no mercado, no caso da Berkshire.

Obter somente acionistas de alta qualidade não é moleza. A Sra. Astor, socialite nova-iorquina do século XIX, era a única a selecionar os escolhidos para desfrutarem de suas lendárias festas, mas qualquer um pode comprar uma ação. Não há como avaliar sócios que ingressam em um "clube" de acionistas quanto à capacidade intelectual, à estabilidade emocional, à sensibilidade moral ou às roupas aceitáveis. Portanto, escolher a linhagem do acionista talvez pareça um empreendimento impossível.

Em larga medida, porém, achamos que é possível atrair e manter um grupo de proprietários de alta qualidade se comunicarmos de maneira sistemática nossa filosofia empresarial e de propriedade – *sem qualquer tipo de mensagem conflitante* – e, então, deixarmos a seleção natural seguir seu curso. Por exemplo, a seleção natural atrairá para um evento musical anunciado como ópera um público bem diferente daquele interessado em um show de rock – embora qualquer pessoa possa comprar ingressos para ambos.

Com nossas políticas e comunicações – os "anúncios" que fazemos –, tentamos atrair investidores que vão entender nossas operações, atitudes e expectativas. (E, tão importante quanto isso, tentamos dissuadir quem não vai compreender.) Queremos quem pensa em si mesmo como dono de empresa e invista em companhias com a intenção de permanecer por muito tempo. E queremos quem mantenha o foco nos resultados de negócios, não nas cotações.

Uma minoria dos investidores tem tais características, mas contamos com uma seleção excepcional deles. Acredito que bem mais de 90% – mais de 95%, é provável – de nossas ações sejam de quem era acionista da Berkshire cinco anos atrás. E imagino que mais de 95% das nossas ações sejam de investidores para quem essa participação tem pelo menos o dobro do tamanho de alguns de seus outros investimentos. Entre as empresas de capital aberto com pelo menos vários milhares de acionistas e mais de 1 bilhão de dólares em valor de mercado, é quase certo que sejamos os líderes em acionistas que pensam e agem como proprietários. Elevar a qualidade de um grupo com essas características não é fácil.

Se fizéssemos um desdobramento ou empreendêssemos outras ações com foco na cotação e não no valor de negócio, atrairíamos uma nova classe de compradores – inferior à dos vendedores que deixariam o negócio. O potencial comprador de uma ação estaria melhor se fizéssemos um desdobramento de 100 por 1 para que ele conseguisse comprar 100 ações? Aqueles que pensam assim e os que comprassem as ações por causa de ou na expectativa de um desdobramento definitivamente rebaixariam a qualidade do grupo que temos agora. (Poderíamos de fato melhorar nosso grupo ao trocar alguns dos membros atuais, os de pensamento lúcido, por novos que se impressionam com facilidade, dão preferência ao papel, não ao valor, e ainda se sentem mais ricos com nove notas de 10 dólares do que com uma de 100?) Pessoas que compram por motivos não relacionados ao valor são suscetíveis a vender por razões não relacionadas ao valor. A presença delas no cenário acentuará as oscilações imprevisíveis de preço, sem ligação com os acontecimentos nos negócios.

Tentaremos evitar políticas que atraiam compradores com foco de curto prazo em relação ao preço das nossas ações para favorecer as que chamam investidores de longo prazo bem informados, preocupados com os valores de negócios. Assim como você comprou suas ações da Berkshire em um mercado habitado por investidores racionais bem informados, também merece a chance de vender – caso um dia assim o queira – em um ambiente semelhante. Vamos trabalhar para garantir a existência desse mercado.

Uma das ironias do mercado acionário é a ênfase na atividade. Os corretores usam termos como "negociabilidade" e "liquidez" para tecer elogios a empresas com alto giro das ações (quem não consegue encher seu bolso com certeza irá encher os seus ouvidos). Mas os investidores devem entender que o que é bom para o crupiê não é bom para o cliente. Um mercado de ações hiperativo é o batedor de carteiras da empresa.

Por exemplo, considere uma companhia típica, com um lucro de, digamos, 12% sobre o patrimônio líquido. Suponha uma taxa de giro das ações altíssima, de 100% ao ano. Se a compra e a venda de ações forem negociadas pelo valor contábil, os proprietários dessa empresa hipotética vão pagar anualmente, em conjunto, 2% do patrimônio líquido da companhia pelo privilégio de transferir a propriedade. Essa atividade não contribui em nada para o lucro da empresa e significa que os proprietários perdem 1/6 dele com o custo friccional da transferência. (E esse cálculo não inclui a negociação de opções, o que aumentaria ainda mais os custos friccionais.)

O resultado de tudo isso é uma brincadeira bem cara de dança das cadeiras. Você consegue imaginar a grita que haveria caso um setor do governo impusesse um novo imposto de 16,67% sobre o lucro das empresas ou dos investidores? Com a atividade do mercado, os investidores podem impor a si mesmos um ônus equivalente a esse imposto.

(Estamos cientes do argumento da expansão do bolo, segundo o qual essas atividades melhoram a racionalidade do processo de alocação de capital. Achamos que esse é um argumento capcioso e que, em termos gerais, mercados de ações hiperativos subvertem a alocação racional de capital e atuam para diminuir o bolo. Adam Smith acreditava que todos os atos não colusivos em um mercado livre eram guiados por uma mão invisível, a qual conduzia uma economia até o progresso máximo – na nossa visão, os mercados do tipo cassino e a gestão de investimentos de gatilho sensível agem como um pé invisível que tropeça e desacelera o avanço da economia.)

Compare as ações hiperativas com as da Berkshire. Hoje em dia, o spread *bid-ask*[25] das nossas ações é de cerca de trinta pontos, ou um pouco mais

---

[25] N. do E. Indicador de liquidez, medido pela diferença entre o preço da oferta de compra e o preço da ordem de venda de um ativo.

de 2%. Dependendo do volume da transação, a diferença entre os proventos recebidos pelo vendedor da Berkshire e o custo para o comprador pode variar de 4% (em negociações envolvendo apenas algumas ações) a talvez 1-1/2% (nas de grande porte, que podem reduzir tanto o spread do formador de mercado quanto a comissão do corretor). Como a maioria das ações da Berkshire é negociada em volumes razoavelmente altos, é provável que a média do spread em todas essas negociações não ultrapasse 2%.

Enquanto isso, o giro real das ações da Berkshire (excluindo-se transações entre corretores, doações e legados) provavelmente é de 3% ao ano. Assim, nossos proprietários, em conjunto, pagam anualmente talvez 6/100 de 1% do valor de mercado da Berkshire pelos privilégios de transferência. De acordo com essa estimativa – muito aproximada –, isso daria 900 mil dólares – um custo que não é pequeno, mas está bem abaixo da média. O desdobramento das ações aumentaria esse custo, reduziria a qualidade do nosso conjunto de acionistas e incentivaria um preço de mercado que não fosse relacionado de maneira tão consistente ao valor intrínseco do negócio. Não vemos nisso qualquer vantagem que compensasse a operação.

1983

No fim do ano passado, o preço das ações da Berkshire ultrapassou 10 mil dólares. Vários acionistas comentaram comigo que o preço alto lhes causa problemas: eles gostam de doar ações todos os anos e se veem impedidos de fazer isso pela regra fiscal que estabelece uma distinção entre doações anuais de até 10 mil para um único indivíduo e as acima de 10 mil. Ou seja, as doações até o limite de 10 mil dólares são totalmente isentas de impostos; as superiores a esse montante exigem que o doador use uma parte de sua isenção de impostos vigente sobre doações e propriedade ou, se essa isenção já tiver se esgotado, que pague impostos sobre doações.

Posso sugerir três maneiras de resolver esse problema. A primeira seria útil para um acionista casado, que pode dar até 20 mil dólares anuais a um único destinatário, desde que o doador apresente uma declaração de imposto de doação contendo o consentimento por escrito do cônjuge para doações feitas ao longo do ano.

A segunda é que um acionista, casado ou não, venda a ação por um preço barato. Imagine, por exemplo, que a ação da Berkshire esteja sendo vendida por 12 mil e que alguém queira fazer apenas uma doação de 10 mil. Nesse caso, venda a ação para o beneficiado por 2 mil. (Cuidado: se for o caso, você será tributado sobre o montante do preço dessa venda que exceder sua base de cálculo.)

Por último, você pode estabelecer uma parceria com as pessoas a quem está oferecendo as doações, financiando essa associação com ações da Berkshire, e apenas doar uma porcentagem das participações na parceria a cada ano. Essas participações podem ser referentes a qualquer valor que você estipular. Se ficar abaixo de 10 mil dólares, a doação será isenta de impostos.

Emitimos aqui aquele aviso habitual: consulte seu consultor fiscal antes de tomar qualquer medida em relação a um método mais esotérico de realizar doações.

Mantemos a visão sobre desdobramentos de ações apresentada no ensaio anterior. De modo geral, acreditamos que nossas políticas relacionadas ao proprietário – inclusive a de não realizar desdobramentos – nos ajudaram a reunir o melhor grupo de acionistas associado a uma companhia americana com ações dispersas. Esses acionistas pensam e se comportam como proprietários racionais de longo prazo e enxergam a empresa da mesma forma que Charlie e eu. Em consequência, nossas ações são negociadas de modo sistemático em uma faixa de preço sensivelmente relacionada ao valor intrínseco.

Além disso, acreditamos que nossas ações têm um giro bem menos ativo do que as de qualquer outra empresa com dispersão de ações. Os custos friccionais de negociação – que representam um dos principais "impostos" para os proprietários de diversas empresas – são quase inexistentes na Berkshire. (As habilidades de formação de mercado de Jim Maguire, nosso especialista na NYSE, definitivamente contribuem para manter esses custos baixos.) Sem dúvida, um desdobramento não mudaria essa situação de forma drástica. De qualquer maneira, não há como elevar a qualidade de nossos acionistas com recém-chegados atraídos por um desdobramento. Acreditamos que ocorreria uma degradação moderada.

1992

D. Classe dupla da Berkshire: para impedir clones

Na reunião anual, você será solicitado a aprovar uma recapitalização da Berkshire para criar duas classes de ações. Se esse plano for implantado, as ações ordinárias existentes serão designadas como Ações Ordinárias Classe A, e será autorizada a emissão de novas Ações Ordinárias Classe B.[26]

Cada ação Classe B terá os direitos de 1/30º de uma ação A, com as seguintes exceções: em primeiro lugar, uma ação B terá 1/200º do voto de uma ação A (em vez de 1/30º do voto). Em segundo lugar, a B não será elegível para participar do programa de contribuições de caridade designadas pelos acionistas da Berkshire.

Quando a recapitalização for concluída, cada ação A vai se tornar conversível em trinta ações B, a qualquer momento, por opção do titular. Esse privilégio de conversão não se estende à direção oposta. Isto é, os titulares de ações B não vão poder convertê-las em ações A.

Esperamos listar as ações B na NYSE, onde serão negociadas ao lado das ações A. A fim de criar a base de acionistas necessária para uma listagem – e garantir um mercado líquido para as ações B –, a Berkshire espera fazer uma oferta pública por dinheiro de pelo menos 100 milhões de dólares em novas ações B. A oferta só acontecerá mediante um projeto traçado.

O mercado acabará determinando o preço das ações B. Mas esse valor deveria ficar em torno de 1/30º do preço das ações A.

Os acionistas da Classe A que desejam fazer doações podem achar conveniente converter uma ou duas ações da sua carteira em Classe B. Além disso, ocorrerão conversões relacionadas à arbitragem se a demanda pela B for forte o suficiente para impulsionar esse preço ligeiramente acima de 1/30º do preço da A.

Entretanto, como as ações Classe A conferem a seus detentores plenos direitos de voto, elas serão superiores às ações Classe B, e esperamos que a maioria dos acionistas as mantenham – que é precisamente o que as famílias Buffett e Munger planejam fazer, exceto nos casos em que, quem sabe, nós mesmos façamos a conversão de algumas ações para facilitar doações. A

---

[26] Posteriormente, a Classe B foi desdobrada em uma operação ligada à aquisição da BNSF pela Berkshire, de modo que ela detém 1/1.500º dos direitos econômicos de uma ação Classe A e 1/10.000º dos direitos de voto.

perspectiva de que a maioria dos acionistas manterá as ações A sugere que ela desfrutará de um mercado um pouco mais líquido do que a B.

Existem compensações para a Berkshire nesse processo de recapitalização, mas elas não decorrem dos proventos da oferta – vamos encontrar usos construtivos para esse dinheiro – nem, em qualquer grau, do preço pelo qual as ações B serão vendidas. Enquanto escrevo isto – agora as ações da Berkshire estão cotadas a 36 mil dólares –, Charlie e eu não acreditamos que haja uma subvalorização. Portanto, a oferta que propomos não vai diminuir o valor intrínseco por ação das existentes. Quero também apresentar nossas ideias sobre a avaliação de forma mais direta: Charlie e eu não consideraríamos comprar ações da Berkshire pelo preço atual.

Por meio das ações B, a Berkshire vai incorrer em determinados custos adicionais, como os relacionados à mecânica de lidar com um número maior de acionistas. Por outro lado, as ações devem ser uma comodidade para quem deseja realizar doações. E aqueles que esperavam por um desdobramento ganharam um método do tipo "faça você mesmo" para concretizá-lo.

No entanto, estamos fazendo essa mudança por outro motivo: o surgimento de fundos mútuos de capital aberto, repletos de despesas, que pretendem ser "clones" baratos da Berkshire – e que, com certeza, serão comercializados de forma agressiva. A ideia por trás desses veículos não é nova. Nos últimos anos, muita gente me falou sobre a vontade de criar um fundo de investimento "só da Berkshire" para ser vendido por um preço baixo em dólares. Mas, até pouco tempo atrás, os promotores desses investimentos escutaram minhas objeções e recuaram.

Não os desencorajei por preferirem grandes investidores a pequenos. Se fosse possível, Charlie e eu adoraríamos transformar 1.000 dólares em 3.000 dólares para uma multidão de gente que descobriria nesse ganho uma resposta relevante para seus problemas imediatos.

Contudo, para triplicar de forma acelerada pequenas participações, teríamos que transformar com a mesma rapidez a nossa capitalização de mercado atual de 43 bilhões em 129 bilhões (quase a capitalização de mercado da General Eletric, a companhia mais valorizada dos Estados Unidos). *Fazer isso está muito além do nosso alcance*. O máximo que esperamos é – em média – dobrar o valor intrínseco por ação da Berkshire a cada cinco anos, e talvez fiquemos muito aquém dessa meta.

No fim das contas, Charlie e eu não nos importamos se nossos acionistas são proprietários de grandes ou pequenas quantias da Berkshire. O que desejamos são acionistas de qualquer porte que conheçam nossas operações, compartilhem de nossos objetivos e perspectivas de longo prazo e estejam cientes das limitações que temos, mais especificamente as impostas pela nossa ampla base de capital.

Os fundos mútuos de capital aberto que surgiram há pouco tempo vão contra esses objetivos. Vendidos por corretores que trabalham por comissões altas e que haveriam de impor outros custos onerosos aos seus acionistas, eles seriam comercializados em massa para compradores não sofisticados, prontos a serem seduzidos por nosso histórico e iludidos pela publicidade dada a mim e à Berkshire nos últimos anos. O resultado inevitável seria ter uma multidão de investidores fadados a se decepcionarem.

Por meio da criação das ações B – um produto de denominação baixa e muito superior aos fundos só da Berkshire –, esperamos impedir a comercialização desses clones.

Mas tanto os atuais acionistas quanto os futuros devem dar atenção especial a um ponto: embora nosso valor intrínseco por ação tenha crescido a uma taxa excelente nos últimos cinco anos, o preço de mercado das ações subiu ainda mais rápido. Em outras palavras, as ações superaram o desempenho da empresa.

Esse tipo de desempenho excessivo do mercado não pode persistir por tempo indeterminado, nem para a Berkshire nem para qualquer outra ação. É inevitável que também haja períodos de baixo desempenho. A volatilidade de preços resultante, apesar de endêmica para os mercados abertos, não é do nosso agrado. Preferiríamos que o preço de mercado da Berkshire acompanhasse com precisão seu valor intrínseco. Se as ações fizessem isso, todos os acionistas se beneficiariam durante seu período de propriedade na proporção exata do progresso conquistado pela própria Berkshire nesse mesmo tempo.

Claro, o comportamento das ações da Berkshire no mercado nunca vai corresponder a esse ideal, mas chegaremos mais perto desse objetivo do que o faríamos de outro modo se, na hora de tomar decisões de investimento, nossos acionistas atuais e potenciais forem bem informados, se mantenham focados no negócio, imunes à exposição de técnicas de venda que ensejam comissões altas. Para esse fim, alcançaremos uma situação melhor se pudermos neutralizar os esforços de merchandising do fundo mútuo de capital aberto – e é por isso que estamos criando as ações B.

1995

Fizemos duas ofertas de bom tamanho por meio do Salomon, em 1996, ambas com aspectos interessantes. A primeira foi nossa venda em maio de 517.500 ações ordinárias da Classe B, que gerou recursos líquidos no valor de 565 milhões de dólares. Como já lhe contei, fizemos essa venda em resposta à ameaça de criação de fundos mútuos de capital aberto que seriam comercializados como clones da Berkshire. No processo, eles teriam usado nosso histórico, o qual definitivamente não tem como ser copiado, para atrair pequenos investidores ingênuos e cobrar dessas pessoas inocentes taxas e comissões altas.

Imagino que esses fundos venderiam com bastante facilidade bilhões de dólares em unidades. Além disso, acredito que o sucesso inicial do marketing deles levaria à formação de outras iniciativas similares. (No setor de valores mobiliários, tudo que pode ser vendido o será.) Enquanto isso, os fundos teriam despejado de forma indiscriminada os proventos das suas ofertas em uma fonte de ações da Berkshire que é fixa e limitada. O resultado provável seria a criação de uma bolha especulativa com nossas ações. Durante pelo menos um tempo, o salto do preço validaria a si mesmo, na medida em que teria estimulado novas ondas de investidores ingênuos e impressionáveis rumo aos fundos e desencadeado ainda mais compras de ações da Berkshire.

Talvez alguns acionistas da Berkshire que tivessem optado por ir embora achassem esse resultado ideal, pois poderiam lucrar às custas dos compradores que entrassem com falsas esperanças. Porém, os acionistas permanentes sofreriam assim que a realidade batesse à porta, já que a essa altura a Berkshire estaria sobrecarregada com centenas de milhares de proprietários indiretos insatisfeitos (ou seja, titulares de fundo) e a reputação manchada.

Nossa emissão de ações B não apenas impediu a venda dos fundos como também forneceu um meio de baixo custo para as pessoas investirem na Berkshire se ainda o desejassem após ouvir os alertas que emitimos. Para conter o entusiasmo habitual dos corretores ao promoverem novas emissões – porque é aí que está o dinheiro –, organizamos nossa oferta de modo a gerar uma comissão de apenas 1,5%, a recompensa mais baixa que já vimos em um processo de *underwriting* de ações ordinárias. Além disso, estabelecemos o valor da oferta aberta, o que afastou o típico comprador de oferta pública inicial (IPO, na sigla em inglês) que busca um aumento repentino dos preços a curto prazo, decorrente de uma combinação de entusiasmo e escassez.

No geral, tentamos ter certeza de que as ações B seriam compradas apenas por investidores com um horizonte mais longo. Boa parte desses esforços foram bem-sucedidos: o volume de negociação com as ações B logo após a oferta – um índice aproximado de "inversão" – estava bem abaixo do normal para uma nova emissão. No fim, recebemos cerca de 40 mil acionistas e acreditamos que a maioria deles entende o que possui, além de compartilhar dos nossos horizontes de tempo.

O Salomon não poderia ter um desempenho melhor no processamento dessa transação incomum. Os especialistas em investimentos do banco entenderam perfeitamente o que queríamos e adaptaram cada aspecto da oferta para atender a esses objetivos. A firma teria ganhado muito mais dinheiro – talvez dez vezes mais – se nossa oferta fosse estabelecida por uma composição padrão. Contudo, os especialistas do banco envolvidos na operação não fizeram nenhuma tentativa de ajustar as especificações nesse sentido. Em vez disso, apresentaram ideias que iam contra os interesses financeiros do Salomon, mas aumentavam a certeza de que os objetivos da Berkshire seriam alcançados. Terry Fitzgerald comandou esse esforço, e agradecemos a ele pelo trabalho realizado.

Com esse histórico, você não se surpreenderia ao saber que recorremos ao Terry mais uma vez. Foi quando decidimos, no fim do ano, vender uma emissão de promissórias da Berkshire que podem ser trocadas por uma parte das ações do Salomon de nossa propriedade. Nesse caso, o Salomon fez mais um trabalho absolutamente primoroso ao vender 500 milhões de dólares do montante principal de promissórias de cinco anos por 447,1 milhões. Cada promissória de 1.000 dólares pode ser trocada por 17,65 ações e é resgatável em três anos pelo valor acumulado. Contando o desconto da emissão original e um cupom de 1%, os títulos fornecerão um rendimento de 3% até o vencimento para os detentores que não os trocarem por ações do Salomon. Mas parece bastante provável que as promissórias sejam trocadas antes do vencimento. Se isso acontecer, nosso custo de juros será de cerca de 1,1% para o período anterior à troca.

Nos últimos anos, já escreveram que Charlie e eu estamos insatisfeitos com todas as taxas de bancos de investimento. Essa afirmação está completamente errada. Pagamos muitas tarifas nos últimos trinta anos – a começar pelo cheque que assinamos para Charlie Heider quando compramos a National Indemnity, em 1967 – e temos o prazer de fazer pagamentos compatíveis com o desempenho. No caso das transações de 1996 com o Salomon Brothers, fomos mais do que compensados por nosso investimento.

1996

E. *Recompras e racionalidade*

Todas as empresas nas quais temos nossos maiores investimentos realizaram importantes recompras de ações em momentos de grandes discrepâncias entre preço e valor. Como acionistas, consideramos essas operações animadoras e compensatórias por duas razões relevantes – uma delas é óbvia; a outra, sutil e nem sempre compreendida. O motivo mais evidente envolve aritmética elementar: grandes recompras a preços bem abaixo do valor intrínseco do negócio por ação aumentam imediata e significativamente tal valor. Quando empresas compram suas próprias ações, muitas vezes elas pagam apenas 1 dólar e obtêm com facilidade 2 dólares do valor vigente. Os programas de aquisição das companhias raramente funcionam tão bem: em numerosos casos são até desanimadores, pois não chegam nem perto de obter 1 dólar de valor para cada dólar gasto.

O outro benefício das recompras é menos sujeito a uma mensuração precisa, mas pode ser igualmente importante ao longo do tempo. Ao fazer recompras quando o valor de mercado de uma empresa está bem abaixo do valor de negócio, a equipe de gestão demonstra, de maneira clara, que está empenhada em ações para aumentar a riqueza dos acionistas. É bem diferente de ampliar o domínio da gestão sem fazer coisa alguma pelos acionistas – podendo até prejudicá-los. Ao verem isso, tanto os acionistas atuais quanto os potenciais aumentam suas estimativas de retornos futuros daquela empresa. Essa revisão para cima, por sua vez, gera preços de mercado mais alinhados com o valor intrínseco do negócio. Esses preços são totalmente racionais. Os investidores deveriam pagar mais por uma empresa comandada por um gestor comprovadamente inclinado a favorecer o acionista do que por uma sob os cuidados de um CEO com interesses próprios, que segue valores e princípios diferentes. (Para levar ao extremo esse argumento: quanto você pagaria para ser acionista minoritário de uma companhia controlada por Robert Vesco?)

A palavra-chave aqui é "comprovadamente". Se um gestor rejeitar recompras a todo momento, quando é evidente que elas são do interesse dos proprietários, ele revelará mais do que pensa sobre as próprias motivações. Não importa com que frequência ou eloquência pronuncie frases sugeridas pelo departamento de relações públicas, como "maximizar a riqueza do acionista" (a mais popular desta temporada). Ainda assim o mercado depreciará corretamente os ativos sob os cuidados dele. O coração desse profissional não ouve o que sai da própria boca – e, depois de algum tempo, o mercado tampouco o fará.

1984

Existe apenas uma combinação de fatores que torna aconselhável a recompra das próprias ações por parte de uma empresa: primeiro, contar com fundos para isso – dinheiro somado à capacidade de empréstimo razoável – acima de suas necessidades de curto prazo; segundo, as ações devem ser vendidas no mercado por um preço inferior ao seu valor intrínseco, com base em um cálculo conservador. Acrescentamos a isso um alerta: os acionistas devem receber todas as informações de que precisam para estimar esse valor. Caso contrário, quem tem fontes internas poderia tirar vantagem dos sócios desinformados e comprar as participações deles por uma fração do valor real. Vimos isso acontecer em algumas poucas ocasiões. Normalmente a trapaça é usada para elevar o preço das ações, não para reduzi-lo.

Caso as ações da empresa sejam vendidas por um preço bem abaixo do valor intrínseco, as recompras costumam fazer sentido. Em meados da década de 1970, saltava à vista das equipes de gestão o entendimento de que seria sábio realizá-las, mas poucas deram atenção a isso. Na maioria dos casos, quem o fez enriqueceu mais seus proprietários do que se tivesse adotado outras alternativas. Aliás, nos anos 1970 (e, de forma esporádica, durante alguns anos posteriores), procuramos empresas que fossem grandes recompradoras das próprias ações. Em geral, isso era um indicativo de que a companhia estava subvalorizada e era administrada por uma equipe que se preocupava com os acionistas.

Essa época ficou no passado. Agora as recompras estão na moda, mas muitas vezes são feitas por uma razão não declarada e, na nossa opinião, ignóbil: impulsionar ou sustentar o preço das ações. Claro, o acionista que opta por vender hoje é beneficiado por qualquer comprador, seja qual for a origem ou motivação dele. Mas o acionista *regular* é penalizado por recompras acima do valor intrínseco. Comprar uma nota de 1 dólar por 1,10 dólar não é um bom negócio para quem investe com frequência.

Charlie e eu admitimos que nos sentimos confiantes em estimar o valor intrínseco para apenas uma parte das ações negociadas – e somente quando adotamos uma faixa de valores, não um número pretensamente exato. Mesmo assim, temos a impressão de que várias empresas que fazem recompras hoje em dia pagam muito aos acionistas que vão embora, às custas dos que ficam. Em defesa dessas companhias, eu diria que é natural o otimismo dos executivos-chefes em relação às próprias empresas. Eles também sabem muito mais sobre elas do que eu. No entanto, não posso deixar de achar que as recompras atuais são ditadas, com frequência, pelo desejo da equipe de gestão de "demonstrar confiança" ou estar na moda, não pela vontade de aumentar o valor por ação.

Além disso, em algumas ocasiões, as empresas dizem que estão recomprando ações depois de terem emitido papéis a preços bem mais baixos para fazer frente ao exercício de opções de compra. Essa estratégia de "comprar na alta e vender na baixa" tem sido empregada por muitos investidores desafortunados – mas nunca de modo intencional! As equipes de gestão, contudo, parecem adotar essa conduta perversa com muita satisfação.

Claro, tanto as concessões de opções quanto as recompras podem fazer sentido – mas, se for o caso, isso não se deve a uma relação lógica entre ambas. A decisão de uma empresa de recomprar ou emitir ações deve se sustentar por si só, de maneira racional. O fato de as ações terem sido emitidas para satisfazer as opções – ou por qualquer outro motivo – não significa que elas devam ser recompradas por um preço superior ao valor intrínseco. Da mesma forma, ações vendidas por um preço bem inferior ao valor intrínseco devem ser recompradas, independentemente de uma emissão anterior (ou talvez por causa das opções em aberto).

1999

Essa discussão sobre as recompras me dá a chance de comentar a reação irracional de muitos investidores quanto às mudanças de preço das ações.[27] Quando a Berkshire compra ações de uma empresa que, por sua vez, está recomprando ações, esperamos que dois fatos aconteçam: primeiro, temos a esperança habitual de que o lucro da companhia aumente em um bom ritmo durante muito tempo; segundo, esperamos ainda que a ação tenha um *baixo* desempenho no mercado, também por um longo período. E eis uma decorrência desse segundo aspecto: recomendar uma ação que possuímos não seria útil, mas prejudicial para a Berkshire, ao contrário do que os analistas em geral presumem.

Vamos tomar a IBM como exemplo. Hoje, a companhia tem 1,16 bilhão de ações em circulação, das quais possuímos cerca de 63,9 milhões, ou 5,5%. Naturalmente, o que acontecerá com o lucro da empresa nos próximos cinco anos é de enorme relevância para nós. Além disso, é provável que a empresa gaste cerca de 50 bilhões de dólares nesse período para recomprar ações. Agora, a pergunta do dia: um acionista de longo prazo, como a Berkshire, deveria torcer para que acontecesse o que nesse tempo?

Não vou fazer suspense. Devemos desejar que o preço das ações da IBM *caia* ao longo dos cinco anos.

Vamos fazer as contas. Se o preço das ações da IBM ficar em uma média de, digamos, 200 dólares nesse período, a empresa vai adquirir 250 milhões de ações com seus 50 bilhões de dólares. Assim, haveria 910 milhões de ações em circulação, e deteríamos cerca de 7% da companhia. Por outro lado, se as ações forem vendidas por um preço médio de 300 dólares nesses cinco anos, a IBM vai adquirir apenas 167 milhões de ações. Isso deixaria cerca de 990 milhões de ações em circulação após cinco anos, das quais possuiríamos 6,5%.

Se o ganho da IBM fosse, por exemplo, de 20 bilhões de dólares no quinto ano, nossa participação nesse montante seria 100 milhões maior no cenário "decepcionante" de um preço de ação mais baixo do que na hipótese de um preço mais alto. Em algum momento posterior, nossas ações valeriam talvez 1,5 bilhão de dólares a mais do que se a recompra por um "preço alto" tivesse ocorrido.

---

[27] Para uma discussão mais aprofundada sobre as mudanças de preço das ações, ver "Sr. Mercado", na Parte II.B.

A lógica é simples: caso você venha a se tornar um comprador líquido de ações no futuro, tanto de forma direta, com seu próprio dinheiro, quanto indireta (pela propriedade de uma empresa que está recomprando ações), a alta das ações o prejudica. Se houver uma grande queda, você se beneficia. As *emoções*, porém, muitas vezes complicam a questão: a maioria das pessoas, inclusive aquelas que serão compradoras líquidas no futuro, tranquiliza-se ao ver os preços das ações em alta. Esses acionistas parecem aquele motorista que comemora o aumento do preço da gasolina só porque está com o tanque cheio, ainda que o combustível vá durar apenas um dia.

Charlie e eu não esperamos que muitos de vocês sejam seduzidos pela nossa maneira de pensar – já observamos o comportamento humano o suficiente para saber como isso seria banal –, mas queremos que estejam cientes do nosso cálculo pessoal. E aqui cabe uma confissão: no começo, eu também me alegrava com a alta do mercado. Aí li o capítulo 8 de *O investidor inteligente*, de Ben Graham, sobre como os investidores devem analisar as flutuações de preço das ações. Imediatamente, tudo ficou claro para mim, e virei amigo dos preços baixos. Ter lido esse livro foi uma das maiores sortes da minha vida.

No fim, o sucesso do nosso investimento na IBM será determinado primordialmente pelos lucros futuros. Porém, um fator secundário relevante será a quantidade de ações adquiridas pela empresa com as somas consideráveis que ela deve dedicar a essa atividade. Se as recompras chegarem a reduzir as ações da IBM em circulação para 63,9 milhões, vou abandonar minha famosa frugalidade e dar aos funcionários da Berkshire férias remuneradas.

2011

No mundo dos investimentos, as discussões sobre recompra de ações costumam ser acaloradas. Sugiro aos participantes desse debate que respirem fundo: avaliar a necessidade das recompras não é tão complicado.

Do ponto de vista dos acionistas que estão de saída, as recompras são sempre vantajosas. Embora o impacto diário dessas compras em geral seja minúsculo, é sempre melhor para o vendedor haver um comprador a mais no mercado.

No entanto, para os acionistas que vão ficar, as recompras só fazem sentido se as ações forem adquiridas por um preço inferior ao valor intrínseco.

Quando essa regra é seguida, as ações restantes têm um ganho imediato de valor intrínseco. Pense nesta analogia simples: se um dos três sócios igualitários de uma empresa que vale 3 mil dólares for comprado pela sociedade por 900 dólares, cada sócio remanescente terá um ganho imediato de 50 dólares.

Porém, se o sócio que está de saída receber 1.100 dólares, para cada um dos que continuarem haverá uma perda de 50 dólares. Essa mesma matemática se aplica às empresas e aos seus acionistas. Logo, a questão de saber se uma operação de recompra aumenta ou reduz o valor para os acionistas permanentes depende inteiramente do preço de compra.

É intrigante, portanto, que ao anunciarem recompras as empresas quase nunca fazem referência a um limite de preço para a operação. Sem dúvida, seria diferente se a equipe de gestão estivesse adquirindo uma empresa externa. Nesse caso, o preço sempre influenciaria a decisão de comprar.

Porém, quando executivos-chefes ou conselhos compram uma pequena parte da sua própria empresa, é comum se mostrarem alheios ao preço. Será que se comportariam do mesmo jeito se gerenciassem uma empresa de capital fechado com apenas alguns proprietários e estivessem avaliando a decisão de comprar a parte de um deles? Claro que não.

É importante lembrar que há duas situações em que não se deve fazer recompra, mesmo que as ações da empresa estejam subvalorizadas.

Uma é quando a companhia precisa de todo o dinheiro disponível para proteger ou expandir as próprias operações e se sente desconfortável em aumentar o endividamento. Nesse caso, a necessidade interna de fundos deve ser priorizada. Essa exceção pressupõe, claro, que o negócio terá um futuro decente quando os gastos necessários se concretizarem.

A segunda exceção, menos frequente, materializa-se quando a aquisição de uma empresa (ou outra oportunidade de investimento) oferece um valor bem maior do que as ações subvalorizadas do recomprador em potencial. Tempos atrás, a própria Berkshire precisou escolher diversas vezes entre essas alternativas. Com nosso tamanho atual, é bem menos provável que surja esse problema.

Minha sugestão é que antes mesmo de discutir uma recompra, um executivo-chefe e seu conselho devem se levantar, dar as mãos e, em uníssono, declarar: "O que é inteligente por um preço é estupidez por outro."

Para recapitular a política de recompra da própria Berkshire: estou autorizado a comprar grandes quantidades de ações da companhia por até 120% do valor contábil, porque nosso conselho concluiu que compras nesse nível certamente trazem um benefício instantâneo e concreto para os acionistas permanentes. Pela nossa estimativa, esse preço de 120% do valor contábil significa um desconto considerável em relação ao valor intrínseco da Berkshire – um spread apropriado, pois não é possível calcular com precisão o valor intrínseco.

A autorização que recebi não significa que iremos "escorar" o preço das nossas ações no quociente de 120%. Caso esse nível seja alcançado, tentaremos combinar o desejo de fazer compras significativas por um preço de geração de valor com a meta associada de não influenciar o mercado de forma excessiva.

Até o momento, a recompra das nossas ações tem se mostrado algo difícil de realizar. A razão pode muito bem residir na extrema clareza com que descrevemos a política de recompra e, portanto, sinalizamos nossa visão de que o valor intrínseco da Berkshire é consideravelmente maior do que 120% do valor contábil. Se for isso, tudo bem. Preferimos que as ações da Berkshire sejam vendidas dentro de uma faixa bastante estreita e próxima do valor intrínseco; não queremos que o preço de venda seja caro e injustificado – não é divertido ter proprietários desapontados com o que compraram – nem barato demais. Além disso, adquirir com desconto a parte dos "sócios" não é um jeito particularmente gratificante de ganhar dinheiro. De todo modo, as circunstâncias do mercado podem criar uma situação na qual as recompras beneficiem tanto os acionistas que vão permanecer quanto os que vão embora. Se isso acontecer, estaremos prontos para agir.

Uma observação final para esta seção: como o tema das recompras se tornou polêmico, algumas pessoas estiveram perto de chamá-las de não americanas – caracterizando-as como crimes empresariais que desviam os recursos necessários para empreendimentos produtivos. Isso simplesmente não é a realidade: tanto as empresas americanas quanto os investidores privados estão com dinheiro no bolso e em busca de maneiras sensatas de empregá-lo. Não conheço nenhum projeto atraente que, nos últimos anos, tenha morrido por falta de capital. (Dê uma ligada para nós se tiver algum para oferecer.)

2016

De tempos em tempos, a Berkshire vai recomprar as próprias ações. Supondo que o preço de compra tenha um desconto em relação ao valor intrínseco – o que será nossa intenção, sem dúvida –, as recompras beneficiarão tanto os acionistas que estão deixando a empresa quanto aqueles que permanecem.

Na verdade, a vantagem das recompras é muito reduzida para quem está deixando o negócio. Isso porque a compra cuidadosa que fizermos vai minimizar qualquer impacto no preço das ações da Berkshire. Ainda assim, o fato de haver um comprador a mais no mercado beneficia os vendedores.

Para os acionistas permanentes, a vantagem é óbvia: se o mercado precificar a participação de um sócio que está de saída em, digamos, 90 centavos de dólar para cada dólar, os acionistas que permanecem vão colher um aumento no valor intrínseco por ação a cada recompra pela empresa. Obviamente, as recompras devem ser sensíveis ao preço: comprar às cegas uma ação cara destrói valor, um fato desprezado por muitos executivos-chefes que querem alavancar as vendas ou que são eternos otimistas.

Quando uma empresa afirma que está considerando a recompra, é vital que todos os sócios-acionistas recebam as informações necessárias para fazer uma estimativa inteligente de valor. Não queremos que um sócio venda ações de volta para a empresa por ter sido enganado ou informado de maneia inadequada.

Entretanto, talvez alguns vendedores discordem do nosso cálculo e outros tenham encontrado investimentos que consideram mais atraentes do que as ações da Berkshire. Alguns integrantes desse segundo grupo estarão certos: é inquestionável que muitas ações hão de proporcionar ganhos bem superiores aos nossos.

2018

F. *Dividendos e alocação de capital*

A política de dividendos é relatada aos acionistas com frequência, mas poucas vezes é explicada. As companhias dizem coisas deste tipo: "Nosso objetivo é pagar de 40% a 50% do lucro e aumentar os dividendos a uma taxa igual a pelo menos o aumento do IPC." E isso é tudo – nenhuma análise é fornecida para explicar por que essa política específica é a melhor para os proprietários da empresa. No entanto, a alocação de capital é crucial para a gestão dos negócios e dos investimentos. Por isso acreditamos que os gestores e os proprietários devem pensar a fundo sobre as circunstâncias em que o lucro deve ser retido e quando deve ser distribuído.

O primeiro ponto é entender que nem todos os lucros são criados da mesma maneira. Em muitas empresas – em especial as que têm quocientes altos de ativos/lucro –, a inflação confere um caráter artificial a uma parte ou a todo o lucro declarado. Para que a empresa mantenha sua posição econômica, essa parcela artificial – vamos chamar esse lucro de "restrito" – não pode ser distribuída sob a forma de dividendos. Se esses ganhos fossem pagos, a empresa perderia terreno em ao menos uma das seguintes áreas: capacidade de manter o volume unitário de vendas, posição competitiva de longo prazo e solidez financeira. Independentemente do nível de conservadorismo do índice de pagamento, uma empresa que distribui com regularidade lucros restritos está destinada ao esquecimento, a menos que o capital próprio seja injetado de outra maneira.

É raro os lucros restritos não terem valor para os proprietários, mas muitas vezes sofrem descontos drásticos. Na verdade, mesmo que tenham um baixo potencial econômico, eles são requisitados pela empresa. (Essa situação, na qual a retenção ocorre apesar de um retorno pouco atraente, foi expressa de forma involuntária e maravilhosamente irônica pela Consolidated Edison há uma década. Na época, uma política regulatória punitiva era um fator importante que obrigava as empresas a vender ações por até um quarto do valor contábil; isto é, toda vez que 1 dólar de lucro era retido para reinvestimento na empresa, esse valor se convertia em apenas 25 centavos de valor de mercado. No entanto, apesar desse processo de conversão de ouro em chumbo, a maior parte do lucro foi reinvestida no negócio em vez de ser paga aos proprietários. Enquanto isso, em obras de construção e manutenção espalhadas por Nova York, placas proclamavam com orgulho o slogan empresarial "Precisamos cavar".)

Chega de nos preocuparmos com os lucros restritos nesta discussão sobre dividendos. Vamos nos voltar para a variedade irrestrita, que é muito mais valiosa. Esses lucros podem, com igual viabilidade, ser retidos ou distribuídos. Na nossa opinião, a equipe de gestão deve escolher o caminho que fizer mais sentido para os proprietários da empresa.

Esse princípio não é universalmente aceito. Por uma série de razões, os gestores gostam de reter lucros irrestritos – que deveriam ser distribuídos de imediato aos acionistas – para expandir o império empresarial que comandam, para operar em uma posição de conforto financeiro excepcional, etc. Acreditamos que existe apenas um motivo válido para a retenção. Lucros irrestritos devem ser retidos somente quando houver uma perspectiva razoável – de preferência, com base em evidências históricas ou, quando apropriado, em uma análise cuidadosa do futuro – de que, *para cada dólar retido pela empresa, será criado pelo menos 1 dólar* em valor de mercado para os proprietários. Isso só ocorre quando o capital acumulado produz lucros adicionais iguais ou superiores aos geralmente disponíveis para os investidores.

Para dar um exemplo, vamos supor que um investidor possua um título perpétuo e sem risco de 10%, com uma característica muito incomum. A cada ano, ele pode optar por receber o cupom de 10% em dinheiro ou reinvesti-lo em mais títulos de 10% nas mesmas condições: ou seja, com vida perpétua e cupons que oferecem as mesmas opções de dinheiro ou reinvestimento. Se, em determinado ano, a taxa de juros vigente para títulos de longo prazo e livres de risco for de 5%, seria tolice o investidor optar por receber o cupom em dinheiro, uma vez que os títulos de 10% à sua disposição valeriam consideravelmente mais do que cem centavos por cada dólar. Nessas circunstâncias, o investidor que deseja ter dinheiro em mãos deveria receber o cupom na forma de títulos extras e, em seguida, vendê-los. Assim ele ganharia mais do que se tivesse recebido o cupom diretamente em espécie. Supondo que todos os títulos fossem detidos por investidores racionais, ninguém optaria por dinheiro em uma época de juros de 5%, nem mesmo os detentores de títulos que precisam cobrir suas despesas cotidianas.

No entanto, se as taxas de juros fossem de 15%, nenhum investidor racional gostaria que fizessem por ele um investimento com taxa de 10%. Em vez disso, escolheria receber o cupom em espécie, ainda que não tivesse qualquer necessidade pessoal de tê-lo em mãos. O caminho oposto – de reinvestimento do cupom – daria ao investidor mais títulos com um valor de mercado bem menor do que o dinheiro pelo qual poderia ter optado. Se quiser títulos de 10%, ele pode simplesmente pegar a quantia recebida e comprá-los no mercado com um grande desconto.

Uma análise semelhante à estimativa desse hipotético detentor de títulos é apropriada para os proprietários avaliarem se os lucros irrestritos de uma empresa devem ser retidos ou pagos. Sem dúvida, a análise é muito mais difícil e sujeita a erros porque a taxa obtida sobre os lucros reinvestidos não é um valor contratual, como no caso dos títulos, mas variável. Os proprietários precisam adivinhar qual será a taxa média no futuro intermediário. No entanto, depois que se faz uma estimativa fundamentada, o restante da análise é simples: se tiver expectativa de obter retornos altos, você deve desejar que seu lucro seja reinvestido; e deve querer que ele lhe seja pago se o resultado provável do reinvestimento forem retornos baixos.

Gestores de diversas empresas raciocinam muito nesse sentido para determinar se as subsidiárias devem distribuir o lucro para a matriz. Quando é disso que se trata, eles não têm dificuldade para pensar como proprietários inteligentes. Mas as decisões de pagamento no nível da controladora costumam ser outra história. Nesse caso, surge com frequência a dificudade de se colocar no lugar dos seus proprietários-acionistas.

Com essa abordagem de dois pesos e duas medidas, o executivo-chefe de uma empresa com múltiplas divisões vai instruir a Subsidiária A, cujo lucro sobre o capital incremental deve ficar na média de 5%, a distribuir todos os lucros disponíveis para que possam ser investidos na Subsidiária B, cujo lucro sobre o capital incremental deverá ser de 15%. O juramento da escola de negócios do executivo-chefe não permitirá que ele faça menos do que isso. No entanto, se o próprio histórico de longo prazo que ele tiver com capital incremental for de 5% – e o mercado tiver taxas de 10% –, é provável que imponha aos acionistas da matriz uma política de dividendos que apenas siga um padrão histórico de pagamento, ou um já adotado pelo setor. Além disso, esse profissional espera que os gestores das subsidiárias produzam um relatório completo sobre a razão pela qual faz sentido reter os lucros em suas operações em vez de distribuí-los ao proprietário da matriz. No entanto, em raras ocasiões ele fornecerá aos proprietários *dele* uma análise semelhante referente à companhia inteira.

Ao analisarem a retenção de lucros por parte dos gestores, os acionistas não devem comparar apenas os lucros incrementais totais nos últimos anos com o capital incremental total, porque talvez essa relação seja distorcida pelos acontecimentos em uma empresa principal. Durante um período inflacionário, companhias cujo negócio principal tem características econômicas extraordinárias conseguem aplicar pequenas quantidades de capital incremental nesse segmento, com uma taxa de retorno muito alta (como foi discutido na seção do ano passado sobre *goodwill*).²⁸ Porém, a menos que estejam passando por um tremendo crescimento de unidade, empresas extraordinárias geram, por definição, grandes quantidades de caixa excedente. Se uma companhia compromete a maior parte desse dinheiro em outros negócios que geram retornos baixos, talvez o retorno geral sobre o capital retido ainda pareça excelente em razão dos ótimos retornos obtidos pela parte dos lucros investidos de forma incremental na empresa principal. É como uma competição de golfe que junta jogadores profissionais e amadores: mesmo que todos os amadores sejam pouco habilidosos e desesperados, a pontuação da equipe será considerável graças às habilidades dominantes dos profissionais.

Na verdade, muitas empresas que apresentam com regularidade bons retornos, tanto sobre o patrimônio líquido quanto sobre o capital incremental geral, empregaram uma grande parte dos lucros retidos de forma nada atraente ou até mesmo desastrosa em termos econômicos. Mas a maravilhosa empresa principal, cujo lucro cresce ano após ano, camufla falhas reiteradas na alocação de capital em outros negócios da companhia (em geral, isso envolve aquisições caras de empresas com características econômicas inerentemente medíocres). Os gestores culpados relatam com periodicidade a lição aprendida com a última decepção. Em seguida, costumam partir atrás de mais lições futuras. (Ao que parece, o fracasso sobe à cabeça.)

Em casos assim, os acionistas estariam muito mais bem servidos se os lucros fossem retidos apenas para expandir o negócio de alto retorno e se o saldo fosse pago em dividendos ou usado para recomprar ações (uma atitude que aumenta a participação dos proprietários em uma empresa excepcional, ao mesmo tempo que os poupa de uma participação naquelas com desempenho abaixo da média). Gestores de empresas de alto retorno que empregam com regularidade grande parte do dinheiro gerado por elas em outros empreendimentos com baixo retorno devem ser responsabilizados por essas decisões de alocação, independentemente da lucratividade da companhia como um todo.

Nesta discussão não há qualquer tentativa de se argumentar a favor dos dividendos que apresentam mudanças a cada trimestre, causadas por qualquer diferença no lucro ou nas oportunidades de investimento. É com-

---

²⁸ Ver "*Goodwill* econômico versus contábil", na Parte VI.D.

preensível que os acionistas de empresas de capital aberto prefiram que os dividendos sejam regulares e previsíveis. Os pagamentos, portanto, devem refletir as expectativas de longo prazo tanto de lucro quanto de retorno sobre o capital incremental. Desde que a perspectiva empresarial de longo prazo mude apenas em raros momentos, os padrões de dividendos não devem ser alterados com uma frequência maior. Porém, com o tempo, os lucros distribuíveis que foram retidos pelos gestores devem se sustentar. Se os lucros foram retidos de maneira imprudente, é provável que também seja imprudente reter os gestores responsáveis.

1984

    Vários acionistas da Berkshire – inclusive grandes amigos meus – gostariam que a companhia pagasse dividendos em dinheiro. Eles não entendem por que desfrutamos dos dividendos da maioria das ações pertencentes à Berkshire, porém nós mesmos não pagamos nada. Vamos examinar então quando os dividendos fazem sentido para os acionistas.

    Uma empresa lucrativa consegue alocar os ganhos de várias maneiras (que não são incompatíveis). A equipe de gestão deve primeiro analisar as possibilidades de reinvestimento oferecidas pelos negócios em curso – projetos para ganhar eficiência, expandir territorialmente, ampliar e melhorar linhas de produtos ou aumentar o fosso econômico[29] que separa a companhia dos concorrentes.

    Peço aos gestores de nossas subsidiárias que se concentrem de modo incessante nas oportunidades de ampliação do fosso, e eles encontram muitas que fazem sentido em termos econômicos. Às vezes falham. A causa mais comum do fracasso é partirem da resposta que desejam e, em seguida, retrocederem até encontrar uma lógica que a justifique. Claro, o processo é subconsciente – e é isso que o torna tão perigoso.

    Este presidente não está imune a tal pecado. No Relatório Anual da Berkshire de 1986, descrevi como vinte anos de esforço de gestão e melhorias de capital do nosso negócio têxtil inicial foram um exercício de futilidade. Eu *queria* que a empresa fosse bem-sucedida e tomei várias decisões ruins com

---

[29] N. do E. Vantagem competitiva de uma empresa em relação a seus concorrentes que permite à companhia que a detém preservar sua participação no mercado.

base no que eu *desejava*. (Inclusive comprei *outra* empresa têxtil da Nova Inglaterra.) Só que desejar faz os sonhos virarem realidade apenas nos filmes da Disney – nos negócios, é um veneno.

Apesar dos erros do passado, nossa prioridade em relação aos fundos disponíveis sempre será verificar se eles podem ser empregados *de maneira inteligente* nos vários negócios que possuímos. Nosso recorde de 12,1 bilhões de dólares em investimentos em ativo imobilizado e aquisições suplementares, em 2012, demonstra que esse é um campo fértil para alocação de capital na Berkshire. E temos uma vantagem nesse aspecto: como operamos em muitas áreas da economia, desfrutamos de uma variedade bem mais ampla de opções do que a disponível à maioria das companhias. Na hora de decidirmos o que fazer, podemos regar só as flores e ignorar as ervas daninhas.

Mesmo depois de empregarmos grandes quantias de capital nas nossas operações atuais, a Berkshire gerará com regularidade muito caixa extra. O próximo passo é buscar aquisições não relacionadas a nossos negócios atuais. Nesse sentido, fazemos um teste simples: Charlie e eu acreditamos que será possível efetuar uma transação que provavelmente deixará nossos acionistas mais ricos do que antes, seguindo um critério por ação?

Já cometi muitos erros nas aquisições e hei de cometer outros mais. No geral, porém, temos um histórico. Nossos acionistas são *bem* mais ricos hoje do que seriam caso os fundos que usamos para aquisições tivessem sido destinados à recompra de ações ou ao pagamento de dividendos.

Mas, para dar o alerta de praxe, desempenho passado não é garantia de resultados futuros. Isso é verdade, particularmente na Berkshire: por causa do nosso tamanho atual, fazer aquisições significativas e sensatas é mais difícil hoje em dia do que foi na maior parte do tempo de existência da companhia.

Mesmo assim, um grande negócio ainda nos oferece possibilidades de adicionar valor intrínseco por ação, de forma concreta. O BNSF [maior ferrovia americana em carga transportada] é um bom exemplo: hoje vale consideravelmente mais do que nosso valor contábil. Se, em vez disso, tivéssemos alocado os fundos necessários para essa compra em dividendos ou recompras, você e eu estaríamos em situação pior. Embora grandes transações como essa da BNSF sejam raras, ainda existem alguns peixes grandes no oceano.

O terceiro uso dos fundos – a recompra – é sensato para a empresa quando suas ações são vendidas com um desconto significativo em relação ao valor intrínseco, calculado de maneira conservadora. Na verdade, recompras disciplinadas são o jeito *mais seguro* de usar os fundos com inteligência: é difícil algo dar errado quando se compram notas de 1 dólar por até 80 centavos de dólar. Explicamos nossos critérios de recompra [no ensaio anterior, seção E] e, caso a oportunidade se apresente, compraremos grandes quantidades de nossas ações. Inicialmente, dissemos que não pagaríamos mais de 110% do valor contábil, mas isso se mostrou irreal. Portanto, aumentamos o limite para 120% em dezembro, quando um grande bloco ficou disponível por cerca de 116% do valor contábil.

Mas nunca se esqueça: nas decisões de recompra, o preço é o mais importante. O valor é *demolido* quando as compras são feitas acima do valor intrínseco. Os conselheiros e eu acreditamos que os acionistas permanentes são beneficiados de maneira significativa por compras até o nosso limite de 120%.

E isso nos leva à questão dos dividendos. Nesse caso, precisamos fazer algumas suposições e usar um pouco de matemática. Os números exigirão uma leitura cuidadosa, mas são essenciais para entender os argumentos pró e contra os dividendos. Então tenha paciência.

Comecemos presumindo que você e eu somos proprietários igualitários de uma empresa com 2 milhões de dólares de patrimônio líquido. Ela tem um ganho de 12% sobre o patrimônio líquido tangível – 240 mil dólares –, e é razoável que haja expectativa de conseguir os mesmos 12% sobre os lucros reinvestidos. Além disso, existem pessoas de fora que sempre querem comprar nosso negócio por 125% do patrimônio líquido. Portanto, o valor do que cada um de nós possui agora é 1,25 milhão.

Você gostaria que nós dois, como acionistas, recebêssemos um terço do lucro anual da nossa empresa e que dois terços fossem reinvestidos. E acha que esse plano vai equilibrar muito bem suas necessidades tanto de renda corrente quanto de crescimento de capital. Assim, sugere que paguemos 80 mil do lucro atual e retenhamos 160 mil para aumentar os ganhos futuros da empresa. No primeiro ano, seu dividendo seria de 40 mil dólares e, à medida que o lucro aumentasse e o pagamento de um terço fosse mantido, aconteceria o mesmo com seu dividendo. No total, os dividendos e o valor das ações aumentariam 8% por ano (12% de ganho sobre o patrimônio líquido menos 4% do patrimônio líquido pago).

Após dez anos, nossa empresa teria um patrimônio líquido de 4.317.850 dólares (os 2 milhões iniciais capitalizados a 8%), e seus dividendos no ano seguinte seriam de 86.357 dólares. Cada um de nós teria ações no valor de 2.698.656 dólares (125% da nossa metade do patrimônio líquido da empresa). E viveríamos felizes para sempre, com os dividendos e o valor das nossas ações continuando a crescer 8% ao ano.

Contudo, existe uma abordagem alternativa, que nos faria ainda mais felizes. Nesse cenário, deixaríamos *todo* o lucro na empresa e cada um de nós venderia 3,2% das próprias ações todos os anos. Como as ações seriam vendidas por 125% do valor contábil, essa estratégia geraria os mesmos 40 mil dólares em dinheiro no início, uma quantia que cresceria anualmente. Chame essa opção de abordagem da "venda em massa".

Nesse cenário de "venda em massa", o patrimônio líquido da nossa empresa aumentaria para 6.211.696 dólares após dez anos (2 milhões capitalizados a 12%). Como venderíamos ações a cada ano, nossa participação *percentual* diminuiria, e, após dez anos, cada um de nós deteria 36,12% da companhia. Mesmo assim, sua participação no patrimônio líquido da empresa seria então de 2.243.540 dólares. E, não se esqueça, cada dólar de patrimônio líquido atribuível a cada um de nós pode ser vendido por 1,25 dólar. Portanto, o valor de mercado das suas ações remanescentes seria de 2.804.425 dólares, cerca de 4% maior do que se tivéssemos seguido a abordagem dos dividendos.

Fora isso, com base na política de venda em massa, seus recebimentos de caixa anuais seriam agora 4% superiores aos que teria no cenário dos dividendos. *Voilà!* – você teria mais dinheiro para gastar anualmente *e* um valor de capital maior.

Esse cálculo, é claro, presume que nossa empresa hipotética consiga obter um ganho médio de 12% ao ano sobre o patrimônio líquido e que os acionistas vendam as ações por uma média de 125% do valor contábil. Quanto a isso, as empresas do S&P 500 têm um ganho consideravelmente maior do que 12% sobre o patrimônio líquido e são vendidas por um preço bem superior a 125% dele. As duas suposições também parecem razoáveis para a Berkshire, embora não haja garantias.

Também existe a possibilidade de as premissas serem ultrapassadas. Se forem, o argumento da política de venda em massa se fortalece ainda mais. Ao longo da história da Berkshire – que não chegará nem perto de ser repetida –, a política de venda em massa teria produzido para os acionistas resultados *drasticamente* superiores aos da política de dividendos.

Além da matemática favorável, há mais dois argumentos – *importantes* – a favor de uma política de venda em massa. Primeiro, os dividendos impõem a todos os acionistas uma política específica de retirada de dinheiro. Se a política for de, digamos, 40% do lucro, quem deseja 30% ou 50% ficará frustrado. Temos acionistas com os desejos mais variados quanto a isso. É seguro dizer, no entanto, que muitos – talvez a maioria, inclusive – estão no estágio de poupança líquida e, pela lógica, deveriam preferir que não fosse feito qualquer pagamento.

Por outro lado, a alternativa de venda em massa permite que cada acionista faça sua própria escolha entre recebimentos de caixa e acumulação de capital. Um acionista pode optar por sacar, por exemplo, 60% do lucro anual, enquanto outros escolhem 20% ou até mesmo nada. É claro que um acionista no nosso cenário de pagamento de dividendos poderia usar os dividendos dele para comprar mais ações. Mas tomaria uma surra: incorreria em impostos e ainda pagaria um prêmio de 25% para reinvestir os dividendos. (Nunca se esqueça de que as compras de ações no mercado aberto ocorrem por 125% do valor contábil.)

A segunda desvantagem da abordagem dos dividendos é de igual relevância: as consequências fiscais para *todos* os acionistas contribuintes são inferiores – em geral, *bem* inferiores – para quem integra o programa de venda em massa. De acordo com o programa de dividendos, todo o dinheiro recebido a cada ano pelos acionistas é tributado, enquanto a taxação de impostos no programa de venda em massa incide apenas sobre a parte do ganho dos recebimentos em espécie.

Quero terminar com um exercício de matemática – e dá para ouvir sua comemoração conforme desligo a broca do dentista – que usa meu próprio caso para exemplificar como a alienação regular de ações pelo acionista pode vir acompanhada de um *aumento* do investimento na empresa. Nos últimos sete anos, tenho doado todos os anos cerca de 4,25% das minhas ações da Berkshire. Minha posição inicial de 712.497.000 ações equivalentes B (ajustadas pelo desdobramento) diminuiu para 528.525.623 ações. Sem dúvida, minha *porcentagem* de participação na empresa caiu de maneira significativa.

Ainda assim, meu investimento na empresa aumentou: o valor contábil da minha participação atual na Berkshire excede de modo considerável o valor contábil atribuível às minhas participações sete anos atrás. (Os números reais são 28,2 bilhões dólares para 2005 e 40,2 bilhões de dólares para

2012.) Em outras palavras, agora possuo *muito* mais dinheiro trabalhando para mim na Berkshire, embora minha participação na companhia tenha sofrido uma redução substancial.

2012

A Berkshire realmente tem uma base de proprietários bastante diferente da que possui qualquer outra empresa gigantesca. Esse fato foi mais do que demonstrado na reunião anual do ano passado, quando os acionistas tiveram que decidir sobre uma resolução que chegou até nós por meio de uma procuração: "RESOLVIDO: Uma vez que a empresa tem muito mais dinheiro do que precisa e que, diferentemente de Warren, os proprietários não são multibilionários, o conselho deve considerar o pagamento de um dividendo anual significativo sobre as ações."

O acionista patrocinador dessa resolução nem apareceu na reunião, então a moção não foi proposta em caráter oficial. Mesmo assim, os votos por procuração foram computados, e o resultado foi esclarecedor. Sem surpresa, as ações A – pertencentes a relativamente poucos acionistas, cada um com uma grande participação econômica – votaram "não" quanto à questão dos dividendos, por uma margem de 89 a 1. A votação impressionante foi a dos nossos acionistas B. São centenas de milhares deles – talvez o total chegue a 1 milhão –, e 660.759.855 votaram "não" e 13.927.026, "sim", uma proporção de cerca de 47 para 1.

Nossos conselheiros recomendaram que se votasse "não", mas, fora isso, a empresa não tentou influenciar os acionistas. Ainda assim, 98% das ações com direito a voto disseram: "Não nos envie dividendos; reinvista todos os lucros." Essa sincronia entre nossos colegas proprietários – grandes e pequenos – e nossa filosofia de gestão é algo extraordinário e gratificante.

2014

V. AQUISIÇÕES

DE TODAS AS NOSSAS ATIVIDADES na Berkshire, a mais estimulante para mim e Charlie é a aquisição de uma empresa com excelentes características econômicas e uma equipe de gestão que nos inspira apreço, confiança e admiração. Não é fácil fazer aquisições assim, mas nós as buscamos o tempo todo. Nesse processo, adotamos um comportamento parecido com o de quem quer encontrar sua alma gêmea: nos mostramos interessados, abertos e com atitude, mas não temos nenhuma pressa.

No passado, observei que muitos gestores ávidos por aquisições ainda estavam aparentemente fascinados pelo conto de fadas sobre a princesa que beija um sapo. Encantados pelo sucesso da princesa, eles pagam caro pelo direito de beijar sapos empresariais, à espera de uma transformação maravilhosa. No começo, os resultados decepcionantes apenas intensificam o desejo de apanhar novos sapos. ("Fanatismo", afirmou [o filósofo espanhol George] Santayana [1863-1952], "consiste em redobrar o esforço quando se esquece do objetivo.") No fim, mesmo o gestor mais otimista precisa enfrentar a realidade. Afundado até os joelhos, cercado de sapos estáticos, ele anuncia então uma elevada taxa de "reestruturação". Nesse equivalente empresarial de Head Start, um programa social de educação infantil para famílias de baixa renda, o executivo-chefe recebe a formação, mas os acionistas pagam a mensalidade.

Quando comecei a trabalhar como gestor, também namorei alguns sapos. Eram encontros baratos – nunca fui um grande conquistador –, porém meus resultados foram semelhantes aos dos compradores que cortejavam sapos mais caros. Dei um beijo, e eles coaxaram.

Após vários fracassos, finalmente me lembrei de alguns conselhos úteis que, certa vez, recebi de um jogador de golfe profissional (que, como todos que jogaram comigo alguma vez, deseja manter o anonimato). Ele disse o seguinte: "A prática não leva à perfeição, mas à constância." A partir daí, revisei minha estratégia e tentei comprar boas empresas por preços razoáveis em vez de empresas razoáveis por bons preços.

1992

A. Maus motivos e preços altos

Como nossa história indica, ficamos confortáveis tanto com a propriedade total de empresas quanto com títulos negociáveis que representam pequenas partes delas. Vivemos em busca de modos de aplicar grandes quantias em qualquer dessas possibilidades. (Mas tentamos evitar compromissos pequenos – "Quando nem vale a pena fazer algo, não compensa fazê-lo bem".) Na verdade, as exigências de liquidez das nossas empresas de seguros demandam grandes investimentos em valores mobiliários negociáveis.

As decisões de aquisição que tomarmos terão como objetivo maximizar os benefícios econômicos reais, não o controle gerencial ou os números relatados para fins contábeis. (A longo prazo, equipes de gestão que enfatizam a aparência contábil em detrimento do teor econômico costumam alcançar pouco em ambas as frentes.)

Independentemente do impacto sobre os ganhos relatáveis de imediato, preferiríamos comprar 10% da Empresa Maravilhosa A (de Alvo) pagando X por ação a comprar 100% da A pagando 2X por ação. A maioria dos gestores prefere exatamente o contrário, e não lhes faltam argumentos para justificar essa atitude.

No entanto, suspeitamos que três motivações – em geral, não explicadas – sejam as mais importantes na maioria das aquisições de controle com ágio alto, de forma individual ou combinada:

(1) A maioria dos líderes, quer sejam da área de negócios ou não, é dotada de certo espírito animal. Para eles, quanto mais atividade e desafio, melhor. Na Berkshire, a pulsação corporativa fica mais acelerada do que nunca quando temos em vista uma aquisição.

(2) A maioria das empresas e demais organizações se autoavaliam, são avaliadas por outras e remuneram seus gestores com base no tamanho muito mais do que em qualquer outro critério. (Pergunte ao gestor de uma empresa da *Fortune 500* em que posição ela se encontra e, invariavelmente, você ouvirá um número baseado no volume de vendas – ele pode nem saber a posição da empresa na lista que a *Fortune* compila com igual dedicação para classificar as mesmas quinhentas empresas de acordo com a lucratividade.)

(3) Parece que, ao longo da infância (quando somos mais impressionáveis), muitos gestores tiveram uma exposição excessiva à história do príncipe-sapo. Por isso têm certeza de que um beijo gerencial fará maravilhas à lucratividade da Empresa A.

Esse otimismo é essencial. Sem essa visão romanceada, por que razão os acionistas da Empresa C (de Compradora) desejariam uma participação na A pelo custo 2X de aquisição em vez do preço de mercado X que pagariam se fizessem compras diretas por conta própria?

Em outras palavras, os investidores sempre podem comprar sapos pelo preço de mercado. Se deixam de fazer isso para financiar princesas que anseiam por pagar o dobro pelo direito de beijar o sapo, esses beijos devem ser espetaculares! Já vimos muitos beijos, mas pouquíssimos milagres. Ainda assim, várias princesas gerenciais continuam tranquilamente confiantes na potência desses beijos no futuro – mesmo que os galpões de suas empresas estejam cheios de sapos apáticos.

Por uma questão de justiça, devemos reconhecer que alguns históricos de aquisição são fascinantes. Duas categorias principais se destacam.

A primeira inclui companhias que, de modo planejado ou acidental, adquiriram apenas empresas especialmente bem adaptadas a um ambiente inflacionário. Essas empresas privilegiadas precisam ter duas características: (1) a possibilidade de aumentar os preços com extrema facilidade (mesmo quando a demanda pelo produto está estável e a capacidade não foi totalmente utilizada), sem medo de uma perda significativa de participação no mercado ou de volume unitário, e (2) a capacidade de comportar grandes aumentos de volume em dólares nos negócios (em geral, causados mais pela inflação do que pelo crescimento real) com somente um pequeno investimento extra de capital. Gestores de habilidade mediana, com foco somente nas possibilidades de aquisição que atendam a tais quesitos, alcançaram resultados excelentes nas últimas décadas. Entretanto, pouquíssimas empresas têm ambas as características, e, hoje em dia, a disputa para comprá-las chegou a um nível de ferocidade autodestrutiva.

A segunda categoria envolve as grandes estrelas da gestão – profissionais que conseguem identificar o raro príncipe por trás do sapo e, graças às suas habilidades gerenciais, revelam o que se esconde sob o disfarce. Brindemos a gestores como Ben Heineman, da Northwest Industries; Henry Singleton, da Teledyne; Erwin Zaban, da National Service Industries; e, em especial, a Tom Murphy, da Capital Cities Communications (um verdadeiro profissional "dois em um" da gestão, cujos esforços de aquisição foram devidamente concentrados na categoria 1 e cujos talentos operacionais também o tornam um líder da categoria 2). Por experiência, tanto direta quanto indireta, reconhecemos a dificuldade e a raridade das realizações desses executivos. (Eles estão de acordo: fecharam pouquíssimos negócios nos últimos anos e, muitas vezes, descobriram na recompra das próprias ações a maneira mais sensata de empregar o capital da empresa.)

Este seu presidente, infelizmente, não se qualifica para integrar a Categoria 2. E, apesar de um entendimento razoavelmente bom a respeito dos fatores econômicos que impõem a concentração na Categoria 1, nossa atividade de aquisição real nela tem sido esporádica e inadequada. A pregação que fizemos foi melhor do que nosso desempenho. (Negligenciamos o princípio de Noé: o que conta não é prever a chuva, mas construir arcas.)

Em algumas ocasiões, tentamos comprar sapos por uma pechincha, com resultados informados em relatórios anteriores. Com certeza, os beijos que demos não surtiram efeito. Até nos saímos bem com alguns príncipes – mas eles já eram príncipes quando foram comprados. Pelo menos nossos beijos não os transformaram em sapos. E, por último, tivemos grandes sucessos pontuais na compra de participações fracionárias em príncipes fáceis de serem identificados, a preços de sapo.

1981

A Berkshire e a Blue Chip estão considerando uma fusão em 1983. Se isso ocorrer, haverá uma troca de ações com base em um método de avaliação idêntico aplicado a ambas as empresas. Outra emissão significativa de ações pela Berkshire ou uma das suas empresas afiliadas que ocorreu durante o mandato da atual gestão foi a incorporação da Diversified Retailing Company, em 1978.

Emitimos ações seguindo uma regra básica simples: somente quando recebemos em valor intrínseco do negócio o equivalente ao que oferecemos. Talvez essa política pareça óbvia. Por que, talvez você nos pergunte, alguém iria emitir notas de 1 dólar em troca de moedas de 50 centavos? Infelizmente, muitos gestores de empresas estão dispostos a fazer isso.

A primeira escolha desses gestores ao realizar aquisições pode ser utilizar dinheiro ou dívida. Porém, com frequência, o apetite do executivo-chefe não se satisfaz com os recursos em dinheiro e crédito (sem dúvida, esse sempre foi o caso dos meus). Também é comum que tais desejos despontem quando as ações da empresa dele estão em processo de venda por um preço muito inferior ao valor intrínseco do negócio. Esse estado de coisas gera uma hora da verdade. A essa altura, como afirmou [o grande jogador de beisebol] Yogi Berra [1925-2015], "você pode constatar muitas coisas só observando". Os acionistas vão descobrir qual objetivo a equipe de gestão realmente preza – a expansão do controle ou a manutenção da riqueza dos proprietários.

É necessário escolher entre essas duas metas por alguns motivos simples. As companhias costumam vender ações no mercado por um preço abaixo de seu valor intrínseco. No entanto, quando uma empresa deseja vender 100% da sua propriedade, em uma transação negociada, ela inevitavelmente quer – e, em geral, pode – receber o valor de negócio total, em qualquer moeda usada para efetuar a operação. Se o pagamento for em dinheiro, fica mais fácil calcular o valor recebido pelo vendedor. Caso a moeda da transação sejam ações do comprador, ainda assim o cálculo do vendedor se torna relativamente fácil: basta determinar o valor de mercado em espécie do que será recebido em títulos.

Enquanto isso, o comprador que deseja usar as próprias ações como moeda de compra não terá problema se elas estiverem cotadas no mercado ao equivalente ao valor intrínseco total.

Mas suponha que as ações estejam sendo vendidas só pela metade do seu valor intrínseco. Nesse caso, o comprador se depara com a perspectiva infeliz de usar uma moeda com uma desvalorização substancial para fazer a compra.

Por ironia, se o comprador fosse vender a empresa *inteira*, ele também poderia negociar e provavelmente obter o valor intrínseco total do negócio. Mas quando o comprador faz uma venda parcial de si mesmo – *e a emissão de ações para realizar uma aquisição corresponde a isso* –, ele normalmente não pode obter um valor maior para suas ações do que o concedido por escolha do mercado.

Porém, o adquirente que segue em frente acaba usando uma moeda desvalorizada (valor de mercado) para pagar por uma propriedade com valor cheio (valor negociado). Com efeito, esse adquirente precisa entregar 2 dólares de valor para receber um. Nessas circunstâncias, uma empresa maravilhosa comprada por um preço de venda justo vira uma péssima aquisição. Afinal, ouro avaliado como ouro não pode ser comprado de forma inteligente com ouro – nem mesmo com prata – que foi avaliado como chumbo.

Contudo, se o desejo de crescer e se mostrar ativo for forte o suficiente, o gestor do adquirente encontrará todas as justificativas para essa emissão de ações que destruirá valor. Gestores de investimento simpáticos vão tranquilizá-lo quanto à solidez de suas decisões. (Nunca pergunte ao barbeiro se você precisa cortar o cabelo.)

Seguem algumas das racionalizações mais empregadas pelas equipes de gestão que emitem ações:

(a) "A empresa que estamos comprando vai valer muito mais no futuro." (É presumível que isso também aconteça com a participação na empresa antiga que está sendo negociada: as perspectivas futuras estão implícitas no processo de avaliação do negócio. Se 2X for emitido por X, o desequilíbrio se manterá quando o valor de negócio de ambas as partes dobrar.)

(b) "Nós temos que crescer." (A quem, podemos perguntar, esse "nós" se refere? Para os acionistas atuais, a realidade é que todas as empresas existentes encolhem com a emissão de ações. Se a Berkshire emitisse ações amanhã para realizar uma aquisição, ela seria proprietária de tudo o que possui agora mais essa nova empresa, mas *você* teria uma participação menor em companhias praticamente inigualáveis como a See's Candy Shops, a National Indemnity, etc. Se [1] sua família possuísse uma fazenda de 48 hectares e [2] você propusesse a um vizinho a incorporação de 24 hectares de terras da propriedade dele em uma parceria igualitária – de modo a assumir o papel de sócio-gerente –, então [3] seu domínio gerencial cresceria para 72 hectares, mas você reduziria em 25%, de modo permanente, o direito de propriedade da sua família em relação tanto à extensão do terreno quanto às plantações. Para os gestores que desejam expandir o domínio às custas dos proprietários, talvez seja melhor cogitar uma carreira no governo.)

(c) "Nossas ações estão subavaliadas e minimizamos o uso delas neste acordo – mas precisamos dar ao acionista que está vendendo 51% em ações e 49% em dinheiro para que alguns deles obtenham, em troca, a isenção de impostos desejada." (Esse argumento reconhece que é benéfico para o adquirente conter a emissão de ações, e isso é algo que apreciamos. No entanto, se os antigos proprietários são prejudicados pelo uso das ações em um regime de 100%, muito provavelmente isso também acontecerá numa base de 51%. Afinal, ninguém vai achar graça caso um cocker spaniel desfigure o gramado do quintal, só porque não foi obra de um são-bernardo. E os desejos dos vendedores não podem determinar o que é melhor para o comprador – o que aconteceria se, como condição para a fusão, o vendedor insistisse, Deus nos livre, na substituição do executivo-chefe do comprador?)

Existem três maneiras de evitar a destruição de valor para os antigos proprietários quando uma empresa emite ações para fim de aquisições. Uma é ter uma verdadeira incorporação de valor empresarial, como se pretende na junção entre a Berkshire e a Blue Chip. Essa incorporação tenta ser justa com os acionistas de *ambas* as partes, de modo que cada uma receba tanto quanto entrega em termos de valor intrínseco. As incorporações Dart Industries-Kraft e Nabisco-Standard Brands pareceram ser desse tipo, mas são exceções. Não é que os adquirentes queiram evitar acordos assim: acontece que é muito difícil concretizá-los.

A segunda alternativa se apresenta quando as ações do adquirente são vendidas pelo seu valor intrínseco, no mínimo. Nessa situação, o uso de ações como moeda pode, na verdade, aumentar a riqueza dos proprietários da empresa adquirente. Muitas incorporações foram efetivadas dessa forma no período entre 1965 e 1969. Os resultados foram o oposto do que ocorreu com a maior parte das atividades a partir de 1970: os acionistas da empresa *adquirida* recebiam em moeda muito inflacionada (com frequência, impulsionada por técnicas duvidosas de contabilidade e promoção), e eram eles que perdiam riqueza com essas transações.

Nos últimos anos, a segunda solução esteve disponível para poucas empresas grandes. As exceções têm sido sobretudo as que pertencem a setores glamorosos ou atividades promocionais às quais o mercado atribui uma cotação temporária equivalente ao valor intrínseco do negócio, no mínimo.

A terceira solução é o comprador prosseguir com a aquisição, mas depois recomprar uma quantidade de ações equivalente ao número de títulos emitidos na incorporação. Dessa forma, o que de início era uma incorporação de ações por ações pode se converter, efetivamente, em uma aquisição de ações com dinheiro. Recompras desse tipo são movimentos para reparar danos. Os leitores habituais estarão certos ao supor que damos preferência às recompras que aumentam de forma direta a riqueza dos proprietários, não às que apenas reparam danos já instaurados. Marcar um *touchdown* é mais emocionante do que desmontar o ataque do outro time, mas é importante recuperar a bola e começar um novo ataque. Portanto, recomendamos vivamente as recompras para reparar danos que transformam um mau negócio com ações em um negócio justo em dinheiro.

A linguagem utilizada nas incorporações tende a tornar as emissões confusas e a estimular ações irracionais por parte dos gestores. Por exemplo, em geral, a "diluição" é cuidadosamente calculada em base pró-forma tanto para o valor contábil quanto para o lucro corrente por ação, com uma ênfase particular no último item. Quando esse cálculo for negativo (diluidor) do ponto de vista da companhia adquirente, será elaborada (internamente ou em outro espaço) a justificativa de que os gráficos vão se cruzar de modo favorável em algum momento no futuro. (Apesar de os acordos muitas vezes fracassarem na prática, eles jamais falham nas projeções – se o executivo-chefe estiver visivelmente sem fôlego diante da perspectiva de uma aquisição, subordinados e consultores vão fornecer as projeções necessárias para justificar qualquer preço.) Caso o cálculo produza números positivos de imediato – isto é, antidiluidores – para o adquirente, entende-se que qualquer comentário é desnecessário.

A atenção dada a essa forma de diluição é exagerada: o lucro corrente por ação (ou mesmo o lucro por ação dos próximos anos) é uma variável importante na maioria das avaliações de empresas, mas está longe de ser onipotente.

Houve muitas incorporações não diluidoras nesse sentido limitado que destruíram valor para o adquirente de modo instantâneo. E algumas das que diluíram os lucros por ação correntes e de curto prazo, na verdade, aumentaram o valor. O que realmente conta é se uma incorporação é diluidora ou antidiluidora em termos do valor intrínseco do negócio (uma análise na qual são consideradas muitas variáveis). Acreditamos que, dessa perspectiva, o cálculo da diluição é de suma importância (e não se faz com a frequência necessária).

Ainda sobre a linguagem utilizada, um segundo problema está relacionado à equação de troca. Se a Empresa A anunciar que vai emitir ações para uma fusão com a Empresa B, o processo é normalmente descrito como "Empresa A vai adquirir a Empresa B" ou "B é vendida para A". Teríamos um pensamento mais claro sobre o assunto se fosse utilizada uma descrição mais estranha, porém mais precisa: "Parte de A é vendida para adquirir B" ou "Proprietários de B vão receber parte de A em troca das propriedades deles". Em uma troca, o que se entrega é tão importante quanto o que se recebe. Isso é verdade até mesmo quando a contagem final do que se entrega é adiada. As próximas vendas de ações ordinárias ou emissões conversíveis, tanto para concluir o financiamento de um negócio quanto para restaurar a solidez do balanço patrimonial, devem ser totalmente contabilizadas na avaliação da matemática fundamental para a aquisição inicial. (Se a consequência do acasalamento empresarial for uma gravidez, a hora de encarar esse fato é antes do momento do êxtase.)

Talvez os gestores e os conselheiros apurem o raciocínio ao se perguntarem se venderiam 100% da sua empresa com base nos mesmos critérios usados para o pedido de vender parte dela. E se não for inteligente vender tudo segundo essa lógica, eles deveriam se perguntar por que o seria no caso da venda parcial. O acúmulo de pequenas burrices gerenciais há de gerar uma grande burrice – não uma grande vitória. (Las Vegas foi construída com base em transferências de riqueza ocorridas quando as pessoas se envolveram em transações de capital desvantajosas e, aparentemente, pequenas.)

É mais fácil calcular o fator "dar versus receber" no caso de empresas de investimento registradas. Suponha que a Empresa de investimento X, que está sendo vendida por 50% do valor do ativo, deseja ser incorporada à Empresa de investimento Y. E ainda que, por conta disso, a Empresa X decida emitir ações com um valor de mercado equivalente a 100% do valor do ativo de Y.

Com essa troca de ações, X negociaria 2 dólares do seu valor intrínseco anterior por 1 dólar do valor intrínseco de Y. Logo viriam os protestos, tanto dos acionistas de X quanto da SEC, que regulamenta a imparcialidade das incorporações de empresas de investimento registradas. Uma transação como essa simplesmente não seria permitida.

No caso das companhias de manufatura, serviços, financeiras, etc., em geral não é possível calcular os valores com precisão semelhante à das empresas de investimento. Mas já vimos, nesses setores, fusões que destruíram de maneira igualmente drástica o valor para os proprietários da adquirente, como no caso hipotético mencionado. Essa corrosão não ocorreria se a equipe de gestão e os conselheiros avaliassem a imparcialidade de qualquer transação usando o mesmo critério para ambas as partes.

Por último, cabe comentar o efeito "golpe duplo" sobre os proprietários da empresa adquirente quando ocorrem emissões de ações com diluição de valor. Nessas circunstâncias, a primeira pancada é a perda de valor intrínseco resultante da própria incorporação. A segunda é a revisão para baixo da avaliação de mercado que, de forma bastante racional, é atribuída ao valor de negócio agora diluído. Compreende-se que os atuais e os futuros proprietários não vão pagar tanto por ativos nas mãos de uma equipe de gestão com um histórico de destruição de riqueza – a qual ocorre por emissões não inteligentes de ações – quanto o fariam por ativos confiados a uma gestão cujo talento operacional é exatamente igual, mas tem uma aversão conhecida a práticas prejudiciais ao proprietário. Uma vez que a gestão se mostre insensível aos interesses dos acionistas, estes sofrerão durante muito tempo com a relação preço/valor conferida às suas ações (em relação a outras), apesar das garantias da equipe de gestão de que a operação diluidora de valor foi um acontecimento isolado.

Essas garantias são tratadas pelo mercado da mesma forma que se lida com as explicações sobre um inseto na salada em um restaurante. Por mais que o garçom tente se desculpar, isso não eliminará uma queda na demanda (e, portanto, no valor de mercado) por saladas, tanto pelo cliente ofendido quanto por quem estava pensando no que pedir. Se todo o restante for igual, os preços mais altos no mercado acionário em relação ao valor intrínseco do negócio são dados a empresas cujos gestores demonstraram relutância em emitir ações a qualquer momento, em termos desfavoráveis para os proprietários.

1982

Já mencionei que temos uma forte preferência por usar dinheiro em vez de ações da Berkshire nas aquisições. Um estudo do nosso histórico deixará claro o motivo: se somar todas as nossas incorporações exclusivamente de ações (excluindo as que fizemos com duas empresas afiliadas, Diversified Retailing e Blue Chip Stamps), você descobrirá que nossos acionistas estão um pouco pior do que estariam se eu não tivesse feito essas transações. Embora me doa dizer isso, quando emito ações você paga a conta.

Esteja certo de uma coisa: esse custo *não* ocorreu porque fomos enganados pelos vendedores nem porque eles, em seguida, falharam em gerenciar com diligência e habilidade. Pelo contrário, os vendedores foram inteiramente francos durante a negociação dos acordos e têm sido enérgicos e eficazes desde então.

Na verdade, o problema é que possuímos um portfólio maravilhoso de empresas, e isso significa, na maioria das vezes, que trocar parte delas por algo novo não faz sentido. Quando emitimos ações em uma incorporação, reduzimos sua participação em todas as empresas que temos – tanto naquelas de propriedade parcial, como a Coca-Cola e a American Express, quanto em todas as nossas excelentes empresas operacionais. Um exemplo dos esportes ajuda a explicar a dificuldade que enfrentamos: para um time de beisebol, comprar um jogador que promete rebater bolas difíceis é quase sempre uma notícia incrível – *exceto* quando a equipe precisa negociar um rebatedor ainda mais habilidoso para fechar o acordo.

Como temos os melhores rebatedores, tentamos pagar à vista pelas aquisições e, nesse aspecto, cultivamos um histórico bem melhor. A começar com a National Indemnity, em 1967, e depois com empresas como See's, Buffalo News, Scott Fetzer e GEICO, adquirimos – em dinheiro – uma série de grandes empreendimentos que tiveram um desempenho extraordinário desde que os compramos. Essas aquisições geraram um valor imenso para a Berkshire – na verdade, muito maior do que eu previa quando realizamos as compras.

Acreditamos que, para nós, é quase impossível trocar as empresas e as equipes de gestão que temos no momento por algo melhor. Nossa situação é oposta à de Mordred – [filho bastardo do rei Arthur] em *Camelot* [filme de 1967] –, alvo deste comentário de Guinevere [a mulher do rei]: "Só tenho uma coisa a falar a respeito dele: ele está fadado a fazer um bom casamento. Isso porque está abaixo de todos." Fazer um bom casamento é extremamente difícil para a Berkshire.

1997

Ao contemplarem incorporações e aquisições de empresas, muitos gestores tendem a se concentrar na questão de a transação ser, de imediato, diluidora ou antidiluidora do lucro por ação (ou, em instituições financeiras, do valor contábil por ação). Uma ênfase desse tipo acarreta grandes perigos. Imagine que um aluno de 25 anos está cursando o primeiro ano de MBA e pensa em incorporar suas participações econômicas futuras às de um trabalhador assalariado de 25 anos. O estudante de MBA, que não é assalariado, descobriria que uma incorporação de "ação por ação" da sua participação societária dele próprio com a do trabalhador aumentaria seus ganhos de curto prazo (em grande estilo!). Mas o que poderia ser mais tolo para o aluno do que um acordo desse tipo?

Em transações empresariais, é igualmente uma bobagem da parte do comprador em potencial se concentrar no lucro corrente quando a adquirida em potencial tem perspectivas, uma combinação de ativos operacionais e não operacionais ou uma estrutura de capital distintas. Na Berkshire, rejeitamos diversas oportunidades de incorporação e compra que teriam aumentado os lucros atuais e de curto prazo, mas reduziriam o valor intrínseco por ação. Em vez disso, nossa abordagem tem sido seguir o conselho do jogador de hóquei Wayne Gretzky: "Vá para onde o disco está se dirigindo, não para onde ele está." Como resultado, nossos acionistas estão agora muitos bilhões de dólares mais ricos do que estariam se tivéssemos adotado a catequese padrão.

O triste é que a maioria das grandes aquisições exibe um desequilíbrio marcante: trazem bonança aos acionistas da adquirida; aumentam a receita e o status da equipe de gestão do adquirente; e são um ímã para os banqueiros de investimento e outros profissionais de ambos os lados. Mas, infelizmente, costumam reduzir a riqueza dos acionistas do comprador, muitas vezes de modo considerável. Isso ocorre porque o adquirente em geral abre mão de uma quantia em valor intrínseco maior do que aquilo que recebe. John Medlin, o chefe aposentado da Wachovia Corp., afirma que o resultado dessa ação, repetida várias vezes, leva você a entrar numa "corrente" como essas que recebemos por e-mail – com um sentido contrário ao objetivo inicial.

Ao longo do tempo, a habilidade dos gestores de uma empresa para alocar o capital tem um impacto enorme sobre o valor da companhia. Quase por definição, uma boa empresa gera muito mais dinheiro (após os primeiros anos, pelo menos) do que consegue aplicar internamente. Ela poderia, é claro, distribuir o dinheiro aos acionistas por meio de dividendos ou recompra de ações. Porém, muitas vezes, o executivo-chefe consulta uma equipe de planejamento estratégico, consultores ou banqueiros de investimento para saber se uma ou duas aquisições fariam sentido. É como perguntar ao seu decorador de interiores se você precisa de um tapete de 50 mil dólares.

O problema da aquisição costuma ser agravado por uma tendência biológica: vários executivos-chefes alcançam essa posição em parte porque têm instinto de caça e ego de sobra. Se essas qualidades são acentuadas – e é preciso reconhecer que isso às vezes tem vantagens –, elas não desaparecem quando ele chega ao topo. Nos momentos em que esse executivo-chefe é incentivado por seus consultores a fazer negócios, ele reage da mesma forma que um adolescente encorajado pelo pai a ter uma vida sexual normal. Não é de estímulo que ele precisa.

Alguns anos atrás, um executivo-chefe amigo meu descreveu sem querer, de brincadeira, a patologia de boa parte dos grandes negócios. Esse amigo, que dirigia uma seguradora de bens imóveis, explicava aos conselheiros por que desejava adquirir determinada empresa de seguros de vida. Depois de falar de maneira monótona e pouco convincente sobre as razões econômicas e estratégicas para a aquisição, abandonou o roteiro de forma abrupta. Com um olhar travesso, simplesmente disse: "Ah, pessoal, todas as outras crianças têm uma igual."

Na Berkshire, nossos gestores continuarão a obter retornos extraordinários de empresas que parecem comuns. Na primeira etapa, eles buscarão formas de utilizar o lucro de maneira vantajosa dentro da própria companhia. O que sobrar, enviarão para mim e para Charlie. Em seguida, tentaremos usar esses fundos para gerar valor intrínseco por ação. Nosso objetivo será adquirir, de forma parcial ou integral, empresas que acreditamos compreender, com características econômicas fundamentais que sejam boas e sustentáveis, e administradas por gestores por quem tenhamos apreço, admiração e confiança.

1994

B. *Recompras sensatas de ações versus* greenmail

Nosso endosso para recompras se limita àquelas ditadas pela relação preço/valor e não se estende à recompra *greenmail* – uma prática que consideramos odiosa e repugnante. Nessas transações, duas partes alcançam seus objetivos pessoais ao explorarem uma terceira parte inocente, que não foi consultada. Os envolvidos são: (1) o extorsionário "acionista" que, antes mesmo de a tinta de seu certificado de ações secar, transmite aos gestores a mensagem de que devem dar "ou o dinheiro ou a vida"; (2) pessoas de dentro da empresa que logo estão buscando a paz a qualquer preço – contanto que a conta seja paga por outra pessoa; e (3) os acionistas cujo dinheiro é usado por (2) para levar (1) a se afastar. À medida que a poeira assenta, o assaltante, ou seja, o acionista transitório, faz um discurso sobre "a livre iniciativa" enquanto a equipe de gestão assaltada discorre sobre "os melhores interesses da companhia" e o acionista inocente financia o reembolso em silêncio.

1984

C. *Aquisições de controle alavancadas*

Se é tão difícil fazer uma aquisição de empresas bem-sucedida, como explicar o êxito recente e generalizado da maioria dos operadores de aquisição de controle alavancada (*leveraged buyout* ou LBO) que as compraram? Grande parte da resposta vem dos resultados do imposto de renda e de outros efeitos simples. Em uma LBO comum, quando a capitalização típica, sobretudo de ações, foi substituída por 90% da dívida mais uma nova posição em ações ordinárias de 10% da capitalização, ocorreu que:

(1) o valor de mercado combinado de todas as novas ações ordinárias somadas a todas as novas dívidas se tornou muito superior ao valor de mercado anterior, porque o fluxo de lucro antes dos impostos deixou

de ser dividido com os cobradores de imposto de renda das empresas, os quais, em muitos casos, já haviam recebido a cada ano mais dinheiro do que os acionistas;

(2) mesmo após o efeito de aumento do valor causado pela redução do imposto sobre as empresas ter sido compartilhado com os ex-acionistas, ao se pagarem a eles preços altíssimos para irem embora, um resíduo retido do efeito fiscal de aumento de valor fez com que as novas ações ordinárias (que agora se transformaram em uma espécie de garantia especulativa com bons termos) valessem consideravelmente mais do que o custo, enquanto a tinta ainda secava nos papéis de aquisição;

(3) os novos "proprietários" então recorreram a estratégias que não são difíceis de conceber nem de implementar, entre elas:

(a) eliminaram muitos dos custos facilmente removíveis (sobretudo custos de pessoal) e segmentos abaixo da média que, em alguma combinação, (i) atormentam empresas de sucesso (inclusive a nossa) com a preguiça e a insensatez e, (ii) por meio de um sacrifício presente, geram boas perspectivas de longo prazo, o que justifica o suplício que enfrentam;

(b) venderam algumas operações por preços absurdamente altos, às vezes exercitando a mais banal visão microeconômica pela venda a um concorrente direto, outras vezes a uma empresa compradora não concorrente e surpreendentemente fácil de encontrar, a qual não pertence aos gestores dela e está disposta a pagar um preço quase tão alto quanto um concorrente;

(4) os novos "proprietários" então lucraram, no devido tempo, não apenas com o efeito tributário e outras atividades simples de reorganização, como as descritas acima, mas também com os maravilhosos efeitos positivos da alavancagem financeira extrema durante um longo boom de negócios acompanhado da alta do mercado acionário.

A questão de o país querer (ou mesmo não querer) que um grande número de grandes empresas tenha capitalizações extremamente alavancadas, exceto por adversidades ocasionais, apresenta questões sociais interessantes. É função social das companhias serem fortes em termos financeiros para atuarem como um amortecedor e protegerem funcionários, fornecedores e clientes interdependentes de parte da volatilidade implícita do capitalismo?

Benjamim Franklin estava certo quando incluiu este dito popular no *Almanaque do pobre Ricardo*: "Saco vazio não para em pé." Uma empresa fraca, endividada até o pescoço, seria o equivalente social de uma ponte com reserva insuficiente de força estrutural? Admitindo que as aquisições alavancadas tenham alguns efeitos favoráveis (bem como outros desfavoráveis) na eficiência de longo prazo, quantos milhares de pessoas capazes desejamos atrair para a atividade de promover a recapitalização de empresas que (1) reduza o imposto de renda delas, (2) teste muitas vezes os limites da lei antitruste e (3) concentre a atenção das companhias na geração de caixa de curto prazo para pagar níveis opressivos de endividamento? Por fim, como diz (mais ou menos isso) o professor Lou Lowenstein, da Escola de Direito de Columbia: "Queremos mesmo que empresas inteiras, como instituições sociais importantes, sejam negociadas a todo momento por contratos de barriga de porco?"[30]

Qualquer que seja a resposta para as questões sociais, três aspectos da situação atual são claros. Em primeiro lugar, o efeito tributário sobre as empresas é tão grande nas transações de LBO que o sucesso fácil delas não significa facilidade em obtê-lo nas aquisições comuns de companhias. Segundo, as hordas de operadores de aquisições alavancadas que nos cercam aumentam o nível geral dos preços de aquisição em detrimento de outros compradores em potencial, inclusive a Wesco, que não está disposta a maximizar os benefícios fiscais mediante empréstimos maximizados. E, terceiro, os operadores de LBO não irão embora enquanto perdurarem as leis permissivas em vigor. Eles têm uma vantagem real com essas leis. Embora o fracasso e a desgraça venham a reduzir a quantidade desses profissionais e os preços pagos nas transações de aquisição alavancada caiam, o valor capitalizado da redução do imposto de renda sobre a empresa permanecerá. Portanto, ainda haverá muito incentivo racional para as transações. O gênio da LBO vai encontrar reveses, mas só voltará para a garrafa se for empurrado por novas leis.

Cabe notar também que os incentivos dos operadores de LBO para apostar alto não se esgotam com as vantagens reais decorrentes do direito tributário e da vontade de reorganizar as empresas com muita rapidez

---

[30] N. do E. Os contratos futuros de barriga de porco estavam entre os primeiros contratos de derivativos negociados na Bolsa de Chicago (CME), em 1961. Já extintos, esses contratos eram vistos como um ícone do mercado futuro e foram muito utilizados na década de 1980 como forma de proteção da inflação de alimentos.

e pouco escrúpulo. Incentivos extras para lances altos vêm de estruturas peculiares, nas quais os sócios gerais de parcerias de LBO arriscam pouco do próprio dinheiro (muitas vezes, menos do que nada, depois de considerar as tarifas), mas compartilham dos ganhos de forma significativa. Esses arranjos são semelhantes ao sistema do agenciador de apostas nas corridas de cavalo. Claro que eles esperam que o jogador a quem passam dicas façam muitas apostas.

Para a Wesco, como uma operadora que não realiza LBO, o jogo da aquisição de boas empresas sempre foi duro. E, nos últimos tempos, fica a cada ano mais parecido com a pesca de lúcio-almiscarado no Lago Leech, em Minnesota, onde Ed Hoskins, o primeiro parceiro de negócios deste que vos escreve, teve a seguinte conversa com o guia, um indígena nativo da região:

"O pessoal consegue pescar algum lúcio-almiscarado neste lago?"

"Este aqui é o lago onde mais se pesca lúcio-almiscarado em todo o estado de Minnesota. É famoso por isso."

"Faz quantos anos que você pesca aqui?"

"Dezenove anos."

"E quantos lúcios-almiscarados já pescou?"

"Nenhum."

Quando uma equipe de gestão tem um ponto de vista igual ao nosso, é possível prever com segurança que a frequência de aquisições de empresas será baixa. Quer isso aconteça, como gostamos de acreditar, porque o jogo é difícil para quase todos ou simplesmente porque é difícil para nós, o resultado para os acionistas da Wesco é o mesmo: menos atividade proveitosa do que gostaríamos. Mas talvez haja um consolo: dificilmente problemas de aquisição imensos e incorrigíveis, sem qualquer recuperação significativa, são causados por quem pensa que o jogo das fusões é igual à pesca de lúcio--almiscarado no Lago Leech.[31]

D. *Políticas sólidas de aquisição*

Deve parecer estranho que nos mostremos exultantes em um ano durante o qual fizemos três aquisições, já que temos usado com regularidade estas

---

[31] Carta de 1989 aos acionistas da Wesco Financial Corporation, por Charles T. Munger. Reproduzida com permissão.

páginas para questionar as atividades de aquisição da maioria dos gestores. Fique tranquilo, pois Charlie e eu não deixamos de lado o ceticismo: acreditamos que a maioria dos negócios prejudica os acionistas da empresa adquirente. Muitas vezes, as palavras da opereta *HMS Pinafore* se aplicam ao caso: "Dificilmente as coisas são o que parecem; o leite desnatado se disfarça de creme." Vendedores e seus representantes, especificamente, sempre apresentam projeções financeiras que têm mais valor em termos de entretenimento do que de educação. Na produção de cenários cor-de-rosa, Wall Street consegue se sair bem, apesar da concorrência de Washington.

De todo modo, não consigo entender por que os compradores em potencial nem sequer olham para as projeções preparadas pelos vendedores. Charlie e eu tampouco olhamos, mas sempre temos em mente a história do homem que tinha um cavalo doente. Ele foi consultar o veterinário e disse: "Você tem como me ajudar? Meu cavalo anda perfeitamente bem, só que manca de vez em quando." A resposta do profissional foi: "Não tem problema: quando ele estiver bem, venda-o." No mundo das fusões e aquisições, esse cavalo seria anunciado para venda como [o célebre cavalo de corrida estadunidense] Secretariat.

Na Berkshire, temos todas as dificuldades do mundo em entender o futuro do mesmo jeito que as companhias com foco em aquisições. Como elas, também enfrentamos o problema inerente de que o vendedor de uma empresa quase sempre sabe muito mais sobre a companhia do que o comprador, e ainda escolhe o momento da venda – no qual é provável que a empresa esteja andando "perfeitamente bem".

Mesmo assim, levamos algumas vantagens; talvez a maior delas seja o fato de *não* termos um plano estratégico. Portanto, não sentimos qualquer necessidade de seguir uma direção determinada (um caminho que leva quase sempre a preços de compra absurdos) e podemos apenas decidir o que faz sentido para nossos proprietários. Para tanto, sempre comparamos mentalmente qualquer movimento que estejamos considerando com dezenas de outras oportunidades diante de nós, inclusive a compra de pequenas partes das melhores empresas do mundo pela bolsa de valores. Nossa prática de fazer essa comparação – aquisições versus investimentos passivos – é uma disciplina que gestores focados somente na expansão raramente adotam.

Em entrevista à *Time* alguns anos atrás, Peter Drucker foi ao cerne da questão: "Vou lhe contar um segredo: negociar é melhor do que trabalhar.

Negociar é emocionante e divertido, trabalhar é sujo. Administrar qualquer coisa é basicamente ter uma enorme quantidade de trabalho sujo e detalhista... Fazer negócios é romântico e sexy. É por isso que existem negociações que não fazem sentido."

Ao fecharmos aquisições, temos uma vantagem extra: como pagamento, podemos oferecer aos vendedores ações respaldadas por uma seleção extraordinária de excelentes empresas. Um indivíduo ou uma família que deseja se desfazer de um só bom negócio e também protelar o pagamento dos impostos de pessoa física por tempo indeterminado talvez veja nas ações da Berkshire um bem particularmente confortável. Acredito, de verdade, que esse cálculo desempenhou um papel importante nas duas aquisições que pagamos com ações, em 1995.

Além disso, algumas vezes quem vende se preocupa em deixar a empresa nas mãos de uma companhia que terá vida longa e também oferecerá condições de trabalho agradáveis e produtivas aos gestores. Nesse caso, mais uma vez, a Berkshire tem um trunfo. Nossos gestores operam com uma autonomia extraordinária. E nossa estrutura de propriedade ainda permite aos vendedores saberem que, quando digo que estamos comprando uma empresa para mantê-la, essa promessa significa algo. Da nossa parte, gostamos de lidar com proprietários que se preocupam com o que acontece com a companhia e com as pessoas que trabalham para eles. É provável que um comprador encontre menos surpresas desagradáveis ao lidar com esse tipo de vendedor do que com um que simplesmente leiloa a própria empresa.

Essa exposição explica nosso estilo de aquisição e também é, claro, um discurso de vendas nada sutil. Se você possui ou representa uma empresa que gera pelo menos 75 milhões de dólares antes dos impostos, e ela se enquadra nos critérios que descreveremos a seguir, é só ligar para mim. A conversa será confidencial. E se não estiver interessado por enquanto, não se esqueça desta proposta: nunca perderemos o apetite por comprar empresas com boas características econômicas e uma equipe de gestão excelente.

Concluindo esta pequena dissertação sobre aquisições, não posso deixar de repetir uma história que o executivo de uma empresa me contou no ano passado. Ele fez carreira em uma companhia excelente, com um longo histórico de liderança no setor. Mas o produto principal não tinha glamour, o que chegava a ser triste. Então, muitas décadas atrás, a empresa contratou um consultor de gestão, o qual – como seria natural – recomendou uma estratégia de diversificação, em moda na época. ("Foco" ainda não estava em alta.) Em pouco tempo, a empresa adquiriu vários outras, sendo que cada transação era antecedida por um estudo de aquisição extenso – e caro –, realizado pela firma de consultoria. E qual foi o resultado? O executivo contou com pesar: "Quando começamos, 100% dos nossos ganhos vinham da primeira empresa. Após dez anos, essa porcentagem passou para 150%."

1995

É desanimador observar que, embora em quatro ocasiões tenhamos feito grandes aquisições de empresas cujos vendedores eram representados por bancos de investimento proeminentes, em somente uma delas o banco nos contatou. Nos demais casos, eu mesmo ou um amigo iniciamos a transação algum momento depois de o banco de investimento ter solicitado a própria lista de prospecção. Adoraríamos que um intermediário ganhasse a comissão dele por pensar em nós – e, portanto, vale repetir a seguir o que estamos procurando:

(1) grandes compras;
(2) poder de ganho consistente e comprovado (não temos nenhum interesse em projeções futuras nem em situações de *turnaround*);
(3) empresas que obtêm bons retornos sobre o patrimônio enquanto empregam pouca ou nenhuma dívida;
(4) equipe de gestão implementada (não podemos fornecê-la);
(5) negócios simples (se houver muita tecnologia, não vamos entender);
(6) um preço anunciado (não queremos perder nosso tempo nem o do vendedor conversando, mesmo que em caráter preliminar, sobre uma transação quando o preço é desconhecido).

Não vamos nos envolver em aquisições de controle em que as negociações transcorram de maneira hostil. Prometemos confidencialidade total e uma resposta muito rápida – normalmente em cinco minutos – a respeito do nosso interesse. Preferimos comprar à vista, mas vamos considerar a emissão de ações quando recebermos em valor intrínseco o equivalente ao que oferecemos.

Nossa modalidade de compra preferida é aquela em que os gestores-proprietários da empresa desejam gerar quantias consideráveis de dinheiro, às vezes para eles próprios, mas com frequência para suas famílias ou para os acionistas inativos. Ao mesmo tempo, eles querem manter um papel importante como proprietários que continuam a administrar a empresa, exatamente como antes. No nosso entender, somos uma boa escolha, em especial para proprietários com esses objetivos, e convidamos vendedores em potencial para nos avaliar entrando em contato com pessoas com quem já fizemos negócios no passado.

Charlie e eu costumamos ser questionados sobre aquisições que nem chegam perto de passar pelos nossos testes: descobrimos que quem anuncia ter interesse em comprar um collie recebe muitas ligações de pessoas querendo vender um cocker spaniel. Este verso de uma música country expressa como nos sentimos a respeito de novos empreendimentos, *turnarounds* ou vendas que lembram leilões: "Quando o telefone não tocar, você vai saber que sou eu."[32]

1991[33]

E. *Sobre a venda de uma empresa*

A maioria dos proprietários de empresa passa a maior parte da vida construindo seu negócio. Com uma experiência adquirida a partir da repetição sem fim, eles aprimoram as habilidades em merchandising, compras, seleção de pessoal, etc. É um processo de aprendizagem, e os erros cometidos em um ano muitas vezes contribuem para a competência e o sucesso nos anos seguintes.

Por outro lado, os gestores-proprietários vendem a própria empresa apenas uma vez – com frequência, em uma atmosfera carregada de emoção, com uma infinidade de pressões vindas de diferentes fontes. É comum que grande parte dessa pressão venha de corretores cuja remuneração depende da consumação de uma venda, sejam quais forem as consequências

---

[32] Em 1988 e 1989, a última frase era a seguinte: "Nosso interesse em empreendimentos, *turnarounds* ou vendas que lembram leilões pode ser mais bem expresso por um *Goldwynismo*: "Por favor, me inclua fora dessa."
[33] Carta com versões similares de 1982 em diante.

para o comprador e para o vendedor. Para o proprietário, a importância dessa decisão, tanto em termos financeiros quanto pessoais, pode tornar o processo mais – e não menos – sujeito a erros. E, quando a venda da empresa é um evento único na vida de uma pessoa, os erros cometidos não são reversíveis.

O preço é muito importante, mas às vezes não é o aspecto mais crítico da venda. Você e sua família têm uma empresa extraordinária – única nessa área de atuação –, o que qualquer comprador há de reconhecer. É também uma companhia que vai se tornar mais valiosa ao longo dos anos. Então, se decidir não vender agora, é bem provável que ganhe mais dinheiro no futuro. Sabendo disso, você ganha musculatura para negociar e levar o tempo que for necessário para selecionar o comprador desejado.

Caso decida vendê-la, acho que a Berkshire Hathaway oferece algumas vantagens que a maioria dos outros compradores não proporciona. Praticamente todos eles se enquadram em uma destas duas categorias:

(1) Uma empresa localizada em outro lugar, que opera no seu setor ou em outro semelhante. Em geral, esse tipo de comprador – não importa quais promessas fizer – terá gestores que acreditam saber como conduzir suas operações e, mais cedo ou mais tarde, vão querer oferecer uma "ajuda" prática. Se a empresa adquirente for bem maior, muitas vezes ela terá equipes de gestores recrutados ao longo de anos, em parte por promessas de que iriam administrar aquisições futuras. Eles terão um jeito próprio de fazer as coisas e, mesmo que seu histórico de negócios seja, sem dúvida, muito melhor que o deles, a natureza humana os levará a acreditar em algum momento que possuem métodos de operação superiores. É provável que você e sua família tenham amigos que venderam a empresa deles para outras maiores. Suspeito que as experiências dessas pessoas confirmarão a tendência da empresa controladora de assumir a administração das subsidiárias, sobretudo quando a matriz conhece ou pensa que conhece o setor.

(2) Um especialista em manobras financeiras, que sempre opera com altas somas de dinheiro emprestado e planeja revender para o público ou para outra empresa assim que a ocasião for favorável. Com frequência, a principal contribuição desse comprador será alterar os

métodos contábeis para que o lucro seja apresentado da maneira mais favorável pouco antes de ele cair fora. Esse tipo de transação está se tornando muito mais frequente em razão da alta do mercado acionário e da grande oferta de fundos disponíveis para essas transações.

Se a única motivação dos atuais proprietários é trocar as fichas deles por dinheiro e deixar a empresa para trás – e muitos vendedores se enquadram nessa categoria –, as duas categorias de comprador que acabei de descrever são satisfatórias. No entanto, se a empresa à venda representa o trabalho criativo de uma vida inteira, configura parte integrante da personalidade do vendedor e sua razão de ser, esses dois tipos têm graves deficiências.

A Berkshire é uma compradora de outra espécie – um tanto incomum. Compramos para manter, mas não temos, nem esperamos ter, pessoas operando da nossa matriz. Todas as empresas que possuímos são administradas de maneira autônoma, em um grau extraordinário. Na maioria dos casos, os gestores de importantes companhias nossas passaram vários anos sem ir a Omaha ou nem sequer se conheceram. Quando compramos uma empresa, os vendedores continuam a administrá-la exatamente como faziam antes da venda: nós nos adaptamos aos métodos deles, não o contrário.

Não prometemos a ninguém – parentes, profissionais recém-chegados com MBAs no currículo, etc. – a chance de dirigir negócios que compramos de gestores-proprietários. E não vamos prometer.

Você conhece algumas das compras que já realizamos. Em anexo, encaminho uma lista de todas as pessoas de quem já compramos uma empresa e o convido a perguntar a elas se cumprimos nossas promessas. Você deve estar particularmente interessado em consultar os poucos vendedores cujas empresas não se saíram bem, a fim de averiguar como nos comportamos em situações difíceis.

Qualquer comprador dirá que precisa de você em especial – e se ele for inteligente, com certeza precisa mesmo. Mas muitos compradores, pelos motivos já mencionados, não alinham as ações posteriores ao que já tinham dito. Nós vamos nos comportar exatamente como prometemos, tanto porque fizemos a promessa quanto por precisarmos cumpri-la para alcançar os melhores resultados.

Essa necessidade explica por que gostaríamos que os membros operacionais da sua família mantivessem uma participação de 20% no negócio. Precisamos de 80% a fim de consolidar o lucro por razões tributárias, o que, para nós, é um passo importante. E consideramos igualmente importante que esses familiares que administram a empresa permaneçam como proprietários. É muito simples: só temos vontade de comprar quando percebemos que os principais membros da equipe gestora permanecerão na empresa como nossos parceiros. Contratos não são capazes de garantir que eles se mantenham interessados. Confiaríamos na palavra deles.

As áreas em que me envolvo são alocação de capital e seleção e remuneração dos gestores no topo da hierarquia. Outras decisões sobre pessoal, estratégias operacionais, etc. são da alçada deles. Alguns gestores da Berkshire conversam comigo sobre certas decisões; outros, não. Depende da personalidade de cada um e, até certo ponto, da relação pessoal comigo.

Se você decidir fazer negócios com a Berkshire, pagaremos em dinheiro. Sua empresa não seria usada como garantia para nenhum empréstimo da Berkshire. Não haveria envolvimento de nenhum corretor.

Além disso, não existiria qualquer possibilidade de um acordo ser anunciado e o comprador depois recuar ou começar a sugerir ajustes (com pedidos de desculpas, é claro, e uma explicação de que os culpados foram os bancos, os advogados, o conselho diretor, etc.). E, por fim, você saberia exatamente com quem está lidando. Não haveria um executivo designado para a negociação desse acordo só para outra pessoa assumir o comando alguns anos depois, ou para que o presidente venha se desculpar, pois o conselho diretor exigiu essa ou alguma outra mudança (talvez tenha exigido a venda da sua empresa para financiar um novo interesse da controladora).

Devo avisá-lo de que você não ficaria mais rico após a venda. Ser proprietário da sua empresa já o torna rico, com um investimento sólido. Uma venda mudaria a forma da sua riqueza, mas não o montante. Se você vender, terá trocado um ativo valioso, do qual tem 100% da posse e que conhece muito bem, por outro ativo valioso – dinheiro –, que provavelmente será investido em pequenas partes (ações) de outras empresas que você conhece menos. Muitas vezes, há uma razão válida para se vender, mas, caso a transação seja justa, o objetivo não é enriquecer o vendedor.

Não vou incomodar você: se tiver algum interesse em vender, eu agradeceria a sua ligação. E ficaria extremamente orgulhoso de ver a Berkshire se tornar proprietária, ao lado dos principais membros da sua família, de _____: acredito que teríamos um ótimo desempenho financeiro e que, ao administrar a empresa nos próximos vinte anos, você se divertiria da mesma maneira que o fez nos últimos vinte anos.

Atenciosamente,

Warren E. Buffett

Apêndice B, de 1990[34]

Nossas aquisições costumam se desdobrar a partir de indicações de outros gestores que venderam para nós no passado. Em outras empresas, os executivos talvez se dediquem a buscar possibilidades de aquisição junto a bancos de investimento por meio de um processo de leilão que se tornou padronizado. Nessa prática, os banqueiros preparam um "livro" que me lembra dos quadrinhos do Super-Homem da minha juventude. Na versão de Wall Street, uma empresa até então bem-comportada sai da cabine telefônica do banqueiro de investimento pronta para saltar sobre os concorrentes com um único pulo e acenando com lucros que virão mais rápido do que uma bala. Empolgados pela descrição que leram dos poderes da adquirida, os executivos-chefes, ávidos por aquisições – por trás da aparência fria, todos eles são como Lois Lane –, logo desmaiam.

O que é divertido em especial nesses "livros" é a precisão com que os lucros são projetados muitos anos à frente. No entanto, se você perguntar ao banqueiro responsável quanto a própria empresa dele vai ganhar *no próximo mês*, ele vai se encolher de modo defensivo e lhe dirá que os negócios e os mercados estão incertos demais para arriscar uma previsão.

E eis uma história que não consigo deixar de contar: em 1985, um grande banco de investimento se comprometeu a vender a Scott Fetzer e a ofereceu a todo mundo – sem sucesso. Ao ler a respeito dessa bola fora, escrevi a Ralph Schey, executivo-chefe da Scott Fetzer, para expressar meu interesse em comprar a empresa. Eu não conhecia Ralph, mas em uma semana fechamos um acordo. Infelizmente, a carta de compromisso da Scott Fetzer com o banco previa uma comissão de 2,5 milhões de dólares na venda, mesmo que a instituição não tivesse nada a ver com o comprador encontrado. Imagino que o

---

[34] Modelo de carta enviada a potenciais vendedores de empresas.

principal banqueiro tenha achado que deveria fazer algo para justificar seu pagamento, então teve a gentileza de nos oferecer uma cópia do livro sobre a Scott Fetzer, organizado pela firma dele. Com o tato que lhe é característico, Charlie respondeu: "Eu pago 2,5 milhões de dólares para *não* ler isso."

Na Berkshire, nossa estratégia de aquisição cuidadosamente elaborada consiste apenas em esperar o telefone tocar. Felizmente, isso acontece algumas vezes, em geral porque algum gestor que fez negócios conosco recomenda a um amigo que siga os mesmos passos.

1999

F. *O comprador preferencial*

Dois fatores econômicos provavelmente contribuíram para a aceleração da atividade de aquisição que experimentamos no ano passado. Em primeiro lugar, muitos gestores e proprietários previram desacelerações de curto prazo para os negócios deles – e, de fato, adquirimos várias empresas cujos ganhos certamente devem diminuir este ano em relação aos picos alcançados em 1999 ou 2000. Esses declínios não fazem diferença para nós: esperamos que todas as nossas companhias passem por altos e baixos de vez em quando. (Os lucros só sobem para sempre nas apresentações de vendas dos bancos de investimento.) Não nos importamos com os solavancos; o que vale são os resultados gerais. Porém, as decisões de outras pessoas às vezes são afetadas pela perspectiva de curto prazo, o que pode estimular os vendedores e moderar o entusiasmo dos compradores que, de outra forma, talvez competissem conosco.

Um segundo fator que nos ajudou em 2000 foi que o mercado para debêntures de alto risco secou no decorrer do ano. Nos dois anos anteriores, os compradores desse ativo afrouxaram os padrões e compraram as obrigações de emissores cada vez mais fracos, por preços despropositados. Os efeitos desse relaxamento foram sentidos no ano passado, com um aumento da inadimplência. Nesse ambiente, os compradores "financeiros" de empresas – aqueles que desejam adquirir injetando apenas uma fatia mínima de capital – tornaram-se incapazes de tomar emprestado tudo o que achavam que precisavam. Além disso, os empréstimos que ainda podiam realizar estavam caros. Em consequência, os operadores de LBO deram lances menos agressivos quando as empresas foram colocadas à venda no ano passado.

Como analisamos a compra de toda a base acionária, nossas avaliações não mudaram, o que significa que nos tornamos muito mais competitivos.

Além dos fatores econômicos que nos beneficiaram, agora desfrutamos de uma vantagem importante e crescente ao fazer aquisições, pois costumamos ser os compradores preferenciais do vendedor. Esse fato, é claro, não garante o negócio – os vendedores precisam gostar do nosso preço, e nós, da empresa e da equipe de gestão deles –, mas ajuda bastante.

Achamos significativo quando um proprietário se *preocupa* com a pessoa para a qual ele venderá. Gostamos de fazer negócios com alguém que ama sua empresa, não apenas o dinheiro que a venda proporciona (embora, sem dúvida, entendamos a pessoa que também gosta disso). A existência desse apego emocional sinaliza que provavelmente vamos encontrar qualidades importantes na empresa: contabilidade honesta, orgulho pelo produto, respeito pelos clientes e um grupo leal de parceiros com um forte senso de direção. O inverso também pode ser verdadeiro. Quando um proprietário faz um leilão da empresa dele e demonstra total falta de interesse quanto ao que vai acontecer dali em diante, muitas vezes descobrimos que ela foi ajeitada para a venda, em especial quando o vendedor é um "proprietário financeiro". E se os proprietários agirem com pouca consideração pela empresa e pelo pessoal, essa conduta costuma contaminar atitudes e práticas por toda a companhia.

Quando uma obra-prima dos negócios foi criada ao longo de uma vida – ou de várias vidas – de cuidados incansáveis e talento excepcional, deve ser importante para o proprietário que a empresa seja confiada a quem venha a dar continuidade a essa história. Charlie e eu acreditamos que a Berkshire oferece um lar quase único. Levamos muito a sério nossas obrigações com as pessoas que criaram um negócio, e a estrutura de propriedade da Berkshire garante que possamos cumprir nossas promessas. Quando dizemos a John Justin que a sede da empresa dele (a Justin Industries) vai permanecer em Fort Worth ou quando garantimos à família Bridge que a operação dela (a Ben Bridge Jeweler) não será incorporada a outra joalheria, esses vendedores podem levar essas promessas ao banco.

Para o autor de uma tela valiosa, o equivalente a um quadro de Rembrandt no mundo dos negócios, é muito melhor selecionar pessoalmente qual casa vai abrigá-la de modo permanente do que ver um administrador de fundo ou herdeiros desinteressados levarem a pintura a leilão. Ao longo dos anos, tivemos experiências excelentes com pessoas que reconhecem essa verdade e a aplicam na construção de negócios. Vamos deixar os leilões para os outros.

2000

Nossa meta declarada é ser o "comprador preferencial" das empresas – sobretudo as construídas por famílias e pertencentes a elas. A maneira de atingir esse objetivo é fazer por merecê-lo. Isso significa que devemos cumprir nossas promessas; evitar alavancar as empresas adquiridas; conceder uma autonomia incomum aos gestores; e manter as empresas compradas ao longo dos bons e dos maus momentos (apesar de gostarmos mais dos momentos bons e dos ainda melhores).

Nosso histórico confirma essa retórica. No entanto, a maioria dos compradores que competem conosco segue um caminho diferente. Para eles, as aquisições são "mercadorias". Antes de a tinta secar no contrato de compra, esses operadores já estão avaliando "estratégias de saída". Temos uma vantagem decisiva, portanto, quando encontramos vendedores que se preocupam de verdade com o futuro da empresa.

Há alguns anos, nossos concorrentes eram conhecidos como "operadores de aquisição alavancada". Mas o termo LBO, a aquisição alavancada, ganhou uma conotação ruim. Então, à moda orwelliana, as empresas de aquisição de controle decidiram mudar de nome. Só que não mudaram os ingredientes essenciais das operações anteriores, inclusive as cobiçadas estruturas de tarifas e o amor pela alavancagem.

Passaram a usar o rótulo de *private equity*, um nome que vira os fatos de cabeça para baixo: a compra de uma empresa por essas firmas quase invariavelmente resulta em *reduções* drásticas no aspecto da participação acionária da estrutura de capital da adquirida em comparação com o que existia antes. Várias dessas companhias, adquiridas apenas dois ou três anos atrás, têm hoje sérios problemas pela dívida que seus compradores de *private equity* as levaram a acumular. Grande parte da dívida bancária está sendo vendida a menos de 70 centavos por cada dólar, e a dívida pública sofreu uma derrota ainda maior. As sociedades de *private equity*, cabe notar, não estão se apressando para injetar o capital tão necessário para seus tutelados. Em vez disso, mantêm os fundos remanescentes *muito* privados.

No setor regulado dos serviços públicos, não existem grandes empresas familiares. Nesse caso, a Berkshire espera ser a "compradora preferencial" dos *reguladores*. São eles, não acionistas vendedores, que avaliam a adequação dos compradores quando as transações são propostas.

Não há como esconder a própria história quando se está diante desses reguladores. Eles podem ligar – e de fato ligam – para colegas de outros estados onde você opera e perguntar sobre seu comportamento em relação a todos os aspectos da empresa, inclusive a disposição de comprometer um montante adequado de capital acionário.

Quando a MidAmerican propôs a compra da PacifiCorp, em 2005, os reguladores dos seis novos estados que serviríamos logo verificaram nosso histórico em Iowa. Também avaliaram com cuidado nossos planos e nossa capacidade de financiamento. Fomos aprovados nesse teste, assim como esperamos ser aprovados nos próximos.

Queremos comprar mais concessionárias reguladas no futuro – e sabemos que o modo como agimos nos negócios nas jurisdições onde operamos hoje determinará como seremos recebidos em novas praças amanhã.

2008

VI. AVALIAÇÃO DE EMPRESAS

AOS QUE NÃO TÊM INTERESSE EM CONTABILIDADE, peço desculpas por esta dissertação. Sei que, em vez de se debruçar sobre os nossos números, muitos de vocês defendem a Berkshire sobretudo por entender que: (1) Charlie e eu temos o grosso de nosso dinheiro na Berkshire; (2) nossa intenção é administrar as coisas a fim de que suas perdas ou seus ganhos sejam diretamente proporcionais aos nossos; (3) até agora, o histórico tem sido satisfatório. Não há nada necessariamente errado em investir com uma espécie de abordagem baseada na "fé". No entanto, outros acionistas preferem uma fundamentação centrada na análise, e queremos fornecer as informações de que eles necessitam. Em nossos próprios investimentos, buscamos situações nas quais ambas as abordagens nos tragam a mesma resposta.

1988

A. *Esopo e a Teoria do Céu Ineficiente*

A fórmula para avaliar *todos* os ativos comprados para ganho financeiro não mudou desde que foi apresentada pela primeira vez, por volta de 600 a.C., por um homem muito inteligente (embora não o suficiente para saber que era 600 a.C.).

O oráculo era Esopo, e a ideia que ele tinha de investimento, perpetuada apesar de ser um tanto incompleta, era a de que "mais vale um pássaro na mão do que dois voando". Para concretizar esse princípio, você deve responder a apenas três perguntas: Tem certeza de que há pássaros voando mesmo? Quando eles vão surgir no céu e quantos serão? Qual é a taxa de juros livre de risco (a que consideramos ser o rendimento dos títulos de longo prazo do governo americano)? Se responder a essas três questões, você saberá o valor máximo dos pássaros voando em determinada área de céu – e o número máximo de pássaros que você possui agora e que deve oferecer por área celeste. E, claro, não pense literalmente em pássaros. Pense em dólares.

Expandido e convertido em dólares, o axioma de investimento de Esopo é imutável. Aplica-se a despesas com fazendas, royalties do petróleo, títulos, ações, bilhetes de loteria e fábricas. Nem o advento da máquina a vapor, o uso da eletricidade ou a invenção do automóvel mudaram um pingo sequer dessa fórmula – nem a internet mudará. Basta inserir os números corretos e você conseguirá classificar a atratividade de todos os usos possíveis do capital existente no universo.

Parâmetros comuns, como retorno na forma de dividendo, o quociente preço/lucro ou o de preço/valor contábil, até mesmo taxas de crescimento, não têm *nada* a ver com a avaliação, exceto na medida em que fornecem pistas sobre a quantia e o calendário dos fluxos de entrada e saída de caixa da empresa. Na verdade, o crescimento pode destruir valor se, nos primeiros anos de um projeto ou empreendimento, exigir entradas que excedam o valor descontado do caixa que esses ativos vão gerar nos anos posteriores. Analistas de mercado e gestores de investimento que se referem de maneira leviana aos estilos de "crescimento" e "valor" como estratégias contrastantes estão exibindo a própria ignorância, não até que ponto são sofisticados. O crescimento é apenas um componente – em geral, para somar; às vezes, para diminuir – na equação de valor.

Infelizmente, embora a proposição de Esopo e a terceira variável – isto é, as taxas de juros – sejam simples, inserir números para as outras duas variáveis é uma tarefa difícil. Usar números precisos é, na verdade, uma tolice – é melhor trabalhar com uma variedade de possibilidades.

Normalmente, esse leque precisa ser tão amplo que não se consegue chegar a nenhuma conclusão útil. Porém, em algumas ocasiões, mesmo estimativas muito conservadoras sobre o futuro surgimento de pássaros revelam que o preço cotado está, de modo surpreendente, barato em relação ao valor. (Vamos chamar esse fenômeno de Teoria do Céu Ineficiente – TCI.) Para ter certeza, um investidor precisa de algum conhecimento geral sobre as características econômicas de empresas, bem como da capacidade de pensar de maneira independente para chegar a uma conclusão positiva bem fundamentada. Mas ele não necessita de genialidade nem de ideias espetaculares.

No outro extremo, há muitas ocasiões em que nem o *mais* inteligente dos investidores consegue ter certeza sobre os pássaros que vão surgir, nem mesmo quando recorre a uma grande variedade de estimativas. Com frequência, esse tipo de imprecisão ocorre quando se examinam novas empresas e setores em rápida mudança. Em casos assim, qualquer comprometimento de capital deve ser rotulado como especulativo.

Veja, a especulação – na qual o foco não está no que um ativo vai produzir, mas no que o próximo sujeito pagará por ele – não é ilegal, imoral nem antiamericana. Mas Charlie e eu não temos vontade de entrar nesse jogo. Não levamos nada para a festa, então por que deveríamos ter a expectativa de voltar para casa com alguma coisa?

A linha que separa investimento e especulação, que nunca é clara e inequívoca, torna-se ainda mais tênue quando, um pouco antes, a maioria dos participantes do mercado conquistou algum triunfo. Nada atordoa tanto a racionalidade quanto grandes doses de dinheiro adquiridas sem esforço. Após uma experiência vertiginosa como essa, pessoas antes sensatas assumem um comportamento semelhante ao de Cinderela no baile. Sabem que ficar mais tempo do que deveriam na festa – ou seja, continuar a especular em empresas que têm avaliações desproporcionais em relação ao dinheiro que provavelmente vão gerar no futuro – vai acabar em abóboras e ratos. Ainda assim, detestam perder um único minuto desse baile estupendo. Portanto, todos os participantes inebriados planejam ir embora segundos antes da meia-noite. Só há um problema: eles estão dançando em um salão cujos relógios estão sem ponteiros.

No ano passado, comentamos a respeito da exuberância – e, sim, era irracional – que prevaleceu, e observamos que as expectativas dos investidores haviam ido muito além dos diversos e múltiplos retornos prováveis. Uma evidência veio de uma pesquisa com investidores conduzida pela Paine Webber-Gallup em dezembro de 1999, na qual os participantes foram questionados sobre os retornos anuais que os investidores poderiam esperar ao longo da próxima década. O resultado foi em média 19%. Sem dúvida, essa expectativa era irracional: para as empresas americanas como um todo, não havia possibilidade de existir um número suficiente de pássaros no céu de 2009 que gerasse tal retorno.

Ainda mais irracionais eram as avaliações altíssimas que os participantes do mercado atribuíam a empresas que, quase seguramente, acabariam se tornando modestas ou sem valor. Ainda assim, investidores, hipnotizados pela alta dos preços das ações, ignoraram todo o restante e se acotovelaram nessas companhias. Era como se um vírus, transmitido de forma descontrolada tanto na comunidade dos profissionais de investimento quanto na dos amadores, induzisse alucinações nas quais o valor de ações de certos setores se desvinculava do valor das empresas que as sustentavam.

Essa cena surreal foi acompanhada de muito papo-furado sobre "criação de valor". Reconhecemos que houve grande criação de valor real na última década por parte de empresas novas ou jovens, e que há muito mais por vir. Mas qualquer empresa que perca dinheiro ao longo da sua existência, não importa que a avaliação provisória dela seja muito alta, não cria valor; o destrói.

O que de fato ocorre nesses casos é uma *transferência* de riqueza, muitas vezes em massa. Ao comercializar descaradamente áreas de céu onde não há pássaros, os vendedores retiraram nos últimos anos bilhões de dólares dos bolsos do público e os guardaram na própria carteira (e na dos amigos e associados). A bolha do mercado permitiu a criação de empresas-bolhas – projetadas mais com o objetivo de ganhar dinheiro *com* os investidores do que *para* eles. Muitas vezes, uma oferta pública inicial, não o lucro, era o objetivo principal. No fundo, o "modelo de negócios" dessas empresas tem sido o da velha corrente, e nele muitos banqueiros de investimento ávidos por comissões agiram como carteiros ansiosos.

Porém, para cada bolha há um alfinete à espreita. E quando os dois por fim se encontram, uma nova onda de investidores aprende algumas lições bem antigas. A primeira é que muitos em Wall Street – uma comunidade na qual o controle de qualidade não é valorizado – vão vender para os investidores tudo que eles comprarem. A segunda mostra que a especulação é mais perigosa quando parece mais fácil.

Na Berkshire, não fazemos sequer *uma* tentativa de escolher os poucos vencedores que vão emergir de um oceano de empreendimentos ainda não comprovados. Não somos inteligentes o suficiente para tanto, e sabemos disso. Ao contrário, tentamos aplicar a equação de 2.600 anos de Esopo a oportunidades que nos dão uma confiança razoável sobre a quantidade de pássaros por trás das nuvens e o momento em que eles vão surgir. É claro, nunca conseguimos prever com precisão os fluxos de entrada e saída de caixa de uma empresa nem os valores exatos. Por isso tentamos manter estimativas conservadoras e a concentração em setores nos quais é improvável que surpresas causem prejuízos aos proprietários. Mesmo assim, cometemos muitos erros: não se esqueça, sou o sujeito que achava que entendia as características econômicas futuras do comércio de selos, têxteis e sapatos e de lojas de departamentos populares.

Ultimamente, as "áreas de céu" mais promissoras têm sido as transações negociadas para empresas inteiras, e isso nos agrada. Mas você deve entender com clareza que essas aquisições nos fornecerão, na melhor das hipóteses, apenas retornos razoáveis. Resultados realmente interessantes de acordos negociados só podem ser antecipados quando os mercados de capitais estão passando por limitações graves e há pessimismo generalizado. Vivemos no cenário oposto.

2000

B. *Valor intrínseco, valor contábil e preço de mercado*

O valor intrínseco é um conceito de suma importância que oferece a única abordagem lógica para avaliar a atratividade relativa de investimentos e empresas. Ele pode ser definido de um modo simples: é o valor descontado do caixa que pode ser retirado de uma empresa ao longo da sua vida útil.

O cálculo do valor intrínseco, porém, não é tão simples. Como nossa definição sugere, não se trata de um número preciso, mas de uma estimativa, que deve ser revista caso haja alterações nas taxas de juros ou nas previsões de fluxos de caixa futuros. Além disso, a visão de duas pessoas a respeito do mesmo conjunto de fatos – e isso se aplicaria inclusive a mim e a Charlie – quase inevitavelmente leva a valores intrínsecos com uma diferença, no mínimo, pequena. Esse é um dos motivos pelos quais nunca lhe fornecemos nossas estimativas de valor intrínseco. O que os relatórios anuais apresentam são os fatos que nós mesmos usamos para calcular esse valor.

Ao mesmo tempo, divulgamos com regularidade nosso valor contábil por ação, um número fácil de calcular, mas de uso limitado. Essas limitações não decorrem da nossa posse de valores mobiliários negociáveis, que são contabilizados nos livros pelos preços atuais. Na verdade, as inadequações do valor contábil têm relação com as empresas que controlamos, cujos valores declarados nos livros podem ser bem diferentes do valor intrínseco delas.

A disparidade ocorre tanto para mais quanto para menos. Por exemplo, em 1964, poderíamos afirmar com certeza que o valor contábil por ação da Berkshire era de 19,46 dólares. No entanto, esse número exagerou de forma considerável o valor intrínseco da companhia, uma vez que todos os recursos dela estavam vinculados a um negócio têxtil pouco rentável. Nossos ativos têxteis não tinham valor de aviamento nem de liquidação igual ao valor contábil deles. Só que hoje a situação da Berkshire se inverteu: nosso valor contábil de 15.180 dólares em 31 de março de 1996 subestima *bastante* o valor intrínseco da Berkshire, pois muitas das empresas que controlamos valem bem mais do que seus valores contábeis.

Por mais inadequados que sejam para descrever o cenário real, fornecemos os números do valor contábil da Berkshire porque hoje eles servem como medida aproximada, embora desvalorizada em um grau significativo, para o rastreamento do valor intrínseco da empresa. Em outras palavras, é provável que a variação percentual do valor contábil em um determinado ano seja razoavelmente semelhante à variação do valor intrínseco nesse ano.

Você pode ter uma ideia das diferenças entre o valor contábil e o valor intrínseco ao observar uma categoria de investimento: a formação universitária. Considere que o custo dessa educação é seu "valor contábil". Para que esse custo seja exato, ele deve incluir os lucros dos quais o aluno abriu mão ao escolher a faculdade em vez de um emprego.

Para este exercício, vamos ignorar os importantes benefícios não econômicos da formação universitária e nos concentrar estritamente no seu valor econômico. Primeiro, precisamos estimar os ganhos que o graduado obterá ao longo da vida e subtrair desse valor uma estimativa de quanto ele ganharia caso não tivesse se formado. Isso nos dá um número relativo ao ganho excedente, que deve ser descontado, a uma taxa de juros adequada, até o dia da formatura. O resultado em dólares é igual ao valor econômico intrínseco da formação universitária.

Alguns graduados descobrirão que o valor contábil de sua formação excede o valor intrínseco, ou seja, quem pagou por essa educação não obteve um retorno equivalente ao valor do seu dinheiro. Em outros casos, o valor intrínseco do diploma vai exceder em muito seu valor contábil e, com esse resultado, comprova-se que o capital foi aplicado com sabedoria. De um jeito ou de outro, fica claro que o valor contábil não tem sentido como indicador do valor intrínseco.

Manual do proprietário de 1996

É possível observar uma interessante ironia contábil em uma comparação entre os resultados financeiros relatados de nossas empresas controladas e os das participações minoritárias permanentes. O valor de mercado dessas participações é superior a 2 bilhões de dólares. Ainda assim, em 1987, elas geraram para a Berkshire apenas 11 milhões de lucro após os impostos.

As regras contábeis determinam que o lucro inclua apenas os dividendos que essas empresas nos pagam – que são pouco mais do que simbólicos – em vez de nossa participação em seus lucros, que totalizaram, em 1987, bem mais de 100 milhões de dólares. Por outro lado, essas regras contábeis estabelecem que o valor contábil dessas três participações – pertencentes a seguradoras – precisa ser registrado no nosso balanço patrimonial pelos preços correntes de mercado. Eis o resultado: o GAAP permite que nosso patrimônio líquido reflita os valores subjacentes atualizados das empresas que possuímos parcialmente, mas nossa demonstração do resultado do exercício não pode refletir os lucros subjacentes delas.

No caso das nossas controladas, ocorre exatamente o contrário. Revelamos o lucro total na nossa demonstração do resultado do exercício, mas nunca alteramos os valores dos ativos no nosso balanço patrimonial, não importa quanto o valor de uma empresa possa ter aumentado desde que a compramos.

Nossa abordagem mental para essa esquizofrenia contábil é ignorar os números do GAAP e focar apenas no poder aquisitivo futuro de nossas empresas controladas e não controladas. Com essa estratégia, estabelecemos nossas próprias ideias a respeito do valor de negócio, de modo a mantê-las independentes tanto dos valores contábeis mostrados nos nossos livros para empresas controladas quanto dos valores determinados por um mercado por vezes tolo para nossas empresas parcialmente controladas. É esse valor de negócio que esperamos aumentar a uma taxa razoável (ou, de preferência, desarrazoada) nos próximos anos.

1987

Historicamente, as ações da Berkshire foram vendidas um pouco abaixo do valor intrínseco do negócio. Com o preço nesse patamar, os compradores poderiam ter certeza (contanto que não vivenciassem uma ampliação desse desconto) de que a experiência pessoal de investimento deles seria ao menos equivalente à experiência financeira da companhia. Mas esse desconto desapareceu há pouco tempo e, ocasionalmente, até prevaleceu um ágio modesto.

A eliminação do desconto significa que o valor de mercado da Berkshire aumentou ainda mais rápido do que o valor de negócio (o qual, por si só, cresceu em um ritmo satisfatório). Essa movimentação foi uma boa notícia para os proprietários que já participavam do negócio. No entanto, para o novo proprietário ou aqueles em potencial, é ruim. Se a experiência financeira dos novos proprietários da Berkshire for apenas para se igualar à experiência financeira futura da empresa, qualquer ágio que eles pagarem devido à diferença entre valor de mercado e valor de negócio intrínseco deve ser mantido.

A longo prazo, a relação entre o valor de mercado e o valor de negócio da Berkshire tem sido mais consistente do que a de qualquer ação negociada no mercado com a qual eu esteja familiarizado. Isso é um tributo a você. Como tem sido racional, interessado e orientado para o investimento, o preço de mercado das ações é quase sempre sensato. Esse resultado incomum foi alcançado por um grupo de acionistas com dados demográficos incomuns: no nosso caso, praticamente todos são pessoas físicas, não instituições. Nenhuma outra empresa de capital aberto com o tamanho da nossa pode reivindicar esse mesmo feito.

Há quarenta anos, Ben Graham contou uma história que explica o modo de agir dos profissionais de investimento: um explorador de petróleo chegou ao céu para receber a recompensa divina e foi recebido com más notícias por São Pedro. "Você se qualifica para morar aqui, mas, como pode ver, o recinto reservado ao pessoal do petróleo está lotado. Não tem espaço para você." Depois de pensar um pouco, o explorador perguntou se seria possível ele dizer apenas quatro palavras para os ocupantes presentes. São Pedro achou aquilo inofensivo, e então o explorador gritou bem alto: "Acharam petróleo no Inferno!" Na mesma hora, o portão do setor petroleiro se abriu e todo o pessoal correu para o Inferno. Impressionado, São Pedro convidou o explorador a se acomodar ali, agora que havia tanto espaço. O sujeito pensou um pouco. "Não", disse ele, "acho que vou com os rapazes. Afinal, talvez o boato tenha algum fundo de verdade."

1985

Na carta de 1995, quando as ações da Berkshire eram vendidas por 36 mil dólares, eu disse a você: (1) o ganho em valor de mercado nos últimos anos ultrapassou o ganho em valor intrínseco, embora esse segundo aspecto tenha sido altamente satisfatório; (2) esse desempenho espetacular não vai perdurar por tempo indeterminado; (3) naquele momento, Charlie e eu não considerávamos que a Berkshire estivesse desvalorizada.

Desde que estabeleci essas precauções, o valor intrínseco da Berkshire aumentou de maneira bastante significativa, enquanto o preço de mercado das nossas ações pouco oscilou. Claro, isso significa que, em 1996, as ações da Berkshire tiveram um desempenho inferior ao da empresa. Em consequência, a relação preço/valor de hoje é muito diferente do que era há um ano e, na minha opinião e na de Charlie, ficou mais adequada.

Apesar de termos como objetivo prioritário maximizar o valor que os nossos acionistas, no total, colhem da propriedade deles da Berkshire, também desejamos evitar que alguns recebam benefícios em detrimento de outros. Essas são metas que teríamos se gerenciássemos uma sociedade familiar, e acreditamos que elas façam sentido, do mesmo modo, para o gestor de uma empresa de capital aberto. Em uma sociedade, a equidade exige que os interesses da parceria sejam avaliados de forma imparcial quando os sócios entram ou vão embora; em uma empresa de capital aberto, a equidade prevalece quando o preço de mercado e o valor intrínseco estão sincronizados. Obviamente, eles nem sempre estarão de acordo com esse ideal, mas um gestor – por meio de políticas e comunicações – consegue contribuir muito para a promoção da equidade.

Sem dúvida, quanto mais tempo um acionista detiver as ações, mais influência os resultados de negócios da Berkshire terá sobre a experiência financeira dele – e será menos importante qual ágio ou desconto sobre o valor intrínseco vai prevalecer quando ele comprar e vender as ações. Essa é uma das razões pelas quais esperamos atrair proprietários com visão de longo prazo. No geral, acho que tivemos sucesso. É provável que a Berkshire ocupe a primeira posição entre as grandes empresas americanas no quesito porcentagem de ações detidas por proprietários com horizonte amplo de tempo.

1996

Embora tenham alta relevância, cálculos de valor intrínseco são necessariamente imprecisos e, muitas vezes, trazem equívocos graves. Quanto mais incerto for o futuro de uma empresa, maior será a possibilidade de o cálculo ser completamente sem noção. Quanto a isso, a Berkshire tem algumas vantagens: uma ampla variedade de fluxos de lucro com boa estabilidade, combinados com grande liquidez e uma dívida mínima. Esses fatores significam que o valor intrínseco dela pode ser calculado com mais precisão do que o da maioria das empresas.

Contudo, quando a precisão recebe um empurrãozinho das características financeiras da Berkshire, o trabalho de calcular o valor intrínseco se torna mais complexo pela mera presença de tantos fluxos de lucro. Em 1965, quando tínhamos apenas uma pequena operação têxtil, concluíamos esse cálculo num piscar de olhos. Agora, temos 68 empresas distintas, com características operacionais e financeiras amplamente díspares. Esse leque de empresas não relacionadas, ao lado dos nossos investimentos maciços em participações, torna impossível que você examine nossas demonstrações financeiras consolidadas e chegue a uma estimativa fundamentada do valor intrínseco.

Tentamos amenizar esse problema ao reunir as empresas em quatro grupos lógicos. São eles: seguros (principalmente GEICO, Gen Re e National Indemnity); empresas reguladas e intensivas em capital (Berkshire Hathaway Energy e BNSF Railway); operações de manufatura, serviços e varejo (que abrangem diversas atividades); e finanças e produtos financeiros (em especial, XTRA, CORT e Clayton Homes). Claro, o valor da Berkshire pode ser maior ou menor do que a soma dessas quatro partes. O resultado dependerá de nossas muitas unidades funcionarem melhor ou pior por fazerem parte de uma empresa maior. Também dependerá de a alocação de capital melhorar ou piorar sob a direção de uma holding. Em outras palavras, a propriedade da Berkshire compensa ou nossos acionistas estariam em situação melhor se possuíssem ações em cada uma das nossas 68 empresas diretamente? Essa é uma pergunta importante, mas você terá que respondê-la por si mesmo.

Vamos revisar dois conjuntos de números que mostram de onde viemos e onde estamos no momento. O primeiro conjunto é o montante de investimentos (incluindo-se as disponibilidades) que possuímos por ação. Ao realizar esse cálculo, excluímos os investimentos mantidos na nossa operação financeira porque eles são em grande parte compensados por empréstimos:

Ano	Investimentos em dólares por ação*
1965	4
1975	159
1985	2.407
1995	21.817
2005	74.129
Taxa de crescimento composta 1965-2005	28,0%
Taxa de crescimento composta 1995-2005	13,0%

*Líquido de participações minoritárias

Além desses valores mobiliários negociáveis, os quais, com poucas exceções, são mantidos em nossas seguradoras, temos uma grande variedade de empresas não relacionadas a seguros. Abaixo, apresentamos o lucro antes dos impostos (excluindo-se a amortização de *goodwill*) dessas empresas, mais uma vez por ação:

Ano	Lucro em dólares por ação*
1965	4
1975	4
1985	52
1995	175
2005	2.441
Taxa de crescimento composta 1965-2005	17,2%
Taxa de crescimento composta 1995-2005	30,2%

*Antes dos impostos e líquido de participações minoritárias

Quando se discute a respeito de taxas de crescimento, vale a pena suspeitar do critério de seleção dos anos inicial e final. Se um deles for uma aberração, todos os cálculos de crescimento serão distorcidos. Em particular, um ano-base no qual o lucro foi baixo pode produzir uma taxa de crescimento impressionante, mas insignificante. Porém, na tabela acima, o ano-base de 1965 foi *bom* acima da média: a Berkshire ganhou mais dinheiro naquele ano do que em praticamente todos os anos anteriores, exceto um.

Como pode ser observado nas duas tabelas, as taxas de crescimento comparativas dos dois elementos de valor da Berkshire mudaram na última década, um resultado que reflete a ênfase cada vez maior que damos às aquisições de negócios. Ainda assim, Charlie e eu queremos aumentar os números em *ambas* as tabelas.

2005[35]

Por quase três décadas, o parágrafo inicial [da carta anual] apresentava a mudança percentual no valor contábil por ação da Berkshire. Chegou a hora de abandonar essa prática.

Em 2018, a mudança anual no valor contábil tinha perdido a relevância do passado. Três circunstâncias contribuíram para isso. Em primeiro lugar, a Berkshire passou, de forma gradual, de uma empresa cujos ativos eram concentrados em ações negociáveis para outra cujo principal valor reside em companhias operacionais.

Em segundo lugar, apesar de as participações acionárias serem avaliadas pelo preço de mercado, as regras contábeis exigem que nossa coleção de empresas operacionais esteja incluída no valor contábil por um montante muito inferior ao valor atual, um problema que cresceu nos últimos anos.

Em terceiro, é provável que – com o tempo – a Berkshire venha a se tornar uma recompradora significativa das próprias ações, e essas transações serão realizadas com preços acima do valor contábil, mas abaixo da nossa estimativa para o valor intrínseco. A matemática dessas compras é simples: cada transação aumenta o valor intrínseco por ação, enquanto o valor contábil por ação diminui. Essa combinação faz com que a tabela de pontuação do valor contábil fique cada vez mais desconectada da realidade econômica.

Em futuras tabulações de nossos resultados financeiros, esperamos focar no preço de mercado da Berkshire. Mercados podem ser extremamente ca-

---

[35] Com uma versão condensada, atualizada em 2006.

prichosos. Entretanto, com o tempo, o preço das ações vai fornecer o melhor parâmetro do desempenho dos negócios.

2018

C. *Lucros transparentes*

Quando uma empresa é proprietária de parte de outra, os procedimentos contábeis apropriados relacionados a esse direito de propriedade precisam ser selecionados entre uma de três categorias principais. A porcentagem de ações com direito a voto que se tem determina, em grande parte, qual categoria de princípios contábeis deve ser utilizada.

Os Princípios Contábeis Geralmente Aceitos exigem (com exceções, como é natural...) a consolidação total de vendas, despesas, impostos e lucros de participações em empresas das quais se possui mais de 50%. A Berkshire Hathaway Inc. é proprietária de uma fatia de 60% da Blue Chip Stamps, que se enquadra nessa categoria. Portanto, todos os itens de receita e despesa da Blue Chip estão incluídos na íntegra na Demonstração de Resultados Consolidada da Berkshire, sendo que o direito de propriedade de 40% de terceiros sobre o lucro líquido da Blue Chip é indicado na demonstração como uma dedução pela "participação minoritária".

A inclusão total dos lucros subjacentes de outra categoria de participação, a das empresas das quais se detém uma fatia de 20% a 50% (em geral, denominadas "investidas"), também costuma ocorrer. Os ganhos dessas empresas – como a Wesco Financial, controlada pela Berkshire, que detém apenas 48% da companhia – são incluídos em uma linha na Demonstração de Resultados do proprietário. Ao contrário da categoria acima de 50%, todos os itens de receita e despesa são omitidos, e somente a parcela proporcional do lucro líquido é incluída. Assim, se a Empresa A possui um terço da Empresa B, um terço do lucro de B, seja ou não distribuído por B, vai acabar no lucro de A. Existem algumas modificações, tanto nessa como na categoria acima de 50%, para tributação e ajustes de preço de compra, cuja explicação vamos guardar para outro dia. (Sabemos que você não vê a hora de esse dia chegar.)

Por último, vêm as participações que representam menos de 20% de propriedade dos valores mobiliários com direito a voto de outra empresa. Nesses casos, as regras contábeis determinam que as empresas proprietárias incluam no lucro delas apenas os dividendos recebidos por essas participações. Os lucros não distribuídos são ignorados. Desse modo, se tivéssemos 10% da Empresa X, cujo lucro foi de 10 milhões de dólares em 1980, relataríamos no nosso lucro, desconsiderando impostos relativamente sem importância sobre os dividendos intercorporativos: (a) 1 milhão de dólares se X declarasse o total de 10 milhões em dividendos; (b) 500 mil dólares se X tivesse pagado 50%, ou 5 milhões de dólares, em dividendos; ou (c) zero se X reinvestisse todos os lucros.

Impusemos a você esse curso breve – e bastante simplificado – de contabilidade porque a concentração de recursos da Berkshire no campo de seguros gera uma concentração equivalente dos seus ativos em empresas nessa terceira categoria (a de menos de 20% de propriedade). Muitas delas pagam em dividendos porções relativamente pequenas do lucro. Isso significa que somente uma parcela limitada do poder aquisitivo atual dessas companhias é registrada em nossos próprios lucros operacionais correntes. Mas, embora esses lucros operacionais que relatamos só reflitam os dividendos recebidos dessas empresas, nosso bem-estar econômico é determinado pelo lucro delas, não pelos dividendos.

Nos últimos anos, ampliamos de forma drástica as participações nessa terceira categoria de empresas. Isso ocorreu à medida que nossos negócios de seguros prosperaram e os mercados de valores mobiliários apresentaram oportunidades bastante atraentes no campo das ações ordinárias. O grande aumento dessas participações, mais o crescimento do lucro das empresas de que somos parcialmente donos, gerou um resultado incomum: a parte dos "nossos" lucros que essas empresas acumularam no ano passado (a que não recebemos em dividendos) excedeu o total do lucro operacional anual relatado pela Berkshire Hathaway. Desse modo, a contabilidade convencional só permite que menos da metade do "iceberg" do nosso lucro fique visível acima da superfície. No mundo corporativo, um resultado como esse é bastante raro. No nosso caso, é provável que seja recorrente.

Nossa própria análise da realidade dos lucros difere um pouco dos Princípios Contábeis Geralmente Aceitos, sobretudo quando eles precisam ser aplicados a um cenário de taxas de inflação altas e incertas. (Mas criticar essas regras contábeis é bem mais fácil do que melhorá-las. Os problemas inerentes são monumentais.) Já tivemos 100% de empresas cujos lucros relatados valiam, para nós, muito menos que o valor nominal por cada dólar, embora, no sentido contábil, controlássemos totalmente o que eles dispunham. (O "controle" foi teórico. A não ser que reinvestíssemos todos os lucros, ocorreria uma deterioração maciça do valor dos ativos já existentes. Mas não havia uma perspectiva de esses lucros reinvestidos gerarem algo próximo a um retorno de mercado sobre o capital.) Também possuímos pequenas frações de empresas com possibilidades extraordinárias de reinvestimento, cujos lucros acumulados tinham, para nós, um valor econômico bem superior ao valor nominal.

Para a Berkshire Hathaway, o valor do lucro acumulado não é determinado pelo fato de possuirmos 100%, 50%, 20% ou 1% das empresas onde ele é aferido. Na verdade, o valor desse lucro acumulado é determinado pelo uso que é feito dele e pela lucratividade decorrente dessa escolha. Isso é verdade quer esse uso seja determinado por nós ou pelos gestores que não contratamos – mas aos quais decidimos nos associar. (É o ato que conta, não são os atores.) E o valor não é afetado de modo algum pela inclusão desse lucro acumulado nos nossos próprios lucros operacionais relatados. Se uma árvore crescer em uma floresta que nos pertence parcialmente, mesmo se não registrarmos esse fenômeno em nossas demonstrações financeiras, não deixaremos de ser donos de parte dela.

Este é um aviso de que não temos uma visão convencional. Preferimos ter um lucro que não nos dá crédito contábil e tenha sido bem empregado por uma equipe de gestão que não contratamos pessoalmente em uma empresa da qual possuímos uma fatia de 10% a ter um lucro pelo qual obtivemos crédito e foi direcionado a projetos potencialmente mais duvidosos por outra equipe de gestão – ainda que nós sejamos os gestores.

1980

O termo "lucro" tem uma conotação precisa. E quando um valor de lucro é acompanhado pelo certificado de um auditor não qualificado, talvez um leitor ingênuo pense que esse número é comparável em exatidão a π, calculado com dezenas de casas decimais.

Porém, na realidade, o lucro pode ser tão flexível quanto massa de vidraceiro ao entrar no relatório de uma empresa chefiada por um charlatão. Uma hora a verdade vem à tona, mas, enquanto isso, muito dinheiro pode mudar de mãos. Aliás, algumas fortunas americanas importantes foram criadas pela monetização de miragens contábeis.

Os lucros relatados da própria Berkshire são enganosos de um modo diferente, mas relevante: temos investimentos imensos em empresas ("investidas") cujos lucros excedem em muito os dividendos e nas quais só registramos nossa participação nos lucros relativa aos dividendos que recebemos. O caso extremo é a Capital Cities/ABC, Inc. Nossa participação de 17% nos lucros dessa companhia totalizou mais de 83 milhões de dólares no ano passado. No entanto, apenas cerca de 530 mil (600 mil dólares dos dividendos que ela nos pagou menos cerca de 70 mil dólares em impostos) são contabilizados nos lucros da Berkshire conforme o GAAP. Os mais de 82 milhões de dólares restantes ficaram com a Cap Cities como lucro acumulado, um montante que trabalha em nosso benefício, mas não está registrado em nossos livros.

Nossa perspectiva quanto a esse lucro "só esquecido, não perdido" é simples: a forma como é contabilizado não tem qualquer relevância, mas a propriedade dele e a utilização posterior são de suma importância. Não ligamos se os auditores vão ouvir a árvore cair na floresta: damos atenção ao dono da árvore e ao que será feito em seguida com ela.

Quando a Coca-Cola usa o lucro acumulado para recomprar as próprias ações, a empresa aumenta nossa propriedade percentual no que considero ser a franquia mais valiosa do mundo. (A Coca também, é claro, usa o lucro acumulado de diversas outras maneiras que geram aumento de valor.) Em vez de recomprar ações, a Coca-Cola poderia nos pagar esses fundos na forma de dividendos, que poderíamos usar para comprar mais ações da companhia. No entanto, esse seria um cenário menos eficiente: por causa dos impostos que pagaríamos sobre a receita de dividendos, não teríamos capacidade de aumentar nossa propriedade proporcional no mesmo grau que a Coca consegue, ao agir por nós. Se esse procedimento menos eficiente fosse efetuado, contudo, a Berkshire relataria um "lucro" bem maior.

Acredito que a melhor maneira de pensar sobre os lucros que tivemos é em termos de resultados "transparentes", calculados da seguinte maneira: pegue 250 milhões de dólares, que é mais ou menos nossa participação nos lucros operacionais de 1990 acumulados pelas investidas; subtraia 30 milhões de dólares para os impostos incrementais que estaríamos devendo se esses 250 milhões tivessem sido pagos a nós em dividendos; e some a esse resultado de 220 milhões de dólares nosso lucro operacional relatado, de 371 milhões. Portanto, tivemos um "lucro transparente" de cerca de 590 milhões de dólares em 1990.

1990

Em nossa opinião, para todos os proprietários, o valor do lucro acumulado em uma empresa é determinado por sua utilização eficaz – não pela porcentagem de propriedade de cada um. Se você tinha 0,01 de 1% da Berkshire ao longo da última década, conseguiu ser beneficiado economicamente em plena medida com sua parte do nosso lucro acumulado, não importa qual seja o seu sistema contábil. Proporcionalmente, seu desempenho foi tão bom quanto seria se tivesse os mágicos 20%. Mas se possuía 100% de muitas empresas de capital intensivo durante a década, o lucro acumulado que lhe foi creditado na íntegra, com uma precisão minuciosa, de acordo com os métodos padrão de contabilidade, resultou em um valor econômico de pouca relevância ou até nulo. Isso não é uma crítica aos procedimentos contábeis. Não gostaríamos de ter como tarefa a elaboração de um sistema melhor. Estamos apenas dizendo que tanto gestores quanto investidores precisam entender que os números da contabilidade são o começo, não o fim, da avaliação de empresas.

Na maioria das companhias, as posições de propriedade inferiores a 20% são insignificantes (talvez, em parte, por evitarem a maximização dos seus estimados lucros relatados). Da mesma forma, pouco importa a distinção entre resultados contábeis e econômicos que acabamos de discutir. No nosso caso, essas posições são de uma relevância enorme, cada vez maior. Acreditamos que a magnitude delas é o que faz com que os valores relativos ao nosso lucro operacional relatado tenham um impacto limitado.

1982

Na gigantesca arena de leilões onde atuam várias grandes companhias americanas, nosso trabalho é selecionar empresas com características econômicas que permitam que cada dólar de lucro acumulado seja no mínimo equivalente a 1 dólar de valor de mercado. Apesar de muitos erros, até agora alcançamos esse objetivo. Para tanto, tivemos grande ajuda do santo padroeiro dos economistas, segundo Arthur Okun: o Santo Compensação. Isto é, em alguns casos, o lucro acumulado atribuível à nossa posição de propriedade teve um impacto insignificante ou até negativo no valor de mercado, enquanto em outras posições importantes 1 dólar retido por uma investida foi convertido em pelo menos 2 dólares de valor de mercado. Até o momento, nossas empresas que superaram a média mais do que compensaram as retardatárias. Se conseguirmos manter esse histórico, isso validará os nossos esforços de maximizar o lucro "econômico", independentemente do impacto sobre o lucro "contábil".

Acreditamos ainda que seja benéfico para o investidor focar em seu próprio lucro transparente. Para calculá-lo, ele deve determinar os lucros subjacentes atribuíveis às ações que tem na carteira e somá-los. A meta de cada investidor deve ser montar uma carteira (com efeito, uma "empresa") que proporcione o maior lucro transparente possível daqui a mais ou menos uma década.

Uma estratégia como essa vai forçar o investidor a pensar em perspectivas de negócios de longo prazo no mercado de ações, o que tende a melhorar os resultados. É verdade que, ao longo do tempo, o placar para as decisões de investimento é formado pelo preço de mercado, mas os preços serão determinados pelo lucro futuro. Nos investimentos, assim como no beisebol, para marcar pontos é preciso prestar atenção no campo, não no placar.

1991

O principal teste do desempenho econômico da gestão é obter uma alta taxa de lucro sobre o capital acionário aplicado (sem alavancagem indevida, truques contábeis, etc.), não um aumento constante do lucro por ação. Em nossa opinião, várias empresas seriam mais bem compreendidas por seus acionistas, assim como pelo público em geral, se a equipe de gestão e os analistas deixassem de enfatizar sobretudo o lucro por ação e as variações anuais desse valor.

1979

D. Goodwill[36] *econômico versus contábil*

Nosso valor intrínseco do negócio excede o valor contábil de modo considerável. Existem duas razões principais para isso:

(1) Os princípios contábeis exigem que as ações ordinárias pertencentes às subsidiárias de seguros sejam declaradas nos nossos livros pelo valor de mercado, mas determinam que as demais ações que possuímos

---

[36] *Goodwill* é o conjunto dos ativos intangíveis de uma empresa, medido pela diferença entre o valor avaliado dessa empresa e seu valor de mercado.

sejam contabilizadas pelo menor valor, seja o do custo agregado ou o de mercado. No fim de 1983, o valor de mercado desse último grupo excedia o valor contábil em 70 milhões de dólares antes dos impostos, ou cerca de 50 milhões descontados os impostos. Esse excedente pertence ao nosso valor intrínseco do negócio, mas não está incluído no cálculo do valor contábil.

(2) Um ponto ainda mais importante: somos donos de diversas empresas que têm um *goodwill* bem maior do que o valor registrado em nosso balanço patrimonial e refletido no valor contábil.

Você pode ter uma vida plena e gratificante sem jamais pensar em *goodwill* e na amortização dele. Mas estudantes de investimento e gestão devem compreender as nuances desse assunto. Eu mesmo mudei de forma drástica meu modo de pensar de 35 anos atrás, quando me ensinaram a favorecer os ativos tangíveis e a evitar empresas cujo valor dependia, em grande parte, do *goodwill* econômico. Essa tendência me levou a cometer vários erros importantes de omissão nos negócios, mas relativamente poucos de comissão.

Keynes identificou meu problema: "A dificuldade não reside nas ideias novas, mas em escapar das antigas." Demorei muito para fugir, em parte porque a maioria dos ensinamentos que aprendi com esse mesmo professor foi (e continua sendo) extraordinariamente valiosa. No fim das contas, a experiência de negócios, direta e indireta, fomentou minha forte preferência atual por empresas com *goodwill* duradouro e que utilizem o mínimo de ativos tangíveis.

Recomendo a carta a seguir para aqueles que se sentem confortáveis com a terminologia de contabilidade e têm interesse em compreender os aspectos de negócio do *goodwill*. Se quiser encarar a leitura, deve estar ciente de que Charlie e eu acreditamos que a Berkshire possui um *goodwill* que se reflete no valor contábil.

1983

A discussão a seguir trata apenas do *goodwill* econômico e do contábil – o termo em inglês para esse fundo, "*goodwill*", também pode significar boa vontade, mas não estamos falando desse sentido corriqueiro. Por exemplo, a maioria dos clientes pode até mesmo amar uma empresa que, apesar disso, não possui *goodwill*. (Antes da separação, a AT&T era bem conceituada pelo público em geral, mas não tinha um centavo de *goodwill*.) E, lamentavelmente, os clientes podem não gostar de uma empresa que, ainda assim, possua um *goodwill* crescente e substancial. Então, só por agora, deixe as emoções de lado e se concentre apenas na questão econômica e contábil.

Quando uma empresa é comprada, os princípios contábeis impõem que o preço de compra seja atribuído, primeiramente, ao valor justo dos ativos identificáveis adquiridos. Com frequência, a soma dos valores justos estabelecidos para os ativos (após a dedução do passivo) é inferior ao preço total da compra da empresa. Nesse caso, a diferença é atribuída a um ativo intitulado "excesso do custo sobre o patrimônio líquido nos ativos adquiridos". Para evitar a repetição constante desse termo comprido, vamos substituí-lo por "*goodwill*".

O *goodwill* contabilizado das empresas adquiridas antes de novembro de 1970 tem classificação especial. Exceto em raras circunstâncias, pode permanecer como um ativo no balanço patrimonial, desde que a empresa comprada seja retida. Isso significa que nenhum encargo de amortização precisa ser descontado do lucro para extinguir de forma gradual esse ativo.

Entretanto, a situação muda para compras feitas a partir de novembro de 1970. Com a criação do *goodwill*, ele deve ser amortizado em até quarenta anos por meio de encargos – de igual valor todos os anos – descontados do valor contabilizado como lucro. Como quarenta anos é o período máximo permitido, esse é o tempo que as equipes de gestão (inclusive nós mesmos) costumam escolher.

É assim que funciona o *goodwill* contábil. Para entender como ele difere da realidade econômica, vamos analisar um exemplo próximo. Também vamos arredondar alguns números e simplificar bastante, para ficar mais fácil de acompanhar. Comentaremos ainda algumas implicações para o investidor e o gestor.

No começo de 1972, a Blue Chip Stamps comprou por 25 milhões de dólares a See's, que, na época, tinha cerca de 8 milhões em ativos tangíveis líquidos. (Ao longo desse debate, as contas a receber serão classificadas como ativos tangíveis, uma definição própria para a análise de empresas.) Esse nível de ativos tangíveis era adequado para conduzir os negócios sem contrair dívida, exceto em períodos sazonais curtos. Na ocasião, o ganho da See's era de cerca de 2 milhões de dólares depois dos impostos, um lucro que parecia representar, de maneira conservadora, o poder aquisitivo futuro, levando-se em conta o valor do dólar em 1972.

Assim, eis aqui a primeira lição: pela lógica, as empresas valem muito mais do que os ativos tangíveis líquidos quando há uma expectativa de que elas gerem lucros sobre esses ativos bem acima das taxas de retorno do mercado. O valor capitalizado desse retorno excedente é o *goodwill* econômico.

Em 1972 (e até hoje), relativamente poucas empresas tinham chance de obter com regularidade, como a See's, um lucro de 25% depois de descontados os impostos sobre os ativos tangíveis líquidos – e ainda conquistar isso com uma contabilidade conservadora e sem alavancagem financeira. Não foram o valor de mercado justo dos estoques, as contas a receber nem o ativo imobilizado que geraram ótimas taxas de retorno. Na verdade, foi uma combinação de ativos intangíveis, em particular uma reputação favorável difundida entre os consumidores, baseada em incontáveis boas experiências que eles tiveram tanto com o produto quanto com a equipe.

Essa reputação cria uma franquia para o consumidor que permite que o valor do produto para o comprador, não o custo de produção, seja o principal fator determinante do preço de venda. As franquias para o consumidor são uma fonte primordial de *goodwill* econômico. Outras fontes incluem franquias governamentais não sujeitas a regulamentação de lucro, como canais de televisão, e uma posição duradoura de produtor de baixo custo em determinado setor.

Voltemos ao exemplo da contabilidade da See's. A compra da companhia pela Blue Chip por 17 milhões de dólares sobre os ativos tangíveis líquidos exigia que uma conta de *goodwill* no mesmo valor fosse contabilizada e que 425 mil dólares fossem descontados do lucro anualmente, ao longo de quarenta anos, para amortização. Em 1983, após 11 anos desses encargos, os 17 milhões foram reduzidos a cerca de 12,5 milhões. Enquanto isso, a Berkshire detinha 60% da Blue Chip e, portanto, também 60% da See's. Essa posse significava que o balanço patrimonial da Berkshire refletia 60% do *goodwill* da See's, ou cerca de 7,5 milhões de dólares.

Em 1983, a Berkshire adquiriu o restante da Blue Chip, em uma fusão contabilizada como compra e não como um "agrupamento", prática permitida em algumas incorporações. De acordo com a contabilidade de compra, o "valor justo" das ações que demos (ou "pagamos") aos detentores da Blue Chip tinha que ser distribuído pelos ativos líquidos adquiridos da Blue Chip. Como quase sempre acontece quando empresas de capital aberto utilizam as próprias ações para efetuar uma aquisição, esse "valor justo" foi mensurado com base no valor de mercado das ações cedidas.

Os ativos "comprados" consistiam em 40% de tudo o que era propriedade da Blue Chip (conforme comentamos, a Berkshire já tinha os outros 60%). O valor que a Berkshire "pagou" excedia em 51,7 milhões de dólares os ativos líquidos identificáveis que recebemos, e esse montante foi atribuído a duas partes do *goodwill*: 28,4 milhões de dólares para a See's e 23,3 milhões de dólares para o Buffalo Evening News.

Portanto, após a incorporação, a Berkshire ficou com um valor de *goodwill* da See's que tinha dois componentes: os 7,5 milhões de dólares restantes da compra [inicial] e 28,4 milhões recém-criados pelos 40% "comprados" em 1983. Agora a taxa de amortização será de cerca de 1 milhão de dólares nos próximos 28 anos e de 700 mil dólares nos 12 anos seguintes.

Ou seja, datas e preços de compra diferentes nos deram valores de ativo e encargos de amortização bastante diferentes para as duas partes do mesmo ativo. (Vamos repetir aquela advertência de sempre: não temos um sistema de contabilidade melhor para sugerir. Os problemas a serem enfrentados são angustiantes e requerem regras arbitrárias.)

Mas quais são as realidades econômicas? Uma realidade é que os encargos de amortização deduzidos como custo na demonstração de resultado do exercício de cada ano, desde a aquisição da See's, não eram custos econômicos reais. Sabemos disso porque o ganho da See's no ano passado foi de 13 milhões de dólares descontados os impostos sobre cerca de 20 milhões de dólares de ativos tangíveis líquidos – um desempenho que indica a existência de um *goodwill* econômico bem maior do que o custo inicial total do nosso *goodwill* contábil. Em outras palavras, enquanto o *goodwill* contábil diminuía regularmente desde o momento da compra, o *goodwill* econômico tinha um aumento irregular, porém muito substancial.

Outra realidade é que, no futuro, os encargos da amortização anual não vão corresponder aos custos econômicos. É possível, claro, que o *goodwill* da See's desapareça. Mas ele não vai encolher, nem mesmo sofrerá um decréscimo ou algo remotamente parecido. O mais provável é que cresça – em dólares correntes, se não em valores corrigidos – por causa da inflação.

Essa probabilidade existe porque um verdadeiro *goodwill* econômico tende a aumentar em valor nominal de forma proporcional à inflação. Para exemplificar como isso funciona, vamos comparar o tipo de empresa que a See's é com uma mais trivial. Vamos relembrar que quando compramos a See's, em 1972, ela tinha ganhos de cerca de 2 milhões de dólares sobre 8 milhões de dólares de ativos tangíveis líquidos. Supondo que essa hipotética empresa prosaica também tivesse lucros de 2 milhões de dólares, mas precisasse de 18 milhões em ativos tangíveis líquidos para as operações comuns, com um ganho de apenas 11% sobre os ativos tangíveis necessários, essa empresa banal possuiria pouco ou nenhum *goodwill* econômico.

Uma companhia como essa, portanto, poderia muito bem ter sido vendida pelo valor dos seus ativos tangíveis líquidos, ou 18 milhões. Por outro lado, pagamos 25 milhões de dólares pela See's, embora ela não gerasse um lucro superior e possuísse menos da metade dos ativos "genuínos". Será que menos realmente valeria mais, como indicou o preço de compra? A resposta é "sim" – *mesmo que se esperasse que ambas as empresas tivessem um volume unitário estável* –, desde que fosse previsto, como fizemos em 1972, um cenário de inflação permanente.

Para entender a razão disso, imagine qual seria o impacto nas duas companhias de se dobrar o nível de preço. Ambas precisariam duplicar os ganhos nominais para 4 milhões de dólares a fim de apenas corrigir a inflação, o que não parece muito complicado: basta vender o mesmo número de unidades pelo dobro do preço anterior e, supondo-se que a margem de lucro permaneça inalterada, o lucro também deve dobrar.

Para isso acontecer, seria essencial que as duas empresas dobrassem o investimento nominal em ativos tangíveis líquidos, pois esse é o tipo de requisito econômico que, geralmente, a inflação impõe às empresas, tanto as boas quanto as ruins. Dobrar as vendas em dólares significa que, do mesmo modo, mais dólares devem ser empregados de imediato em contas a receber e estoques. Os dólares empregados no ativo imobilizado vão responder de forma mais lenta à inflação, mas é provável que o façam com a mesma segurança. E todo esse investimento exigido pela inflação não vai gerar nenhuma melhoria na taxa de retorno. A única motivação para fazê-lo é a sobrevivência da empresa, não a prosperidade do dono.

Mas não esqueça que os ativos tangíveis líquidos da See's eram de apenas 8 milhões de dólares. Portanto, ela teria somente que comprometer mais 8 milhões para financiar as necessidades de capital impostas pela inflação. Enquanto isso, a outra empresa do nosso exemplo tinha uma carga mais de duas vezes maior – a necessidade de 18 milhões em capital extra.

Após a poeira baixar, a empresa trivial, que passou a ter um lucro anual de 4 milhões, ainda pode valer o mesmo que seus ativos tangíveis, ou 36 milhões de dólares. Isso significa que os ganhos dos proprietários teriam sido de apenas 1 dólar de valor nominal para cada novo dólar investido. (É o mesmo resultado dólar por dólar que eles teriam alcançado se tivessem depositado dinheiro em uma conta poupança.)

Contudo, a See's, também com um lucro de 4 milhões, pode valer 50 milhões se for avaliada (como seria lógico fazer) pelos mesmos parâmetros utilizados no momento da nossa compra. Assim, ela teria um ganho de 25 milhões de dólares em valor nominal, enquanto os proprietários teriam disposto de apenas 8 milhões em capital adicional – mais de 3 dólares de valor nominal recebido para cada dólar investido.

Ainda assim, lembre-se de que os proprietários de uma empresa como a See's foram forçados pela inflação a pagar 8 milhões em capital extra apenas para manter os lucros reais. Qualquer empresa desalavancada que necessite de ativos tangíveis líquidos para operar (e quase todas necessitam) é prejudicada pela inflação. As que precisam de pouco em termos de ativos tangíveis são simplesmente as menos prejudicadas.

Muitas pessoas têm dificuldade de compreender esse fato. Durante anos, a sabedoria popular – com mais tradição do que sabedoria – sustentou que a melhor proteção contra a inflação era fornecida por empresas abarrotadas de recursos naturais, fábricas e maquinários ou outros ativos tangíveis. Não é assim que as coisas funcionam. Em geral, companhias com muitos ativos obtêm taxas de retorno baixas – que, muitas vezes, mal fornecem capital suficiente para financiar as necessidades relativas à inflação dos negócios existentes. Sobra nada para crescimento real, distribuição aos proprietários ou aquisição de novas empresas.

Por outro lado, uma quantidade desproporcional das grandes fortunas empresariais acumuladas durante os anos de inflação surgiu da propriedade de operações que combinavam intangíveis de valor duradouro com demandas relativamente menores em termos de ativos tangíveis. Nesses casos, os ganhos subiram em dólares nominais, e esses dólares ficaram disponíveis de modo amplo para a aquisição de mais empresas. Esse fenômeno é evidente sobretudo no setor das comunicações, que exigiu pouco investimento tangível – mas suas franquias resistiram. Durante períodos inflacionários, o *goodwill* é uma dádiva que não se esgota.

Naturalmente, essa afirmação vale apenas para o verdadeiro *goodwill*. O *goodwill* contábil espúrio – e há muito disso por aí – é outra questão. Quando uma equipe de gestão empolgada demais adquire uma empresa por um preço descabido, observam-se as mesmas sutilezas contábeis descritas anteriormente. Como não pode ir para outro lugar, aquele "descabido" acaba na conta do *goodwill*. Considerando a falta de disciplina gerencial que gerou essa conta, o melhor nome para ela, nessas circunstâncias, seria "Sem Valor". Qualquer que seja o termo, o ritual de quarenta anos costuma ser adotado, e a adrenalina capitalizada dessa forma permanece nos livros como um "ativo", como se a aquisição tivesse sido sensata.

SE VOCÊ ESTÁ APEGADO a qualquer crença de que o tratamento contábil do *goodwill* é a melhor medida da realidade econômica, sugiro uma última reflexão.

Imagine uma empresa com patrimônio líquido de 20 dólares por ação, composto de ativos tangíveis. Suponha também que essa empresa desenvolveu internamente alguma franquia magnífica para o consumidor ou teve a sorte de obter algumas emissoras de televisão importantes por meio de concessão inicial. Portanto, ela tem um bom ganho com ativos tangíveis, digamos de 5 dólares por ação, ou 25%.

Com essas características econômicas, ela pode ser vendida a 100 dólares por ação, ou mais, e tem todas as condições de estipular esse preço em uma venda negociada da empresa inteira.

Suponha que um investidor compre as ações por 100 dólares cada e pague, na prática, 80 dólares por ação pelo *goodwill* (assim como faria uma empresa que comprasse outra inteira). O investidor deve atribuir um encargo anual de amortização de 2 dólares por ação (80 dólares divididos por quarenta anos) para calcular o lucro por ação "verdadeiro"? E, se for o caso, o novo lucro "verdadeiro" de 3 dólares por ação deve levá-lo a repensar o preço de compra?

ACREDITAMOS QUE TANTO GESTORES quanto investidores devem examinar os ativos intangíveis a partir de duas perspectivas:

(1) Ao analisar os resultados operacionais – isto é, na avaliação da economia intrínseca a uma unidade de negócios –, os encargos de amorti-

zação devem ser ignorados. O que uma empresa pode esperar ganhar sobre ativos tangíveis líquidos não alavancados, excluindo-se quaisquer encargos sobre o lucro para a amortização do *goodwill*, é o melhor guia para a atratividade econômica da operação. Também é o melhor parâmetro para o valor atual do seu *goodwill*.

(2) Ao avaliar a sensatez das aquisições da empresa, os encargos de amortização também devem ser ignorados. Eles não devem ser deduzidos do lucro nem do custo do negócio. Ou seja, é preciso sempre olhar para o *goodwill* adquirido pelo seu custo total, antes de qualquer amortização. Além disso, por definição, o custo deve incluir o valor intrínseco do negócio completo – não apenas o valor contábil registrado – de todas considerações feitas, independentemente dos preços de mercado dos valores imobiliários envolvidos no momento da aquisição e de uma permissão para o tratamento como agrupamento. Por exemplo, o valor que de fato pagamos na aquisição da Blue Chip por 40% do *goodwill* da See's e do News foi bem maior do que os 51,7 milhões de dólares registrados nos nossos livros. Essa disparidade existe porque o valor de mercado das ações da Berkshire cedidas na incorporação ficou abaixo do valor intrínseco do negócio delas, que define o custo verdadeiro para nós.

Operações que parecem ser boas com base na perspectiva (1) podem se enfraquecer quando vistas a partir da perspectiva (2). Uma boa empresa nem sempre é uma boa compra – embora seja um bom lugar para procurar uma boa oferta.

Apêndice de 1983

Quando a Berkshire compra uma empresa por um prêmio sobre o patrimônio líquido segundo o GAAP da adquirida – como em geral será o caso, já que a maioria das companhias que desejaríamos comprar não é vendida com desconto –, esse prêmio deve ser inserido como ativo no nosso balanço patrimonial. Existe uma quantidade imensa de regras apenas para o registro do prêmio pela empresa. Mas, para simplificar essa discussão, vamos nos concentrar no *goodwill*, o item do ativo ao qual quase todos os prêmios de aquisição da Berkshire foram alocados. Por exemplo, há pouco tempo, quando adquirimos a metade da GEICO que ainda não possuíamos, registramos um *goodwill* de cerca de 1,6 bilhão de dólares.

O GAAP exige que o *goodwill* seja amortizado – isto é, baixado – em até quarenta anos. Portanto, para extinção do nosso 1,6 bilhão no *goodwill* da GEICO, vamos assumir um encargo anual de 40 milhões de dólares sobre nosso lucro.

Por consequência, em termos contábeis, o *goodwill* da GEICO desaparecerá gradualmente, após mordidas de tamanho igual. No entanto, a única coisa que posso lhe garantir é que o *goodwill econômico* que adquirimos na GEICO não diminuirá do mesmo modo comedido. Na verdade, meu palpite principal é que o *goodwill* econômico atribuível à GEICO nem vai diminuir, mas aumentar – e é provável que seja de maneira bem considerável.

Fiz uma declaração semelhante, em nosso Relatório Anual de 1983, a respeito do *goodwill* atribuído à See's, quando usei essa companhia como exemplo em um debate sobre a contabilidade desse indicador. Naquela época, nosso balanço patrimonial registrava um valor de cerca de 36 milhões de dólares para o *goodwill* da See's. Desde então, descontamos cerca de 1 milhão do lucro todos os anos para amortizar o ativo. Agora, no nosso balanço patrimonial, o *goodwill* da See's caiu para cerca de 23 milhões de dólares. Ou seja, do ponto de vista contábil, a See's é hoje apresentada como uma empresa que perdeu, desde 1983, boa parte do *goodwill*.

Os fatos econômicos não poderiam estar mais distantes disso. Em 1983, o ganho da See's foi de cerca de 27 milhões de dólares antes dos impostos sobre 11 milhões de dólares em ativos operacionais líquidos. Em 1995, foi de 50 milhões de dólares sobre apenas 5 milhões de dólares em ativos operacionais líquidos. Sem dúvida, o *goodwill* econômico da See's aumentou de maneira drástica durante esse intervalo em vez de diminuir. Também é evidente que a See's vale muitas centenas de milhões de dólares a mais do que o valor declarado em nossos livros.

Podemos, é claro, estar errados, mas esperamos que a perda gradual de valor contábil da GEICO seja acompanhada do aumento de seu valor econômico. Esse tem sido o padrão na maioria das nossas subsidiárias, não apenas na See's. É por isso que apresentamos com regularidade nossos lucros operacionais, de modo a permitir que você ignore todos os ajustes contábeis de compra.

Além disso, no futuro, adotaremos uma política semelhante para os lucros transparentes, passando para uma forma de apresentação que dissocia esses lucros dos principais ajustes contábeis de compra das investidas. Não aplicaremos essa política a empresas cujos livros só contabilizam pequenas quantias de *goodwill*, como a Coca-Cola. Entretanto, vamos estendê-la ao Wells Fargo, que há pouco tempo fez grandes aquisições e, em consequência, lidou com encargos excepcionalmente altos.

Antes de encerrarmos o assunto, um alerta importante: muitas vezes, os investidores são induzidos ao erro por CEOs e analistas de Wall Street que igualam os encargos de depreciação aos de amortização que acabamos de discutir. Eles não são equivalentes, de maneira alguma: com raras exceções, a depreciação é um custo econômico tão real quanto salários, insumos ou impostos. Sem dúvida, essa é a realidade na Berkshire e em quase todas as empresas que estudamos. Além disso, *não* achamos que o EBITDA seja um parâmetro significativo de desempenho. Equipes de gestão que descartam a importância da depreciação – e enfatizam o "fluxo de caixa" ou EBITDA – tendem a tomar decisões equivocadas. Tenha isso em mente ao considerar suas decisões de investimento.

Manual do proprietário de 1996

Hoje em dia, [a aplicação da contabilidade nas aquisições] é um tema bastante controverso e, até a poeira assentar, talvez o Congresso chegue a intervir (uma ideia realmente péssima).

Quando uma empresa é adquirida, o GAAP admite atualmente duas maneiras muito diferentes de registrar a transação: "compra" e "agrupamento". No agrupamento, as ações devem ser a moeda; na compra, o pagamento pode ser feito tanto em dinheiro quanto em ações. Não importa o tipo de moeda – as equipes de gestão costumam detestar a contabilidade de compra porque ela quase sempre exige que uma conta de *goodwill* seja estabelecida e, depois, baixada. Tal processo sobrecarrega o lucro com uma grande cobrança anual, que normalmente persiste por décadas. Por outro lado, o agrupamento evita a conta de *goodwill*, e é por isso que as equipes de gestão o adoram.

No entanto, a Comissão Regulatória da Contabilidade Financeira (FASB, na sigla em inglês) propôs o fim do agrupamento, e muitos executivos-chefes estão se preparando para uma batalha. Essa luta será importante, então vamos arriscar algumas opiniões aqui. Para começo de conversa, concordamos com muitos gestores que argumentam que, em geral, os encargos de amortização do *goodwill* são espúrios.

É extremamente problemático que as regras contábeis exijam uma amortização que, por ser mais frequente, entrará em conflito com a realidade: a maioria dos encargos contábeis *tem relação* com o que está acontecendo, mesmo que não forneça uma mensuração precisa. Por exemplo, os encargos de depreciação não conseguem ajustar com acurácia o declínio em valor sofrido pelos ativos físicos, mas pelo menos descrevem algo que está ocorrendo de fato: invariavelmente, os ativos físicos se deterioram. Do mesmo modo, os encargos de obsolescência para estoques, os de inadimplência para as contas a receber e os lançamentos de despesas acumuladas para garantias estão entre os que refletem custos reais. Não dá para avaliar com exatidão os encargos anuais dessas despesas, mas a necessidade de estimá-los é óbvia.

Já o *goodwill* econômico não diminui em muitos casos. Aliás, em vários deles – talvez na maioria –, na verdade, o valor aumenta com o tempo. O *goodwill* econômico tem uma característica em comum com os terrenos: sem dúvida, o valor de ambos os ativos vai oscilar, mas se para baixo ou para cima é algo que não está determinado, de forma alguma. Na See's, por exemplo, o *goodwill* econômico cresceu de modo irregular, porém bastante considerável, durante 78 anos. E, se administrarmos bem a empresa, é provável que um crescimento desse tipo se mantenha por mais 78 anos, no mínimo.

Para escapar da ficção dos encargos do *goodwill*, os gestores adotam a ficção do agrupamento. Essa convenção contábil se baseia na noção poética de que, quando dois rios se unem, seus riachos se tornam indistinguíveis. Segundo esse conceito, uma empresa incorporada a outra maior não foi "comprada" (embora muitas vezes receba um grande prêmio de "liquidação"). Assim, nenhum *goodwill* é criado e se elimina o incômodo dos encargos subsequentes sobre o lucro. A contabilidade da entidade em andamento é tratada como se as empresas sempre tivessem sido uma só unidade.

E chega de poesia. A realidade da incorporação costuma ser bem diferente: há indiscutivelmente um adquirente e uma adquirida, que foi "comprada", não importa como se estruturou o acordo. Se você pensa o contrário, pergunte aos funcionários desligados qual empresa conquistou e qual foi conquistada. As respostas serão bem claras. Portanto, a FASB está correta quanto a essa questão: na maioria das incorporações, uma compra foi feita. Sim, existem certas "incorporações de iguais" genuínas, mas são poucas e raras.

Charlie e eu acreditamos na existência de uma estratégia baseada na realidade que deve tanto satisfazer a FASB, que deseja registrar as compras da forma correta, quanto atender às objeções das equipes de gestão a cobranças absurdas para a redução do *goodwill*. Em primeiro lugar, faríamos com que a empresa adquirente registrasse o preço de compra – seja o pagamento em ações ou em dinheiro – pelo valor justo. Na maioria dos casos, esse procedimento criaria um grande ativo, que representaria o *goodwill* econômico. Depois, contabilizaríamos esse ativo, sem requisitar sua amortização. Mais tarde, caso houvesse prejuízo para o *goodwill* econômico, como ocorria às vezes, ele receberia baixa da mesma forma que qualquer ativo considerado afetado.

Se adotada, essa regra que propomos deveria ser aplicada de modo retroativo para tornar a contabilidade de aquisição uniforme nos Estados Unidos – algo muito distante do que existe hoje. Eis uma previsão: caso esse plano seja implementado, as equipes de gestão estruturariam as aquisições de modo mais sensato, decidindo se vão usar dinheiro ou ações com base nas consequências reais para os acionistas, não nas consequências irreais para os lucros relatados.

1999

E. *Lucro do proprietário e a falácia do fluxo de caixa*

Muitas aquisições de empresa requerem grandes ajustes contábeis do preço de compra, conforme prescrito pelos Princípios Contábeis Geralmente Aceitos. Os números do GAAP, claro, são utilizados em nossas demonstrações financeiras consolidadas, mas, na nossa opinião, eles não são necessariamente os mais úteis para investidores e gestores. Portanto, os números apresentados para unidades operacionais específicas são os do lucro antes de considerados os ajustes do preço de compra. São os lucros que as empresas informariam caso não as tivéssemos comprado.

Um debate sobre nossas razões para preferir essa forma de apresentação será apresentado a seguir. Ele nunca substituirá a leitura de um romance tórrido e, definitivamente, não é obrigatório. Entretanto, sei que alguns dos nossos acionistas estão entusiasmados com meus ensaios sobre contabilidade – e espero que você também goste desta discussão.

1986

Antes de tudo, uma pergunta rápida: abaixo está um resumo das demonstrações do resultado do exercício de 1986 para duas empresas. Qual delas é a mais valiosa?

	Empresa A	*Empresa N*
	(foram omitidos os 000)	
Receitas	US$ 677.240	US$ 677.240
Custos dos bens vendidos:		
Custos históricos, excluindo-se depreciação .. US$ 341.170		US$ 341.170
Custos de estoque não monetários especiais		4.979[1]
Depreciação de instalações e equipamentos 8.301		13.355[2]
	349.471	359.504
Lucro bruto	US$ 327.769	US$ 317.736
Despesas de venda e administração .... US$ 260.286		US$ 260.286
Amortização do *goodwill*		595[3]
	260.286	260.881
Lucro operacional	US$ 67.483	US$ 56.855
Outros lucros líquidos	4.135	4.135
Lucro antes dos impostos	US$ 71.618	US$ 60.990
Imposto de renda aplicável:		
Imposto diferido histórico e imposto corrente .... US$ 31.387		US$ 31.387
Ajuste de alocação entre períodos não monetário		998[4]
	31.387	32.385
Lucro líquido	US$ 40.231	US$ 28.605

Os números (1) a (4) indicam itens discutidos adiante nesta seção.

Como é provável que você tenha adivinhado, as Empresas A e N são a mesma companhia – a Scott Fetzer. Na coluna "A" (de "antiga"), mostramos quais teriam sido os lucros GAAP em 1986 se ela não tivesse sido comprada por nós. Na coluna "N" (de "nova"), mostramos os lucros GAAP da Scott Fetzer efetivamente relatados pela Berkshire.

Cabe enfatizar que as duas colunas retrataram características econômicas idênticas – ou seja, as mesmas vendas, os mesmos salários, impostos, etc. E ambas as "empresas" geram uma quantidade igual de dinheiro para os proprietários. Só a contabilidade é diferente.

Então, companheiros filósofos, qual coluna mostra a verdade? Em qual conjunto de números os gestores e os investidores devem se concentrar?

Antes de abordarmos essas questões, vejamos o que suscita a disparidade entre A e N. Vamos simplificar nossa discussão em alguns aspectos, o que não deve criar nenhuma imprecisão para a análise nem para as conclusões.

O contraste entre A e N ocorre porque pagamos um valor pela Scott Fetzer que diferia de seu patrimônio líquido declarado. De acordo com o GAAP, essas diferenças – prêmios ou descontos como esse – devem ser contabilizadas pelos "ajustes do preço de compra". No caso da Scott Fetzer, pagamos 315 milhões de dólares por ativos líquidos que foram contabilizados em 172,4 milhões. Assim, pagamos um prêmio de 142,6 milhões de dólares.

A primeira etapa da contabilização de qualquer prêmio pago é ajustar o valor contábil do ativo circulante para os valores atuais. Na prática, essa exigência não costuma afetar as contas a receber, contabilizadas de forma rotineira pelo valor corrente, mas em geral tem impacto nos estoques. Em razão de uma reserva UEPS de 22,9 milhões de dólares e outras complexidades contábeis,[37] a conta de estoques da Scott Fetzer foi contabilizada com um desconto de 37,3 milhões de dólares em relação ao valor corrente. Então, ao realizarmos nossa primeira movimentação contábil, usamos 37,3 milhões do nosso prêmio de 142,6 milhões para aumentar o valor contábil do estoque.

Supondo-se que reste um prêmio após o ajuste do ativo circulante, a próxima etapa é corrigir o ativo imobilizado para o valor atual. No nosso caso, isso também exigiu algumas acrobacias contábeis relacionadas aos impostos

---

[37] Uma reserva UEPS é a diferença entre o custo atual para substituir o estoque e o valor mostrado como o custo do estoque em um balanço patrimonial. Essa diferença pode crescer de modo considerável, principalmente durante os períodos de inflação.

diferidos. Já que vendi isto aqui como uma discussão simplificada, vou pular os detalhes e informar logo o resultado final: 68 milhões de dólares foram somados ao ativo imobilizado, e 13 milhões de dólares, eliminados do passivo de impostos diferidos. Após fazer esse ajuste de 81 milhões de dólares, ficamos com 24,3 milhões de prêmio para alocar.

Caso a situação exigisse, dois passos viriam em seguida: a correção dos ativos intangíveis, exceto o *goodwill*, para os valores justos atuais e a atualização do passivo para os valores justos atuais, um requisito que normal-

	Empresa A	Empresa N
	(foram omitidos os 000)	
Ativos		
Disponibilidades	US$ 3.593	US$ 3.593
Contas a receber, líquidas	90.919	90.919
Estoques	77.489	114.764
Outros	5.954	5.954
Total do ativo circulante	177.955	215.230
Propriedades, instalações e equipamentos, líquidos	80.967	148.960
Investimentos em antecipações para subsidiárias não consolidadas e associações	93.589	93.589
Outros ativos, incluindo-se o *goodwill*	9.836	34.210
	US$ 362.347	US$ 491.989
Passivos		
Títulos a pagar e parcela atual da dívida de longo prazo	US$ 4.650	US$ 4.650
Contas a pagar	39.003	39.003
Despesas a pagar	84.939	84.939
Passivo circulante total	128.592	128.592
Dívida de longo prazo e arrendamentos	34.669	34.669
Imposto de renda diferido	17.052	4.075
Outros créditos diferidos	9.657	9.657
Passivo total	189.970	176.993
Patrimônio líquido dos acionistas	172.377	314.996
	US$ 362.347	US$ 491.989

mente afeta apenas dívidas de longo prazo e passivos de aposentadorias não financiadas. No caso da Scott Fetzer, porém, nenhuma dessas etapas foi necessária.

O ajuste contábil final que precisávamos fazer, após registrar os valores justos de mercado para todos os ativos e passivos, era a atribuição do prêmio residual ao *goodwill* (tecnicamente conhecido como "excesso do custo sobre o valor justo dos ativos líquidos adquiridos"). Esse resíduo totalizou 24,3 milhões de dólares. Assim, o balanço patrimonial da Scott Fetzer pouco antes da aquisição, resumido na coluna A, foi transformado pela compra no balanço patrimonial apresentado na coluna N. Em termos reais, esses dois balanços retratam os mesmos ativos e passivos – mas, como vimos, certos números diferem de maneira significativa.

Os valores mais altos do balanço patrimonial na coluna N geram os mais baixos de lucro que aparecem na coluna N da demonstração apresentada anteriormente. Esse é o resultado dos aumentos contábeis dos ativos e do fato de alguns deles precisarem ser depreciados ou amortizados. Quanto maior o valor do ativo, maior deve ser a depreciação anual ou o encargo de amortização sobre o lucro. Os encargos que recaíram na demonstração do resultado do exercício por causa dos aumentos contábeis no balanço patrimonial foram numerados na demonstração de resultados anterior:

1. para custos de estoque não monetários resultantes sobretudo das reduções que a Scott Fetzer fez nos estoques ao longo de 1986, 4.979.000 dólares; encargos dessa natureza tendem a ser baixos ou inexistentes nos anos seguintes;
2. para depreciação extra atribuível aos aumentos contábeis dos ativos imobilizados, 5.054.000 dólares; é provável que um encargo anual próximo a esse montante seja descontado por mais 12 anos;
3. para amortização do *goodwill*, 595.000 dólares; esse encargo será descontado anualmente por mais 39 anos, em um valor um pouco maior, pois fizemos nossa compra em 6 de janeiro e, portanto, os valores de 1986 se aplicam a apenas 98% do ano;
4. para acrobacias com impostos diferidos que sou incapaz de explicar de forma breve (ou talvez mesmo se eu me alongasse), 998.000 dólares; é provável que um encargo anual próximo a esse valor seja descontado por mais 12 anos.

No fim de 1986, a diferença entre o patrimônio líquido da "antiga" e da "nova" Scott Fetzer tinha sido reduzido de 142,6 milhões de dólares para 131 milhões, pois 11,6 milhões extras foram descontados do lucro da nova entidade. Com o passar dos anos, encargos semelhantes sobre o lucro extinguirão a maior parte do prêmio, e os dois balanços patrimoniais vão convergir. No entanto, os valores mais altos dos terrenos e a maioria dos valores mais elevados do estoque estabelecidos no novo balanço patrimonial vão permanecer, exceto no caso de eliminação dos terrenos ou se os níveis de estoque forem reduzidos ainda mais.

O QUE TUDO ISSO significa para os proprietários? Os acionistas da Berkshire compraram uma empresa que teve ganho de 40,2 milhões de dólares em 1986 ou uma cujo ganho foi de 28,6 milhões? Para nós, esses 11,6 milhões de novos encargos representaram um custo econômico real? Os investidores devem pagar mais pelas ações da Empresa A do que pelas da Empresa N? E, caso o valor de uma empresa seja um múltiplo do lucro, a Scott Fetzer valia muito mais na véspera da nossa compra do que no dia seguinte?

Se refletirmos sobre essas questões, conseguiremos entender alguns aspectos do que pode ser chamado de "lucro do proprietário". Isso representa (a) lucro relatado mais (b) depreciação, exaustão, amortização e alguns outros encargos não monetários, como os itens da Empresa N (1) e (4), menos (c) o valor médio anual das despesas capitalizadas para instalações e equipamentos, etc., necessárias para a firma manter plenamente a posição competitiva de longo prazo e o volume unitário. (Se a companhia precisar de capital de giro extra para tanto, o incremento também deve ser incluído em [c]. Contudo, empresas que seguem o método de estoque UEPS geralmente não exigem capital de giro extra quando não há alteração no volume unitário.)

Nossa equação para o lucro do proprietário não fornece os números enganosamente precisos do GAAP, pois (c) tem que ser uma suposição – às vezes, muito difícil de fazer. Apesar desse problema, consideramos o valor do lucro do proprietário, não o do GAAP, como o item relevante para fins de avaliação – tanto para investidores, na compra de ações, quanto para gestores, na compra de empresas inteiras.

A abordagem que descrevemos gera um "lucro do proprietário" idêntico para a Empresa A e para a Empresa N, o que significa que as avaliações também são idênticas, exatamente como pediria o bom senso. Esse resultado é alcançado porque a soma de (a) e (b) é a mesma tanto na coluna A quanto na N e porque (c) é necessariamente igual em ambos os casos.

E o que Charlie e eu, como proprietários e gestores, acreditamos ser o valor correto para o lucro do proprietário da Scott Fetzer? Nas atuais circunstâncias, consideramos que (c) está muito próximo do número de 8,3 milhões de dólares da empresa "antiga" (b) e bem abaixo do número de 19,9 milhões de dólares da empresa "nova" (b). Por isso acreditamos que o lucro do proprietário é muito mais bem representado pelos lucros relatados na coluna A do que pelos da coluna N. Ou seja, achamos que o lucro do proprietário da Scott Fetzer é consideravelmente maior do que os números que relatamos conforme o GAAP.

Claro, essa é uma conjuntura afortunada. Porém, muitas vezes, cálculos desse tipo não proporcionam notícias tão agradáveis. É provável que a maioria dos gestores reconheça que precisa gastar algo mais do que (b) na própria empresa a longo prazo apenas para manter a posição em termos de volume unitário e competitividade. Quando esse imperativo existe – isto é, quando (c) excede (b) –, o lucro segundo o GAAP potencializa o lucro do proprietário. É frequente haver um exagero considerável. Nos últimos anos, o setor do petróleo forneceu um exemplo notável desse fenômeno. Se a maioria das grandes petrolíferas gastasse apenas (b) por ano, elas teriam assegurado uma diminuição em termos reais.

Tudo isso aponta para o absurdo dos números de "fluxo de caixa" que costumam aparecer nos relatórios de Wall Street. É comum esses valores incluírem (a) mais (b) – mas não subtraírem (c). A maioria dos prospectos de vendas dos bancos de investimento também traz esse tipo de apresentação enganosa. Isso implica que o negócio oferecido é a contrapartida empresarial das pirâmides – sempre o estado-da-arte, que nunca precisa ser substituído, melhorado ou reformado. De fato, se todas as companhias norte-americanas fossem colocadas à venda ao mesmo tempo por meio dos nossos principais bancos de investimento – e se acreditássemos nos prospectos que as descrevem –, as projeções governamentais de gastos com instalações e equipamentos nacionais teriam que ser cortadas em 90%.

Talvez o "fluxo de caixa" sirva, é verdade, como uma abreviatura com certa utilidade para as descrições de determinadas empresas imobiliárias ou outras que realizam grandes despesas iniciais, mas depois têm despesas mínimas. Um exemplo seria uma empresa cuja única propriedade fosse uma ponte ou um campo de gás de longuíssima duração. Mas o "fluxo de caixa" não tem sentido em setores como manufatura e varejo, em empresas extrativas e concessionárias de serviços públicos porque, nesses casos, (c) é sempre significativo. Sem dúvida, companhias como essas podem adiar os gastos de capital em determinado ano, mas ao longo de um período de cinco ou dez anos, elas precisam fazer o investimento – ou o negócio se deteriora.

Então por que os números de "fluxo de caixa" são tão populares hoje? Em resposta, confessamos nosso ceticismo: acreditamos que esses números são usados com frequência por vendedores de empresas e de valores mobiliários na tentativa de justificar o injustificável (e, portanto, de vender o que jamais deveria ser vendido). Quando (a) – isto é, o lucro conforme o GAAP – parece por si só inadequado para cobrir a dívida de *junk bonds* ou legitimar o preço absurdo de determinadas ações, torna-se muito conveniente para os vendedores focarem em (a) + (b). Porém, você não deveria adicionar (b) sem subtrair (c): os dentistas estão certos ao afirmar que perderemos os dentes se não cuidarmos deles, mas isso não é verdade para (c). A companhia ou o investidor que acredita que a capacidade de atender à dívida ou a avaliação patrimonial de uma empresa pode ser mensurada pela soma de (a) e (b), enquanto se ignora (c), está no caminho para enfrentar certos problemas.

PARA RESUMIR: TANTO NO caso da Scott Fetzer quanto no de nossas demais empresas, achamos que (b) em uma base de custo histórico – ou seja, excluindo-se a amortização de intangíveis e outros ajustes de preço de compra – é bastante próximo em montante de (c). (Esses dois itens não são idênticos, é claro. Por exemplo, fazemos despesas capitalizadas anuais na See's que excedem a depreciação em um valor entre 500 mil e 1 milhão de dólares só para manter a nossa posição competitiva.) Por causa da nossa convicção sobre esse assunto, apresentamos nossa amortização e outros itens de ajuste do preço de compra de forma separada, e também achamos que o lucro de cada empresa está bem mais próximo do lucro do proprietário do que dos valores do GAAP.

Questionar os números do GAAP pode parecer desrespeitoso para algumas pessoas. Afinal, para que estamos pagando os contadores se não para nos mostrar a "verdade" sobre nossa empresa? Mas o trabalho deles é registrar, não avaliar. A tarefa de avaliação cabe aos investidores e gestores.

Sem dúvida, a contabilidade é a linguagem dos negócios e, como tal, é de grande ajuda para qualquer um que avalie uma empresa e acompanhe seu progresso. Charlie e eu estaríamos perdidos sem esses números: invariavelmente, são o ponto de partida para avaliarmos nossas próprias empresas e as de terceiros. Contudo, gestores e proprietários precisam lembrar que a contabilidade é apenas uma ferramenta para o pensamento sobre os negócios, nunca um substituto dele.

Apêndice de 1986

F. *Avaliação de opções*

A fórmula de Black-Scholes se aproximou de um status de escritura sagrada nas finanças. Nós a usamos para avaliar nossas opções de venda de ações para fins de demonstração financeira. Os principais dados para o cálculo incluem o vencimento do contrato e o preço de exercício, bem como as expectativas do analista para volatilidade, taxas de juros e dividendos.

Entretanto, caso a fórmula seja aplicada a períodos longos, ela pode gerar resultados absurdos. Para ser justo, é quase certo que Black e Scholes entenderam bem essa questão, mas talvez seus devotados seguidores ignorem quaisquer ressalvas anexadas pelos dois quando apresentaram a fórmula.

Para testar uma teoria, em geral é útil conduzi-la a extremos. Então vamos postular que oferecemos uma opção de venda de 1 bilhão de dólares, de cem anos, no S&P 500 por um preço de exercício de 903 pontos (o nível do índice em 31/12/2008). Usando a premissa de volatilidade implícita para contratos de longo prazo adotada por nós, e associando isso às hipóteses apropriadas para os juros e dividendos, concluiríamos que o prêmio Black-Scholes "adequado" para esse contrato seria de 2,5 milhões de dólares.

Para analisar a racionalidade desse prêmio, precisamos examinar se a avaliação do S&P 500 daqui a um século será menor do que a de hoje. Com certeza, o valor do dólar nesse futuro será uma pequena fração do atual (com apenas 2% de inflação, a moeda valerá cerca de 14 centavos de dólar). Esse será um fator que pressionará o aumento do valor declarado do índice. Ainda mais importante, porém, é que cem anos de lucro acumulado vão gerar um aumento enorme do valor da maioria das empresas do índice. No século XX, o índice Dow Jones ficou 175 vezes maior, sobretudo pelo fator dos lucros acumulados.

Levando tudo isso em conta, acredito que, em um período de cem anos, a probabilidade de queda do índice seja *bem* inferior a 1%. Mas vamos usar esse número e também presumir que o declínio mais provável – caso ocorra – seja de 50%. A partir dessas premissas, no nosso contrato, a expectativa matemática de perda seria de 5 milhões de dólares (1 bilhão × 1% × 50%).

Mas se tivéssemos recebido adiantado nosso prêmio teórico de 2,5 milhões de dólares, seria necessário apenas investi-lo a 0,7% composto anualmente para cobrir essa expectativa de perda. Todos os ganhos acima disso seriam lucro. Você gostaria de pegar um empréstimo em dinheiro por cem anos com uma taxa de 0,7%?

Vejamos meu exemplo do ponto de vista do pior cenário. Não esqueça que, em 99% das vezes, não pagaríamos nada se minhas suposições estivessem corretas. Porém, mesmo na pior das hipóteses entre o 1% de possibilidades restantes – isto é, imaginando uma perda *total* de 1 bilhão de dólares –, nosso custo de empréstimo seria de apenas 6,2%. Fica evidente que ou as minhas suposições são malucas ou a fórmula é inadequada.

O prêmio ridículo que a Black-Scholes determina em meu exemplo extremo é causado pela inclusão da volatilidade na fórmula e pelo fato de essa volatilidade ser determinada por quantas ações se movimentaram em um período de dias, meses ou anos anteriores. Essa métrica é simplesmente irrelevante para estimar a faixa de valores ponderada por probabilidade para empresas americanas daqui a cem anos. (Imagine, por favor, como seria obter todos os dias a cotação da fazenda de um vizinho de humor instável e, em seguida, usar a volatilidade calculada com base nessas cotações oscilantes como um componente importante da equação para prever uma faixa de valores ponderada por probabilidade para a fazenda daqui a um século.)

Apesar de a volatilidade histórica ser um conceito útil – porém longe de ser infalível – na avaliação de opções de curto prazo, ela logo perde essa utilidade à medida que a duração da opção se estende. Na minha opinião, as avaliações dadas hoje pela fórmula de Black-Scholes para nossas opções de venda de longo prazo exageram o passivo que temos, embora essa diferença diminua conforme os contratos se aproximam do vencimento.

Mesmo assim, vamos continuar usando Black-Scholes a fim de estimar o passivo de nossa demonstração financeira para opções de venda de ações de longo prazo. A fórmula representa a sabedoria popular, e qualquer substituto que eu oferecesse geraria um ceticismo extremo. Isso seria perfeitamente compreensível: os CEOs que elaboraram as próprias avaliações para instrumentos financeiros ininteligíveis erraram poucas vezes por excesso de conservadorismo. Charlie e eu não temos vontade de participar desse clube de otimistas.

2008

Tanto Charlie quanto eu acreditamos que a Black-Scholes gera valores totalmente inadequados quando aplicada a opções de longo prazo. Fora o exemplo hipotético mencionado anteriormente, ao celebrarmos nossos contratos de venda de ações, depositamos nosso dinheiro de acordo com o que pregamos. Com essa conduta, deixamos implícito que os cálculos da Black-Scholes usados pela outra parte ou pelos clientes dela continham problemas.

Mesmo assim, continuamos a empregar essa fórmula na apresentação de nossas demonstrações financeiras. A Black-Scholes é o padrão aceito para a avaliação de opções – quase todas as principais escolas de negócios a ensinam –, e seríamos acusados de contabilidade fajuta caso a evitássemos. Além disso, deixaríamos uma questão intransponível para os auditores se fizéssemos isso: eles têm clientes que são a outra parte de contratos conosco e que usam os valores da Black-Scholes nesses documentos. Seria impossível atestar a exatidão dos valores de ambas as partes caso houvesse uma diferença significativa.

Parte do apelo da Black-Scholes para auditores e reguladores é que ela gera um número preciso. Charlie e eu não podemos fornecer um valor assim. Acreditamos que o passivo dos nossos contratos seja, na verdade, bem menor do que o calculado pela Black-Scholes, mas não conseguimos chegar a um número exato – tampouco estabelecer um valor *preciso* para a GEICO, a BNSF ou a própria Berkshire Hathaway. Nossa incapacidade de definir um número não nos incomoda: preferimos estar mais ou menos certos a estar rigorosamente errados.

John Kenneth Galbraith foi perspicaz ao observar, certa vez, que os economistas eram mais econômicos com as ideias: eles faziam com que o que haviam aprendido na pós-graduação durasse a vida inteira. Os departamentos de Finanças das universidades costumam agir de modo semelhante. Veja a tenacidade com que quase todos se agarraram à hipótese dos mercados eficientes ao longo das décadas de 1970 e 1980 e, com desdém, chamaram os fatos impactantes que a refutaram de "anomalias". (Adoro explicações desse tipo: é provável que a Sociedade da Terra Plana veja um navio que dá a volta no globo como uma anomalia irritante, porém irrelevante.)

2010

VII. CONTABILIDADE

Apesar das deficiências dos Princípios Contábeis Geralmente Aceitos (GAAP), eu odiaria ter a tarefa de conceber um conjunto melhor de regras. As limitações das normas já existentes não precisam, no entanto, ser inibidoras: os executivos-chefes são livres para tratar as demonstrações do GAAP como o começo, não o fim da obrigação de informar proprietários e credores – o que eles deveriam efetivamente fazer. Afinal, qualquer gestor de subsidiária se veria em apuros se informasse apenas números básicos do GAAP, omitindo informações essenciais e necessárias para o chefe dele, o executivo-chefe da matriz. Então por que o próprio CEO deveria reter informações de utilidade vital para *seus* chefes, os proprietários-acionistas da empresa?

O que precisa ser relatado são dados – estejam ou não de acordo com o padrão GAAP, podendo inclusive ser mais detalhados – para ajudar os leitores especializados em finanças a responder a três perguntas principais: (1) Qual é o valor aproximado da empresa? (2) Qual é a probabilidade de a empresa conseguir cumprir as obrigações futuras? E (3) qual é a qualidade do trabalho dos gestores no contexto em que se encontram?

Na maioria dos casos, é difícil ou mesmo impossível extrair pelo menos uma das respostas a essas perguntas só com base no mínimo exigido pelo GAAP. O mundo dos negócios é simplesmente complexo demais para que um único conjunto de regras descreva com eficácia a realidade econômica de todas as empresas, sobretudo aquelas que operam em uma grande variedade de setores, como a Berkshire.

Para complicar ainda mais a questão, muitos gestores não veem o GAAP como um padrão a ser cumprido, mas como um obstáculo a ser superado. É muito comum que os contadores os ajudem de bom grado. (O cliente indaga: "Quanto é dois mais dois?" E o contador retruca: "Você já tem algum número em mente?") Mesmo as equipes de gestão honestas e bem-intencionadas às vezes forçam um pouco o GAAP para apresentar números que, na visão delas, descrevem de maneira mais adequada o desempenho que tiveram. Tanto a suavização do lucro quanto o trimestre de *big bath* são técnicas de "mentira inofensiva" usadas por gestores que, exceto por isso, são íntegros.

Há ainda gestores que usam o GAAP ativamente para enganar e fraudar. Eles sabem que muitos investidores e credores aceitam os resultados segundo o GAAP como a palavra do Evangelho. Então esses charlatães interpretam as regras com "criatividade" e registram as transações de negócios de um modo que, do ponto de vista técnico, está em conformidade com o GAAP, mas, na verdade, apresenta uma ilusão econômica para o mundo.

Toda vez que os investidores – inclusive as instituições supostamente sofisticadas – fizerem avaliações exuberantes sobre "lucros" relatados que estão em alta constante, pode ter certeza de que alguns gestores e vendedores vão explorar o GAAP para gerar esses números, não importa qual seja a verdade. Ao longo dos anos, Charlie e eu observamos muitas fraudes de dimensões impressionantes baseadas em contabilidade. Poucos fraudadores foram punidos; vários nem sequer foram repreendidos. É bem mais seguro roubar grandes quantias com uma caneta na mão do que pequenas quantias com uma arma.

1988

A. *Sátira*

US STEEL ANUNCIA ESQUEMA DE MODERNIZAÇÃO ABRANGENTE[38]

Myron C. Taylor, presidente da US Steel Corporation, anunciou hoje o plano há muito aguardado para a modernização completa do maior empreendimento industrial do mundo. Contrariando as expectativas, nenhu-

---

[38] Uma sátira inédita, escrita por Ben Graham em 1936 e entregue pelo autor a Warren Buffett, em 1954.

ma mudança será feita nas políticas de fabricação e de vendas da empresa. Já o sistema de contabilidade passará por uma reformulação total. Ao adotar e melhorar ainda mais uma série de dispositivos contábeis e financeiros modernos, o poder de ganho da companhia mudará de maneira surpreendente. Apesar das condições abaixo do normal de 1935, estima-se que os novos métodos de contabilidade teriam gerado um lucro relatado próximo a 50 dólares por ação ordinária. O esquema de aprimoramento é resultado de uma pesquisa abrangente feita pelos Srs. Price, Bacon, Guthrie & Colpitts e inclui os seguintes pontos:

1. Baixa da conta de ativos imobilizados para menos 1 bilhão de dólares.
2. Valor nominal das ações ordinárias a ser reduzido para 0,01 centavo de dólar.
3. Pagamento de todos os salários e remunerações em opções de compra.
4. Estoques a serem contabilizados a 1 dólar.
5. Ações preferenciais a serem substituídas por títulos sem juros, resgatáveis com desconto de 50%.
6. Reserva para contingências de 1 bilhão de dólares a ser estabelecida.

Segue, na íntegra, a declaração oficial sobre esse Plano de Modernização extraordinário:

O Conselho Diretor da US Steel Corporation tem o prazer de anunciar que, após um estudo aprofundado dos problemas causados pelas mudanças nas condições do setor, aprovou um plano abrangente para remodelar os métodos contábeis da Companhia. Uma pesquisa conduzida por um comitê especial, auxiliado e incentivado pelos Srs. Price, Bacon, Guthrie & Colpitts, revelou que nossa empresa ficou um pouco atrás de outras companhias americanas quanto à utilização de certos métodos contábeis avançados. Por esses métodos, o poder de ganho pode ser aprimorado de maneira fenomenal, sem a necessidade de qualquer desembolso de dinheiro nem de quaisquer alterações nas condições operacionais ou de vendas. Decidiu-se não apenas adotar esses métodos mais recentes, mas também desenvolvê-los para alcançar um estágio ainda mais elevado de perfeição. As alterações adotadas pelo conselho podem ser resumidas em seis títulos, da seguinte maneira:

1. Ativo imobilizado a ser baixado para *menos 1 bilhão de dólares.*

Muitas empresas importantes isentaram as contas de receita de todos os encargos de depreciação ao baixarem a conta de instalações para 1 dólar.

O comitê especial ressalta que, se as instalações delas valem apenas 1 dólar, os ativos imobilizados da US Steel Corporation valem bem menos do que essa quantia. Um fato bastante aceito hoje é que muitas instalações são, na realidade, um passivo e não um ativo, acarretando não somente encargos de depreciação, mas também despesas com impostos e manutenção, entre outras. Por isso o conselho decidiu estender a política de baixa do valor contábil, iniciada no relatório de 1935, e reduzir o valor do ativo imobilizado de 1.338.522.858,96 dólares para o valor arredondado de *menos 1 bilhão de dólares.*

As vantagens dessa mudança devem ficar evidentes. À medida que a instalação se deteriora, o passivo é reduzido na mesma proporção. Desse modo, em vez do encargo de depreciação atual de cerca de 47 milhões de dólares por ano, haverá um *crédito de valorização* anual de 5%, ou 50 milhões. Isso aumentará o lucro em pelo menos 97 milhões de dólares por ano.

2. Redução do valor nominal das ações ordinárias para 0,01 centavo de dólar.

3. Pagamento de salários e remunerações em opções de compra.

Diversas empresas alcançaram reduções consideráveis dos custos indiretos ao pagarem grande parte dos salários dos executivos na forma de opções de compra de ações, que não geram qualquer encargo sobre os lucros. Parece que as possibilidades desse dispositivo moderno não foram compreendidas da maneira adequada. O Conselho Diretor adotou a seguinte forma avançada dessa ideia:

Todos os funcionários da companhia serão remunerados na forma de direitos de compra de ações ordinárias, por 50 dólares cada, com o direito de compra para 50 dólares de salário, conforme os valores atuais. O valor nominal das ações ordinárias será reduzido para 0,01 centavo de dólar.

As vantagens quase inacreditáveis desse novo plano são evidentes a partir dos seguintes aspectos:

A. A folha de pagamento da empresa será totalmente eliminada, o que representa uma economia de 250 milhões de dólares por ano, com base nas operações de 1935.

B. Ao mesmo tempo, o valor da remuneração efetiva de todos os funcionários será várias vezes maior. Pelo alto lucro por ação a ser apresentado pelas nossas ações ordinárias a partir dos novos métodos, é certo que os títulos terão um preço no mercado bem superior à faixa da opção de 50 dólares por ação, o que fará com que o valor realizável de imediato dessas concessões de opções seja bem superior aos salários atuais em dinheiro, que elas substituirão.

C. A companhia obterá um grande lucro anual extra por meio do exercício dessas concessões. Como o valor nominal das ações ordinárias será fixado em 0,01 centavo de dólar, haverá um ganho de 49,99 dólares por ação subscrita. Em prol de uma contabilidade conservadora, entretanto, esse lucro não será incluído na conta de receita, mas apresentado à parte como crédito do excedente de capital.

D. A posição de caixa da empresa será imensamente fortalecida. No lugar da atual *saída* de caixa de 250 milhões de dólares por ano para salários (ano-base 1935), haverá uma *entrada* de caixa anual de 250 milhões de dólares pelo exercício dos bônus de subscrição para 5 milhões de ações ordinárias. O lucro alto e a forte posição de caixa da companhia possibilitarão o pagamento de um dividendo generoso que, por sua vez, resultará no exercício dessas concessões de opções logo após a emissão. Isso vai melhorar ainda mais a posição de caixa, a qual, portanto, viabilizará uma taxa de dividendos mais alta – e assim por diante, indefinidamente.

4. Estoques a serem contabilizados a 1 dólar.

Sofremos perdas graves durante a recessão pela necessidade de ajustar o valor do estoque ao preço de mercado. Diversas empresas – em especial dos setores metalúrgico e têxtil de algodão – têm conseguido lidar com esse problema contabilizando a totalidade ou parte dos estoques a preços unitários extremamente baixos. A US Steel Corporation decidiu adotar uma política ainda mais progressiva e contabilizar todo o estoque a 1 dólar. Isso será efetuado por meio da baixa apropriada ao fim de cada ano, sendo o montante dessa baixa descontado da reserva para contingências, doravante referida.

Os benefícios desse novo método são imensos. Ele não apenas eliminará todas as possibilidades de depreciação do estoque como também aumentará de maneira considerável o lucro anual da companhia. O estoque disponível no início do ano, avaliado em 1 dólar, será vendido nos meses seguintes com um lucro excelente. Estima-se que por esse método nossa receita crescerá pelo menos 150 milhões de dólares por ano – o que, por coincidência, é quase o valor da baixa a ser descontado a cada ano da Reserva para contingências.

Um relatório minoritário do comitê especial recomenda que contas a receber e caixa também sejam reduzidos para 1 dólar, para fins de coerência e para propiciar vantagens adicionais, semelhantes às que acabamos de discutir. Essa proposta foi rejeitada, por enquanto, porque nossos auditores ainda exigem que quaisquer recuperações de contas a receber e caixa assim baixadas sejam creditadas ao excedente, não ao lucro daquele ano. No entanto, espera-se que essa regra de auditoria – uma reminiscência dos tempos de carroças puxadas por cavalos – seja alterada, em breve, de acordo com as tendências modernas. Caso isso ocorra, o relatório minoritário receberá uma consideração maior e favorável.

5. Substituição de ações preferenciais por títulos sem juros, resgatáveis com desconto de 50%.

Durante a última recessão, muitas empresas compensaram os prejuízos operacionais incluindo na receita os lucros provenientes da recompra de seus próprios títulos com um desconto substancial em relação ao valor nominal. Infelizmente, o crédito da US Steel Corporation sempre foi tão alto que essa fonte lucrativa de renda não estava disponível até o momento. O esquema de modernização resolverá esse problema.

Propomos que cada ação preferencial seja trocada por notas promissórias de um fundo de amortização, sem juros e com valor de face de 300 dólares, resgatáveis por 50% do valor de face, em dez prestações anuais iguais. Isso exigirá a emissão de 1,08 bilhão de dólares em novas promissórias, do qual 108 milhões serão recolhidos todos os anos, por um custo para a companhia de apenas 54 milhões, o que vai gerar um lucro anual de igual valor.

Assim como o plano de salários e/ou remunerações descrito no item 3, esse acordo beneficiará tanto a companhia quanto os acionistas preferenciais. A eles é assegurado o pagamento das ações presentes por 150% do valor nominal durante cinco anos em média. Uma vez que os valores mobiliários de curto prazo rendem quase nenhum retorno no presente, a característica de não remuneração de juros não tem uma importância real.

A companhia converterá o atual *encargo* de 25 milhões de dólares por ano sobre dividendos preferenciais em um *lucro* anual de título de aposentadoria no valor de 54 milhões – um ganho anual agregado de 79 milhões de dólares.

6. Estabelecimento de uma reserva para contingências de 1 bilhão de dólares.

Os conselheiros estão confiantes de que as melhorias já descritas vão assegurar à companhia um poder de ganho satisfatório em todos os cenários futuros. Contudo, de acordo com os métodos contábeis modernos, é desnecessário incorrer em riscos mínimos de perda por desdobramentos adversos de negócios de qualquer natureza, uma vez que tudo isso pode ser assegurado com antecedência graças à reserva para contingências.

O comitê especial recomendou que a companhia criasse essa reserva no valor bastante substancial de 1 bilhão de dólares. Conforme estabelecido anteriormente, a baixa anual do estoque para 1 dólar será absorvida por essa reserva. Para evitar um eventual esgotamento da reserva para contingências, decidiu-se ainda que ela deve ser reposta todos os anos por meio da transferência de uma quantia apropriada do excedente de capital. Como é esperado que esse excedente tenha um aumento anual de, no mínimo, 250 milhões de dólares, por meio do exercício das concessões de opções de compra de ações (ver o item 3), ele compensará de imediato qualquer diminuição da reserva.

Ao estabelecer esse arranjo, o conselho diretor deve confessar, com pesar, que foi incapaz de melhorar os dispositivos já adotados por importantes empresas para a transferência de grandes somas entre capital, excedente de capital, reserva para contingências e outras contas do balanço patrimonial. Na verdade, deve-se admitir que nossas entradas serão um tanto simples, desprovidas do elemento de extrema mistificação que caracteriza o procedimento mais avançado nesse campo. O conselho diretor, porém, insistiu em clareza e simplicidade ao estipular o plano de modernização, mesmo em detrimento de uma possível vantagem quanto ao poder de ganho da companhia.

Para mostrar o efeito combinado das novas propostas sobre o poder de ganho da companhia, apresentamos neste documento uma conta de receita resumida para 1935, em dois regimes, a saber:

	A. Conforme relatado	B. Efeito pró-forma para alterações propostas neste documento
Rendimento bruto de todas as fontes (inclusive entre empresas)	US$ 765.000.000	US$ 765.000.000
Salários e remunerações	251.000.000	—
Outras despesas operacionais e impostos	461.000.000	311.000.000
Depreciação	47.000.000	(50.000.000)
Juros	5.000.000	5.000.000
Desconto sobre títulos retirados de circulação	—	(54.000.000)
Dividendos preferenciais	25.000.000	—
Saldo para ações ordinárias	(24.000.000)	553.000.000
Média das ações em circulação	8.703.252	11.203.252
Lucro por ação	(US$ 2.76)	US$ 49,80

De acordo com um costume um tanto antiquado, está anexado ao presente documento um balanço patrimonial pró-forma resumido da US Steel Corporation, conforme os dados de 31 de dezembro de 1935, após as mudanças propostas serem executadas nas contas do ativo e do passivo.

ATIVO

Ativo imobilizado, líquido	(US$ 1.000.000.000)
Ativo disponível	142.000.000
Contas a receber	56.000.000
Estoque	1
Ativos diversos	27.000.000
Total	(US$ 774.999.999)

PASSIVO

Ações ordinárias com valor de face de US$ 0,01 (Valor nominal de US$ 87.032,52) Valor declarado*	(US$ 3.500.000.000)
Títulos e ações das subsidiárias	113.000.000
Novas notas promissórias de fundo de amortização	1.080.000.000
Passivo circulante	69.000.000
Reserva para contingências	1.000.000.000
Outras reservas	74.000.000
Excedente inicial	389.000.001
Total	(US$ 774.999.999)

* Dado um valor declarado diferente do valor nominal, de acordo com as leis do estado da Virgínia, onde a empresa será reincorporada.

Talvez seja desnecessário salientar para nossos acionistas que os métodos contábeis modernos dão origem a balanços patrimoniais com uma aparência um pouco diferente da que tinham aqueles de uma época menos avançada. Tendo em vista o enorme poder de ganho decorrente dessas mudanças no balanço patrimonial da companhia, não se espera que seja dada uma atenção indevida aos detalhes relativos ao ativo e ao passivo.

Para concluir, o conselho deseja ressaltar que esse procedimento conjugado – por meio do qual teremos a contabilização das instalações por um valor negativo, a eliminação da folha de pagamentos e um estoque próximo a zero constante nos livros – dará à US Steel Corporation uma imensa vantagem competitiva no setor. Seremos capazes de vender nossos produtos por preços excepcionalmente baixos e, ainda assim, teremos uma margem de lucro considerável. A análise aprofundada do conselho diretor é que, com o esquema de modernização, conseguiremos vender por preços inferiores aos de todos os concorrentes, de tal maneira que as leis antitruste constituirão a única barreira para o domínio de 100% do setor.

Ao fazer essa declaração, o conselho não se esquece da possibilidade de alguns dos nossos concorrentes adotarem melhorias contábeis semelhantes para compensar as novas vantagens que conquistamos. Contudo, estamos confiantes de que a US Steel conseguirá reter a fidelidade dos clientes, os antigos e os novos, graças ao prestígio único que acumulará como criadora e pioneira nesses novos campos de serviço para o usuário de aço. Além disso, caso surja a necessidade, acreditamos em nossa capacidade de manter nossa merecida superioridade ao introduzirmos métodos de contabilidade ainda mais avançados, os quais ainda estão em desenvolvimento no nosso Laboratório de Contabilidade Experimental.

Apêndice A, de 1990

B. *Estabelecimento de normas*

Algumas décadas atrás, uma opinião de auditoria da Arthur Andersen era o padrão-ouro da profissão. Na empresa, um Grupo de Padrões Profissionais (PSG, na sigla em inglês) de elite insistia em relatos honestos, apesar das pressões do cliente. Atendo-se a esses princípios, em 1992 o grupo se posicionou ao afirmar que o custo das opções de ações deveria ser registrado como a despesa que claramente era. Mas isso foi revertido pelos sócios da

Andersen que traziam clientes novos e ricos e sabiam o que eles queriam – lucros relatados mais altos, independentemente da realidade. Muitos executivos-chefes também lutaram contra a contabilização do custo das opções porque sabiam que as concessões de opções obscenas e gigantescas pelas quais ansiavam seriam cortadas se fosse necessário registrar os custos verdadeiros delas.

Logo após a reviravolta na Andersen, o Conselho de Padrões de Contabilidade Financeira (FASB, na sigla em inglês) teve uma votação de 7 a 0 a favor da contabilização das opções como despesa. Como era previsível, as principais firmas de auditoria e um exército de CEOs invadiram Washington para pressionar o Senado – haveria uma instituição melhor para decidir questões contábeis? – a conter o FASB. As vozes dos manifestantes foram amplificadas por suas grandes contribuições políticas, em geral feitas com dinheiro de empresas pertencentes aos mesmos proprietários prestes a ser enganados. Não foi um espetáculo bonito para uma aula de educação cívica.

Para a vergonha da instituição, o Senado votou 88 a 9 contra a contabilização como despesa. Vários senadores proeminentes chegaram a pedir o fim do FASB caso o comitê não mudasse de posição. (E lá se foi a independência.) Depois disso, Arthur Levitt, Jr., na época presidente da Comissão de Valores Mobiliários (SEC) – e, em geral, um defensor atento dos acionistas –, descreveu o ato de ter cedido, com relutância, às pressões do Congresso e das empresas como o ponto mais lamentável de sua gestão. (Os detalhes desse episódio sórdido foram relatados no excelente livro de Levitt, *Take on the Street* [Enfrente Wall Street].)

Como haviam colocado o Senado no bolso e a SEC estava sem armas, as empresas americanas sabiam que tinham assumido o comando quando se tratava de contabilidade. Assim, abriu-se uma nova era de vale-tudo para os relatórios de lucro – abençoada e, em alguns casos, incentivada por auditores de renome. O comportamento licencioso que veio em seguida serviu, em pouco tempo, de estímulo para a Grande Bolha.

Após sofrer ameaça do Senado, o FASB recuou da posição inicial e adotou uma estratégia de "código de honra", ao declarar que a contabilização como despesa era preferível, mas também permitia que as empresas, se quisessem, ignorassem o custo. E o resultado foi desanimador: das 500 empresas do S&P, 498 adotaram o método considerado menos desejável, o que, é claro, possibilitou que relatassem um "lucro" mais alto. Executivos-chefes ávidos por remuneração adoraram esse desfecho: deixaram o FASB ficar com a honra, e *eles* ficaram com o código para comandar o sistema.

2002

C. *Conselhos fiscais*

Conselhos fiscais não podem auditar. Somente um auditor externo pode determinar se o lucro que a equipe de gestão afirma ter obtido é questionável. Reformulações que ignoram essa realidade e se concentram na estrutura e no regimento do conselho fiscal obterão poucos avanços. A principal função desse órgão é simplesmente fazer com que os auditores divulguem o que sabem.

Para cumprir tal função, o conselho deve garantir que os auditores estejam mais preocupados em não enganar os conselheiros do que em ofender a equipe de gestão. Nos últimos anos, não era o que sentiam os auditores. Na verdade, o costume era considerar que o executivo-chefe era o cliente, não os acionistas ou os conselheiros. Esse hábito foi o resultado natural das relações rotineiras de trabalho e também do entendimento, por parte dos auditores, de que, a despeito das regras, o CEO e o diretor financeiro pagam os honorários. Além de determinar quem será contratado para auditorias e outros trabalhos.

As regras da Lei Sarbanes-Oxley, de 2002, que exigem dos conselhos fiscais a supervisão dos auditores e o estabelecimento de seus pagamentos, não vão mudar essa realidade de maneira efetiva. O que *de fato* romperá esse relacionamento conveniente é a decisão dos conselhos fiscais de pôr os auditores contra a parede, de maneira inequívoca, para levá-los a compreender que estarão sujeitos a grandes penalidades monetárias se não apresentarem todas as informações e suspeitas que têm.

Na minha opinião, os conselhos fiscais conseguem atingir esse objetivo fazendo quatro perguntas aos auditores, sendo que as respostas devem ser registradas e relatadas aos acionistas. São elas:

1. Se o auditor fosse o único responsável pela preparação das demonstrações financeiras da empresa, elas teriam sido elaboradas de forma diferente da escolhida pela equipe de gestão? Essa questão deve abranger tanto as diferenças materiais quanto as não materiais. Se o

auditor tiver feito algo de maneira distinta, o argumento da gestão e a resposta do auditor devem ser divulgados. O conselho fiscal deve então avaliar os fatos.
2. Se o auditor fosse um investidor, ele teria recebido – em uma linguagem simples – as informações essenciais para compreender o desempenho financeiro da empresa durante o período relatado?
3. A empresa segue o mesmo procedimento de auditoria interna que seria adotado caso o próprio auditor ocupasse o cargo de executivo-chefe? Se não, quais são as diferenças e por quê?
4. O auditor está ciente de quaisquer ações – contábeis ou operacionais – que tiveram o propósito e o efeito de movimentar receitas ou despesas de um período relatado para outro?

Se o conselho fiscal fizer essas perguntas, a composição dele – foco da maioria das reformulações – é de menor importância. Além disso, o procedimento vai economizar tempo e dinheiro. Quando acuados, os auditores cumprem o dever deles. Se não forem pressionados... Bom, já sabemos no que isso vai dar.

A principal vantagem dessas quatro perguntas é que elas têm uma ação profilática. Quando sabem que o conselho fiscal exigirá um endosso assertivo da parte deles, os auditores deixam de apenas consentir com as ações da equipe de gestão e passam a se opor a irregularidades desde o início do processo, bem antes de números capciosos ficarem atrelados aos livros da empresa. O medo das consequências judiciais se encarregará disso.

2002

D. *"Lucros corrigidos"*

Queremos que as equipes de gestão descrevam em seus comentários detalhes incomuns – bons ou ruins – que afetam os valores conforme o GAAP. Afinal, olhamos esses números do passado para poder fazer estimativas sobre o futuro. Mas uma gestão que, com regularidade, tenta ignorar custos muito reais por meio da ênfase nos "lucros corrigidos por ação" nos deixa nervosos.

Isso porque o mau comportamento é contagioso: os executivos-chefes que procuram abertamente maneiras de relatar números altos tendem a fomentar uma cultura na qual os subordinados também se esforçam para ser "úteis". Metas como essa podem levar, por exemplo, as seguradoras a subestimar as reservas de sinistros, uma prática que destruiu muitas participantes do setor.

Estremecemos quando ouvimos analistas se referirem com admiração e respeito a equipes de gestão que sempre "atingem os números". Na verdade, os negócios são imprevisíveis demais para que isso sempre aconteça. É inevitável haver surpresas. Quando elas aparecem, um executivo-chefe com foco voltado para Wall Street ficará tentado a maquiar os números.

2016

O caso mais flagrante do comportamento de executivos e contadores que não encaram a realidade ocorreu no universo das opções de ações. No Relatório Anual da Berkshire de 1985, expus minha opinião sobre o uso devido e indevido das opções.[39] No entanto, mesmo quando estruturadas de maneira adequada, elas são contabilizadas de um jeito que não faz sentido. A falta de lógica não é fortuita: durante décadas, grande parte do mundo dos negócios travou uma guerra contra os responsáveis por elaborar as normas contábeis, na tentativa de evitar que os custos das opções de ações se refletissem no lucro das empresas que as emitem.

Normalmente, os executivos argumentam que é difícil avaliar as opções e que, por isso, seus custos devem ser ignorados. Alguns gestores já disseram que atribuir um custo às opções prejudicaria pequenas empresas. Outros chegaram a declarar solenemente que as opções "*out of the money*" (aquelas com um preço de exercício igual ou superior ao preço de mercado atual) não têm valor quando são emitidas.

É curioso que o Conselho de Investidores Institucionais tenha entrado nesse debate com uma variação sobre o tema, ao opinar que as opções não devem ser vistas como custo porque "não são dólares dos cofres da empresa". Entendo essa linha de raciocínio como uma oferta estimulante de possibilidades para as empresas americanas melhorarem, de modo instantâneo, o lucro declarado. Elas poderiam, por exemplo, eliminar o custo do seguro usando opções como pagamento. Então, se você é o CEO e subscreve essa

---

[39] Ver "Uma abordagem para a remuneração de executivos com base em princípios", na Parte I.F.

teoria contábil do "dinheiro zero, custo zero", farei uma oferta irrecusável: ligue para nós lá na Berkshire, e teremos o maior prazer em lhe vender um seguro em troca de um pacote de opções de longo prazo para as ações da sua empresa.

Os acionistas devem compreender que as empresas incorrem em custos quando entregam algo de valor a outra parte e não somente quando o dinheiro muda de mãos. Além disso, é uma afirmação ao mesmo tempo tola e cínica dizer que um item importante do custo não deve ser reconhecido só porque não pode ser quantificado com extrema precisão. A própria contabilidade está repleta de imprecisões. Afinal, nenhum gestor ou auditor sabe qual é a durabilidade de um Boeing 747, o que significa que também não sabe qual deve ser a depreciação anual do avião. Ninguém tem certeza de qual deve ser a taxa anual de perdas com empréstimos de um banco. E as estimativas de perdas feitas por empresas de seguros de propriedade são reconhecidamente inexatas.

Isso significa que esses itens importantes de custo devem ser ignorados apenas porque não podem ser quantificados com precisão absoluta? Claro que não. Eles devem ser estimados por pessoas honestas e experientes e, em seguida, registrados. Se você pensar bem, qual outro custo relevante, porém difícil de estimar com precisão – ou seja, outro item que não sejam as opções de ações –, é apontado pelos profissionais de contabilidade para ser ignorado no cálculo do lucro?

Fora isso, as opções não são tão difíceis assim de avaliar. É certo que a dificuldade é agravada pelo fato de as opções oferecidas aos executivos sofrerem vários tipos de restrições – elas afetam o valor, mas não o eliminam. Na verdade, como hoje estou com disposição para tal, vou fazer uma oferta a qualquer executivo que tenha recebido uma opção restrita, mesmo que seja "*out of the money*": no dia da emissão, a Berkshire pagará a essa pessoa uma soma considerável pelo direito a qualquer ganho futuro que ela obtenha com a opção. Assim, se você encontrar um executivo-chefe que diz ter recebido opções recém-emitidas com pouco ou nenhum valor, peça a ele que faça um teste conosco. Aliás, temos bem mais confiança na nossa capacidade de determinar um preço adequado para uma opção do que na de determinar a taxa de depreciação adequada para um jato corporativo.

Os profissionais de contabilidade e a SEC deveriam ter vergonha por se deixarem influenciar há muito tempo pelos executivos das empresas na questão da contabilidade de opções. Além disso, o lobby que esses executivos fazem pode criar um subproduto infeliz: na minha opinião, a elite empresarial corre o risco de perder a credibilidade em temas relevantes para a sociedade – sobre os quais pode ter muitas coisas valiosas a dizer – quando defende o inacreditável em questões significativas para si mesma.

1992

Nossa aquisição da General Re ressaltou uma falha flagrante no procedimento contábil. Ao lerem nossa declaração para procuração, acionistas atentos devem ter notado um dado incomum na página 60. Na demonstração de resultado do exercício pró-forma – que detalhava como o lucro combinado de 1997 das duas entidades teria sido afetado pela incorporação –, um item declarava que as despesas de remuneração teriam sofrido um aumento de 63 milhões de dólares.

Esse item, vamos logo acrescentar, não indica que Charlie e eu sofremos uma grande mudança de personalidade. (Ele ainda viaja de ônibus e cita Benjamin Franklin.) Tampouco indica qualquer deficiência nas práticas contábeis da General Re, que seguiram o GAAP à risca. Na verdade, o ajuste pró-forma ocorreu porque estamos substituindo o plano de opção de compra de ações da General Re, há tempos em vigor, por um em dinheiro, o qual vincula a remuneração de incentivo dos gestores da General Re às realizações operacionais deles. Antes, o que contava para esses profissionais era o preço das ações da General Re; agora, a recompensa virá do desempenho de negócios que eles alcançarem.

O novo plano e o acordo de opção rescindido têm características econômicas compatíveis, o que significa que as recompensas entregues aos funcionários, para determinado nível de desempenho, devem ser as mesmas. Mas o que antes essas pessoas antecipavam ganhar com a concessão de novas opções agora será pago em dinheiro. (Opções outorgadas em anos anteriores permanecem em aberto.)

Apesar de ambos serem equivalentes economicamente, o plano que estamos implementando em dinheiro produzirá um resultado contábil bem diferente. Esse resultado com ares de *Alice no País das Maravilhas* ocorre porque os princípios contábeis existentes ignoram o custo das opções de compra de ações no cálculo do lucro, embora elas sejam uma despesa enorme e crescente em muitas empresas. Na prática, os princípios contábeis oferecem aos gestores uma escolha: podem pagar os funcionários de um jeito e calcular o custo ou pagar os empregados de outra forma e ignorar o custo. Não é de admirar, então, que o uso de opções tenha disparado. No entanto, essa escolha assimétrica tem uma grande desvantagem para os proprietários: no caso dos principais gestores, as opções, quando estruturadas da maneira adequada, podem ser uma forma apropriada, *até mesmo ideal*, de remunerar e motivar. Já para os acionistas, elas são caprichosas na distribuição de recompensas, ineficientes como motivadoras e custam muito caro.

Quaisquer que sejam os méritos das opções, o tratamento contábil que recebem é um absurdo. Pense por um momento nas centenas de milhões que gastamos com publicidade na GEICO por ano. Suponha que, em vez de pagar em dinheiro por nossos anúncios, façamos isso com opções de dez anos de ações da Berkshire no mercado. Alguém se importaria então em argumentar que a Berkshire não arcou com um custo de publicidade ou que não deveria ser cobrada por esse custo nos livros?

Quem sabe o bispo Berkeley – talvez você se lembre dele como o filósofo que refletiu sobre árvores que caem na floresta quando não há ninguém por perto – acreditasse que, se não for vista pelo contador, a despesa não existe. Já Charlie e eu temos dificuldade em filosofar sobre custos não registrados. Quando consideramos investir em uma empresa emissora de opções, fazemos um ajuste apropriado do lucro relatado para menos, somente subtraindo um montante igual ao que a empresa poderia ter obtido com a venda no mercado de opções em quantidade e estrutura semelhantes. Da mesma forma, quando consideramos uma aquisição, incluímos na avaliação o custo de substituição de qualquer plano de opção. Então, ao fazermos um acordo, expomos esse custo na mesma hora.

A esta altura, os leitores que discordam de mim sobre as opções estão em uma discussão mental com minha comparação entre o custo das opções emitidas para funcionários e aquelas que, em teoria, podem ser vendidas e negociadas no mercado. É verdade, para detalhar um desses argumentos, que as opções dos empregados às vezes não são exercidas – o que diminui o dano causado aos acionistas –, e isso não aconteceria com as opções oferecidas no mercado. Também é verdade que as empresas recebem uma dedução fiscal quando as opções dos empregados são de fato exercidas – e aquelas negociadas no mercado não oferecem o benefício.

Mas há uma compensação para esses aspectos: as opções emitidas para funcionários costumam ser reajustadas, uma mudança que as torna bem mais caras do que a versão para o mercado.

Em alguns casos, argumenta-se que uma opção intransferível dada a um funcionário é menos valiosa para ele do que uma opção negociada no mercado acionário, passível de ser vendida livremente. Só que tal fato não reduz o *custo* da opção intransferível: dar a um empregado um carro da empresa que só pode ser usado para certos fins reduz o valor desse bem para o beneficiário, mas não diminui em nada o custo para o empregador.

Muitas vezes, nos últimos anos, as revisões de lucro que Charlie e eu fizemos para as opções reduziram os valores relatados por ação em 5% – não raro em 10%. Em certas ocasiões, o ajuste para baixo foi tão grande que afetou as decisões relativas à nossa carteira e fez com que realizássemos uma venda ou viéssemos a recusar uma compra de ações que, no caso contrário, talvez tivéssemos feito.

Há alguns anos, fizemos três perguntas para as quais ainda não obtivemos resposta: "Se as opções não são uma forma de remuneração, são o quê? Se remuneração não é uma despesa, é o quê? E se despesas não devem entrar no cálculo do lucro, onde é que vão parar?"

1998

Como ainda há tentativas de turvar a questão das opções de ações, vale ressaltar que ninguém – nem o FASB nem os investidores em geral nem eu – está falando em restringir o uso de opções de alguma forma. Aliás, meu sucessor na Berkshire pode muito bem receber vários pagamentos em opções, porém estruturadas de maneira lógica em relação a (1) um preço de exercício apropriado, (2) um escalonamento do preço que reflita a retenção de lucro e (3) uma proibição de se desfazer com rapidez de quaisquer ações adquiridas por opções. Apoiamos os acordos que motivam os gestores, sejam eles bônus em dinheiro ou opções. Caso uma empresa receba de fato valor pelas opções que emite, não vemos razão para que o registro de seu custo seja um fator de restrição de uso.[40]

2004

---

[40] A contabilização das opções se tornou obrigatória em 2005.

O papel desempenhado pelas equipes de gestão na contabilidade de opções de ações raramente tem sido benigno: nos últimos anos, um número preocupante de executivos-chefes e auditores vem travando uma dura luta contra as tentativas do FASB de substituir a ficção das opções pela verdade, e praticamente nenhum deles manifestou apoio ao conselho. Os oponentes do órgão inclusive envolveram o Congresso nessa briga e defenderam o argumento de que números inflacionados seriam de interesse nacional.

Acredito que o comportamento das equipes de gestão tem sido ainda pior quando se trata da contabilidade de reestruturações e incorporações. Nesse campo, muitos gestores trabalham de forma proposital para manipular números e enganar investidores. E como Michael Kinsley comentou sobre Washington: "O escândalo não é o que é *ilegal*, mas o que é *legal*."

Já foi relativamente fácil distinguir os profissionais bons dos ruins na contabilidade: o fim dos anos 1960, por exemplo, trouxe uma orgia daquilo que um charlatão apelidou de "contabilidade ousada e criativa" (graças a essa prática, aliás, ele foi adorado durante um tempo em Wall Street e nunca deixou de atender às expectativas). Mas a maioria dos investidores daquele período sabia quem fazia as jogadas. E, verdade seja dita, quase todas as empresas mais admiradas dos Estados Unidos evitavam farsas naquela época.

Nos últimos anos, a probidade foi atacada. Diversas grandes empresas ainda agem com transparência, mas um número considerável e crescente de gestores que, fora isso, são de primeira – executivos-chefes que você ficaria feliz de ter como genro ou como agente fiduciário do seu testamento – chegou à conclusão de que não há problema em manipular o lucro para satisfazer o que acredita ser o desejo de Wall Street. De fato, muitos CEOs não apenas acham que é normal realizar esse tipo de manipulação como também que é o *dever* deles.

Esses gestores partem do pressuposto, bastante comum, de que o trabalho deles é sempre incentivar o preço mais alto possível das ações (uma premissa da qual discordamos com veemência). Com o objetivo de inflar o preço, esforçam-se admiravelmente para alcançar a excelência nas operações. Mas quando elas não geram o resultado esperado, recorrem a estratagemas contábeis nada admiráveis, que fabricam o "lucro" desejado ou preparam terreno para que isso ocorra no futuro.

A fim de justificar esse modo de agir, os gestores costumam dizer que os acionistas deles serão prejudicados se a moeda disponível para fazerem negócios – isto é, as ações que possuem – não estiver bem precificada. Argumentam ainda que, quando usam manobras contábeis para alcançar os números almejados, estão apenas fazendo o que todo já mundo pratica. Assim que se estabelece essa atitude de "todo mundo faz isso", as reservas éticas desaparecem. A má contabilidade afasta o bem.

A distorção do dia está no "encargo de reestruturação", uma entrada contábil que pode ser legítima, mas muitas vezes é somente um dispositivo para manipular o lucro. Nessa espécie de ilusionismo, grande parte dos custos que deveria ser atribuída da maneira correta a um longo período de tempo é despejada em um único trimestre, em geral um que já decepcionaria mesmo os investidores. Em alguns casos, o objetivo do encargo é eliminar as falsas declarações de rendimentos do passado; em outros, preparar terreno para futuras declarações falsas. Em todos eles, o tamanho e o momento de registro desses encargos são ditados pela proposição cínica de que Wall Street não vai se importar se o lucro tiver uma insuficiência de 5 dólares por ação em determinado trimestre, desde que essa lacuna garanta que os lucros trimestrais no futuro excedam com regularidade as expectativas em 5 centavos de dólar por ação.

Infelizmente, executivos-chefes que usam variações desses esquemas tendem a se viciar neles – afinal, é mais fácil mexer na contabilidade do que gastar horas cuidando da boa gestão. Não conseguem reunir forças para desistir dessas manobras.

No mundo das aquisições, a reestruturação foi elevada a uma forma de arte: agora, com frequência, equipes de gestão usam as incorporações para reorganizar de maneira desonesta o valor do ativo e do passivo, de tal modo que possam suavizar ou inflar o lucro futuro. De fato, na hora de negociar, grandes firmas de auditoria às vezes indicam possíveis truques contábeis, que podem ser de pouca monta ou significativos. Ao receberem esse incentivo de quem deveria zelar pela correção, não é raro que pessoas íntegras se rebaixem a táticas de quinta categoria. É compreensível que executivos-chefes tenham dificuldade em rejeitar estratégias aprovadas por auditores que resultam em um "lucro" futuro maior.

Uma situação do setor de seguros patrimoniais exemplifica as possibilidades. Quando uma sociedade jurídica é adquirida, o comprador por vezes aumenta na hora as reservas de sinistros dela, muitas vezes de modo substancial. Esse aumento pode apenas refletir a inadequação anterior das reservas – embora seja surpreendente a quantidade de ocasiões em que uma "revelação" atuarial desse tipo coincide com o fechamento de um negócio. De todo modo, após a mudança, torna-se possível os "lucros" fluírem para a receita em alguma data posterior, conforme as reservas são liberadas.

A Berkshire se manteve totalmente afastada dessas práticas: se formos decepcioná-lo, preferimos que seja pelo lucro, não pela contabilidade. Em todas as aquisições, deixamos os números da reserva de sinistros da maneira exata como os encontramos. Afinal, nos associamos de forma sistemática com gestores de seguros que conhecem profundamente as próprias empresas e são honestos nos relatórios financeiros. Quando fecham-se negócios nos quais o passivo é aumentado de modo imediato e considerável, a lógica banal diz que pelo menos uma dessas virtudes estava ausente – ou então que o adquirente está se preparando para futuras infusões de "lucros".

Eis uma história verídica que demonstra uma visão muito comum entre as empresas americanas. Os executivos-chefes de dois grandes bancos, um deles um homem que já havia feito muitas aquisições, se envolveram, não faz muito tempo, em um debate sobre uma incorporação amigável (a qual, no fim, não resultou em acordo). O adquirente veterano expôs os méritos da possível junção apenas para ser interrompido pelo colega, que estava cético: "Mas isso não vai significar um encargo enorme", indagou ele, "talvez de até 1 bilhão?" O profissional "sofisticado" não economizou nas palavras: "Vamos torná-lo ainda maior – é por isso que vamos fechar o negócio."

A RG Associates, de Baltimore, fez uma contagem preliminar dos encargos especiais assumidos ou anunciados em 1998 – ou seja, encargos de reestruturação, P&D em andamento, itens relacionados a incorporações e baixas –, identificando nada menos do que 1.369 deles, em um total de 72,1 bilhões de dólares. É uma quantia impressionante, conforme evidenciado por essa perspectiva pontual: o lucro total em 1997 das quinhentas empresas da famosa lista da *Fortune* foi de 324 bilhões de dólares.

Fica claro que o desrespeito que muitos executivos têm hoje por relatórios precisos é uma desgraça para os negócios. E os auditores, como já sugerimos, deram poucas contribuições positivas. Embora *devam* considerar o público investidor como cliente, tendem a reverenciar os gestores que os escolhem e os remuneram.

1998

E. *Estimativas de aposentadoria e benefícios correlatos*

Manobras costumam ser decorrentes do poder discricionário inerente que os padrões contábeis concedem aos gestores. Considere o retorno projetado pelas empresas para calcular despesas com aposentadorias. Não será surpresa alguma saber que muitas delas continuam a escolher uma hipótese que lhes permite relatar "lucros" nada sólidos. Em 2006, as 363 empresas do S&P que têm planos de aposentadoria presumiram, em média, um retorno de 8%. Vejamos as chances de isso se tornar realidade.

Em média, os fundos de pensão têm cerca de 28% dos ativos em títulos e dinheiro, e a expectativa de retorno sobre esses bens é de até 5%. Dá para obter rendimentos mais altos, claro, mas eles carregam um risco de perda proporcional (ou até maior).

Isso significa que os outros 72% dos ativos – que são sobretudo ações, de propriedade direta ou por meio de veículos como hedge funds ou investimentos de *private equity* – precisam ter um ganho de 9,2% para que o fundo como um todo atinja os 8% postulados. E esse deve ser o retorno *após* todos os encargos, que hoje estão mais altos do que nunca.

Até que ponto essa expectativa é realista? Ao longo do século XX, o Dow Jones avançou de 66 para 11.497. Apesar de parecer enorme, esse ganho diminui para 5,3% quando composto anualmente. Um investidor que possuísse ações que compõem esse índice também teria recebido, no decorrer do século, dividendos generosos durante grande parte do período, mas somente cerca de 2% nos anos finais. Foi um século maravilhoso.

Pense agora *neste* século. Para que os investidores apenas igualem esse ganho de valor de mercado de 5,3%, o Dow Jones – que há pouco estava abaixo de 13 mil – precisaria fechar em cerca de *2 milhões* em 31 de dezembro de 2099. Estamos vivendo o oitavo ano deste século e acumulamos menos de 2 mil dos 1.988.000 pontos do Dow Jones que o mercado precisa percorrer em cem anos a fim de se igualar aos 5,3% do último século.

É divertido perceber que os analistas costumam ficar ansiosos com a perspectiva de o Dow Jones ultrapassar números redondos, como 14 mil ou 15 mil. Se continuarem reagindo dessa forma, um ganho anual de 5,3% ao longo do século significa que eles terão pelo menos 1.986 ataques de ansiedade nos próximos 92 anos. Embora tudo seja possível, alguém acredita de verdade que esse seja o desfecho mais provável?

Os dividendos permanecem na casa dos 2%. Mesmo se as ações tiverem uma valorização média anual equivalente à do século passado, de 5,3%, a parcela de participação nos ativos do plano – considerando-se despesas de 0,5% – não geraria mais do que 7%, aproximadamente. E 0,5% pode estar muito bem subestimando os custos, dada a presença das tropas de consultores e gestores que custam caro (os "ajudantes").[41]

Naturalmente, todos esperam ficar acima da média. E, com certeza, esses ajudantes – que Deus os abençoe – vão encorajar os clientes a acreditar nisso. Mas, como classe, o grupo auxiliado pelos ajudantes precisa estar *abaixo* da média. O motivo para tanto é simples: (1) os investidores, em geral, vão obter necessariamente um retorno médio menos os custos incorridos; (2) os investidores passivos e de índice, pela própria inatividade, vão obter essa média menos os custos, que são muito baixos no caso deles; (3) assim como esse grupo, os demais – os investidores ativos – também conseguirão o retorno médio. Mas este último grupo vai incorrer em custos altos de transação, gerenciamento e consultoria. Portanto, os investidores ativos terão uma redução dos retornos em uma porcentagem bem maior do que os colegas inativos. Isso significa que o grupo passivo – os "ignorantes" – precisará vencer.

Aqueles que têm expectativa de ganho de 10% ao ano com ações ao longo deste século – calculando que 2% virão de dividendos e 8% da valorização dos preços – estão prevendo, de forma implícita, que o Dow Jones ficará próximo de *24 milhões* até 2100. Se seu consultor mencionar retornos de dois dígitos sobre ações, explique essa matemática a ele – não que isso vá intimidá-lo. Ao que parece, vários "ajudantes" são descendentes diretos de um personagem de *Alice no País das Maravilhas*: a Rainha Branca. Afinal, foi ela quem disse: "Ora, algumas vezes cheguei a acreditar em seis coisas impossíveis antes do café da manhã." Cuidado com aquele ajudante loquaz que enche sua cabeça de fantasias e os bolsos de comissões.

Algumas empresas têm planos de aposentadoria na Europa e também nos Estados Unidos. Na contabilidade, quase todas presumem que os planos americanos terão um ganho superior aos de fora do país. Essa discrepância é intrigante: por que essas empresas não colocam os gestores americanos no comando dos ativos de aposentadoria no exterior e os deixam fazer sua mágica também com esses ativos? Nunca ouvi a explicação desse mistério. Mas

---

[41] Ver "Superação de custos por indexação", na Parte IV.A.

os auditores e os atuários encarregados de verificar as pretensões de retorno não parecem ter problemas com isso.

2007

Uma mudança contábil [em vigor a partir de 1993] determina que as empresas reconheçam o valor corrente do passivo para os benefícios de saúde após a aposentadoria. Embora anteriormente o GAAP exigisse o reconhecimento de aposentadorias a serem pagas no futuro, a norma ignorava de maneira irracional os custos das empresas com os benefícios de saúde. A nova regra obrigará muitas companhias a registrar um passivo enorme no balanço patrimonial (e, em consequência, uma redução do patrimônio líquido) e, ainda, daqui para a frente, a reconhecer custos consideravelmente mais elevados no cálculo do lucro anual.

Nas últimas décadas, nenhum executivo-chefe imaginaria apresentar ao conselho uma proposta de tornar a empresa uma seguradora de benefícios de saúde ilimitados pós-aposentadoria, a serem implementados por outras companhias. O executivo-chefe não precisava ser especialista em medicina para saber que o aumento da expectativa de vida e as despesas crescentes com saúde trariam à seguradora danos financeiros decorrentes desse tipo de negócio. Mesmo assim, muitos gestores comprometeram, sem qualquer preocupação, a própria empresa com um plano de autosseguro que incorporava exatamente as mesmas promessas – e, desse modo, condenava os acionistas a sofrerem as consequências inevitáveis. Na área da saúde, promessas ilimitadas criaram um passivo ilimitado que, em alguns casos, agiganta-se a ponto de ameaçar a competitividade global das principais indústrias americanas.

Parte da razão para essas atitudes temerárias, creio, foi que durante muito tempo as normas contábeis não exigiam o registro dos custos contraídos com saúde após a aposentadoria. Pelo contrário, as regras permitiam a contabilidade em regime de caixa, que subestimava amplamente o passivo que estava se acumulando. Tanto os gestores quanto seus contadores reagiam a esse passivo com aquela atitude de "o que os olhos não veem o coração não sente". Por ironia, alguns desses mesmos gestores seriam rápidos em criticar o Congresso por adotar a lógica do "regime de caixa" em relação às promessas da Previdência Social ou a outros programas que criam passivos futuros de grande porte.

Gestores que pensam em questões contábeis nunca devem se esquecer de uma das charadas favoritas de Abraham Lincoln: "Quantas patas tem um cachorro se chamarmos o rabo de pata?" A resposta é: "Quatro, pois chamar o rabo de pata não o torna uma pata." Cabe aos gestores lembrar que Lincoln tinha razão, mesmo que um auditor esteja disposto a certificar que rabo de cachorro é pata.

1992

F. *Eventos de realização*

Vamos focar em um indicador que muitos profissionais da mídia enfatizam como nenhum outro: o lucro líquido. Por mais importante que esse número seja na maioria das empresas, quase sempre é *irrelevante* na Berkshire. Independentemente do desempenho dos nossos negócios, Charlie e eu poderíamos – dentro da lei – fazer com que o lucro líquido de determinado período fosse praticamente qualquer número que quiséssemos.

Temos essa flexibilidade porque perdas e ganhos realizados com investimentos vão para o resultado do lucro líquido, ao passo que ganhos (e, na maioria dos casos, perdas) *não realizados* são excluídos. Por exemplo, imagine que a Berkshire teve um aumento de 10 bilhões de dólares em ganhos não realizados em determinado ano e, ao mesmo tempo, 1 bilhão em perdas realizadas. Nosso lucro líquido – o qual levaria em conta apenas a perda – seria relatado como *inferior* ao nosso lucro operacional. Enquanto isso, caso tivéssemos efetivado ganhos no ano *anterior*, as manchetes poderiam proclamar que nosso lucro caiu X% quando, na realidade, a empresa poderia ter melhorado muito.

Se considerássemos o lucro líquido de fato importante, poderíamos alimentá-lo regularmente com ganhos realizados, apenas por termos uma quantidade significativa de ganhos não realizados aos quais recorrer. Mas fique tranquilo, pois Charlie e eu *nunca* vendemos um valor mobiliário pelo efeito que isso teria sobre o lucro líquido a ser relatado pouco depois. Nós dois temos uma profunda aversão por "jogar" com os números, uma prática desenfreada entre as empresas americanas nos anos 1990 que ainda persiste, embora ocorra com menos frequência e seja menos ostensiva do que no passado.

Apesar de algumas limitações, o lucro operacional é, em geral, um guia sensato do andamento dos nossos negócios. Contudo, desconsidere nosso lucro líquido. As regulamentações exigem que informemos a você esse valor. Mas se encontrar repórteres focados nele, isso vai falar mais do desempenho deles do que do nosso.

Os ganhos e perdas, tanto os realizados quanto os não realizados, refletem-se totalmente no cálculo do nosso valor contábil. Fique atento às mudanças nessa métrica e à trajetória do nosso lucro operacional e você estará no caminho certo.

2010

G. *Investimentos*

Segundo uma nova regra do GAAP, a variação líquida nos ganhos e perdas não realizados dos nossos investimentos em ações deve ser incluída em todos os valores de lucro líquido que relatamos. Esse requisito vai gerar algumas mudanças bastante radicais e caprichosas no nosso resultado líquido conforme o GAAP. A Berkshire possui 170 bilhões de dólares em ações negociáveis, e não é difícil o valor dessas participações ter oscilado 10 bilhões ou mais ao longo do período de um relatório trimestral. Incluir flutuações dessa magnitude no lucro líquido relatado vai sobrecarregar os números que são de fato relevantes para descrever nosso desempenho operacional. Para fins de análise, o "resultado líquido" da Berkshire será inútil.

A nova regra agrava os problemas de comunicação que temos há muito ao lidar com os ganhos (ou perdas) realizados que as normas contábeis nos obrigam a incluir em nosso lucro líquido. Em comunicados trimestrais e anuais à imprensa, avisamos repetidas vezes que não era preciso dar atenção a esses ganhos, porque eles – assim como nossos ganhos não realizados – flutuam de maneira aleatória.

Isso ocorre, sobretudo, porque vendemos valores mobiliários quando parece ser a coisa mais inteligente a se fazer, não por algum tipo de tentativa de influenciar o lucro. Como resultado, às vezes relatamos ganhos realizados substanciais em um período em que nossa carteira, como um todo, teve um desempenho ruim (ou o contrário).

Como a nova regra sobre ganhos não realizados exacerba a distorção causada pelas normas existentes aplicáveis aos ganhos realizados, a cada trimestre nos esforçaremos para lhe explicar os ajustes necessários a fim de dar sentido aos nossos números. Mas os comentários na televisão sobre as divulgações de lucro costumam ser instantâneos, logo após o recebimento, e as manchetes dos jornais quase sempre enfocam a mudança ano a ano no lucro líquido conforme o GAAP. Dessa maneira, as informações da mídia às vezes destacam números que assustam ou encorajam desnecessariamente muitos leitores ou espectadores.

Tentaremos amenizar esse problema dando continuidade à nossa prática de publicar relatórios financeiros na sexta-feira à noite, bem depois do fechamento dos mercados, ou no início da manhã de sábado. Isso possibilita que você tenha o máximo de tempo para sua análise e que os profissionais de investimento tenham a oportunidade de fornecer opiniões fundamentadas antes da abertura dos mercados na segunda-feira. No entanto, já espero uma confusão e tanto entre os acionistas que consideram a contabilidade uma língua estrangeira.

2017

VIII. TRIBUTAÇÃO

Se vendêssemos todos os nossos valores mobiliários pelo preço de mercado de fim de ano, deveríamos muitos bilhões em impostos. Esse passivo é igual, ou mesmo similar, a outro devido a um credor comercial 15 dias após a virada do ano? É óbvio que não – apesar de ambos terem exatamente o mesmo efeito sobre o patrimônio líquido auditado.

Por outro lado, esse passivo para tributos diferidos constituiria uma ficção contábil sem sentido, já que o pagamento só pode ser desencadeado pela venda de ações que, em grande parte, não temos intenção de vender? Mais uma vez, a resposta é não.

Em termos econômicos, o passivo se assemelha a um empréstimo sem juros do Tesouro dos Estados Unidos, com vencimento à nossa escolha (a menos, é claro, que o Congresso passe a cobrar imposto sobre os ganhos ainda não realizados). Esse "empréstimo" tem outros aspectos peculiares: ele só pode ser usado para financiar a propriedade de ações específicas e valorizadas. Além disso, varia de tamanho – todos os dias, conforme as oscilações dos preços de mercado, e periodicamente, no caso de mudanças nas alíquotas dos impostos. Na prática, esse passivo tributário diferido equivale a um enorme imposto de transferência que é devido se decidirmos mudar de um ativo para outro.

Pelo mecanismo de funcionamento do direito tributário, o estilo de investimento que preferimos, à la Rip Van Winkle, tem uma vantagem matemática importante – quando é bem-sucedido – em relação a uma abordagem mais frenética. Devemos enfatizar que não adotamos a estratégia de favorecer os compromissos de investimento de longo prazo em razão dessa matemática. Na verdade, talvez conseguíssemos um lucro pós descontos de impostos maior se passássemos com frequência de um investimento a outro. Muitos anos atrás, foi isso mesmo que Charlie e eu fizemos.

Hoje em dia, preferimos ficar onde já estamos, ainda que essa atitude signifique um retorno um pouco menor. O motivo é simples: descobrimos que relações de negócios esplêndidas são tão raras e agradáveis que queremos manter todas as que construímos. Essa decisão é fácil, em especial porque percebemos que esses relacionamentos vão produzir bons resultados financeiros – embora talvez não os melhores. Levando isso em consideração, faz pouco sentido, em nossa opinião, abrirmos mão do tempo com pessoas que já sabemos que são interessantes e admiráveis para estar com outras que não conhecemos e que devem ter qualidades humanas bem mais próximas da média.

1989

A. *Distribuição da carga tributária das empresas*

Ao longo dos anos, houve muitos comentários confusos e, diversas vezes, partidários sobre quem de fato paga os impostos das empresas – se são elas mesmas ou os clientes. Em geral, é claro, a briga gira em torno do aumento de impostos, não da redução deles. Quem resiste ao aumento das alíquotas para empresas costuma argumentar que, na verdade, elas não pagam nenhum dos impostos cobrados. Na prática, são como uma espécie de gasoduto econômico, repassando todos os encargos aos consumidores. Para os defensores dessa tese, qualquer aumento de imposto sobre as empresas simplesmente levará a preços mais altos para elas compensarem essa alta. Se forem fiéis a esse posicionamento, os proponentes da teoria do "gasoduto" também precisam concluir que uma redução dos impostos para as empresas não contribuiria para o lucro, mas resultaria em preços mais baixos para os consumidores.

Por outro lado, há quem alegue que as companhias não só pagam os impostos que incidem sobre elas como também os absorvem. Segundo essa corrente, os consumidores não serão afetados por mudanças nas alíquotas para as empresas.

O que acontece de fato? Quando a alíquota de imposto das empresas é cortada, companhias como Berkshire, The Washington Post e Cap Cities absorvem os benefícios ou os repassam aos clientes na forma de preços mais baixos? Essa é uma questão importante para os investidores e gestores, bem como para os formuladores de políticas.

Nossa conclusão é que, em alguns casos, os benefícios de impostos mais baixos para as empresas recaem exclusivamente, ou quase exclusivamente, sobre a companhia e seus acionistas. Em outros casos, eles são inteiramente, ou quase inteiramente, repassados para o cliente. O que determina o desfecho é a força da franquia da empresa e se sua lucratividade é regulamentada.

Por exemplo, quando a franquia é forte e o lucro após impostos é regulado de modo relativamente preciso, como no caso das concessionárias de energia elétrica, as mudanças nas alíquotas de imposto sobre as empresas se refletem sobretudo nos preços, não no lucro. Quando os impostos são reduzidos, os preços também caem, em pouco tempo. Quando os impostos aumentam, os preços sobem, embora muitas vezes não de modo tão imediato.

Um resultado semelhante ocorre em um segundo cenário: setores onde há competitividade de preços, cujas empresas normalmente operam com franquias de negócios muito fracas. Nesses setores, o livre mercado "regula" o lucro após os impostos de maneira tardia e irregular, mas em geral eficaz. Na prática, o mercado desempenha, ao lidar com setores de preços competitivos, quase a mesma função que a Comissão de Concessionárias de Serviços Públicos ao tratar com concessionárias de energia elétrica. Nesses ramos, portanto, as mudanças nos impostos acabam afetando mais os preços do que o lucro.

No caso de empresas não regulamentadas e abençoadas com franquias fortes, porém, a história é outra: as companhias e seus acionistas são os principais favorecidos pelo corte nos impostos. Elas se beneficiam de uma redução fiscal tanto quanto a companhia elétrica o faria se não tivesse um regulador para forçar a redução dos preços.

Muitas das empresas que possuímos, tanto integral quanto parcialmente, têm franquias assim. Por isso grande parte das reduções dos impostos sobre elas terminam no nosso bolso, não no dos clientes. Embora talvez seja imprudente afirmar isso, é impossível negar. Caso se sinta tentado a acreditar no contrário, pense por um momento no neurocirurgião ou no advogado mais capacitado da sua região. Você realmente espera que os honorários desse especialista (o "detentor da franquia" local naquela especialidade) sejam reduzidos agora que a principal alíquota de imposto para pessoa física está caindo de 50% para 28%?

Mas os aumentos de impostos vão afetar o lucro das seguradoras de bens e contra acidentes da Berkshire, apesar de elas operarem em um setor com alta competitividade de preços. Esse setor tende a se tornar uma exceção à regra geral, pois nem todas as principais seguradoras trabalharão com equações tributárias idênticas. Haverá diferenças relevantes por diversas razões: um novo imposto mínimo alternativo afetará algumas empresas, não outras; certas seguradoras grandes têm prejuízos enormes a serem compensados, os quais vão proteger boa parte da receita contra impostos relevantes durante alguns anos; e os resultados de algumas seguradoras de grande porte serão incluídos no lucro consolidado de empresas com negócios não relacionados a seguros. Essas condições díspares vão gerar alíquotas marginais de imposto bem diversas no setor de bens e acidentes, mas isso não acontecerá na maioria dos demais setores com competitividade de preços, como alumínio, automóveis e lojas de departamentos. Nestes, os principais operadores costumam participar da disputa com equações tributárias similares.

A ausência de um cálculo tributário comum para empresas do ramo de seguro de bens e contra acidentes significa que o aumento dos impostos sobre o setor não deverá ser repassado aos consumidores na mesma proporção que ocorreria em um setor típico de competitividade de preços. Em outras palavras, as próprias seguradoras vão arcar com boa parte da nova carga tributária.

1986

A situação fiscal da Berkshire é, às vezes, mal compreendida. Não temos qualquer atração especial por ganhos de capital: uma empresa paga uma alíquota de 35% sobre o lucro tributável, proveniente de ganhos de capital ou de operações comuns. Isso quer dizer que o imposto da Berkshire sobre um ganho de capital de longo prazo é 75% superior ao que um indivíduo pagaria sobre um ganho idêntico.

Algumas pessoas nutrem outro conceito equivocado ao acreditarem que podemos excluir do nosso lucro tributável 70% de todos os dividendos recebidos. De fato, a alíquota de 70% se aplica à maioria das companhias e também à Berkshire, para nossas ações em subsidiárias que não são seguradoras. No entanto, quase todos os nossos investimentos de capital são propriedade de nossas seguradoras e, nesse caso, a exclusão é de 59,5%. Isso ainda significa que 1 dólar de dividendos é consideravelmente mais valioso para nós do que 1 dólar de lucro comum, mas não na proporção que muitos supõem.

1998

B. *Tributação e filosofia de investimento*

A Berkshire é uma importante contribuinte dos impostos federais. Quanto às ações que possuímos, Charlie e eu não temos absolutamente qualquer reclamação a respeito desses tributos. Sabemos que trabalhamos em uma economia baseada no mercado, a qual recompensa nossos esforços de maneira bem mais generosa do que os de outras pessoas cujas realizações são iguais ou até maiores em termos de benefícios para a sociedade. A tributação deve corrigir parte dessa desigualdade – e o faz. Mas ainda assim somos muito bem tratados.

A Berkshire e seus acionistas, em conjunto, pagariam um imposto bem menor se a empresa operasse uma parceria ou uma sociedade cuja tributação recaísse diretamente sobre a renda dos acionistas – duas estruturas usadas com frequência para atividades de negócios, o que, por diversos motivos, não é viável para a Berkshire. No entanto, a penalidade que nossa configuração empresarial impõe é mitigada – apesar de estar longe de ser eliminada – pela estratégia de investimentos de longo prazo. Charlie e eu seguiríamos a política de comprar e manter mesmo se administrássemos uma instituição isenta de impostos. Consideramos esta a maneira mais sólida de investir, e isso também diz muito do nosso perfil. Um terceiro motivo para favorecer essa política, contudo, é o fato de os impostos serem cobrados apenas quando os ganhos são efetivados.

Quando jovem, minha história em quadrinhos favorita, *Ferdinando*, me deu a oportunidade de conhecer os benefícios dos impostos atrasados, embora eu tenha faltado à aula na época. Com seu jeito alegre, porém idiota, Ferdinando Buscapé fazia tudo errado no dia a dia de Brejo Seco, o que deixava nos leitores uma sensação de superioridade. A certa altura, ele se apaixonou por uma nova-iorquina sedutora, mas perdeu a esperança de se casar com ela porque tinha apenas uma moeda de 1 dólar, e a beldade só queria saber de milionários. Desanimado, Ferdinando foi se consultar com o Velho

Mose, a única fonte de sabedoria em Brejo Seco. O sábio falou: duplique o seu dinheiro vinte vezes e a moça será sua (1, 2, 4, 8... 1.048.576).

Minha última lembrança da tirinha é a cena em que Ferdinando entra em uma pousada para usar a moeda na máquina caça-níqueis. Ele consegue um *jackpot*, e o dinheiro se espalha pelo chão. Ferdinando então segue o conselho de Mose de forma meticulosa: pega 2 dólares e sai em busca da próxima oportunidade de dobrar o dinheiro. Depois disso, larguei *Ferdinando* e comecei a ler Ben Graham.

Sem dúvida, Mose foi superestimado como guru: além de não ter conseguido prever a obediência servil de Ferdinando às instruções, ele também se esqueceu dos impostos. Se Ferdinando estivesse sujeito, digamos, à alíquota de imposto federal de 35% que a Berkshire paga, e se tivesse administrado um montante que dobrasse todo ano, ele viria a acumular apenas 22.370 dólares após vinte anos. Na verdade, se tivesse continuado a receber as dobradinhas anuais e a pagar 35% de imposto sobre cada uma, precisaria de sete anos e meio a mais para atingir o milhão de dólares necessário para conquistar a moça.

E se Ferdinando tivesse colocado seu dólar em um único investimento e o mantivesse até que dobrasse as mesmas 27 vezes e meia? Nesse caso, ele teria obtido cerca de 200 milhões de dólares antes dos impostos ou, após pagar 70 milhões de imposto no último ano, cerca de 130 milhões. Assim, a moça teria rastejado para Brejo Seco atrás do nosso personagem. Claro, como teriam se passado 27 anos e meio, a maneira como ela olharia um sujeito com 130 milhões de dólares é outra questão.

O que essa breve narrativa nos conta é que os investidores que pagam impostos vão obter uma soma bem maior com um único investimento composto internamente com determinada taxa do que a partir de uma sucessão de investimentos compostos com a mesma taxa. Mas desconfio que vários acionistas da Berkshire descobriram isso faz muito tempo.

1993

Há uma poderosa razão financeira por trás da preferência da Berkshire por adquirir 100% de uma empresa em vez de uma fração pequena, e tem a ver com impostos. Por causa do código tributário, é bem mais lucrativo, proporcionalmente, possuir pelo menos 80% de uma empresa. Quando uma companhia que nos pertence tem um ganho de 1 milhão de dólares descontados os impostos, o valor total é revertido em nosso benefício. Se esse milhão for transferido para a Berkshire, não há impostos sobre os dividendos. E, caso o lucro seja retido e vendamos a subsidiária – o que é improvável – por 1 milhão de dólares a mais do que pagamos por ela, não deveríamos imposto sobre o ganho de capital. Isso porque o nosso "custo fiscal" na venda incluiria tanto o que pagamos pela empresa quanto todos os lucros que ela reteve depois.

Compare essa situação com o que ocorre com um investimento em um valor mobiliário negociável. Nesse caso, se tivéssemos uma participação de 10% em uma empresa com ganho de 10 milhões de dólares após os impostos, nossa participação de 1 milhão no lucro estaria sujeita a impostos estaduais e federais adicionais de (1) cerca de 140 mil se for distribuído para nós (nossa alíquota de imposto sobre a maioria dos dividendos é de 14%); ou (2) no mínimo 350 mil caso esse milhão seja retido e, em seguida, capturado por nós na forma de ganho de capital (sobre o qual a nossa alíquota de imposto é, em geral, de cerca de 35%, embora às vezes chegue a 40%). Podemos adiar o pagamento dos 350 mil protelando nosso ganho, mas, em algum momento, teremos que pagar o imposto. Na prática, o governo é nosso "sócio" duas vezes quando temos parte de uma empresa por investimento em ações, mas apenas uma vez quando possuímos pelo menos 80% dela.

2000

Em 20 de maio de 2003, o *Washington Post* publicou um artigo meu que criticava as propostas fiscais do governo Bush. Treze dias depois, a secretária adjunta de Política Tributária do Tesouro dos Estados Unidos, Pamela Olson, fez um discurso sobre a nova legislação tributária, afirmando: "Isso significa que certo oráculo do Meio-Oeste, o qual, convém salientar, manipulou o código tributário como um raro virtuose da música, não terá problemas para continuar acumulando todo o lucro." Acho que ela estava falando de mim.

Infelizmente, meu "talento musical" não me levará ao Carnegie Hall – nem mesmo a um recital de colégio. A Berkshire, em seu nome e em meu nome, enviará ao Tesouro 3,3 bilhões de dólares para o imposto de renda de 2003, uma quantia equivalente a 2,5% do imposto de renda total pago por todas as empresas dos EUA no ano fiscal de 2003. (Em contrapartida, a Berkshire é avaliada no mercado com cerca de 1% do valor de todas as empresas americanas.)

É quase certo que esse pagamento nos situará entre os dez maiores contribuintes do país. Aliás, se apenas 540 contribuintes pagassem o mesmo montante que a Berkshire, nenhum outro indivíduo ou empresa teria que pagar qualquer quantia. É isso mesmo: 290 milhões de americanos e todas as demais empresas não teriam que dar ao governo federal nem um centavo de imposto de renda, de previdência social, de imposto sobre produção, venda ou consumo de bens nem de impostos sobre propriedades. (Eis a matemática: as receitas fiscais federais, inclusive as de previdência social, totalizaram 1,782 trilhão de dólares no ano fiscal de 2003; caso 540 "Berkshires" pagassem cada uma 3,3 bilhões, isso daria o mesmo 1,782 trilhão.)

Nossa declaração de imposto de renda federal em 2002, quando pagamos 1,75 bilhão de dólares, tinha 8.905 páginas. Conforme exigido, preenchemos com zelo duas cópias dessa declaração, o que criou uma pilha de papel de mais de dois metros de altura. Na sede mundial, nosso pequeno grupo de funcionários, mesmo exausto, encheu-se de orgulho: a Berkshire estava fazendo a parte dela no encargo fiscal do país.

Consigo entender por que o Tesouro está frustrado e furioso com as maiores empresas americanas. Mas ele deveria recorrer ao Congresso e ao governo em busca de reparação, não à Berkshire. O imposto de renda das empresas no ano fiscal de 2003 representou 7,4% de todas as receitas fiscais federais, abaixo do pico do pós-guerra, de 32% em 1952. Com uma exceção (o ano de 1983), a porcentagem do ano passado é a mais baixa registrada desde a publicação desses dados pela primeira vez, em 1934.

Mesmo assim, incentivos fiscais para empresas (e seus investidores, sobretudo os grandes) foram parte significativa das iniciativas do governo em 2002 e 2003. Se a luta de classes está sendo travada nos Estados Unidos, minha categoria social está claramente ganhando. Hoje, muitas grandes empresas – dirigidas por executivos-chefes cujo talento com instrumentos musicais fazem com que este seu presidente pareça bastante desastrado – pagam um valor bem distante da alíquota de imposto federal declarada de 35%.

Em 1985, a Berkshire pagou 132 milhões de dólares em imposto de renda federal, e todas as empresas pagaram 61 bilhões. As quantias equiparáveis em 1995 foram de 286 milhões de dólares e 157 bilhões, respectivamente.

E, como mencionei, pagaremos cerca de 3,3 bilhões de dólares em 2003, um ano em que todas as empresas pagaram 132 bilhões. Desejamos que nossos impostos continuem a aumentar no futuro – isso significa que estamos prosperando –, mas também esperamos que as demais grandes companhias americanas nos acompanhem. Talvez a Sra. Olson possa trabalhar nesse projeto.

2003

Algumas palavras sobre dividendos e impostos: a Berkshire, como a maioria das companhias, lucra muito mais com 1 dólar de dividendos do que com 1 dólar de ganhos de capital. É provável que isso surpreenda uma parcela dos nossos acionistas que está acostumada a pensar nos ganhos de capital como o caminho para um lucro com benefícios fiscais.

Eis a matemática empresarial. Cada dólar de ganho de capital que uma empresa obtém traz 35 centavos de dólar de imposto de renda federal (sem falar no imposto estadual sobre a renda). Entretanto, o imposto sobre os dividendos recebidos de empresas nacionais é mais baixo na maioria das vezes, embora as alíquotas variem, dependendo do status do beneficiário.

Para uma companhia não seguradora – como podemos descrever a Berkshire Hathaway –, a alíquota de imposto federal efetiva é de 10,5 centavos por dólar de dividendos recebidos. Além disso, uma empresa não seguradora dona de mais de 20% de uma investida deve apenas 7 centavos de dólar de impostos por cada dólar de dividendos recebidos. (A justificativa para os impostos baixos sobre os dividendos das empresas é que a investida que pagou os dividendos já contribuiu com o imposto sobre os lucros distribuídos.)

A alíquota de imposto sobre os dividendos paga pelas subsidiárias de seguros da Berkshire é um pouco mais alta do que aquela aplicável a empresas que não sejam seguradoras, embora ainda esteja bem abaixo dos 35% que incidem sobre os ganhos de capital. As seguradoras de bens e acidentes devem cerca de 14% em impostos sobre a maioria dos dividendos que recebem, mas essa alíquota cai para cerca de 11% se elas possuírem mais de 20% de uma investida com sede nos Estados Unidos.

Essa foi a aula de hoje sobre impostos.

2016

IX. HISTÓRIA

Grande parte do sucesso da Berkshire foi simplesmente produto do que, na minha opinião, deveria ser chamado de os Estados Unidos de Vento em Popa. É mais do que arrogância por parte de empresas ou indivíduos norte-americanos se gabarem de terem "feito tudo sozinhos".

Também existem muitos outros países mundo afora com um futuro brilhante, o que deve ser motivo de alegria para nós: os norte-americanos terão mais prosperidade e segurança se todas as nações progredirem. Na Berkshire, esperamos investir quantias significativas no exterior.

Nos próximos 77 anos, porém, é quase certo que a principal fonte dos nossos ganhos serão os Estados Unidos de Vento em Popa. Temos sorte – uma sorte gloriosa – de contar com essa força nos impulsionando.

2018

A. *O milagre americano*

Uma palavra resume as conquistas do nosso país: milagre. Duzentos e quarenta anos atrás – pouco menos que o triplo dos meus dias na terra –, os norte-americanos começaram a associar a engenhosidade humana, um sistema mercadológico, uma onda de imigrantes talentosos e ambiciosos e o Estado de Direito para gerar uma abundância além do que sonhavam nossos antepassados.

Não é preciso ser economista para entender que nosso sistema funcionou muito bem: basta olhar ao redor. Veja os 75 milhões de casas próprias, as terras agrícolas fartas, os 260 milhões de veículos, as fábricas hiperprodutivas, os grandes centros médicos, as universidades repletas de talentos individuais. Tudo isso representa um ganho líquido para os norte-americanos em relação às terras áridas, às estruturas primitivas e à produção escassa de 1776. Os Estados Unidos começaram do zero e acumularam o total de 90 trilhões de dólares em riquezas.

É verdade, claro, que os norte-americanos proprietários de casas, automóveis e outros ativos muitas vezes contraíram empréstimos pesados para financiar essas compras. No entanto, se um proprietário ficar inadimplente, seus ativos não desaparecem nem perdem a utilidade. Pelo contrário, a propriedade costuma ser transferida para uma instituição de crédito americana que a disponibiliza, em seguida, para um comprador americano. A riqueza da nossa nação permanece intacta. Nas palavras de Gertrude Stein: "O dinheiro está sempre lá, só muda de bolso."

Acima de tudo, foi nosso sistema mercadológico – uma espécie de guarda de trânsito da economia, com habilidade para direcionar capital, cérebros e mão de obra – que criou a abundância dos Estados Unidos. Esse sistema também se revelou o principal fator na alocação de recompensas. Além disso, o redirecionamento governamental, por meio da tributação federal, estadual e local, determinou a distribuição de parte significativa da fartura.

Por exemplo, o país decidiu que cidadãos em idade produtiva devem amparar tanto os idosos quanto os jovens. Em geral, consideramos que essas formas de ajuda – às vezes consagradas como "direitos" – aplicam-se aos idosos. Mas não se esqueça de que, todos os anos, 4 milhões de bebês americanos nascem com direito à educação pública. Esse compromisso social, em grande parte financiado pela esfera local, custa cerca de 150 mil dólares por bebê. O custo anual total passa de 600 bilhões, ou cerca de 3,5% do PIB.

Por mais que nossa riqueza possa ser compartilhada, as somas impressionantes que você vê à sua volta pertencem quase exclusivamente aos americanos. Os estrangeiros possuem (ou têm direito sobre) uma parte modesta de nossa riqueza. Essas participações têm pouca importância para o balanço patrimonial nacional: os cidadãos americanos possuem ativos no exterior cujo valor é quase equiparável ao que os estrangeiros detêm nos EUA.

Devemos enfatizar que os primeiros americanos não eram nem mais espertos nem mais trabalhadores do que as pessoas que labutaram durante séculos antes deles. Mas esses pioneiros com espírito aventureiro criaram um sistema que liberou o potencial humano e serviu de base para seus sucessores.

Essa criação econômica trará uma riqueza crescente para nossos descendentes durante muitos anos. Sim, de tempos em tempos haverá curtos períodos de interrupção do acúmulo de riqueza, mas ele será retomado. Vou repetir o que disse no passado e espero repetir nos próximos anos: os bebês nascidos hoje nos Estados Unidos são a safra mais sortuda da História.

As CONQUISTAS ECONÔMICAS DOS Estados Unidos geraram lucros surpreendentes para os acionistas. No século XX, o índice Dow Jones avançou de 66 para 11.497 pontos, um ganho de capital de 17.320%, impulsionado de forma concreta por dividendos cada vez mais altos.

É quase certo que as empresas americanas – e, em consequência, as ações emitidas por elas – valerão bem mais nos próximos anos. Inovação, ganhos de produtividade, espírito empreendedor e abundância de capital darão conta desse recado. Talvez os pessimistas onipresentes angariem benefícios por anunciar previsões sombrias, mas Deus os acuda se eles agirem de acordo com as bobagens que dizem.

Várias empresas ficarão para trás, enquanto algumas vão fracassar. Essa peneira é produto do dinamismo do mercado. Além disso, em determinados momentos nos próximos anos, o mercado sofrerá grandes quedas – e até fases de pânico – que afetarão quase todas as ações. Ninguém pode antecipar quando esses traumas vão ocorrer. Meg McConnell, do Fed de Nova York, soube descrever a realidade do pânico no mercado: "Passamos muito tempo procurando riscos sistêmicos; porém, na verdade, a tendência é que eles nos encontrem."

2016

B. *Crescimento da produtividade*

Hoje, o PIB per capita americano é de cerca de 56 mil dólares. Em termos reais, corresponde a seis vezes a quantia de 1930, ano em que nasci, o que é impressionante – e um salto muito além dos sonhos mais loucos dos meus pais ou de seus contemporâneos. Os cidadãos não são intrinsecamente mais inteligentes agora nem trabalham mais do que os de 1930. Na verdade, eles trabalham com uma eficiência bem maior e, portanto, produzem muito mais. Estou certo de que essa tendência onipotente permanecerá: a magia econômica dos Estados Unidos continua viva e em ótimo estado.

Alguns analistas se queixam do crescimento atual do nosso PIB real, de 2% ao ano – e, sim, todos nós gostaríamos de ver uma taxa mais alta. Mas façamos algumas contas simples usando o tão criticado valor de 2%. Essa taxa, como veremos, proporciona ganhos surpreendentes.

A população dos EUA cresce cerca de 0,8% ao ano (0,5% relativos a nascimentos menos mortes, e 0,3%, à migração líquida). Assim, 2% do crescimento geral produzem cerca de 1,2% do crescimento per capita. Talvez isso não impressione. Mas em uma única geração de, digamos, 25 anos, essa taxa de crescimento leva o PIB real per capita a ter um ganho de 34,4%. (Os efeitos da capitalização geram excedente sobre a porcentagem resultante da simples multiplicação 25 × 1,2%.) Por sua vez, esse ganho de 34,4% vai gerar um aumento assombroso de 19 mil dólares no PIB real per capita para a próxima geração. Se houvesse uma distribuição igualitária dessa quantia, o ganho seria de 76 mil dólares anuais para uma família de quatro pessoas. Os políticos de hoje não precisam derramar lágrimas pelas crianças de amanhã.

Na verdade, a maioria das crianças de hoje tem uma vida muito boa. Todas as famílias de classe média alta do meu bairro desfrutam de um padrão de vida melhor do que o alcançado por John D. Rockefeller Sr. na época em que eu nasci. A fortuna incomparável do magnata não comprava coisas com as quais já contamos atualmente em termos de transporte, entretenimento, comunicação e serviços médicos – só para citar algumas áreas. Sem dúvida, Rockefeller tinha poder e fama; contudo, não conseguiria viver tão bem quanto meus vizinhos na atualidade.

O bolo a ser dividido pela próxima geração será bem maior do que o atual, mas os embates em torno de como compartilhá-lo continuarão ferozes. Como já acontece agora, haverá disputas pelo aumento da produção de bens e serviços entre as pessoas que estão em idade produtiva e os aposentados, entre os saudáveis e os doentes, entre os herdeiros e os esforçados, entre os investidores e os trabalhadores. E, em particular, entre cidadãos com talentos altamente valorizados pelo mercado e os da classe trabalhadora, que terão a mesma dedicação, mas sem as habilidades em demanda. Sempre enfrentamos confrontos desse tipo – e eles não vão desaparecer. O Congresso será o campo de batalha; dinheiro e votos serão as armas. O setor de lobby vai continuar crescendo.

Mas a boa notícia é que mesmo quem está no lado "perdedor" quase com certeza vai desfrutar – como deveria ser – de muito mais bens e serviços no futuro do que se desfrutava antes. A qualidade dessa abundância maior também há de melhorar de modo radical. Nada é capaz de competir com o sistema mercadológico quando se trata de produzir o que as pessoas querem e, um passo adiante, de oferecer o que elas ainda não sabem que querem. Na juventude, meus pais não imaginavam um aparelho de televisão; eu, quando tinha uns 50 anos, também achava que não precisaria de um computador pessoal. Depois que se viu o que esses produtos podiam fazer, os dois revolucionaram a vida das pessoas em pouco tempo. Hoje, passo 10 horas por semana jogando bridge on-line. E, enquanto escrevo esta carta, "pesquisar" tem um valor inestimável para mim.

Durante 240 anos, foi um erro terrível apostar contra os Estados Unidos, e não é hora de começar. A galinha dos ovos de ouro do comércio e da inovação continuará botando ovos cada vez maiores. As promessas de seguridade social do país serão honradas e talvez se tornem mais generosas. E, sim, os filhos desta nação vão viver bem melhor do que os pais.

AUMENTOS CONTÍNUOS NA PRODUÇÃO por hora de trabalho têm sido o tempero secreto da alta notável na qualidade de vida dos Estados Unidos, desde sua fundação, em 1776. Infelizmente, o rótulo de "segredo" é apropriado: pouquíssimos americanos compreendem inteiramente a conexão entre produtividade e prosperidade. Para enxergá-la, observemos primeiro o exemplo mais dramático do país: a agricultura.

Em 1900, a força de trabalho civil era composta por 28 milhões de pessoas. Onze milhões desses trabalhadores, ou seja, impressionantes 40% do total, dedicavam-se à agricultura. Na época, como ainda hoje, o cultivo principal era o de milho. Cerca de 90 milhões de acres eram destinados a essa lavoura, e o rendimento por acre era de 30 alqueires, com uma produção anual de 2,7 bilhões de alqueires.

Depois vieram o trator e uma inovação após outra, revolucionando aspectos essenciais da produtividade agrícola, como plantio, colheita, irrigação, fertilização e qualidade das sementes. Hoje, dedicamos cerca de 85 milhões de acres ao milho. Porém, a produtividade melhorou o rendimento para mais de 150 alqueires por acre, com uma produção anual de 13 a 14 bilhões de alqueires. Os agricultores obtiveram ganhos similares com outros cultivos.

No entanto, o aumento da produção é só uma parte dessa história: o enorme crescimento da produção física foi acompanhado de uma redução drástica no número de trabalhadores agrícolas (a "contribuição humana"). Atualmente, cerca de 3 milhões de pessoas trabalham em fazendas, o que corresponde a somente 2% da força de trabalho do país, composta por 158 milhões de pessoas. Métodos agrícolas mais avançados possibilitaram que dezenas de milhões de trabalhadores agora utilizem os próprios tempo e talento em outros empreendimentos – uma realocação de recursos humanos que permite aos americanos contemporâneos desfrutar de uma quantidade imensa de bens e serviços não agrícolas que, de outra forma, não teriam.

É fácil olhar para trás, ao longo dos últimos 115 anos, e perceber como as inovações agrícolas foram extraordinariamente benéficas – não apenas para os agricultores, mas, de maneira mais abrangente, para toda a sociedade. Teríamos um país muito aquém dos Estados Unidos que conhecemos hoje se tivéssemos impedido essas melhorias na produtividade. (Por sorte, os cavalos não puderam votar.) Contudo, no dia a dia, a conversinha sobre o "bem maior" deve ter soado falsa para os fazendeiros que perderam o emprego com o advento de máquinas que executavam tarefas rotineiras com uma eficiência inatingível para os humanos.

Tratamos então de três histórias sobre ganhos de eficiência com consequências importantes para as subsidiárias da Berkshire. Transformações semelhantes têm sido comuns entre as empresas americanas.

- Em 1947, pouco depois do fim da Segunda Guerra Mundial, a força de trabalho americana totalizava 44 milhões pessoas. Cerca de 1,35 milhão estava empregado da indústria ferroviária. Naquele ano, a carga movimentada por ferrovias Classe I totalizou 655 bilhões de toneladas-milhas.

Em 2014, as ferrovias Classe I transportaram 1,85 trilhão de toneladas-milhas, um aumento de 182%, empregando apenas 187 mil trabalhadores, uma redução de 86% desde 1947. (Algumas dessas mudanças envolveram funcionários que lidavam com os passageiros, mas a maior parte da redução da força de trabalho se deveu às atividades de frete.) Como resultado dessa melhora incrível na produtividade, o preço ajustado pela inflação para movimentar uma tonelada-milha de carga caiu 55% desde 1947, uma queda que economiza para os expedidores cerca de 90 bilhões anuais em dólares correntes.

Outra estatística surpreendente: se hoje precisássemos da mesma quantidade de pessoas necessária em 1947 a fim de movimentar a carga, teríamos bem mais do que 3 milhões de ferroviários para lidar com os volumes atuais. (Claro, esse nível de emprego aumentaria bastante os custos de frete; por isso estaríamos muito longe de conseguir movimentar um volume perto do atual.)

- Há pouco mais de um século, a invenção do automóvel gerou uma indústria que oferece seguros para carros e motoristas. No começo, esse setor operava por meio de agências de seguros tradicionais – do tipo que negocia proteção contra incêndio. Essa abordagem centrada na agência incluía comissões altas e outras despesas de subscrição que consumiam cerca de 40 centavos de cada dólar do prêmio. Agências locais fortes estavam então no comando porque representavam várias seguradoras e conseguiam jogar uma empresa contra outra durante a negociação das comissões. Os preços de cartel prevaleceram, e todos os envolvidos estavam indo muito bem – exceto o consumidor.

Foi quando certa engenhosidade americana entrou em jogo: G.J. Mecherle, um fazendeiro de Merna, Illinois, teve a ideia de uma rede de vendas exclusiva, que só venderia os produtos de seguro de uma única empresa. A criação dele foi batizada de State Farm Mutual. A empresa cortou comissões e despesas – o que abriu caminho para preços mais baixos – e logo se tornou uma potência. Há várias décadas, a State Farm é líder, em termos de volume, em seguros de automóveis e residências, bem à frente das concorrentes. A Allstate, que também operava com um modelo de distribuição direta, ocupou por muito tempo o segundo lugar. Tanto a State Farm quanto a Allstate tiveram despesas de subscrição de cerca de 25%.

No começo dos anos 1930, outra concorrente, a United Services Auto Association (USAA), uma empresa parecida com sociedade mútua, oferecia seguros de automóvel para oficiais militares, diretamente ao cliente. Essa inovação de marketing surgiu da necessidade dos militares de contratar um seguro que os acompanhasse conforme fossem transferidos de base. As agências de seguro locais não tinham muito interesse nesse negócio, preferindo fazer renovações regulares para clientes com residência fixa.

Por sua estrutura, o método de distribuição direta da USAA incorria em custos mais baixos do que os da State Farm e da Allstate e, portanto, oferecia um negócio ainda melhor para os clientes. Isso fez com que Leo e Lillian

Goodwin, funcionários da USAA, sonhassem em expandir o mercado-alvo do modelo de distribuição direta da companhia para além dos militares. Em 1936, com 100 mil dólares de capital para começar, eles incorporaram a Government Employees Insurance Co. (mais tarde, contraíram esse nome difícil e, assim, surgiu a GEICO).

• Historicamente, a sobrevivência de uma empresa de energia elétrica local não dependia de sua eficiência. Na verdade, uma operação "desleixada" poderia dar muito certo em termos financeiros. Isso porque, em geral, as concessionárias de serviços públicos eram os únicos fornecedores de um produto necessário e tinham autorização para estabelecer um preço que lhes daria um retorno previsto sobre o capital empregado. Uma piada corria no setor: só mesmo uma concessionária de serviços públicos conseguiria ganhar dinheiro de modo automático apenas redecorando o escritório do chefe. E alguns CEOs administravam as coisas dessa maneira.

Tudo isso está mudando. Hoje, a população americana decidiu que a energia eólica e a solar subsidiadas pelo governo federal são do interesse nacional de longo prazo. Os créditos de impostos federais são usados para implementar essa política, o que colabora para a energia renovável ter um preço competitivo em certas regiões. Talvez esses créditos fiscais, ou outros auxílios obrigatórios para as energias renováveis, acabem minando as características econômicas da concessionária já estabelecida, sobretudo se for uma operadora com custos altos.

Esses ganhos de produtividade – e muitos outros que foram alcançados nos Estados Unidos – proporcionaram benefícios espetaculares à sociedade. É por isso que os cidadãos americanos como um todo têm desfrutado – e continuarão a desfrutar – de ganhos enormes quanto aos bens e serviços que recebem.

Mas existe outro lado. Em primeiro lugar, os ganhos de produtividade conquistados nos últimos anos beneficiaram principalmente os ricos. Em segundo, é comum eles causarem transtornos: tanto o capital quanto o trabalho podem pagar um preço terrível quando a inovação ou os ganhos de eficiência viram o mundo de cabeça para baixo.

Não precisamos derramar lágrimas pelos capitalistas (sejam eles proprietários particulares ou um exército de acionistas no mercado). Cabe a eles cuidar de si próprios. Considerando que boas decisões proporcionam grandes recompensas aos investidores, eles não devem ser poupados das perdas geradas por escolhas erradas. Além disso, investidores que diversificam de forma extensa e simplesmente mantêm suas participações vão prosperar, sem dúvida: nos Estados Unidos, os ganhos com investimentos que dão certo sempre mais do que compensaram as perdas com as tranqueiras do mercado. (Basta lembrar do aumento do índice Dow Jones no século XX e de como as empresas que o compõem pagam dividendos cada vez maiores.)

Um empregado de muitos anos encara uma equação diferente. Quando a inovação e o sistema de mercado interagem para gerar ganhos de eficiência, muitos trabalhadores podem se tornar desnecessários, e os talentos deles, obsoletos. Alguns conseguem achar um emprego decente em outro lugar; para outros, isso não é uma opção.

A resposta para rupturas como essa não é restringir ou proibir ações que aumentem a produtividade. Os norte-americanos não estariam vivendo tão bem quanto vivem agora se tivéssemos determinado que 11 milhões de pessoas deveriam trabalhar para sempre na agricultura.

Pelo contrário, a solução é uma variedade de redes de segurança com o objetivo de proporcionar uma vida digna para aqueles que estão dispostos a trabalhar, mas descobrem que seus talentos específicos perderam valor por força do mercado. (Eu, pessoalmente, sou a favor de um Crédito de Imposto de Renda[42] reformulado e expandido para tentar garantir que o país funcione para quem está disposto a trabalhar.) O preço de conquistar uma prosperidade cada vez maior para a grande maioria dos norte-americanos não deveria ser a penúria dos desafortunados.

2015

C. *De vento em popa*

Em 11 de março, 77 anos terão se passado desde meu primeiro investimento em uma empresa americana. Foi em 1942, quando eu tinha 11 anos e apostei tudo ao investir os 114,75 dólares que tinha começado a acumular desde os 6. Comprei três ações preferenciais do Cities Service. Eu tinha me tornado um capitalista e estava satisfeito.

---

[42] N. do E. Do inglês Earned Income Tax Credit, um benefício concedido pelo governo americano a famílias ou indivíduos de baixa renda.

Vamos agora viajar no passado por dois períodos de 77 anos que antecederam essa minha compra. Isso nos leva a 1788, um ano antes da posse de George Washington como primeiro presidente. Algum cidadão poderia ter imaginado naquela época o que o novo país iria realizar em apenas três ciclos de vida, de 77 anos cada?

Ao longo dos dois períodos de 77 anos anteriores a 1942, os Estados Unidos se transformaram de uma nação com 4 milhões de pessoas – cerca de metade de 1% da população mundial – no país mais poderoso do planeta. Porém, naquela primavera de 1942, enfrentavam uma crise: os EUA e seus aliados sofriam grandes baixas em uma guerra na qual havíamos entrado apenas três meses antes. Todos os dias chegavam más notícias.

Apesar das manchetes alarmantes, naquele 11 de março quase todos os americanos acreditavam que sairiam vitoriosos. E esse otimismo não se limitava à guerra. Deixando de lado os pessimistas natos, os demais acreditavam que seus filhos e as próximas gerações viveriam uma vida muito melhor do que eles próprios.

Os cidadãos americanos compreendiam, é claro, que o caminho não seria livre de obstáculos. Nunca foi fácil. Logo no começo da sua história, o país passou pelo teste de uma Guerra Civil que matou 4% da população masculina e levou o presidente Lincoln a ponderar abertamente se "uma nação tão idealizada e empenhada poderia ser duradoura". Na década de 1930, os Estados Unidos sofreram com a Grande Depressão, um período sombrio de desemprego em massa.

Ainda assim, em 1942, quando fiz minha primeira compra, esperava-se um crescimento no período pós-guerra, uma crença que se revelou bem fundamentada. Aliás, é mais apurado descrever as realizações da nação como feitos de tirar o fôlego.

Vamos aos números que sustentam essa afirmação: se meus 114,75 dólares tivessem sido investidos em um fundo de índice do S&P 500, sem taxas, e todos os dividendos fossem reinvestidos, minha participação teria crescido até o valor (antes dos impostos) de 606.811 dólares em 31 de janeiro de 2019 (os últimos dados disponíveis antes de esta carta ser impressa). Isso representa um ganho de 5.288 para 1. Enquanto isso, um investimento de 1 milhão de dólares executado por uma instituição da época isenta de impostos – digamos, um fundo de pensão ou de faculdade – teria crescido para cerca de 5,3 bilhões de dólares.

Quem sempre prega a desgraça resultante dos déficits orçamentários do governo (como eu mesmo fiz, com regularidade, durante muitos anos) talvez constate que a dívida nacional do país aumentou mais ou menos quatrocentas vezes durante o último desses períodos de 77 anos. Isso significa 40.000%! Imagine que você tenha previsto esse aumento e entrado em pânico com a perspectiva de déficits descontrolados e uma moeda sem valor. Para se "proteger", pode ter evitado as ações e optado por comprar 3,25 onças de ouro com seus 114,75 dólares.

E o que essa suposta proteção teria proporcionado? Você teria agora um ativo no valor de cerca de 4.200 dólares, menos de 1% do que teria obtido com um simples investimento passivo em empresas norte-americanas. O metal mágico não foi páreo para o vigor americano.

A prosperidade quase inacreditável de nosso país foi conquistada de maneira bipartidária. Desde 1942 tivemos sete presidentes republicanos e sete democratas. No decorrer dos anos em que eles serviram à nação, enfrentamos em diversos momentos um longo período de inflação, uma taxa básica de juros de 21%, várias guerras polêmicas e caras, a renúncia de um presidente, um colapso generalizado dos valores dos imóveis, um pânico financeiro paralisante e uma série de outros problemas. Tudo isso rendeu manchetes assustadoras, mas agora é apenas passado.

Christopher Wren, o arquiteto da Catedral de St. Paul, em Londres, está enterrado na igreja que projetou. Perto do túmulo dele, é possível ler a seguinte frase, traduzida do latim: "Se você veio procurar meu mausoléu, olhe ao redor." Os céticos em relação ao manual econômico dos Estados Unidos devem prestar atenção na mensagem.

Em 1788 – para voltar a nosso ponto de partida –, realmente não havia muita coisa por aqui exceto um pequeno grupo de pessoas ambiciosas e uma estrutura de governo embrionária cujo objetivo era transformar os sonhos delas em realidade. Hoje, o Fed estima a riqueza da nossa família em 108 trilhões de dólares, uma quantia quase impossível de assimilar.

2018

X. CONCLUSÕES

ATUALMENTE, A BERKSHIRE é um conglomerado em expansão, que visa mais e mais expansão. Os conglomerados, devemos reconhecer, têm uma péssima reputação entre os investidores. E fazem por merecer. Primeiro vou explicar por que estão morando na casinha do cachorro e, em seguida, descrever por que o formato de conglomerado traz vantagens enormes e duradouras para a Berkshire.

2014[43]

A. *Buffett sobre a cultura da Berkshire*

Desde que entrei no mundo dos negócios, os conglomerados viveram vários períodos de extrema popularidade, sendo que o mais tolo deles ocorreu no fim dos anos 1960. Na época, o procedimento padrão para executivos-chefes de conglomerados era simples: fosse por personalidade, promoção ou contabilidade duvidosa – e, muitas vezes, pelos três fatores somados –, esses gestores impulsionavam as ações de um conglomerado incipiente para valer, digamos, vinte vezes o lucro e, em seguida, emitiam ações o mais rápido possível para adquirir outra empresa à venda por cerca de dez vezes o lucro. Eles aplicavam de imediato a contabilidade de agrupamento para a aquisição, que – sem um centavo de mudança nos negócios subjacentes – aumentava o lucro por ação de maneira automática, e usavam esse aumento como prova da genialidade gerencial. Em seguida, explicavam aos

---

[43] Seção do 50º aniversário.

investidores que esse tipo de talento justificaria a manutenção, ou mesmo o aprimoramento, do múltiplo de preço/lucro do adquirente. Por fim, prometiam repetir esse procedimento por tempo indeterminado e, assim, gerar um lucro por ação cada vez maior.

O caso de amor de Wall Street com esse tipo de feitiçaria se intensificou no decorrer dos anos 1960. Os frequentadores assíduos desse ambiente estão sempre prontos para suspender a descrença quando manobras duvidosas são usadas a fim de fabricar um lucro crescente por ação. Isso é mais válido ainda se essas acrobacias gerarem incorporações que proporcionarão comissões altas para os banqueiros de investimento. Os auditores abençoaram e aspergiram água benta na contabilidade dos conglomerados e algumas vezes até fizeram sugestões para melhorar ainda mais os números. Para muitos, a abundância de dinheiro fácil levou embora as sensibilidades éticas.

Como o lucro por ação de um conglomerado em expansão decorria da exploração das diferenças de preço/lucro, o executivo-chefe precisava buscar empresas à venda por múltiplos baixos. É claro, essas empresas eram tipicamente medíocres, com perspectivas ruins de longo prazo. Em geral, esse incentivo para buscar companhias de baixo preço fazia com que o conjunto de empresas subjacentes de um conglomerado perdesse cada vez mais a qualidade. Isso pouco importava para os investidores: a fim de obter lucros mais altos, eles procuravam velocidade de negócios e a contabilidade de agrupamento.

A chuva de atividades de incorporação resultante disso foi alimentada por uma imprensa apaixonada. Empresas como ITT, Litton Industries, Gulf & Western e LTV foram idolatradas, e os executivos-chefes delas viraram celebridades. (Esses conglomerados famosos à época deixaram de existir faz tempo. Como disse Yogi Berra: "Todo Napoleão se depara com seu Watergate.") Naquele tempo, peripécias contábeis de todo tipo – muitas delas ridiculamente transparentes – foram desculpadas ou ignoradas. Na verdade, ter um mago da contabilidade no comando do conglomerado em expansão era visto como uma grande vantagem: nesse caso, os acionistas podiam ter certeza de que o lucro *relatado* nunca seria decepcionante, mesmo que a realidade operacional da empresa fosse terrível.

No fim da década de 1960, participei de uma reunião em que um executivo-chefe do tipo ganancioso se gabou de sua "contabilidade ousada e criativa". A maioria dos analistas presentes balançou a cabeça em sinal de aprovação, achando que haviam encontrado um gestor cujas previsões seriam confirmadas sem sombra de dúvida, independentemente dos resultados da empresa. Porém, uma hora o relógio deu as 12 badaladas, e tudo ao redor voltou ao formato original de abóboras e ratos. Mais uma vez, ficou evidente que os modelos de negócios baseados nas emissões em série de ações superfaturadas – assim como os modelos de correntes enviadas por carta – redistribuem a riqueza, mas de maneira alguma a criam. Entretanto, ambos os fenômenos florescem de tempos em tempos em nosso país – são o sonho de todo vendedor –, embora muitas vezes apareçam com um disfarce bem-feito. O fim é sempre o mesmo: o dinheiro sai das mãos do crédulo e vai para as do golpista. E no caso das ações, diferentemente das correntes enviadas por cartas, as somas desviadas podem ser assombrosas.

Então o que Charlie e eu vemos de tão atraente na estrutura do conglomerado da Berkshire? Para simplificar: se o formato de conglomerado for usado com critério, é a estrutura ideal para maximizar o crescimento de capital a longo prazo. Uma das virtudes anunciadas do capitalismo é a eficiência na alocação de recursos. O argumento é que os mercados vão direcionar o investimento para empresas promissoras e negá-lo para aquelas fadadas a perder força. Isso é verdade: com todos os seus excessos, a alocação de capital orientada para o mercado costuma ser bem superior às demais alternativas.

No entanto, muitas vezes existem obstáculos para a movimentação racional do capital. É raro um executivo-chefe que tenha empregado capital em uma operação em declínio optar por realocá-lo de forma maciça em atividades não relacionadas. Na maioria das vezes, uma decisão assim exigiria a demissão de colaboradores de longa data e a admissão de erros. Além disso, é improvável que *esse* executivo-chefe fosse o melhor gestor para lidar com a tarefa de realocação, mesmo que ele estivesse inclinado a assumi-la.

No nível dos acionistas, os impostos e os custos friccionais pesam muito sobre os investidores individuais quando eles tentam realocar capital entre empresas e setores. Mesmo os investidores institucionais isentos de impostos enfrentam grandes custos ao movimentar o capital, pois, em geral, necessitam de intermediários para fazer o trabalho: banqueiros de investimento, contadores, consultores, advogados e realocadores de capital, como os operadores de aquisições alavancadas. Não sai barato contratar gente para embaralhar o dinheiro.

Por outro lado, um conglomerado como a Berkshire está perfeitamente posicionado para alocar capital de modo racional por um custo mínimo. É claro que o formato em si não é garantia de sucesso: já cometemos vários erros e vamos nos equivocar outras vezes. Contudo, temos vantagens estruturais formidáveis.

Na Berkshire, conseguimos – sem incorrer em impostos, tampouco em vários outros custos – transferir grandes quantias de empresas com oportunidades limitadas de investimento progressivo para outros setores mais promissores. Além do mais, estamos livres de polarizações históricas criadas pela associação vitalícia com determinado setor e não estamos sujeitos a pressões de colegas com interesses pessoais em manter o statu quo. Isso é importante: se os cavalos tivessem controlado as decisões de investimento, não haveria a indústria automobilística.

Outra grande vantagem que possuímos é a capacidade de comprar *partes* de empresas maravilhosas – também conhecidas como ações ordinárias. Essa opção não está disponível para a maioria das equipes de gestão. Ao longo de nossa história, essa alternativa estratégica provou ser muito útil; uma variedade de opções apura a tomada de decisão. As empresas que nos são oferecidas no mercado de ações todos os dias – em pequenas partes, sem dúvida – são muitas vezes bem mais atraentes do que as que, ao mesmo tempo, nos são ofertadas integralmente. Fora isso, os ganhos que obtivemos com valores mobiliários negociáveis nos ajudaram a fazer certas aquisições de grande porte que, de outra forma, estariam além da nossa capacidade financeira.

Na prática, a Berkshire é a dona do pedaço – de um mundo que nos oferece um leque de oportunidades muito além daquelas que estão realisticamente à disposição da maioria das empresas. Estamos limitados, é claro, a companhias cujas perspectivas econômicas podemos avaliar. E essa é uma limitação séria: Charlie e eu não temos ideia de como muitas grandes empresas serão daqui a dez anos. Mas é uma limitação bem menor do que a de um executivo cuja experiência ficou restrita a um único setor. Além disso, podemos ascender com lucratividade para um tamanho *muito* maior do que as diversas companhias restritas pelo potencial limitado do único setor em que operam.

A Berkshire tem mais uma vantagem que se tornou cada vez mais importante com o passar dos anos: agora temos a preferência dos proprietários e gestores de muitas empresas excelentes. Famílias donas de um negócio de sucesso têm várias opções quando consideram vendê-lo. Muitas vezes, a melhor decisão é não fazer nada. Há coisas piores na vida do que ter um negócio próspero que se conhece bem. Mas é raro Wall Street recomendar que alguém fique parado, sem fazer nada. (Não pergunte ao barbeiro se você precisa cortar o cabelo.)

Quando uma parte da família quer vender, e a outra não, uma oferta pública geralmente faz sentido. No entanto, se os proprietários desejam sacar o dinheiro todo, eles costumam considerar um entre dois caminhos. O primeiro é a venda para um concorrente que está ávido pela chance de maximizar todas as "sinergias" possíveis com a associação das empresas. Invariavelmente, esse comprador pensa em se livrar de um grande número de colaboradores do vendedor – as mesmas pessoas que ajudaram o proprietário a construir o negócio. Entretanto, na maioria das vezes, um proprietário atencioso – e há muitos deles – não quer deixar os companheiros de longa data na mão.

O segundo caminho para os vendedores é o comprador de Wall Street. Durante alguns anos, esses compradores se autodenominaram com precisão como "firmas de aquisição alavancadas". Quando esse termo ganhou má fama no início da década de 1990 – você se lembra [do filme] *Os selvagens de Wall Street* [sobre a compra alavancada da RJR Nabisco]? –, esses compradores logo adotaram um novo nome: *private equity*. E foi só isso que mudou: o patrimônio líquido é *reduzido* de forma drástica e dívidas se acumulam em praticamente todas as compras de *private equity*. O montante que compradores de *private equity* oferecem ao vendedor é, em parte, determinado pelo comprador que avalia o valor *máximo* de dívida que pode ser colocado na empresa adquirida.

Depois, se as coisas correrem bem e houver um acúmulo de patrimônio, os compradores voltarão a se alavancar com novos empréstimos. Em seguida, é comum eles usarem parte dos proventos para pagar um grande dividendo que reduz o patrimônio de forma drástica, levando, às vezes, o valor a ficar negativo. Na verdade, "patrimônio" é um palavrão para muitos compradores de *private equity*: é dívida o que eles adoram. E quando as taxas de juros estão muito baixas, esses compradores podem muitas vezes pagar caro. Mais tarde, a empresa será novamente vendida, em geral para outro comprador alavancado. Na prática, o negócio se torna uma mercadoria.

A Berkshire oferece uma terceira opção para o dono que deseja vender a empresa: um abrigo permanente, no qual o pessoal e a cultura dessa companhia serão preservados (em alguns casos, porém, são necessárias mudanças na gestão). Além disso, qualquer empresa que adquirirmos tem um ganho acentuado de força financeira e capacidade de crescimento. E a época em que se lidava com bancos e analistas de Wall Street ficou no passado. Alguns vendedores não ligam para essas questões, mas, para os que se importam, a Berkshire não enfrenta muita concorrência.

Às vezes, os especialistas propõem que a Berkshire promova o *spin-off* de algumas das suas empresas. Tais sugestões não fazem sentido. Essas companhias valem mais como parte da Berkshire do que como entidades separadas. Um dos motivos é nossa capacidade de movimentar fundos entre empresas ou de direcioná-los para novos empreendimentos, de maneira instantânea, livre de impostos. Além disso, determinados custos se multiplicam, total ou parcialmente, caso as operações sejam apartadas. Eis aqui o exemplo mais óbvio: a Berkshire incorre em custos nominais por seu conselho diretor único. Se nossas dezenas de subsidiárias fossem separadas, o custo geral dos conselheiros iria disparar. Isso também ocorreria com as despesas regulatórias e administrativas.

Por fim, existem algumas vezes eficiências fiscais relevantes para a Subsidiária A porque possuímos a Subsidiária B. Por exemplo, certos créditos fiscais disponíveis para nossas concessionárias de serviços públicos são hoje realizáveis apenas por gerarmos quantidades enormes de lucro tributável em outras operações da Berkshire. Isso dá à Berkshire Hathaway Energy uma grande vantagem em relação à maioria das empresas prestadoras de serviço público no desenvolvimento de projetos de energia eólica e solar.

Os banqueiros de investimento, que são pagos pelo valor do negócio, insistem em que os adquirentes desembolsem um ágio de 20% a 50% sobre o preço de mercado para empresas de capital aberto. Eles dizem ao comprador que o ágio se justifica pelo "valor de controle" e por tudo de maravilhoso que acontecerá quando o executivo-chefe do adquirente assumir o comando. (Qual gestor ávido por aquisições vai contestar *essa* afirmação?)

Poucos anos depois, os banqueiros aparecem de novo – com a cara séria – e, com o mesmo fervor, insistem em que a aquisição anterior seja cindida para "destravar valor para o acionista". Os *spin-offs*, é claro, privam a empresa proprietária de seu suposto "valor de controle", sem qualquer pagamento compensatório. Os banqueiros explicam que, depois do *spin-off*, a empresa se desenvolverá pela gestão mais empreendedora, libertada da burocracia asfixiante da matriz. (E lá se foi aquele executivo-chefe talentoso que conhecemos um dia.)

Se a empresa que está desinvestindo desejar mais tarde reverter o *spin-off*, provavelmente será instada mais uma vez pelos banqueiros a pagar um alto ágio de "controle" por esse privilégio. ("Flexibilidade" mental desse tipo por parte da fraternidade bancária suscitou o ditado que diz que é muito comum as tarifas serem a causa das transações, não o contrário.)

É possível, sem dúvida, que algum dia os reguladores exijam que a Berkshire faça um *spin-off* ou uma venda. A Berkshire efetuou uma em 1979, quando novas regulamentações para holdings bancárias nos forçaram a alienar um banco que possuíamos em Rockford, Illinois.

Contudo, *spin-offs* voluntários não fazem sentido para nós: perderíamos valor de controle, flexibilidade de alocação de capital e, em alguns casos, vantagens fiscais importantes. Os executivos-chefes que administram de modo brilhante nossas subsidiárias passariam a ter dificuldade em ser tão eficazes se administrassem uma operação de *spin-off*, em razão das vantagens operacionais e financeiras decorrentes da propriedade da Berkshire. Além disso, é provável que a matriz e as operações separadas incorressem em custos levemente mais altos do que os existentes quando estão associadas.

HOJE, A BERKSHIRE POSSUI (1) um conjunto incomparável de empresas, a maioria delas com perspectivas econômicas favoráveis no momento; (2) um quadro de excelentes gestores que, com raras exceções, são excepcionalmente dedicados tanto à subsidiária que operam *quanto* à Berkshire; (3) uma diversidade extraordinária de lucro, solidez financeira de primeira e rios de liquidez que manteremos em *todas* as circunstâncias; (4) o status de primeira opção para muitos proprietários e gestores que pensam em vender sua empresa; e (5) um item relacionado ao anterior: uma cultura – em muitos aspectos distinta da que possui a maioria das grandes empresas – que levamos cinquenta anos para desenvolver e que hoje é sólida como uma rocha. Esses pontos fortes nos fornecem um alicerce maravilhoso.

Agora pensemos no que vem pela frente. Leve em conta o seguinte fato: se, cinquenta anos atrás, eu tivesse tentado aferir o que estava por vir, certas previsões minhas estariam muito erradas. Com esse alerta, vou lhe contar o que eu responderia hoje caso minha família me fizesse perguntas sobre o futuro da Berkshire.

• Em primeiro lugar – e acima de tudo, sem qualquer dúvida –, acredito que a chance de perda de capital permanente para os acionistas pacientes da Berkshire é tão baixa quanto no caso dos investimentos em uma única empresa. Isso porque é quase certo que nosso *valor intrínseco de negócio* por ação vai crescer com o tempo.

No entanto, essa previsão animadora é acompanhada de uma cautela importante: se o ponto de entrada de um investidor nas ações da Berkshire for excepcionalmente alto – por um preço, digamos, próximo ao dobro do valor contábil, que as ações da Berkshire atingiram esporadicamente –, o investidor pode levar muitos anos para obter lucro. Ou seja, é possível um investimento sólido se transformar em uma especulação imprudente se for comprado por um preço elevado. A Berkshire não está isenta dessa verdade.

Contudo, quando os investidores compram partes da Berkshire por um preço um pouco acima do patamar pelo qual a empresa recompraria as próprias ações, eles devem obter ganhos após um prazo razoável. Os conselheiros da Berkshire só vão autorizar recompras por um preço que acreditarem estar bem abaixo do valor intrínseco. (Na nossa opinião, esse é um critério essencial para recompras que é ignorado com frequência por outras equipes de gestão.)

Para os investidores que planejam vender um ou dois anos após a compra, não tenho como oferecer *nenhuma* garantia, seja qual for o preço de entrada. É provável que, durante períodos curtos, a movimentação do mercado de ações em geral seja bem mais crucial para determinar seus resultados do que a alteração concomitante no valor intrínseco de suas ações da Berkshire. Como não conheço uma maneira de prever as flutuações do mercado de maneira confiável, recomendo que você compre ações da Berkshire *apenas* se tiver a expectativa de mantê-las por pelo menos cinco anos. Quem está em busca de lucro a curto prazo deve procurar outra companhia.

Outro aviso: as ações da Berkshire não devem ser compradas com dinheiro emprestado. Desde 1965, houve três situações em que nossas ações caíram cerca de 50% em relação ao pico. Um dia, algo parecido voltará a acontecer, e ninguém sabe quando será. É quase certo que a Berkshire ofereça uma posição satisfatória para *investidores*, mas pode ser uma escolha desastrosa para especuladores que se alavancam.

• Acredito que a chance de qualquer acontecimento causar problemas financeiros para a Berkshire seja basicamente zero. Estaremos sempre preparados para uma enchente de mil anos; aliás, se isso ocorrer, vamos vender coletes salva-vidas aos despreparados. A Berkshire desempenhou um papel importante nos "primeiros socorros" durante o colapso de 2008-2009 e, desde então, mais do que dobrou a força do balanço patrimonial e o potencial de ganhos. Sua empresa é – e continuará sendo – o Gibraltar das empresas americanas.

O poder de sustentação financeira exige que a empresa mantenha três pontos fortes em *qualquer* circunstância: (1) um grande e confiável fluxo de lucro; (2) ativos líquidos massivos; e (3) *nenhuma* demanda significativa de caixa a curto prazo. Ignorar essa última necessidade costuma levar as empresas a enfrentar problemas inesperados: com bastante frequência, os executivos-chefes de companhias lucrativas acham que sempre hão de conseguir restituir as obrigações de vencimento, por maiores que sejam. De 2008 a 2009, vários gestores descobriram que essa mentalidade pode ser muito perigosa.

Agora, veja como *sempre* iremos nos basear nesses três fundamentos. Primeiro, nosso fluxo de lucro é enorme e vem de uma ampla variedade de negócios. Hoje, nossos acionistas são proprietários de muitas empresas de grande porte com vantagens competitivas duradouras, e vamos adquirir outras no futuro. Essa diversificação garante a lucratividade contínua da Berkshire, mesmo se uma catástrofe causar perdas de seguro que excedam bastante as já vivenciadas.

O próximo fundamento é o caixa. Em uma empresa saudável, o caixa às vezes é visto como algo a ser minimizado – um ativo improdutivo que se torna um empecilho para indicadores, entre eles o retorno sobre o patrimônio. Porém, o caixa funciona para a empresa como o oxigênio para o indivíduo: quando está presente, ninguém pensa nele; quando falta, não se pensa em outra coisa.

Em 2008, empresas americanas forneceram um estudo de caso a respeito disso. Em setembro daquele ano, muitas companhias que haviam sido prósperas durante anos se perguntaram, de repente, se teriam, nos próximos dias, fundos suficientes para honrar os cheques já emitidos. De uma hora para outra, o oxigênio financeiro delas desapareceu. Na Berkshire, continuamos a "respirar" sem interrupções. Na verdade, ao longo de três semanas, do fim de setembro até o começo de outubro daquele ano, fornecemos 15,6 *bilhões* de dólares em dinheiro novo para empresas americanas. Só conseguimos fazer isso porque sempre mantemos pelo menos 20 bilhões de dólares – em geral, muito mais – em investimentos de curto prazo. Nós nos referimos a títulos de dívida do governo americano de curto prazo, não outros substitutos para dinheiro que supostamente conferem liquidez e, de fato, o fazem, *exceto* quando há uma necessidade real. No vencimento das contas, apenas o dinheiro tem valor legal. Não saia de casa sem ele.

Por fim – chegamos ao terceiro ponto –, jamais vamos nos envolver em práticas operacionais ou de investimento que possam resultar em demandas repentinas de grandes quantias. Isso significa que não vamos expor a Berkshire a vencimentos de dívidas volumosas de curto prazo, tampouco nos comprometer com contratos de derivativos ou outros acordos de negócio que exijam grandes resgates com garantia.

Alguns anos atrás, nos demos bem em determinados contratos de derivativos por acreditarmos que os preços eram significativamente incorretos e que só havia requisitos de garantia secundários. Eles se mostraram bastante lucrativos. Há pouco tempo, no entanto, contratos de derivativos recém-assinados demandaram uma garantia total. E isso encerrou nosso interesse, independentemente do potencial de lucro que eles ofereçam. Já faz alguns anos que não firmamos esse tipo de contrato, exceto alguns necessários para fins operacionais em nossas concessionárias de serviços públicos.

Além disso, não celebraremos contratos de seguro que deem aos segurados o direito de saque a critério deles. Muitos produtos de seguro *de vida* contêm recursos de resgate que os tornam suscetíveis a uma "corrida" em tempos de pânico extremo. Contratos dessa natureza, contudo, não existem no mundo dos seguros de bens e acidentes em que vivemos. Se nosso volume de prêmios diminuir, o *float* também será reduzido – mas a um ritmo muito lento.

Nosso conservadorismo, que talvez impressione quem o considera extremo, é motivado pelo fato de ser inteiramente previsível que, de vez em quando, as pessoas entrarão em pânico. Ao mesmo tempo, é bastante imprevisível o momento em que esse pânico virá. Apesar de quase todos os dias serem relativamente tranquilos, o amanhã é *sempre* incerto. (Eu não estava apreensivo além do normal em 6 de dezembro de 1941 nem em 10 de setembro de 2001.) E se não pode prever o que trará o amanhã, você deve estar preparado para o que vier.

Um executivo-chefe de 64 anos que planeja se aposentar aos 65 pode fazer o próprio cálculo para avaliar riscos que têm somente uma mínima chance de acontecer em determinado ano. Talvez ele esteja, de fato, "certo" 99% das vezes. Só que essas probabilidades não têm apelo para nós. Nunca vamos brincar de roleta-russa financeira com os fundos que você nos confiou, mesmo que a arma metafórica tenha cem câmaras e apenas uma bala. Em nossa opinião, é uma loucura arriscar perder aquilo de que você *necessita* ao buscar o que somente *deseja*.

- Apesar de nosso conservadorismo, acho que seremos capazes de construir *todos* os anos o poder de ganho subjacente por ação da Berkshire. Isso *não* significa que os lucros operacionais vão aumentar a cada ano – longe disso. A economia dos Estados Unidos irá avançar e recuar – mas, sobretudo, avançar – e, nos momentos de fragilidade, isso também afetará nossos lucros correntes. Mas continuaremos obtendo ganhos orgânicos, realizando aquisições estratégicas e ingressando em áreas novas. Portanto, acredito que a Berkshire terá aumentos anuais do poder de ganho *subjacente*.

Em alguns anos, os ganhos serão substanciais; em outras ocasiões, serão de menor importância. Os mercados, a concorrência e a sorte determinam em que momentos surgirão oportunidades no nosso caminho. Em meio a tudo isso, a Berkshire continuará avançando, impulsionada pela variedade de empresas sólidas que possui agora e pelas novas empresas que vai adquirir. Além do mais, na maioria dos anos, a economia do nosso país contribuirá para que nossos negócios naveguem de vento em popa. Somos abençoados por jogarmos em casa nos Estados Unidos.

- A má notícia é que não há como os ganhos de longo prazo da Berkshire – mensurados em porcentagens, não em dólares – serem acentuados. Eles *não chegarão nem perto* dos obtidos nos últimos cinquenta anos. Acho que a Berkshire terá um desempenho melhor do que a média das empresas americanas, mas, caso tenhamos alguma vantagem, ela não será grande.

Em algum momento – provavelmente daqui a dez ou vinte anos –, os lucros e recursos de capital da Berkshire chegarão a um nível que não permitirá que a equipe de gestão reinvista de modo inteligente todos os lucros da empresa. Quando isso acontecer, nossos conselheiros terão que determinar se o melhor método para distribuir os lucros excedentes é pagando dividendos, recomprando ações ou ambos. Se as ações da Berkshire forem vendidas abaixo do valor intrínseco do negócio, é quase certo que a melhor escolha estará nas recompras massivas. Você pode ter certeza de que seus conselheiros tomarão a decisão certa.

- Nenhuma empresa será mais voltada para o acionista do que a Berkshire. Há mais de três décadas, reafirmamos todos os anos nossos Princípios do Acionista (reproduzidos no prólogo) e sempre iniciamos a declaração com as seguintes palavras: "Embora o formato seja de empresa, nossa atitude é de parceria." Essa aliança com você está gravada em pedra. Temos um conselho diretor extraordinariamente bem informado e voltado para os negócios, pronto para cumprir essa promessa de parceria.

Para assegurar ainda mais a continuidade da nossa cultura, sugeri que meu filho, Howard, sucedesse a mim como presidente *não executivo*. Meu único motivo para querer isso é facilitar mudanças caso o executivo-chefe errado seja contratado e haja necessidade de o presidente agir com firmeza. Posso lhe garantir que esse problema tem uma probabilidade *muito* baixa de surgir na Berkshire – provavelmente tão baixa quanto em qualquer empresa de capital aberto. No entanto, ao longo da minha atuação nos conselhos de 19 empresas de capital aberto, vi como é difícil substituir um executivo-chefe medíocre quando ele também ocupa a presidência. (Em geral, acaba acontecendo, mas quase sempre com muito atraso.)

Caso seja eleito, Howard não será remunerado nem passará no trabalho mais tempo do que o que se exige de todos os conselheiros. Ele será apenas uma válvula de escape a quem qualquer conselheiro poderá recorrer se tiver preocupações a respeito de um executivo-chefe e quiser verificar se outros conselheiros têm as mesmas dúvidas. Caso vários estejam apreensivos, a presidência de Howard possibilitará que o assunto seja tratado de imediato, da maneira adequada.

- Escolher o executivo-chefe certo é de extrema importância e, ainda, um assunto que demanda muito tempo nas reuniões do conselho da Berkshire. Gerenciar a Berkshire é, sobretudo, um trabalho de alocação de capital, combinado com a seleção e a retenção de gestores extraordinários para comandar as subsidiárias operacionais da empresa. Obviamente, esse trabalho também pede que, se for necessário, o CEO da subsidiária seja substituído. Essas funções exigem que o executivo-chefe da Berkshire seja um indivíduo sensato, calmo e decidido, com um conhecimento amplo dos negócios e bom discernimento do comportamento humano. É importante também que ele conheça os próprios limites.

O caráter é crucial: um executivo-chefe da Berkshire deve se dedicar totalmente à empresa, não a si mesmo. (Estou empregando pronomes masculinos para evitar que as frases soem estranhas, mas o gênero nunca deve determinar quem vai ocupar o cargo.) Não há como evitar que ele ganhe muito mais dinheiro do que precisa, mas é fundamental que nem o ego nem a ganância o motivem a buscar vencimentos equivalentes aos dos colegas com remunerações mais vultosas, ainda que tenha realizações bastante superiores. O comportamento do executivo-chefe tem um impacto imenso sobre os gestores abaixo dele: se ficar claro para os subordinados que os interesses dos acionistas são fundamentais para o chefe, praticamente todos adotarão a mesma postura.

Meu sucessor precisará de outra força em especial: a capacidade de lutar contra o ABC da decadência dos negócios: A de arrogância, B de burocracia e C de complacência. Quando esses cânceres empresariais entram em metástase, mesmo a empresa mais forte pode vacilar. Há numerosos exemplos que provam esse ponto, mas, para preservar as amizades, vou exumar apenas casos que aconteceram há muito tempo.

Nos dias de glória, a General Motors, a IBM, a Sears Roebuck e a US Steel ocuparam o topo de grandes setores. A força dessas companhias parecia inabalável. Mas o comportamento destrutivo que mencionei anteriormente e que considero deplorável afundou essas empresas, levando-as a profundidades que, pouco antes do desastre, seus CEOs e conselheiros achariam impossível atingir. Força financeira única e poder de ganho histórico não protegeram essas instituições.

À medida que a Berkshire cresce ainda mais, somente um executivo-chefe vigilante e determinado pode repelir forças tão debilitantes. Ele nunca deve esquecer o apelo de Charlie: "Diga-me onde vou morrer, pois nunca irei até lá." Se perdêssemos nossos valores não econômicos, boa parte do valor econômico da Berkshire também entraria em colapso. "A tônica vinda de cima" será a chave para manter a cultura especial da Berkshire.

Felizmente, a estrutura necessária para o sucesso de nossos futuros executivos-chefes está alicerçada com solidez. O processo extraordinário de delegação de competências existente na Berkshire é o antídoto ideal contra a burocracia. Em termos operacionais, a Berkshire não é uma empresa gigantesca, mas um conjunto de grandes empresas. Na sede, nunca tivemos um comitê nem solicitamos que nossas subsidiárias apresentassem orçamentos (embora muitas os adotem como uma ferramenta interna importante). Não temos um departamento jurídico nem outros que as demais empresas já dão como certos: recursos humanos, relações públicas, relações com os investidores, estratégia, aquisições, etc.

Claro, sempre operamos atividades de auditoria – não faria sentido sermos tão ingênuos assim. Em um grau incomum, porém, confiamos em que nossos gestores conduzirão as operações com um senso aguçado de gestão. Afinal, era exatamente isso que faziam antes de adquirirmos as empresas deles. Além do mais, com exceções apenas pontuais, nossa confiança gera resultados melhores do que os que seriam alcançados por um conjunto de diretrizes, análises intermináveis e níveis de burocracia. Charlie e eu tentamos nos relacionar com nossos gestores como quereríamos que se relacionassem conosco caso estivéssemos na posição deles.

- Nossos conselheiros acreditam que os futuros executivos-chefes da Berkshire devem vir do quadro interno, que, com o tempo, o conselho passou a conhecer bem. Eles também acham que o novo CEO deve ser relativamente jovem, para ter uma longa carreira no cargo. O funcionamento da Berkshire vai melhorar se, em média, os executivos-chefes da empresa desempenharem a função por um período superior a dez anos. (É difícil ensinar velhos truques a um cachorro novo.) E a tendência deles não é se aposentar aos 65 anos (acho que você já percebeu).

Quando a Berkshire adquire empresas ou realiza grandes operações de investimento, é importante que a outra parte esteja familiarizada e se sinta confortável com o executivo-chefe da nossa companhia. Desenvolver uma confiança dessa natureza e consolidar relacionamentos leva tempo. Contudo, a recompensa pode ser enorme. Tanto o conselho quanto eu acreditamos que agora temos a pessoa certa para me suceder – uma pessoa pronta para assumir o cargo quando eu morrer ou me afastar da empresa. Em certos aspectos relevantes, ela fará o trabalho melhor do que eu.

- Os investimentos sempre serão de grande importância para a Berkshire e serão administrados por diversos especialistas. Eles vão se reportar ao executivo-chefe porque as decisões de investimento que tomam precisam ser coordenadas, de modo abrangente, com os programas operacionais e de aquisição da Berkshire. No geral, entretanto, nossos gestores de investimentos terão grande autonomia. Também estaremos em boa forma nessa área nas próximas décadas.

Dito isso, a Berkshire está preparada para o futuro depois que Charlie e eu tivermos saído de cena. Os cargos estão ocupados pelas pessoas certas – os conselheiros, os gestores e os possíveis sucessores ideais para esses gestores. Além disso, a cultura da empresa está enraizada em todos os níveis. Nosso sistema ainda se renova. Em grande medida, as culturas boas e as más fazem uma autosseleção para se perpetuarem. Por razões excelentes, proprietários de empresas e gestores operacionais com valores semelhantes aos nossos continuarão a ver na Berkshire um lar único e *permanente*.

2014[44]

B. *Munger sobre "o sistema da Berkshire"*

O sistema de gestão e as políticas da Berkshire sob o comando de Buffett (o "sistema da Berkshire") foram estabelecidos cedo. A Berkshire seria um conglomerado difuso, avesso apenas a atividades sobre as quais não conseguisse fazer previsões úteis. A controladora faria quase todos os negócios por subsidiárias incorporadas separadamente, cujos executivos-chefes operariam com extrema autonomia. Não haveria quase nada na sede do conglomerado, exceto um escritório minúsculo no qual trabalhariam um presidente, um diretor financeiro e alguns assistentes. As subsidiárias da Berkshire sempre incluiriam com destaque seguradoras de acidentes (que, em conjunto, deveriam gerar ganhos de *underwriting* confiáveis e, ao mesmo tempo, um *float* considerável para investimento). Não haveria um sistema relevante de recursos humanos para todo o conglomerado, nem de opções de compra de ações, tampouco uma alternativa para os incentivos ou um esquema de aposentadoria e estratégias semelhantes, porque as subsidiárias teriam sistemas próprios, muitas vezes diferentes.

O presidente da Berkshire reservaria para si mesmo apenas algumas atividades: (i) gerenciar quase todos os investimentos em valores mobiliários, a maioria dos quais estaria alocada nas seguradoras de acidentes da empresa; (ii) escolher todos os executivos-chefes das subsidiárias importantes, estabelecer a remuneração deles e obter de cada um, de forma particular, uma recomendação de sucessor; (iii) utilizar a maior parte do caixa livre nas subsidiárias depois que elas aumentassem a vantagem competitiva, sendo que a

---

[44] Seção do 50º aniversário.

movimentação ideal seria a aquisição de novas subsidiárias; (iv) colocar-se à disposição dos executivos-chefes das subsidiárias e não exigir praticamente nenhum contato adicional; (v) redigir uma carta longa, lógica e útil para ser incluída em seu Relatório Anual, concebido como desejaria caso fosse apenas um acionista passivo, e estar disponível para horas de esclarecimento de dúvidas nas reuniões anuais com os acionistas; (vi) tentar ser um exemplo em uma cultura que funcione bem para clientes, acionistas e outros [agentes] por longos anos, tanto antes quanto após ter saído da empresa; (vii) [reservar] bastante tempo para ler e pensar em silêncio, sobretudo a respeito do que é capaz de levá-lo a avançar na determinação com os estudos, não importando a idade que tenha; e (viii) passar muitas horas admirando com entusiasmo as conquistas das pessoas.

Novas subsidiárias seriam compradas com dinheiro, não com ações recém-emitidas. A Berkshire não pagaria dividendos enquanto mais de 1 dólar de valor de mercado para os acionistas fosse gerado para cada dólar de lucro retido. Ao comprar uma nova subsidiária, a Berkshire procuraria pagar um preço justo por uma boa empresa que o presidente consiga compreender. A Berkshire também gostaria de ter um bom executivo-chefe, que deveria permanecer no cargo por muito tempo fazendo uma boa gestão sem precisar de ajuda da matriz. Ao escolher os CEOs das subsidiárias, a Berkshire tentaria garantir confiabilidade, capacidade, energia e amor pelo negócio, além das particularidades do executivo-chefe.

Por ser uma questão importante em termos da conduta preferencial, a Berkshire dificilmente venderia uma subsidiária; raramente transferiria o executivo-chefe de uma subsidiária para outra não relacionada; nunca o forçaria a se aposentar somente por idade; teria poucas dívidas pendentes, conforme tentasse manter uma idoneidade de crédito quase perfeita em todas as circunstâncias e acesso fácil a dinheiro e crédito para uso em épocas que apresentassem oportunidades incomuns; e sempre seria acessível para um potencial vendedor de uma grande empresa. Uma oferta desse tipo de negócio receberia atenção imediata. Exceto o presidente e um ou dois funcionários da Berkshire, ninguém jamais saberia sobre a oferta caso nenhum acordo fosse fechado. E eles nunca falariam para pessoas de fora sobre o ocorrido.

Tanto os elementos do sistema da Berkshire quanto o tamanho dele são bastante incomuns. Nenhuma outra grande empresa que conheço possui metade desses elementos. Como a Berkshire desenvolveu uma personalidade como empresa tão diferente da regra? Quando estava com apenas 34 anos, Buffett controlava cerca de 45% das ações da Berkshire e já tinha a confiança total dos demais grandes acionistas. Ele poderia instalar qualquer sistema que quisesse. E de fato o fez, ao criar o sistema da Berkshire. Quase todos os elementos foram escolhidos porque Buffett acreditava que, sob seu comando, isso ajudaria a maximizar as conquistas da empresa. Não se tratava de criar um sistema único para outras companhias. Na verdade, as subsidiárias não eram obrigadas a usar o sistema da Berkshire nas operações delas. E algumas prosperaram empregando sistemas diferentes.

Qual era o objetivo de Buffett ao projetar o sistema da Berkshire? Ao longo dos anos, identifiquei vários temas importantes. Ele queria a maximização contínua da racionalidade, das habilidades e da devoção das pessoas mais importantes no sistema, a começar por ele mesmo; disseminar resultados em que todos saíssem ganhando – por exemplo, conquistar lealdade ao oferecê-la primeiro; decisões para maximizar resultados de longo prazo, buscando-as em gestores que costumavam permanecer por tempo suficiente para enfrentar as consequências dessas escolhas; minimizar os efeitos negativos que quase inevitavelmente viriam da burocracia extensa na sede; contribuir pessoalmente, como o professor Ben Graham, para a difusão do conhecimento acumulado.

Quando Buffett desenvolveu o sistema da Berkshire, ele previu todos os benefícios que se seguiram? Não. Buffett descobriu alguns deles pela evolução da prática. Mas, ao perceber consequências utilitárias, fortaleceu suas causas. Por que a Berkshire se saiu tão bem sob o comando de Buffett? Só me ocorrem quatro grandes fatores: as peculiaridades construtivas de Buffett; as peculiaridades construtivas do sistema da Berkshire; sorte; e a devoção estranhamente intensa e contagiosa de alguns acionistas e de outros admiradores, inclusive profissionais da imprensa. Acredito que esses fatores tiveram peso e foram úteis. Mas o peso maior ficou com as peculiaridades construtivas, a devoção estranha e as interações entre elas.

A decisão de Buffett de limitar as atividades a determinadas áreas e maximizar a atenção a elas, e continuar fazendo isso durante cinquenta anos, foi algo excepcional. Na prática, ele adotou o método vitorioso do famoso treinador de basquete John Wooden, que passou a ganhar partidas com mais regularidade após aprender a entregar quase todo o tempo do jogo aos sete melhores jogadores do time. Dessa maneira, a equipe adversária sempre enfrentava somente os melhores jogadores. E com mais tempo de quadra, os melhores jogadores aprimoravam a técnica acima da média.

Buffett superou Wooden ao usar a estratégia do técnico, porque, no seu caso, o treinamento da habilidade estava concentrado em uma pessoa, não em sete, e foi se aprimorando conforme ele envelhecia ao longo de cinquenta anos, sem se deteriorar, como acontece com os jogadores de basquete. Além disso, ao concentrar tanto poder e tanta competência nas mãos dos executivos-chefes de subsidiárias importantes, muitos deles há muito tempo no cargo, Buffett também criou efeitos intensos à la Wooden nessas empresas. E isso aperfeiçoou as habilidades dos executivos-chefes e as realizações das subsidiárias.

Assim, conforme o sistema da Berkshire concedeu a tão desejada autonomia a diversas subsidiárias e seus respectivos executivos-chefes, e a Berkshire ganhou sucesso e fama, esses resultados atraíram para a Berkshire mais subsidiárias, com mais qualidade, assim como executivos-chefes melhores. E subsidiárias e executivos-chefes melhores demandavam menos atenção da sede, criando o que costuma ser chamado de "círculo virtuoso".

Deu certo para a Berkshire sempre incluir seguradoras de acidentes entre as subsidiárias relevantes? Foi uma decisão maravilhosa. As ambições da Berkshire eram extremas, de um jeito que não se justificava, e ainda assim a empresa conseguiu o que queria. Seguradoras de acidentes muitas vezes investem, em ações ordinárias, uma quantia que se aproxima do patrimônio líquido de seus acionistas, assim como fizeram as subsidiárias de seguros da Berkshire. E o índice S&P 500 gerou cerca de 10% de retorno ao ano, antes dos impostos, ao longo das últimas cinco décadas, o que deixou as empresas, consideravelmente, navegando de vento em popa.

Nas primeiras décadas da era Buffett, as ações ordinárias das subsidiárias de seguros da Berkshire superaram bastante o índice, exatamente como ele esperava. Mais tarde, quando o grande porte das participações acionárias da Berkshire e as considerações sobre o imposto de renda fizeram com que a parte dos retornos que superava o índice fosse reduzida a um valor insignificante (talvez não para sempre), surgiu uma vantagem melhor. [O executivo da Berkshire] Ajit Jain criou do nada uma imensa empresa de resseguros, que gerou um *float* enorme e um ganho de subscrição considerável. A GEICO passou a ser parte integral da Berkshire. Em seguida veio a quadruplicação da participação de mercado da GEI-

CO. As demais operações de seguro da Berkshire tiveram uma melhoria acentuada, em grande parte graças à reputação da empresa, à disciplina de *underwriting*, ao fato de localizar e ocupar bons nichos e de recrutar e reter profissionais excelentes.

Mais tarde, à medida que a personalidade quase única e bastante confiável da Berkshire e o grande porte da empresa ficaram conhecidos, suas subsidiárias de seguros obtiveram e aproveitaram muitas oportunidades atraentes, não disponíveis para outras, de comprar títulos privados. A maioria tinha um vencimento fixo e gerou resultados impressionantes. O desempenho maravilhoso da Berkshire com os seguros não foi algo natural. Normalmente, uma empresa de seguros contra acidentes tem resultados medíocres, mesmo quando é muito bem administrada. E eles são de pouca utilidade. O resultado superior da Berkshire foi tão surpreendentemente grande que acredito que Buffett não conseguiria recriá-lo se voltasse para um patamar de pequeno porte, mesmo que mantivesse a inteligência de hoje e recuperasse a juventude.

A Berkshire sofreu por ser um conglomerado difuso? Não, as oportunidades foram ampliadas com vantagens em uma área mais extensa de operação. E os efeitos negativos, comuns em outros setores, foram evitados graças às habilidades de Buffett. Por que a Berkshire preferiu comprar empresas com dinheiro em vez de usar as próprias ações? Era difícil conseguir algo em troca das ações da Berkshire que fosse tão valioso quanto o que estava sendo oferecido. Por que a aquisição de empresas fora do setor de seguros funcionou tão bem para os acionistas do conglomerado, quando o resultado dessas aquisições é normalmente ruim para os acionistas da adquirente?

Graças à sua estrutura, a Berkshire tinha vantagens metodológicas para complementar as melhores oportunidades para ela. Nunca houve o equivalente a um "departamento de aquisições" sob pressão para comprar. E a empresa nunca se baseou no conselho de "ajudantes" que, com certeza, teriam uma inclinação favorável às transações. Além disso, Buffett conteve o autoengano de minimizar o próprio conhecimento ainda que soubesse mais do que a maioria dos executivos de empresas sobre o que funcionava nos negócios, com a ajuda da vasta experiência como investidor passivo. E, por fim, mesmo quando a Berkshire tinha acesso a oportunidades muito melhores do que a maioria das empresas, Buffett demonstrava com frequência uma paciência quase sobre-humana e comprava em poucas ocasiões. Por exemplo, durante os primeiros dez anos no controle da Berkshire, ele viu uma companhia (têxtil) se aproximar da falência e duas novas empresas serem oferecidas pelo lucro líquido de uma.

Quais foram os grandes erros cometidos pela Berkshire sob o comando de Buffett? Embora os equívocos de remuneração fossem comuns, quase todos os grandes erros tiveram a ver com a não realização de uma compra, inclusive a de ações do Walmart quando isso, sem dúvida, teria dado extremamente certo. Os erros de omissão tiveram grande relevância. O patrimônio líquido da Berkshire agora seria pelo menos 50 bilhões de dólares maior se a companhia tivesse aproveitado diversas oportunidades que não foi inteligente o suficiente para identificar como apostas praticamente garantidas.

A Berkshire continuaria a registrar resultados positivos acima da média caso Buffett se desligasse em breve? A resposta é sim. As subsidiárias da Berkshire têm bastante ímpeto de negócios baseado em uma vantagem competitiva duradoura. Além disso, as ferrovias e subsidiárias de serviços públicos hoje oferecem oportunidades muito desejáveis para investimentos de grandes somas em novos ativos imobilizados. E várias subsidiárias estão atualmente empenhadas em efetuar fusões inteligentes com áreas da empresa adquirente. Desde que a maior parte do sistema da Berkshire permaneça em vigor, o dinamismo e a oportunidade associados no momento são tão grandes que a Berkshire quase certamente continuará a ser uma empresa acima da média durante muito tempo.

Por fim, pondere se os resultados excelentes da Berkshire nos últimos cinquenta anos têm implicações que podem ser úteis em outro cenário. A resposta é simples: sim. Nos primeiros anos da gestão de Buffett, a Berkshire tinha uma tarefa enorme pela frente: transformar poucas reservas em uma empresa grande e eficiente. E solucionou esse problema ao evitar a burocracia e confiar bastante em um líder atento durante longos anos, à medida que ele se aprimorava e atraía mais pessoas alinhadas à mesma filosofia.

Compare essa situação com um sistema típico de grande empresa, com muita burocracia na matriz e uma infindável sucessão de executivos-chefes que assumem o cargo com uns 59 anos, param pouco depois para meditar em silêncio e logo são forçados a deixar a empresa por haver uma idade fixa de aposentadoria. Acredito que versões do sistema da Berkshire deveriam ser experimentadas com mais frequência em outros lugares. Acredito também que as piores características da burocracia deveriam ser tratadas como um câncer – com o qual se parecem bastante.[45]

C. *Herança de Matusalém*

Uma carteira gorda é inimiga dos resultados de investimento mais elevados. E a Berkshire agora tem um patrimônio líquido volumoso em comparação com a época em que Charlie e eu começamos a gerenciar a empresa. Apesar de existirem boas companhias, como sempre houve, é inútil para nós fazer compras irrelevantes em relação ao capital da Berkshire. Com isso, o universo de nossos investimentos encolheu de forma drástica.

Ainda assim, vamos manter a abordagem que nos trouxe até aqui e tentar não afrouxar nossos padrões. No livro *The Story of My Life* (A história da minha vida), o célebre jogador de beisebol Ted Williams explica o motivo: "Para ser um bom rebatedor, é preciso haver uma bola boa para rebater. É a primeira regra do manual. Se eu tiver que correr atrás de algo fora da minha zona feliz, não serei um excelente rebatedor. Talvez eu seja só mediano." Charlie e eu concordamos e tentaremos esperar por oportunidades que estejam dentro da nossa "zona feliz".

Continuaremos ignorando as previsões políticas e econômicas, que são uma distração cara para muitos investidores e empresários. Trinta anos atrás, ninguém poderia ter previsto a grande expansão da Guerra do Vietnã, o controle de salários e preços, duas crises do petróleo, a renúncia de um presidente, a dissolução da União Soviética, a queda de 508 pontos no índice Dow Jones em um único dia nem rendimentos de títulos de dívida do governo americano com oscilações entre 2,8% e 17,4%.

Mas, veja só, nenhum desses acontecimentos devastadores causou sequer um arranhão nos princípios de investimento de Ben Graham. Tampouco invalidou as compras de excelentes empresas por preços sensatos. Imagine o custo para nós, então, se tivéssemos deixado que o medo do desconhecido nos fizesse adiar ou alterar a utilização de capital. Aliás, costumamos

---

[45] Este ensaio foi escrito por Charles T. Munger para a seção do 50º aniversário no Relatório Anual de 2014 da empresa, direcionado aos acionistas da Berkshire Hathaway. O formato do texto publicado aqui sofreu algumas edições para poupar espaço e facilitar a leitura, sobretudo pela omissão da tabulação e dos numerais atribuídos a várias listas.

empreender as melhores compras no auge das apreensões em torno de um evento macro. O medo é inimigo do homem caprichoso, mas amigo daquele que se atém aos fundamentos.

Sem dúvida, haverá uma série diferente de grandes crises nos próximos trinta anos. Não vamos tentar prevê-las nem lucrar com elas. Se pudermos identificar empresas similares às que adquirimos no passado, as surpresas externas terão pouco efeito em nossos resultados de longo prazo.

Alcançamos nossos ganhos por meio dos esforços de um excelente corpo de gestores operacionais que obtêm resultados extraordinários em algumas empresas aparentemente comuns. O também jogador de beisebol Casey Stengel descreveu que gerenciar um time é "ser pago pelos *home runs* que os companheiros rebatem". Essa também é a minha fórmula na Berkshire.

É bem melhor possuir uma parte considerável de um diamante raro do que 100% de uma pedrinha de *strass*, e as empresas mencionadas há pouco são facilmente classificadas como gemas raras. O melhor de tudo é que não estamos limitados a apenas algumas companhias desse tipo; na verdade, possuímos um acervo crescente delas.

Os preços das ações continuarão flutuando – às vezes, fortemente –, e a economia terá altos e baixos. Com o tempo, entretanto, acreditamos ser bastante provável que o tipo de empresas que temos continue a se valorizar, a uma taxa satisfatória.

1994

Como proprietário, é natural que você se preocupe em saber se vou insistir em permanecer como executivo-chefe quando eu começar a decair e, em caso positivo, como o conselho vai lidar com esse problema – que não é exclusividade minha. De vez em quando, Charlie e eu enfrentamos essa situação nas subsidiárias da Berkshire.

Os seres humanos envelhecem em ritmos que variam bastante – no entanto, mais cedo ou mais tarde o talento e o vigor regridem. Alguns gestores continuam eficazes até bem depois dos 80 anos; outros sofrem um declínio visível após os 60. Quando a habilidade deles diminui, em geral isso também ocorre com a capacidade de autoavaliação. Muitas vezes, alguém precisa dar o alerta. Quando chegar a minha vez, nosso conselho terá que assumir a tarefa. Do ponto de vista financeiro, os integrantes têm uma motivação incomum para fazer isso. Não conheço nenhum outro conselho no país no qual os interesses financeiros dos conselheiros estejam tão alinhados aos dos acionistas. Poucos conselhos chegam perto disso. No âmbito pessoal, contudo, é extraordinariamente difícil para a maioria das pessoas dizer a alguém – a um amigo, em especial – que ele ou ela perdeu a capacidade de executar algo.

Caso eu me torne o destinatário dessa mensagem, nosso conselho me fará um favor ao transmiti-la. Todas as ações da Berkshire que possuo estão destinadas a instituições filantrópicas, e quero que a sociedade usufrua o máximo de benefícios possível com esses legados e doações. Seria uma tragédia se o potencial filantrópico das minhas participações fosse reduzido porque meus parceiros se esquivaram da responsabilidade de me conduzir (com gentileza, espero) até a porta. Mas não se preocupe com isso. Temos um grupo excepcional de conselheiros, e eles sempre farão o melhor para os acionistas.

2005

Tomei providências para que a maior fatia das minhas participações na Berkshire fosse para cinco instituições de caridade. Com isso, cumpri uma etapa do plano que tive a vida inteira: de, um dia, usar todas as minhas ações para fins filantrópicos. Em meu testamento, estipulei que os proventos de todas as ações da Berkshire que eu ainda possuir quando morrer devem ser doados dez anos após o fechamento do meu espólio. Como meus negócios não são complicados, deve levar no máximo três anos para que esse fechamento ocorra. Somando esses 13 anos à minha expectativa de vida, isso significa que é provável que os proventos de todas as minhas ações da Berkshire sejam distribuídos para fins sociais nas próximas duas décadas.

Estabeleci esse cronograma porque quero que o dinheiro seja gasto com relativa rapidez por pessoas que sei que são capazes, vigorosas e motivadas. Esses atributos gerenciais às vezes diminuem à medida que as instituições esmorecem – sobretudo as isentas das forças de mercado. Hoje, há pessoas incríveis no comando dessas cinco instituições. Então, quando eu morrer, por que elas não deveriam agir com rapidez para gastar de forma criteriosa o dinheiro que restar?

Quem defende instituições perpétuas argumenta que, no futuro, com certeza haverá grandes e importantes problemas sociais que a filantropia precisará enfrentar. Concordo. Mas então também haverá muitos super-ricos, tanto indivíduos quanto famílias, cuja riqueza excederá a dos americanos de hoje e a quem as organizações filantrópicas podem apresentar argumentos para pedir recursos.

Esses financiadores poderão julgar em primeira mão, então, quais operações têm a vitalidade e o foco para lidar da melhor maneira com os principais problemas sociais da época. Desse modo, poderá ser aplicado um teste de mercado das ideias e da eficácia. Algumas organizações vão merecer um apoio de peso, enquanto outras terão perdido a utilidade. Ainda que os vivos tomem decisões imperfeitas, eles devem ser capazes de alocar fundos de maneira mais racional do que um morto a seis palmos do chão teria ordenado décadas antes. Claro, sempre é possível reescrever os testamentos, mas meu pensamento não deve mudar de maneira concreta.

2006

Para não terminarmos em um tom mórbido, também quero lhe assegurar que nunca me senti tão bem. Adoro administrar a Berkshire e, se aproveitar a vida contribui para a longevidade, o recorde de Matusalém está ameaçado.[46]

Manual do proprietário de 1996[47]

---

[46] De acordo com a Bíblia, Matusalém viveu 969 anos. *Gênesis*, 5:27.
[47] Atualizado anualmente.

Glossário de conceitos

Abordagem do "cano duplo". Política de aquisição sensata de comprar 100% de uma empresa em aquisições negociadas ou menos de 100% em compras no mercado de ações. Ver a Introdução.

Círculo de competência. Os limites da capacidade do indivíduo de julgar as características econômicas de uma empresa – investidores inteligentes traçam uma fronteira nítida e se atêm a empresas que conseguem compreender. Ver a Parte II.F.

Imperativo institucional. Força difundida nas organizações que leva a decisões irracionais de negócios, desde resistência à mudança, absorção de fundos empresariais em projetos ou aquisições de qualidade inferior, indulgência quanto aos desejos de executivos seniores e a imitação irrefletida de práticas de empresas semelhantes. Ver a Parte II.G.

Investimento em guimbas de cigarro. Método tolo de investir, semelhante a dar a última tragada no cigarro: consiste na compra de uma ação por um preço suficientemente baixo para se obter lucro a curto prazo, apesar da alta probabilidade de a empresa ter um desempenho péssimo a longo prazo. Ver a Parte II.G.

Lucro do proprietário. Um indicador de desempenho econômico melhor do que o fluxo de caixa ou o lucro conforme o GAAP, igual a (a) lucros operacionais *mais* (b) depreciação e outros encargos não monetários *menos* (c) reinvestimento na empresa necessário para manter a atual posição competitiva e o volume unitário. Ver a Parte VI.E.

Lucros transparentes. Alternativa às regras do GAAP que regem os investimentos em valores mobiliários negociáveis da investida abaixo de 20%, eles medem o desempenho econômico do investidor com base na porcentagem da participação no lucro não distribuído da investida (após uma redução incremental para o imposto de renda). Ver a Parte VI.C.

Margem de segurança. Provavelmente o princípio mais importante de um investimento sólido e bem-sucedido, foi definido por Ben Graham para recomendar que não se compre um valor mobiliário a menos que o preço pago seja consideravelmente inferior ao valor oferecido. Ver a Parte II.E.

Sr. Mercado. Alegoria de Ben Graham para o mercado de ações em geral, é um estado de humor instável e temperamental, no qual preço e valor divergem, o que torna possível um investimento inteligente superior. Ver a Parte II.B.

Teste dos dividendos. A retenção de lucro só é justificada se cada dólar retido gerar um aumento de pelo menos 1 dólar no valor de mercado por ação. Ver a Parte IV.F.

Valor intrínseco. Indicador difícil de calcular, mas crucial para o valor de negócio, é o valor atual descontado do caixa que pode ser retirado de uma empresa ao longo da sua vida útil. Ver a Parte VI.B.

Sobre o autor

Lawrence Cunningham é professor na Universidade George Washington, escritor, palestrante e consultor sobre temas corporativos. É um grande estudioso da obra de Warren Buffett, tema de simpósios que organiza e que já tiveram na plateia o próprio Buffett e Charlie Munger, seu braço direito na holding Berkshire Hathaway. Há mais de 25 anos compila os escritos do grande investidor.

Escreveu 20 livros, entre eles *Berkshire Beyond Buffett* (A Berkshire para além de Buffett, em tradução livre) e *The AIG Story* (A história da AIG), com Hank Greenberg. Em 2018 recebeu o prêmio Kenneth West Lifetime Achievement, da Associação Nacional dos Diretores Corporativos (NACD, sigla em inglês), por sua contribuição ao universo empresarial. Vive entre Nova York e Washington.

Para saber mais sobre os títulos e autores da Editora Sextante,
visite o nosso site e siga as nossas redes sociais.
Além de informações sobre os próximos lançamentos,
você terá acesso a conteúdos exclusivos
e poderá participar de promoções e sorteios.

sextante.com.br